■2025年度高等学校受験用

明治大学付属中野高等学校

収録内容一覧

★この問題集は以下の収録内容となっています。また、編集の都合上、解説、解答用紙を省略させていただいている場合もございますのでご了承ください。

（○印は収録、一印は未収録）

入試問題と解説・解答の収録内容		解答用紙
2024年度	英語・数学・国語	○
2023年度	英語・数学・国語	○
2022年度	英語・数学・国語	○
2021年度	英語・数学・国語	○
2020年度	英語・数学・国語	○
2019年度	英語・数学・国語	○
2018年度	英語・数学・国語	○
2017年度 （29年度）	英語・数学・国語	○

★当問題集のバックナンバーは在庫がございません。あらかじめご了承ください。

●凡例●

【英語】

≪解答≫

〔　〕　①別解

②置き換え可能な語句（なお下線は置き換える箇所が2語以上の場合）

(例) <u>I am</u>〔I'm〕glad〔happy〕to ~

（　）　省略可能な言葉

≪解説≫

1，**2**… 本文の段落（ただし本文が会話文の場合は話者の１つの発言）

〔　〕　置き換え可能な語句（なお〔　〕の前の下線は置き換える箇所が２語以上の場合）

（　）　①省略が可能な言葉

(例) 「(数が) いくつかの」

②単語・代名詞の意味

(例) 「彼（＝警察官）が叫んだ」

③言い換え可能な言葉

(例) 「いやなにおいがするなべにはふたをするべきだ（＝くさいものにはふたをしろ）」

//　訳文と解説の区切り

cf.　比較・参照

≒　ほぼ同じ意味

【数学】

≪解答≫

〔　〕　別解

≪解説≫

（　）　補足的指示

(例)（右図１参照）など

〔　〕　①公式の文字部分

(例)〔長方形の面積〕＝〔縦〕×〔横〕

②面積・体積を表す場合

(例)〔立方体ABCDEFGH〕

∴　ゆえに

≒　約、およそ

【社会】

≪解答≫

〔　〕　別解

（　）　省略可能な語

＿＿　使用を指示された語句

≪解説≫

〔　〕　別称・略称

(例) 政府開発援助〔ODA〕

（　）　①年号

(例) 壬申の乱が起きた（672年)。

②意味・補足的説明

(例) 資本収支（海外への投資など）

【理科】

≪解答≫

〔　〕　別解

（　）　省略可能な語

＿＿　使用を指示された語句

≪解説≫

〔　〕　公式の文字部分

（　）　①単位

②補足的説明

③同義・言い換え可能な言葉

(例) カエルの子（オタマジャクシ）

≒　約、およそ

【国語】

≪解答≫

〔　〕　別解

（　）　省略してもよい言葉

＿＿　使用を指示された語句

≪解説≫

〈　〉　課題文中の空所部分（現代語訳・通釈・書き下し文）

（　）　①引用文の指示語の内容

(例)「それ（＝過去の経験）が ～」

②選択肢の正誤を示す場合

(例)（ア，ウ…×）

③現代語訳で主語などを補った部分

(例)（女は）出てきた。

／　漢詩の書き下し文・現代語訳の改行部分

明治大学付属中野高等学校

所在地	〒164-0003 東京都中野区東中野3-3-4
電　話	03-3362-8704
ホームページ	https://www.meinaka.jp/
交通案内	JR中央・総武線・都営地下鉄大江戸線 東中野駅より徒歩5分 東京メトロ東西線 落合駅より徒歩10分

普通科　男子

くわしい情報はホームページへ

応募状況

年度	募集数	受験数	合格数	倍率
2024	推薦Ⅰ　30名	66名	35名	1.9倍
	推薦Ⅱ　30名	31名	31名	1.0倍
	一般　105名	841名	261名	3.2倍
2023	推薦Ⅰ　30名	102名	35名	2.9倍
	推薦Ⅱ　30名	24名	24名	1.0倍
	一般　105名	892名	285名	3.1倍
2022	推薦　30名	29名	29名	1.0倍
	一般　135名	915名	288名	3.2倍

※合格数に補欠合格数は含まれていない。

試験科目　（参考用：2024年度入試）

推薦Ⅰ型（総合）：適性検査（国語・数学・英語），面接

推薦Ⅱ型（スポーツ）：作文審査，面接

一般：国語・数学・英語

教育方針

「質実剛毅・協同自治」の校訓のもと，生徒一人ひとりの知・徳・体を育むべく教育活動を行うとともに，生徒の個性に応じて特性を伸ばし，文武両道を実現することを目指している。内容豊富な講習や各種講座などにより学習意欲をサポートし，確かな学力と自ら学ぶ姿勢を身につけていく。

教育の特色

生徒の志望を尊重した3つのサポート体制で柔軟な教育活動・進路指導を行っている。

1．付属校として明治大学に進学するためのサポートや，その特色を生かした教育の実践。

2．個人にあわせた他大学進学への支援，国公立大学併願受験のサポート。

3．職業観を養い，何のために進学するのか，その目的を明確にするためのサポート。

明治大学の各学部の先生による特別進学講座，明治大学見学会，公開授業参加などは学部選びに役立つとともに，他大学進学希望者に対してもよい刺激となっている。また，語学講座・簿記講座・法曹入門講座など，大学との高大連携プログラムを実施し，付属校としての特色ある進路指導を実践している。

進路

明治大学への推薦入学については，高校3年間の学業成績や明治大学推薦テスト（3回）などによって決定される。例年，8割程度が推薦されている。

◎明治大学内部推薦者数（2024年3月卒業生）

法学部	41	農学部	17
商学部	58	経営学部	38
政治経済学部	60	情報コミュニケーション学部	20
文学部	25	国際日本学部	10
理工学部	34	総合数理学部	15

◎近年の主な国公立・私立大学合格実績

明治大（推薦外），東京大，京都大，一橋大，東京工業大，北海道大，東北大，筑波大，大阪大，九州大，横浜国立大，東京藝術大，東京外国語大，東京都立大，早稲田大，慶應義塾大，上智大，東京理科大，国際基督教大，学習院大，青山学院大，立教大，中央大，法政大，同志社大，日本医科大，東京慈恵会医科大ほか

編集部注一本書の内容は2024年3月現在のものであり，変更されている場合があります。正確な情報は，学校のホームページ等で必ずご確認ください。

出題傾向と今後への対策　英語

出題内容

	2024	2023	2022
大問数	6	6	6
小問数	37	37	37
リスニング	×	×	×

◎大問6題で，小問数は40問程度である。出題構成は長文読解問題3題，単語問題1題，文法問題1～2題，整序結合が1題である。

2024年度の出題状況

- Ⅰ 適語(句)選択・語形変化
- Ⅱ 単語の定義―適語補充
- Ⅲ 整序結合
- Ⅳ 長文読解―適文選択―説明文
- Ⅴ 長文読解総合―説明文
- Ⅵ 長文読解総合―説明文

解答形式

2024年度	記　述／マーク／併　用

（「マーク」に○）

出題傾向

　長文読解問題が小問数20問程度で，全体の約半分を占める。3題中1題の長文は長めであり速読が要求される。設問は適語選択，英問英答，内容真偽などである。整序結合は日本文が与えられている。文法問題は語形変化を含む適語選択で標準的な問題である。単語問題は与えられた説明に当てはまる単語を正確に書けるかが問われる。

今後への対策

　まずは基礎の徹底である。教科書にある単語，熟語，重要構文は全て覚えよう。本校は単語を書かせる設問も多いので単語を書き，手で覚えることも有効だ。このうえで，文法と長文読解はそれぞれ問題集を決めて，繰り返し解き直そう。同じ英文でも何度も読むことで長文に慣れてくる。最後に過去問題集で問題と時間配分を確認。

◆◆◆◆◆ 英語出題分野一覧表 ◆◆◆◆◆

分野			2022	2023	2024	2025予想※
音声	放送問題					
音声	単語の発音・アクセント					
音声	文の区切り・強勢・抑揚					
語彙・文法	単語の意味・綴り・関連知識		●	●	■	◎
語彙・文法	適語(句)選択・補充		●	■	●	◎
語彙・文法	書き換え・同意文完成					
語彙・文法	語形変化		●		●	◎
語彙・文法	用法選択					
語彙・文法	正誤問題・誤文訂正					
語彙・文法	その他					
作文	整序結合		■	■	■	◎
作文	日本語英訳	適語(句)・適文選択				
作文	日本語英訳	部分・完全記述				
作文	条件作文					
作文	テーマ作文					
会話文	適文選択					
会話文	適語(句)選択・補充					
会話文	その他					
長文読解	内容把握	主題・表題	●	●		◎
長文読解	内容把握	内容真偽	●	●	●	◎
長文読解	内容把握	内容一致・要約文完成		●	●	△
長文読解	内容把握	文脈・要旨把握		■	●	◎
長文読解	内容把握	英問英答	●	■	●	◎
長文読解	適語(句)選択・補充		●	●	●	◎
長文読解	適文選択・補充		●	●	●	◎
長文読解	文(章)整序					
長文読解	英文・語句解釈(指示語など)		●	●	●	◎
長文読解	その他(適所選択)		●	●		◎

●印：1～5問出題，■印：6～10問出題，★印：11問以上出題。
※予想欄　◎印：出題されると思われるもの。　△印：出題されるかもしれないもの。

出題傾向と今後への対策 数学

出題内容

2024年度 作 証 グ

大問6題，17問の出題。①～③は小問集合。①は数・式の計算に関するものと図形の角度問題。②は各分野から計5問の出題。③は関数と方程式の応用の2問。④は関数で，放物線と直線に関するもの。円と放物線との交点を求める問題もある。⑤は数の性質に関する問題。⑥は平面図形で，円を利用した問題。相似な図形の性質などの理解が問われる。

2023年度 作 証 グ

大問6題，20問の出題。①は小問集合で，数と式，方程式，データの分析・活用から計4問。②は小問集合で，方程式の解の利用，関数，図形，式の計算，数の性質から計6問。③はデータの活用から，正十二面体のさいころを用いた場合の数・確率に関する問題。直線の関係についての知識を要するもの。④は二次方程式の応用問題で，食塩水の濃度に関するもの。⑤は空間図形から，正四角錐と球を利用した計量題2問。⑥は関数から，放物線と直線に関するもので，図形の知識を要する問題もある。

作…作図問題　証…証明問題　グ…グラフ作成問題

解答形式

2024年度　記　述／マーク／併　用

出題傾向

大問5～6題，設問18問前後の出題。初めの2～3題は小問集合で，各分野から計8～11問出題される。後半は，関数，図形，方程式の応用などからの出題となることが多い。少なくとも1題では設定が複雑になっていたりする。かなりの計算量を要するものもある。過程などを記述する問題もある。

今後への対策

まずは演習を積んで問題に慣れることが大事。標準レベルの問題をできるだけ多く解き，いろいろな解法や考え方を身につけていこう。余裕があれば他のアプローチの仕方がないか考えるのもよい。また，多少の複雑な計算問題にも対応できる計算力も養っておこう。

◆◆◆◆◆ 数学出題分野一覧表 ◆◆◆◆◆

分野		2022	2023	2024	2025予想※
数と式	計算，因数分解	★	★	★	◎
	数の性質，数の表し方	■	●	●	◎
	文字式の利用，等式変形				
	方程式の解法，解の利用	■	★	●	◎
	方程式の応用		■	■	◎
関　数	比例・反比例，一次関数				
	関数 $y=ax^2$ とその他の関数	★	★	★	◎
	関数の利用，図形の移動と関数				
図　形	（平面）計　量	★	●	★	◎
	（平面）証明，作図				
	（平面）その他				
	（空間）計　量		■		△
	（空間）頂点・辺・面，展開図				
	（空間）その他				
データの活用	場合の数，確率	●	★	●	◎
	データの分析・活用，標本調査		●		△
その他	不 等 式				
	特殊・新傾向問題など				
	融合問題				

●印：1問出題，■印：2問出題，★印：3問以上出題。
※予想欄　◎印：出題されると思われるもの。　△印：出題されるかもしれないもの。

出題傾向と今後への対策　国語

出題内容

2024年度

- 一 論説文
- 二 ことわざ
- 三 語句
- 四 漢字

課題文

一戸谷洋志『SNSの哲学』

2023年度

- 一 論説文
- 二 資料
- 三 国語の知識
- 四 漢字

課題文

一平田オリザ『ともに生きるための演劇』

2022年度

- 一 論説文
- 二 漢字
- 三 ことわざ
- 四 漢字

課題文

一出口治明『自分の頭で考える日本の論点』

解答形式

2024年度	記　述／マーク／併　用

出題傾向

近年，出題に大きな変化はない。現代文の読解問題には，20問前後の設問が付されており，そのうちのほとんどが記述式解答を求めるものとなっている。記述式解答のうち，多くは本文からの抜き書きであるが，30〜40字程度で自分の言葉で解答しなければならないものもいくつかある。

今後への対策

読解問題については，課題文の分量も設問数も多いので，文章を速く正確に読む力・細部を的確に読む力・全体の論旨の流れを把握する力，読んだ内容を自分の言葉で表現できる力が必要である。問題集をできるだけたくさんこなすことが必須である。読書も有効である。国語の知識については，語句関連を中心に復習しておくこと。

◆◆◆◆◆ 国語出題分野一覧表 ◆◆◆◆◆

分野		年度	2022	2023	2024	2025予想※
現代文	論説文 説明文	主題・要旨	●	●	●	◎
		文脈・接続語・指示語・段落関係	●	●	●	◎
		文章内容	●	●	●	◎
		表現	●	●	●	◎
	随筆 日記 手紙	主題・要旨				
		文脈・接続語・指示語・段落関係				
		文章内容				
		表現				
		心情				
	小説	主題・要旨				
		文脈・接続語・指示語・段落関係				
		文章内容				
		表現				
		心情				
		状況・情景				
韻文	詩	内容理解				
		形式・技法				
	俳句 和歌 短歌	内容理解				
		技法		●		△
古典	古文	古語・内容理解・現代語訳				
		古典の知識・古典文法		●		△
	漢文	(漢詩を含む)				
国語の知識	漢字 語句	漢字	●	●	●	◎
		語句・四字熟語	●	●	●	◎
		慣用句・ことわざ・故事成語	●	●	●	◎
		熟語の構成・漢字の知識				
	文法	品詞		●	●	◎
		ことばの単位・文の組み立て				
		敬語・表現技法				
		文学史				
作文・文章の構成・資料				●		△
その他						

※予想欄　◎印：出題されると思われるもの。　△印：出題されるかもしれないもの。

合格を勝ち取るための

本書の使い方

本書に掲載されている過去問をご覧になって，「難しそう」と感じたかもしれません。でも，大丈夫。ほとんどの受験生が同じように感じるのです。高校入試の出題範囲は中学校の定期テストに比べて広いですし，残りの中学校生活で学ぶはずの，まだ習っていない内容からも出題されているかもしれません。

ですから，初めて本書に取り組む際には，点数を気にする必要はありません。点数は本番で取れればいいのです。

過去問で重要なのは「間違えること」です。自分の弱点を知るために，過去問に取り組むのです。当然，間違った問題をそのままにしておいては意味がありません。

本書には，長年にわたって高校受験に関わってきたベテランスタッフによる詳細な解説がついています。間違えた問題は重点的に解説を読み，何度も解きなおしてください。時にはもう一度，教科書で復習するのもよいでしょう。

別冊として，抜き取って使える解答用紙を収録しました。表示してあるように拡大コピーをとれば，実際の入試と同じ条件で，何度でも過去問に取り組むことができます。特に記述問題では解答欄の大きさがヒントになる場合があります。そうした，本番で使える受験テクニックの練習ができるのも，本書の強みです。

前のページにある「出題傾向と今後への対策」もよく読んで，本校の出題傾向に慣れておきましょう。

2024年度 明治大学付属中野高等学校

【英　語】（50分）〈満点：100点〉

I　次の英文の（　）に最も適するものを選び，記号で答えなさい。

1．I remember (　　) shooting stars during the camping trip last year.
ア．watching　イ．to watch　ウ．watch　エ．watched

2．Grapes are made (　　) wine.
ア．of　イ．from　ウ．by　エ．into

3．I've lost my umbrella, so I need to go to a shop and buy (　　).
ア．it　イ．other　ウ．another　エ．the other

4．He said, "If it (　　) rainy tomorrow, I'll come by taxi."
ア．is　イ．will be　ウ．was　エ．were

5．That's perfect.　It couldn't be (　　).
ア．worse　イ．better　ウ．more　エ．less

6．A：What did you say？
B：(　　) It wasn't important.
ア．Why not？　イ．Pardon？
ウ．Never mind.　エ．You're right.

II　（　）に指定された文字で始まる語を入れ，英文を完成させなさい。その際に[　]内の定義を参考にすること。

1．We can't stay at such an (e　　) hotel.
[costing a lot of money]

2．The (w　　) forecast says it will be much hotter today and temperatures will reach a maximum of 38 ℃.
[the temperature and other conditions such as sun, rain and wind]

3．When I visited Scotland, I saw an old (c　　) under the moonlight.　It was amazingly beautiful.
[a large building with high walls and towers that was built in the past to protect people against attack]

4．Emperor Naruhito and Empress Masako (f　　) to Indonesia on June 17, 2023 to promote friendship.
[to travel in an airplane]

5．When a natural (d　　) occurs, we realize how powerless we are.
[an event that causes a lot of harm or damage]

III　次の日本語の内容になるように[　]内の語句を並べかえ，英文を完成させなさい。解答は（A）（B）（C）に入るものを書きなさい。

1．彼はクラスのみんなに笑われた。
(　　)(　A　)(　　)(　B　)(　　)(　C　)(　　)(　　) class.
[by / laughed / his / everyone / was / at / he / in]

2．お母さんに夕食を作るなんて君は優しいね。

(　　)(　　)(　　)(A)(　　)(　　)(B)(　　)(C) your mother.

[to / dinner / of / it / you / kind / make / for / is]

3．タクシーにスーツケースを運んでいる男性は疲れているように見える。

(　　)(A)(　　)(　　)(B)(　　)(C)(　　).

[carrying / the taxi / tired / to / the / a suitcase / man / looks]

4．もし水がなかったら，それらの木はよく育たないだろう。

(　　)(　　)(A)(　　)(　　), (　　)(B)(　　)(C)(　　)(　　).

[no / those / there / not / trees / well / water / were / would / if / grow]

5．あなたに探すように頼んでいた本は見つかりましたか。

Have you (　　)(　　)(A)(　　)(B)(　　)(　　)(C)?

[to / I / found / look / asked / the book / for / you]

6．東洋と西洋の衣服の間には大きな違いは見られない。

(A)(　　)(　　)(　　)(　　)(B)(　　)(　　)(　　)(　　)(　　)(C) in the West.

[be / and / between / can / no / the East / clothes / big / in / those / found / difference]

Ⅳ　次のサヴァン症候群(savant syndrome)の男性についての英文を読んで，あとの問いに答えなさい。

Most of us have reasonably good memories. We are able to think back to different periods in our lives and remember where we were and things that happened then. But our memories are limited. For example, we cannot remember everyone we have ever met or what we did on every single day of our lives. (1) Our brains simply do not allow us to *retain such a vast amount of information.

However, there are some people who do have *prodigious memories. These people have a rare condition known as savant syndrome. (2) For example, a savant may show *brilliance in music, mathematics, or language learning but have great difficulty in other areas, as well as limited social skills.

Kim Peek was a savant who lived in Salt Lake City, Utah, in the United States. He was born with damage to parts of his brain, but it seems that other parts of his brain — particularly those relating to memory — became overdeveloped to *compensate. Peek's unique abilities appeared at a very early age. (3) After he had memorized a book, he would turn it upside down to show that he didn't need to read it again, and this became a life-long habit.

Peek could read two pages of a book at the same time — one page with the right eye and one with the left — in less than 10 seconds and remember everything he read. By the time he died, Peek had memorized more than 9,000 books. He could remember all the names and numbers in a variety of telephone books. He could *recite thousands of facts about history, literature, geography, and sports. He could remember most classical music compositions and say when they were written and first performed as well as the dates of the composer's birth and death. Dr. David Treffert, an expert on savant syndrome, once described Peek as "a living Google" because of his astonishing ability to retain and connect facts. (4)

In 1989, the movie *Rain Man* won the Oscar for Best Picture. The main character in the movie, played by Dustin Hoffman, was based on Kim Peek's life. After this, people began to learn about Peek. He started to appear on television, where he would amaze audiences by correctly answering *obscure questions on a range of topics. (5) For much of his life, Peek had been uncomfortable with people, but he began to enjoy sharing his experience, and his social skills improved. He *inspired a great many people with his story and his words: "Recognizing and respecting differences in others, and treating everyone like the way you want them to treat you, will make our world a better place for everyone. You don't have to be handicapped to be different. Everyone is different!"

（注） retain 保持する　prodigious 驚異的な　brilliance 素晴らしい才能
compensate 埋め合わせをする　recite 暗唱する
obscure 複雑でわかりにくい　inspire 勇気づける

問 （1）～（5）に適するものをそれぞれ選び，記号で答えなさい。

ア．Peek became world famous, and he and his father began touring widely to talk about living with disabilities.

イ．Though his abilities were known all over the world, he himself didn't recognize his own advantages.

ウ．However, at the same time, Peek was unable to carry out simple tasks, such as brushing his hair or getting dressed, and he needed others to help him.

エ．When he was just 20 months old, he could already remember every book that was read to him.

オ．And for most people, it would be impossible to read and remember every name and number in a telephone directory.

カ．Savants suffer from *a developmental disorder, but they also exhibit remarkable talents that contrast sharply with their physical and mental disabilities.

（注） a developmental disorder 発達障害

V 次の英文を読んで，あとの問いに答えなさい。

When you walk into a hospital room, you expect to see a nurse or a doctor. But in some hospitals you might also see a dog or a cat, or even a rabbit or a turtle. These pets aren't there to be treated, however. They're part of the medical team! The animals don't have medical *degrees, of course. They help patients get better simply by being there.

After 30 years of study, researchers are *convinced that animals provide many health benefits. These range from lowering blood pressure to faster healing after *surgery. One study shows that even 10 minutes with an animal can *significantly lower blood pressure. There are many examples of how pets improve people's health. Studies show that pet owners have lower cholesterol levels than non-owners do. Pet owners are also in better physical health overall and have fewer doctor visits. Also, people who have suffered heart attacks live longer if they have a pet. And pet owners have better mental health because pets make them happier, more relaxed, and less stressed.

Did you have a pet as a child? Do your grandparents own a pet? The health benefits of pets are quite strong for both children and the elderly. For example, a pet can help children *cope with family problems, such as illness or the death of a *relative. Studies also show that children who own pets are more likely to be involved in sports and hobbies. *Emotionally disturbed and mentally ill children are also helped greatly by pets. Animals *calm children and improve their behavior and even their mental abilities. Animals do wonders for the elderly too, such as helping them live longer, healthier lives. How do they do this? For one thing, pets make older people feel less lonely and depressed. And some pets, such as dogs, encourage elders to exercise by getting out for walks. Some *aid groups take pets into nursing homes to cheer up the *residents. Pets bring out smiles of happiness from elders and help improve their quality of life.

Some groups also bring pets into hospitals. Most often, the animals are dogs, but they can also be cats, rabbits, birds, and others. They are called therapy animals. These animals are trained to give comfort and *affection to patients. Good therapy animals are friendly, gentle, and patient. They allow people to *pet and talk to them. They bring laughter and enjoyment to sick people and help them feel better.

There are many animal healing programs today. One interesting example is the Dolphin Program. Researchers at universities and dolphin centers worldwide study the healing effects of swimming with dolphins. Some researchers believe that the sounds dolphins make underwater can heal people. Others say dolphins heal because they make people feel peaceful and happy. Dolphin programs for children with special needs have been very successful. Even patients with serious illnesses improve by swimming with dolphins.

Another interesting example of animals helping sick people is a program that uses dogs to *detect cancer. Researchers have found that dogs can smell cancer in patients' breath because it contains certain chemicals. A dog's sense of smell is 10,000 to 100,000 times better than that of humans. In studies, trained dogs have detected cancer in early stages between 88 and 97 percent of the time. Since detecting cancer early is important to a patient's survival, these trained dogs could save many lives.

Researchers know that animals make people feel better and *extend their lives. But they can't fully explain why. They suspect it's because people can count on pets to be there, always loving and never judging. This gives people a good feeling and relaxes them. Patients feel calm and happy around pets. This mental and emotional state helps them feel better physically. Whatever the reasons, there is no doubt that animals are good medicine for people of all ages. Pets have a valuable place in homes, hospitals, and all places of care.

（注） degree 学位　convinced 確信している　surgery 手術
significantly 著しく　cope with うまく対処する　relative 親戚
emotionally disturbed 情緒障害のある　calm 落ち着かせる
aid group 支援団体　resident 入居者　affection 愛情　pet なでる
detect 見つける　extend 延ばす

問　本文の内容に合うように，質問の答えとして適切なものを選び，記号で答えなさい。

1．What can happen when people are with an animal even for a short time?

ア．It is possible to see a significant fall in their blood pressure.

イ．It is possible that they will improve their pets' health.

ウ．Some may improve their cholesterol levels and it makes them live longer.

エ．Some may suffer a serious change in their blood pressure.

2．Which of the following is true about a benefit of having a pet?

ア．Pets can help children develop a good relationship with their parents.

イ．Children have more time for studying.

ウ．Older people gain more opportunities to move their bodies.

エ．Older people make their pets feel less lonely and depressed.

3．Which of the following is true about therapy animals ?

ア．There are as many therapy dogs as therapy cats.

イ．Therapy animals are taught how to make patients feel comfortable.

ウ．Good therapy animals cure patients' diseases by touching them.

エ．There are not enough healing programs with therapy animals yet.

4．What did researchers find out about animals ?

ア．Dolphins can improve sick children's health with their smell.

イ．Dolphins can make patients want to swim, and that is good for patients' health.

ウ．Dogs can tell if people have cancer by smelling their breath.

エ．Dogs can save from 88 to 97 percent of the patients who have cancer.

5．According to the article, which of the following is true ?

ア．There are only a few animals that can heal humans, so we should treat dogs, cats, rabbits, birds and dolphins as friends.

イ．Good mental condition of pets helps patients feel better physically, and then their health condition gets better.

ウ．No one doubts that animals are good medicine for people of all ages, but animals need special condition to heal people.

エ．Pets help patients feel better, but even researchers cannot completely tell the reason.

Ⅵ　次の英文を読んで，あとの問いに答えなさい。

It is a chilly January morning on the campus of San Jose State University, and the start of a new term. Twenty-two-year-old Ryan Adams is walking with some friends to their first class. Ryan is beginning his final semester as a college student ; at the end of May, he will graduate with a degree in finance. ①(　　　) graduation is a few months away, Ryan is already working on a resume and plans to start applying for jobs in April. He is both excited and a little nervous about making the *transition from student to full-time employee. "I'm hoping to have a job by the summer," he explains. "You know, it'll be good to finally get out into the working world. On the other hand, it'll be the first real ②(　　　) I've ever had and that's a little scary."

By the time Ryan graduates, he will have spent four years in college and a total of sixteen years of his life in school. Like many students, ③Ryan believes that the time and money spent on his education will pay off : he will *eventually be able to get a good job and do well in the field he has chosen. And yet, in spite of all of the years spent in school preparing to enter the workplace, many recent *graduates say that they *struggle with the transition from classroom to career world and have difficulty *adjusting to life on the job.

Writer and editor Joseph Lewis, who blogs for the website WorkAwesome.com, suggests one reason why this is the case. Lewis believes that most of our school experiences — from childhood through university — are fairly ④predictable, while life in the working world is far more ambiguous. In school, for example, the pattern stays more or less the ⑤(a 　) from year to year. All students have to take a *fixed number of classes each year and in those classes they have to do certain things to succeed: study assigned material, do homework, and take and pass tests. In the workplace, however, ⑤(b) change is the *norm, and one has to adapt quickly. A project you are working on this month might suddenly change next month — or next week — and it's often hard to *anticipate what you'll be doing six to twelve months from now. Life in the workplace can be ⑤(c) in other ways as well. Lewis notes that in school, for example, you advance each year to the next grade "and that change carries with it a sense of progress, a sense of . . . growth and importance." In the workplace, however, "you ⑥[X]; it depends on the economy, on your coworkers, on your boss or clients, or a hundred other things you can't control."

Another problem that graduates entering the workforce *encounter is that they are unprepared to think *analytically. In school, many students — including those in college — spend a lot of time memorizing facts and repeating what they "learned" on tests. But in the workplace, notes the Career Services Network at Michigan State University, employees "⑥[Y], not just follow a *supervisor's *instructions." An employee who is facing a problem at work, for example, needs to be able to *identify different solutions, select the best course of action, and explain his choice to others. Less time needs to be spent in school on testing, says one recent report, and more on helping students to analyze and *interpret information, solve problems, and communicate their ideas effectively — skills that will prepare them to succeed in today's workplace.

Finally, many recent graduates say that ⑦[difficulties / the / one / face / is / biggest / they / of] adjusting to teamwork on the job. In some ways, school does prepare one for the *collaborative nature of the workplace. Learners sit in classes every day with many other students. They must listen to others' opinions, participate at times in group discussions, and learn how to get along outside the classroom. *Nevertheless, in school, a student normally works independently to complete most tasks (tests, homework, and projects) and receives a grade according to how well he or she has done. In the workplace, however, employees ⑥[Z]. In other words, if an employee has to work with others to complete a given project, that employee's success not only depends on his hard work and *expertise, but also on how well his *colleagues perform. Knowing how to participate effectively in teamwork — and deal with problems when they arise — is extremely important, and yet, it is also something many students don't get enough practice with in a school setting.

How can we better prepare young adults for the workplace? Recent graduates, looking back on their educational experience, have some advice. Many think that all students should be *required to do an internship while they are in school. Volunteering part time at a company, hospital, or government organization, for example, can ⑧[learn / help / skills / succeed / needed to / one] in the real world. Other graduates believe that teachers should include more teamwork as part of class activities; such tasks would *familiarize students with the demands of collaborating with colleagues in the workplace. Still others feel there should be more focus on developing writing and public speaking skills — abilities many employees must regularly use on the job. Pairing this kind of practical work experience with classroom instruction, say the graduates, will help prepare students for the realities of the workplace and make the transition from school to career world less stressful.

(注) transition　移行　　eventually　最終的には　　graduate　卒業生
struggle with　苦労する　　adjust to　適応する　　fixed　決められた
norm　普通のこと　　anticipate　予想する　　encounter　遭遇する
analytically　分析的に　　supervisor　管理者　　instruction　指示

identify　明確にする　interpret　解釈する　collaborative　協働の
nevertheless　それにもかかわらず　expertise　専門的知識
colleague　同僚　require　必要とする　familiarize　慣れさせる

問１．下線部①の（　）に適するものを選び，記号で答えなさい。
ア．As soon as　イ．Even though　ウ．Therefore　エ．However

問２．下線部②の（　）に入る語を第１段落より抜き出しなさい。

問３．下線部③についてRyanが信じている内容として適切なものを選び，記号で答えなさい。
ア．教養を身につけるためにこれからお金と時間がどんどん使われていく。
イ．お金と時間をかければかけるほど良い教育を受けられる。
ウ．今までかけたお金と時間のおかげで希望の進路に進むことができる。
エ．教育にかけるお金と時間が将来の年収を決める。

問４．下線部④の意味として適切なものを選び，記号で答えなさい。
ア．happening or behaving in a way that you expect
イ．confusing as a result of having more than one meaning
ウ．making you feel very happy and interested
エ．showing a strong feeling about a subject

問５．下線部⑤の（ａ）―（ｂ）―（ｃ）に入る語の組み合わせとして適切なものを選び，記号で答えなさい。
１．same　２．uncertain　３．constant
ア．１―２―３　イ．１―３―２　ウ．２―１―３
エ．２―３―１　オ．３―１―２　カ．３―２―１

問６．下線部⑥の［Ｘ］―［Ｙ］―［Ｚ］に入るものの組み合わせとして適切なものを選び，記号で答えなさい。
１．are often expected to think critically and make decisions about their work
２．must regularly interact with others and are often dependent on their coworkers for their success
３．have no idea when you might *be promoted
（注）be promoted　昇進する
ア．１―２―３　イ．１―３―２　ウ．２―１―３
エ．２―３―１　オ．３―１―２　カ．３―２―１

問７．下線部⑦の［　］内の語を正しく並べかえなさい。

問８．下線部⑧の［　］内の語句を正しく並べかえなさい。

問９．本文の内容に合うものを２つ選び，記号で答えなさい。
ア．Ryan is upset because he is late in searching for a job.
イ．Students in college spend less time in preparing for the exams than high school students.
ウ．Students should be independent enough to complete their tasks on their own.
エ．School should provide students with more chances to work together.
オ．Students who don't follow graduates' advice will not be able to succeed in the future.
カ．Some graduates think the ability to speak in front of others is important.

【数　学】（50分）〈満点：100点〉

［注意］ 1．答えに分数が含まれているときは，それ以上約分できない形で答えてください。

2．答えに根号が含まれているときは，根号を付けたまま，分母に根号を含まない形で答えてください。
また，根号の中を最も小さい自然数で答えてください。

1　次の問いに答えなさい。

(1)　$x^2+3xy+3x-18y-54$ を因数分解しなさい。

(2)　$2024\times2018-2019^2$ を計算しなさい。

(3)　$\sqrt{2}(\sqrt{18}-2)+\sqrt{28}+(\sqrt{7}+6)(\sqrt{7}-2)-\dfrac{35}{\sqrt{7}}+\dfrac{4}{\sqrt{2}}$ を計算しなさい。

(4)　右の図は，正三角形ABPと正五角形PQRSTを組み合わせた図形です。2直線 l，m は平行で，3点B，P，Tが一直線上にあるとき，$\angle x$ の大きさを求めなさい。

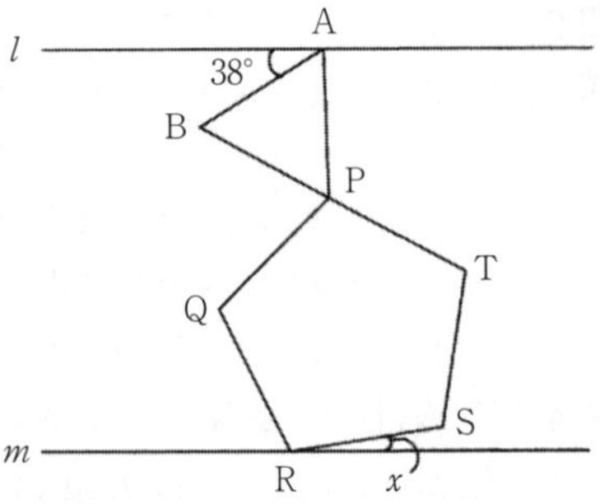

2　次の問いに答えなさい。

(1)　1から6の目のさいころを3回投げます。出た目の数を順に a，b，c とするとき，$(a-1)(b-2)(c-3)=0$ をみたす確率を求めなさい。

(2)　$5-\sqrt{7}$ の整数部分を a，小数部分を b とするとき，$\dfrac{3a^2-5ab+2b^2}{a^2-ab}$ の値を求めなさい。

(3)　右の図の△ABCにおいて，辺BCの中点をD，辺CAを5：3に分ける点をE，辺ABを3：2に分ける点をFとします。△ABCの面積が80cm²のとき，△DEFの面積を求めなさい。

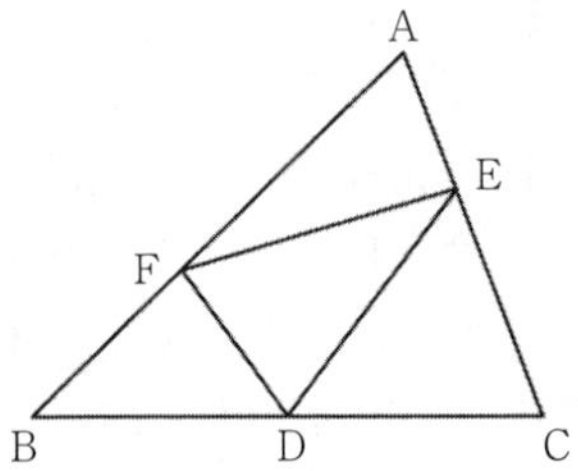

(4)　x，y について2組の連立方程式 $\begin{cases}6x+7y=11\\ax-y=-1\end{cases}$ …①，$\begin{cases}3x+4y=13\\2x+by=-4\end{cases}$ …②があります。②の解は①の解より x が4だけ小さく，y が5だけ大きいとき，a，b の値を求めなさい。

(5)　ある自然数は，正の約数を3個だけもち，その約数の総和が871です。この自然数を求めなさい。

3　次の問いに答えなさい。

ただし，この問いは答えだけでなく，答えを求める過程がわかるように，途中の式や計算を書きなさい。

(1)　関数 $y=\dfrac{1}{3}x^2$ について，x の変域が $a-6\leqq x\leqq a$ のとき y の変域が $0\leqq y\leqq9$ となります。このとき，a の値をすべて求めなさい。

(2)　12.5％の食塩水100ｇが入っている容器があります。この容器から x ｇの食塩水を取り出し，かわりに x ｇの水を入れてよくかき混ぜました。ここから，さらに x ｇの食塩水を取り出し，かわりに x ｇの水を入れてよくかき混ぜたところ，食塩水の濃度は4.5％になりました。

このとき，x についての2次方程式をつくり，x の値を求めなさい。

4　右の図のように，点A(0，8)を中心とする円が放物線$y=\frac{1}{2}x^2$と異なる4点で交わっています。そのうちx座標が正である点を，原点に近いほうから順にP，Qとします。また，2点PとAを通る直線と円の交点をR，円とy軸の交点のうち原点に近いほうをSとします。点Qのy座標が8であるとき，次の問いに答えなさい。

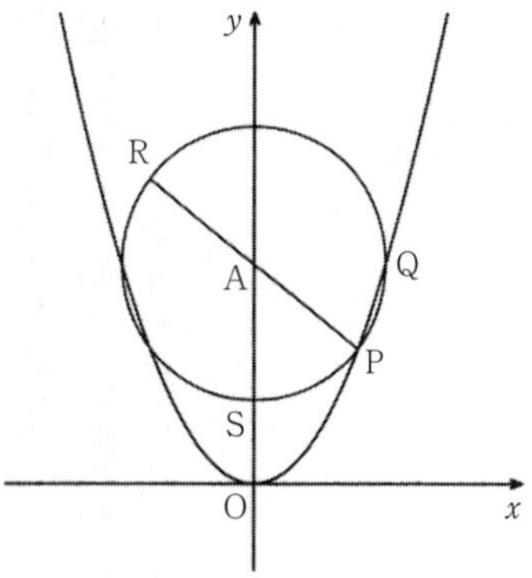

(1)　点Pの座標を求めなさい。

(2)　点Sから直線PRに引いた垂線との交点をHとするとき，SHの長さを求めなさい。

5　次の文章について，ア～カにあてはまる数を答えなさい。

$\sqrt{\dfrac{n^2+515}{n^2+2}}$が整数となるような自然数$n$を以下のように求めました。

$n^2+2=\mathrm{A}$とおくと，$n^2+515=\mathrm{A}+$［ア］であるので，

$\dfrac{n^2+515}{n^2+2}=\dfrac{\mathrm{A}+[ア]}{\mathrm{A}}=$［イ］$+\dfrac{[ア]}{\mathrm{A}}$となります。

したがって，$\dfrac{n^2+515}{n^2+2}=$［イ］$+\dfrac{[ア]}{n^2+2}$と表すことができます。

ここで，$\dfrac{[ア]}{n^2+2}$は自然数でなくてはならないので，

n^2+2は［ア］の正の約数となる必要があります。

nは自然数であるので，これを満たすn^2+2の値は

$n^2+2=$［ウ］，［エ］，［オ］　（［ウ］<［エ］<［オ］）

の3つとなります。

このうち，$\sqrt{[イ]+\dfrac{[ア]}{n^2+2}}$が自然数となるのは，1つだけなので，

求める自然数nは，$n=$［カ］となります。

6　右の図のように，ABを直径とする半径6cmの円Oの円周上に2点C，Dがあります。また，弦ACと弦BDの交点をEとします。弦ADの長さが8cm，∠BAC＝∠CADのとき，次の問いに答えなさい。

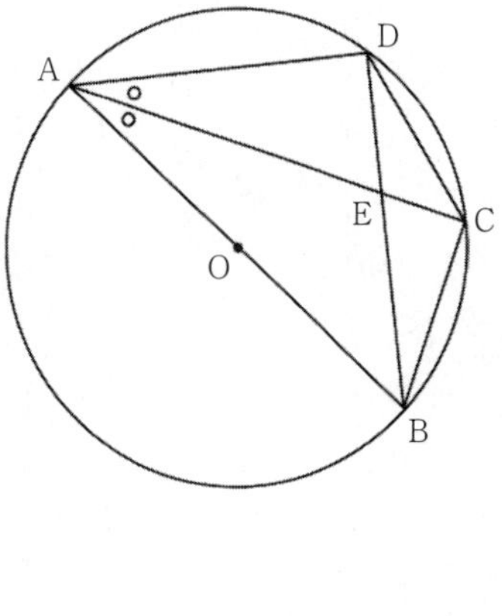

(1)　DEの長さを求めなさい。

(2)　弦CDの長さを求めなさい。

(3)　四角形ABCDの面積を求めなさい。

三　次の①〜⑤の言葉と同様の意味を持つ言葉を、後の語群からそれぞれ一つ選び、漢字に改めて答えなさい。

① ファンタジー
② ハーモニー
③ シンメトリー
④ レトリック
⑤ ノスタルジー

〈語群〉
たいしょう　しゅうじほう　きょうしゅう
ちょうわ　げんそう

四　次の①〜⑦の――線部を漢字に改め、⑧〜⑩の――線部の読みをひらがなで答えなさい。

① 建設計画がトウケツされるおそれがある。
② 係長から課長にショウシンした。
③ そこに松尾芭蕉のクヒがあった。
④ 電子ゴミから貴金属をチュウシュツする。
⑤ ホウシ活動に参加する。
⑥ 森林のバッサイを禁じていた。
⑦ 種田山頭火はヒョウハクの旅を続けた。
⑧ 適切な措置を講じる。
⑨ 穏やかで如才ない振る舞い。
⑩ 克己心を合い言葉に練習に励む。

問十二、[a]・[b]に当てはまる言葉として最も適切なものを、次の(ア)〜(エ)の中からそれぞれ選び、記号で答えなさい。

(ア) 必然的　(イ) 現実的
(ウ) 大局的　(エ) 相互的

問十三、――線⑩「『私』は、他者に承認を求めることで、その欲求が満たされるために必要な条件を自ら掘り崩してしまう」とありますが、「必要な条件」とは、どのようなことですか。本文中の言葉を用いて、三十字以内で答えなさい。

問十四、――線⑪「根本的な矛盾」が生じる理由を、「から。」に続くように本文中から四十字以内で抜き出し、その最初と最後の五字を答えなさい。

問十五、――線⑫「Instagramのなかでキラキラしている自分は自分のすべてではない」と同じ内容が述べられている部分を、本文中から二十五字以内で抜き出し、その最初と最後の五字を答えなさい。

問十六、――線⑬「『相互承認』という承認のあり方」とありますが、「相互承認」が成立するために大切なこととはどのようなことですか。その内容が述べられている部分を、本文中から四十字以内で抜き出し、その最初と最後の五字を答えなさい。

問十七、[⑭]に当てはまる言葉を、本文中から四字で抜き出して答えなさい。

問十八、――線⑮「あなたは私にとって、単なる便利な存在ではない」とありますが、「私」が「あなた」を「単なる便利な存在」として見ているとき、「あなた」をどのようなものとして捉えているのですか。本文中から二字の熟語で抜き出して答えなさい。

問十九、――線⑯「尊重」の「重」の意味と**異なる意味で使われているもの**を、次の(ア)〜(エ)の中から一つ選び、記号で答えなさい。

(ア) 重要　(イ) 重箱　(ウ) 重鎮　(エ) 重視

問二十、この文章の内容として**適切でないもの**を、次の(ア)〜(エ)の中から一つ選び、記号で答えなさい。

(ア) 人には誰でも承認が必要であり、「自分が何者かを知りたい」というのも承認欲求の一つである。
(イ) 承認欲求はときとして有害なものとなるが、生きていく上では不可欠なものである。
(ウ) 自律性と他律性は対立するものではなく、大きな影響を及ぼし合いながら存在しているものである。
(エ) 人は、他者に頼らなければ自分自身のアイデンティティを確立することはできない存在である。

問二十一、次の形式段落は本文中から抜いたものですが、どこへ入れるのが適切ですか。**その直後**の五字を答えなさい。

> 同じことが、子どもだけでなく大人についても言えます。大人もまた、他者の影響を受けながらアイデンティティを形成するのです。そして、大人にとってのそうした他者の代表例が、友達です。

二

次の①〜⑤のことわざと同様の意味を持つ言葉を、後の語群からそれぞれ一つ選び、その〔　〕に当てはまる漢字一字を答えなさい。

① ペンは剣より強し
② 善は急げ
③ 寝耳に水
④ ぬれ手で粟《あわ》
⑤ 絵に描いた餅

〈語群〉
〔　〕の下の力持ち　　文は〔　〕に勝る
的を〔　〕る　　〔　〕上の空論
灯台〔　〕暗し　　思い立ったが〔　〕日
〔　〕夫の利　　〔　〕天の霹靂《へきれき》

てそれが、「SNS疲れ」から距離をとり、風通しのよいSNSとのつきあい方を可能にする——そう考えることもできるように思います。

（戸谷洋志『SNSの哲学　リアルとオンラインのあいだ』による
なお、出題の都合上、本文を一部改めた部分があります）

＊1　Instagram…SNS（ソーシャル・ネットワーキング・サービス）の一つ。

＊2　Twitter…SNSの一つ。現在の名称は「X」。

＊3　ファボ…SNSで「いいね！」を押すこと。

＊4　即レス…すぐに返事を送ること。

問一、Ⅰ～Ⅲに当てはまる言葉の組み合わせとして最も適切なものを、次の(ア)～(エ)の中から選び、記号で答えなさい。

(ア)　Ⅰ　たとえば　Ⅱ　しかし　Ⅲ　ただし
(イ)　Ⅰ　しかし　Ⅱ　ただし　Ⅲ　たとえば
(ウ)　Ⅰ　ただし　Ⅱ　たとえば　Ⅲ　しかし
(エ)　Ⅰ　たとえば　Ⅱ　ただし　Ⅲ　しかし

問二、①に当てはまる言葉を漢字一字で答えなさい。

問三、——線②「人間は、自分ひとりの力では、自分のアイデンティティを形成することも、認識することもできない」とありますが、「自分のアイデンティティを形成する」ために必要なことを、本文中から二十五字以内で抜き出し、その最初と最後の五字を答えなさい。

問四、＝線Ⓐ～Ⓓの「ない」のうち、働きが他と**異なるもの**を一つ選び、記号で答えなさい。

問五、——線③「アイデア」とは、何についての「アイデア」ですか。それが具体的に述べられている部分を、本文中から十字以内で抜き出して答えなさい。

問六、——線④「うっすらとした驚き」とは、どのようなことに対する「驚き」ですか。本文中から二十字以内で抜き出して答えなさい。

問七、——線⑤「ここ」の指示内容として最も適切なものを、次の(ア)～(エ)の中から選び、記号で答えなさい。

(ア)　自分が友達に長所を書いてあげることが、友達にとって大切だということ。
(イ)　性格や長所は自分ではわからないので、友達に教えてもらうとよいということ。
(ウ)　私たちは、ほんとうに自分のことをよくわかっていないのだということ。
(エ)　友達に書いてもらった長所を見て、自分の長所に気づくことがあるということ。

問八、——線⑥「依存・不安・疎外の泥沼」を抜け出すためには、どのようなことが必要なのですか。その内容が述べられている形式段落を一つ本文中から抜き出し、その最初の五字を答えなさい。

問九、——線⑦「召喚」の言葉の意味として適切なものを、次の(ア)～(エ)の中から選び、記号で答えなさい。

(ア)　人を招き入れること。　(イ)　人を呼び寄せること。
(ウ)　適役の人を呼ぶこと。　(エ)　故人を思い出させること。

問十、——線⑧「そうした確信」と同じ内容を指している言葉を、本文中から八字で抜き出して答えなさい。

問十一、——線⑨「疎外された状態」とは、どのような「状態」のことですか。その説明として最も適切なものを、次の(ア)～(エ)の中から選び、記号で答えなさい。

(ア)　「自分」が自信を持って断言できるような自分自身と、「他者」から承認された自分自身とが全く異なっている状態。
(イ)　「他者」が「自分」の漠然としたイメージを認めようとせず、そのために「自分」の自尊心を傷つけられている状態。
(ウ)　「自分」にとっての「他者」を、自分自身を確信するための存在としてしか捉えることができなくなっている状態。
(エ)　「他者」からの承認に基づいた「自分」を演じようとして、本来の「自分」のあり方との間で引き裂かれている状態。

積極的にファボをつけていきます。このとき「私」は、「私」にファボをつけてくれるように相手に働きかけているのであり、相手を自分の承認欲求を充足させるための手段として扱っているのだと言えます。そして、相手もまた、自分の投稿にファボをつけてほしいから、「私」の投稿に対してファボをつけてくるのです。

　このとき「私」は、自分に寄せられるファボが、「私」の存在を承認するためにつけられたものではなく、相手が「私」に承認してほしくて(=その人の投稿にファボをつけてほしくて)つけられたものだということに気づきます。そのとき「私」は、自分が他者の承認欲求を満たすための道具に成り下がっていると感じ、自尊心を傷つけられることになります。——ここに、承認欲求の陥る⑪根本的な矛盾があるのです。

　このような関係に本人たちが納得しているなら、それはそれでよいのかもしれません。しかしヘーゲルは、少なくともこのような形では承認が実現されることはなく、自分自身を確信することもできない、と考えていました。とはいえ、だからといって他者との関係を断ち、ひとりぼっちになれと言ったわけでもありません。

　ヘーゲルによれば、承認をめぐる矛盾を乗り越え、承認を実現させるためには、「私」は他者から見えている「私」のイメージを自ら捨てなければなりません。つまり、それまで他者から認識されている「私」のイメージを通して自分を確信しようとしていた「私」が、その「私」のイメージにこだわることから、自分を解放するということです。

　たとえば、⑫Instagramのなかでキラキラしている自分は自分のすべてではない、それは一つの可能性にすぎないということを、自ら積極的に受け入れるということです。

　そしてそれは、自分だけではなく、他者を自由にすることをも意味します。「私」は、他者からどう見られているかを気にしなくなることで、「自分をこう見てほしい」「自分を認めてほしい」という他者への期待や要求を放棄し、他者をも解放することができるのです。

　ヘーゲルはここで、一方的な承認欲求のぶつけあいではない⑬「相互承認」という承認のあり方を提案しています。相互承認において「私」が相手(他者)に伝えるのは、「自分をこういう存在として認めてほしい」という［⑭］ではありません。そうではなく、「⑮あなたは私にとって、単なる便利な存在ではない」というメッセージであり、「役に立つかどうかは関係なく、私はあなたとかかわっていたい」というメッセージです。

　相互承認というかかわり方において、まず「私」は相手(他者)の自由を認めます。そのとき「私」もまた、自分があくまでも自由であることを、はじめて他者から承認されることになります。「私」は自由であり、相手にどう見られるか、相手に承認されるかどうかを気にすることなく、自分の感じ方や考え方を⑯尊重してよいのであって、それでも「私」は他者とのかかわりのなかにいることができるのです。それが、相互承認によって得られる承認にほかなりません。

　では、SNSにおいて相互承認はどのように実現できるのでしょうか。

　そのためには、まず、SNS上の自分が実際の自分とイコールではないということを、受け入れることでしょう。その上で、あなたが友達にSNS上の自分を承認するように求めることをやめるなら——つまり、ファボや＊4即レスを期待することをやめるなら——、それは友達の自由を尊重することにつながります。そしてその尊重はブーメランのように跳ね返ってきて、あなたもまた友達から、あなた自身の自由を尊重されることになるのです。

「承認欲求を捨てろ」と言っているのではありません。相互承認を求めることもまた、承認欲求であることにはちがいないからです。重要なのは、相手の自由を尊重し、相手からも自由を尊重されるという形での承認を求めることです。私たちには、そうしたワンランク上の承認欲求をめざすこともできるのではないでしょうか。そし

ようか。
とはいえ、承認欲求は⑥依存・不安・疎外の泥沼に人をひきずりこんでいく力も持っています。そのなかで苦しみ、疲れ果ててしまって、自分のアイデンティティがわからなくなり、自律性を奪われ、自尊心を傷つけられている人も多いかもしれません。

ここに、別の問いが立ち現れることになります。

私たちは生きていく上で他者からの承認を必要とします。しかし、承認欲求はときとして有害なものになります。では、私たちは「他者からの承認」という事柄に対して、どのような態度をとるべきなのでしょうか。自分の承認欲求をどのようにコントロールしていけばよいのでしょうか。

実はこの問いは、ＳＮＳが登場するずっと前から、哲学の世界では大問題として論じられてきたものでした。ここでひとりの哲学者を⑦召喚したいと思います。近代ドイツの哲学者、フリードリヒ・ヘーゲル（１７７０―１８３１）です。彼は、主著『精神現象学』のなかで、人はどのようにして自分自身を確信するのか、と問いかけました。

「自分自身を確信する」とは、言い換えるなら、自分に関して漠然としたイメージを持つだけではなく、「よし、これが自分なんだ！」と自信を持って断言できるような、そうした状態になることです。ヘーゲルによれば、人間は自分ひとりでは自分のことを確信することができません。⑧そうした確信を得るためには、他者から承認されることが必要なのです。

たとえば、まわりの人が「私」を「キラキラした人」として承認するとしましょう。すると「私」は、そのように承認されることで、自分が「キラキラした人」だということを確信します。ところが、そのように確信することは、同時に「私」を⑨疎外された状態に陥らせてしまう、と彼は言います。なぜでしょうか。

理屈は単純です。この場合、「私」は他者からの承認に基づいて、自ら「キラキラした人」であろうとします。実際には「キラキラした人」としてではない生き方もできるはずなのに、まわりの人から認めてもらえる「キラキラした人」を演じようとするのです。このとき「私」は、「キラキラした人」以外でもありえる自分と、他者から承認されている「キラキラした人」としての自分との間で、引き裂かれることになります。そして、いつの間にか自分を偽り、見失うことになってしまうのです。

このようにして承認欲求は［ａ］に挫折します。ところがこの挫折は、これだけでは終わりません。

他者による承認によって自分自身を確信しようとすることは、他者を、自分自身を確信するための手段として、いわば道具として扱うことを意味します。このとき、相手は「私」にとって「私をキラキラした人として認めてくれる人」としてのみ現れ、それ以上の存在ではなくなってしまいます。

しかし、ある人による承認が「私」にとって有効であるためには、その人は自由でなくてはいけません。自由な相手が、自分自身の意志で「私」を承認してくれるのでなければ、「私」は満足できないのです。しかし、そうだとすると、「私」が相手を、自分の承認欲求を満たすための手段として――つまり、相手の自発性や自由を無視する形で――扱っている限り、「私」は相手から満足のいく承認を得られない、という矛盾に陥ることになります。つまり⑩「私」は、他者に承認を求めることで、その欲求が満たされるために必要な条件を自ら掘り崩してしまうのです。

それだけではありません。ヘーゲルは「承認」の問題を、あくまでも［ｂ］な関係の問題として捉えていました。つまり、「私」が他者に承認を求めるとき、その他者もまた「私」に対して承認を求める、ということです。

＊1Instagramや＊2Twitterにおける＊3ファボを例にとってみましょう。「私」は自分の投稿にファボがつくと、自分が認められている気持ちになります。そして、その気持ちをもっと味わいたくて、多くの人にファボをつけてもらうために、自分も他者の投稿に

二〇二四年度 明治大学付属中野高等学校

【国　語】〈五〇分〉〈満点：一〇〇点〉

一　次の文章を読んで、後の問いに答えなさい（字数指定がある問いでは、句読点・記号なども一字として数えます）。

私たちは多くの場合、自律性こそが大切だと教えられて育ちます。私も小学生のころは「自分で考え、自分で行動しよう」と先生にいつも言われていました。何かがわからなくて答えを聞こうとすると、「まずは自分で考えてみなさい」と怒られたものです。

[Ⅰ]、自律性と他律性が、まるで水と[①]のように、決して交わることなく対立するものとして捉えられるなら、そうした考え方には疑問の余地があります。たとえば「自律的であるためには他律的であってはならず、また他律的であるならば決して自律的ではない」という考えは、おそらく私たちの現実を反映したものではありません。なぜなら②人間は、自分ひとりの力では、自分のアイデンティティを形成することも、認識することもできないからです。

アイデンティティとは、言い換えれば「自分は何者なのか」「自分にはどんな可能性があるのか」ということについての自分なりの理解です。

[Ⅱ]子どもは、大人からさまざまな可能性を提示され、それを一つ一つ試していくことによって、自分を少しずつ知っていくことになります。

ある子どもが歌をうたったとき、そばにいた大人がそれを聞き、うれしそうに微笑《ほほえ》んだとしましょう。するとその子は、「自分には歌をうたうことができるんだ。そしてそれによって、他の人を喜ばせることもできるんだ」と気がつきます。そうした、他者とのかかわりからもたらされる気づきの蓄積が、「自分は何者なのか」「自分には何ができるのか」というアイデンティティの形成には欠かすことができⒶないのです。

子どもは、まわりの大人から世話や関与を受けることなしに生きていくことはできません。その意味で、子どもは自分を育ててくれる大人たちに対して他律的です。[Ⅲ]、その他律性は、子どもの人生から自律性を奪い去ることを決して意味しません。むしろ反対に、自律性とはそうした他律性のなかからしか育まれてこⒷないものなのです。

つまり、自律性と他律性はつながっています。私たちは、自分が何者であるかを知り、自分のアイデンティティを確立するために、どうしても他者の力を借りなければならⒸないのであり、それは決してよくⒹないことではなく、むしろ人が成長していく上で自然なあり方なのです。

たとえばみなさんは、受験や、クラブなどへの申し込み、何かの活動などのために、自分の性格や長所を書類に書いて提出しなければならなくなったとき、何を書いたらいいのかわからなくなることはありませんか。そんなときに有効な対処法の一つは、友達に③アイデアを書いてもらう、という方法です。そうして書かれたものを見て、「なるほど、自分にはこういう長所があるのか」と、はじめて自分の個性に気づかされることはよくあることです。

反対に、私が友達に長所を書いてあげたことも何度かあります。私としては、その友達の長所としてはあまりにもあたりまえなことを書いているつもりなのに、それを読んだときの友達の顔は、たいていの場合は④うっすらとした驚きに包まれています。それくらい、私たちは自分のことをよくわかっていないのです。

おそらく、⑤ここに「承認」の持つもっとも基本的な働きが表れています。すなわち、「自分が他人にどのような人として見られ、受け入れられているかを知ることによって、自分が何者であるかを知る」ということです。そうした形で「自分が何者であるのかを知りたい」と望むことこそ、承認欲求にほかならないのではないでし

2024年度／明治大学付属中野高等学校

英語解答

I　1　ア　2　エ　3　ウ　4　ア
5　イ　6　ウ

II　1　expensive　2　weather
3　castle　4　flew
5　disaster

III　1　A…was　B…at　C…everyone
2　A…of　B…make　C…for
3　A…man　B…to　C…looks
4　A…were　B…trees　C…not
5　A…I　B…you　C…for
6　A…No　B…found　C…those

IV　1　オ　2　カ　3　エ　4　ウ
5　ア

V　1　ア　2　ウ　3　イ　4　ウ
5　エ

VI　問1　イ　問2　job　問3　ウ
問4　ア　問5　イ　問6　オ
問7　one of the biggest difficulties they face is
問8　help one learn skills needed to succeed
問9　エ，カ

I〔適語(句)・適文選択・語形変化〕

1．remember ～ing「～したことを覚えている」　remember to ～「忘れずに～する」　「私は去年キャンプ旅行で流れ星を見たことを覚えている」

2．‘make＋材料＋into＋製品’「〈材料〉を〈製品〉にする」の受け身形。　「ぶどうはワインになる」

3．ここでの another「別のもの」は不特定の前出の名詞(本問では umbrella「傘」)を指す代名詞。it だと特定のもの(なくした傘そのもの)を指すので不可。　「私は傘をなくしたので，お店に行って別のものを買わないといけない」

4．‘条件’や‘時’を表す副詞節では未来の出来事も現在時制で表す。　「彼は『もし明日雨なら，タクシーで来ます』と言った」

5．couldn't be better は「これ以上良くならない」→「最高だ」の意味。　「それは完璧だ。それは最高だ」

6．ここでの Never mind.「気にするな」は，物事が重要でないことを相手に伝える定型表現。
A：何て言ったの？／B：気にしないで。大したことじゃなかったから。

II〔単語の定義―適語補充〕

1．「多額のお金がかかること」―「高価な」　「私たちはそのような高いホテルには泊まれない」

2．「気温と，日光，雨，風などその他の状況」―「天気」　「天気予報によれば，今日ははるかに暑くなって，気温は最高で38度に達するだろう」

3．「かつて人々を攻撃から守るために建てられた，高い壁や塔のある大きな建物」―「城」　「私がスコットランドに行ったとき，月明かりの下で古い城を見た。それはすばらしく美しかった」

4．「飛行機で旅をすること」―「(飛行機で)飛ぶ，行く」　過去の事実を述べた文なので過去形にする。　fly－flew－flown　「徳仁天皇と雅子皇后は，友好関係の促進のため2023年6月17日にインドネシアに行った」

5．「多大な被害や損害をもたらす出来事」―「災害」　「自然災害が発生すると，自分たちがどれほど無力かを思い知る」

Ⅲ〔整序結合〕

1．「笑われた」なので受け身になるが，laugh at ～「～を笑う」のような動詞句の受け身形は，過去分詞の後ろにその動詞句を構成する語(句)をそのままの順で置き，その後に「～によって」の by を置くので，be laughed at by …となる。　He was laughed at by everyone in his class.

2．‘人の性質’について述べる‘It is ～ of … to ―’「―するとは…は～だ」の構文。「お母さんに夕食を作る」は‘make＋物＋for＋人’で表せる。　It is kind of you to make dinner for your mother.

3．「スーツケースを運んでいる男性」は The man carrying a suitcase で表せる。これは現在分詞 carrying で始まる語句が前の名詞 The man を修飾する‘名詞＋現在分詞＋語句’の形(現在分詞の形容詞的用法)。「疲れているように見える」は‘look＋形容詞’「～(の状態)に見える」の形で表す。　The man carrying a suitcase to the taxi looks tired.

4．‘現在の事実に反する仮定’を表す仮定法過去の文にする。「～がなかったら」は条件節を導く if で文を始め，‘there＋be動詞＋no＋主語…’「～がない〔いない〕」の形で表す。‘be動詞’は過去形の were とする。主節の「～しないだろう」は would not ～ の形になる。　If there were no water, those trees would not grow well.

5．「～は見つかりましたか」は「あなたは～を見つけましたか」と読み換え，現在完了の疑問文 Have you found ～？で表す(find－found－found)。「あなたに探すように頼んでいた本」は関係代名詞節で表すと考え，the book「本」の後に‘ask＋人＋to ～’「人に～するよう頼む」の形を使った I asked you to ～ を続ける(目的格の関係代名詞は省略)。「～を探す」は look for ～。　Have you found the book I asked you to look for？

6．「大きな違いは見られない」は与えられた否定語が no なので，‘no＋名詞’「少しの～もない」の形を用いて no big difference とまとめ，これを主語とする。動詞部分は can be found とまとまる。「東洋(の衣服)と西洋の衣服の間に」は‘between *A* and *B*’「*A* と *B* の間に」を使えばよいが，clothes「衣服」の繰り返しを避けて those を使うことに注意。　No big difference can be found between clothes in the East and those in the West.

Ⅳ〔長文読解―適文選択―説明文〕

≪全訳≫❶私たちのほとんどが，まあまあ良い記憶力を持っている。人生のさまざまな時期を思い返し，そのときにいた場所や起きたことを思い出すことができる。しかし，私たちが覚えていることは限られている。例えば，私たちはこれまでに会ったあらゆる人を覚えているわけではないし，人生の一つ一つの日に何をしたかは思い出せない。[1]そして大部分の人にとって，電話帳にある全ての名前や電話番号を読んで覚えることは不可能だろう。私たちの脳は，そのような大量の情報を私たちが保持することを決して許してくれない。❷しかし，驚異的な記憶力を持つ人たちもいる。このような人たちは，サヴァン症候群として知られるまれな障害を持つ。[2]サヴァンの人たちは発達障害を患っているが，彼らはまた，その身体的あるいは精神的な障害とは非常に対照的な目覚ましい才能を発揮する。例えば，サヴァンの人は音楽，数学，言語学習においてすばらしい才能を示すかもしれないが，社会的能力が限られているだけでなく，他の分野で大きな困難を抱えている。❸キム・ピークは，アメリカのユタ州にあるソルトレイクシティに住んでいたサヴァンの人だった。彼は生まれつき脳の一部に損傷があったが，それを補うために脳の他の部分――特に記憶に関する部分が過剰に発達したと思われる。ピークの独特な能力はとても幼いときに現れた。3彼が生後まだ20か月のときすでに，読み聞かせてもらった本を全て覚えることができた。彼は本を暗記すると，もう二度と読む必要がないことを示すために，その本を逆さまに置いたものだった。そしてこれは生涯にわたる習慣となった。**4**ピークは１冊の本の２ページを同時に――右目で１ページ，左目で１ページずつ――10秒かからずに読めて，読んだこと全てを記憶していた。ピークはなくなるまでに9000冊以上の本を記憶した。彼はさまざまな電話帳にある名前と番号を全て覚えることができた。歴史，文学，地理，スポーツに関する何千もの事実を暗唱できた。彼はほとんどのクラシック音楽の曲を覚えており，その作曲家の生まれた日となくなった日だけでなく，その曲がいつつくられ，いつ最初に演奏されたかも言うことができた。サヴァン症候群の専門家であるデビッド・トレファート博士は，物事を覚えていたり関連づけたりする彼の驚異的な能力のため，ピークを「生きるグーグル」とかつて表現した。4けれども同時に，ピークは髪をとかしたり服を着たりという単純作業が行えず，他人に助けてもらうことが必要だった。**5**1989年，映画『レインマン』がアカデミー作品賞を受賞した。ダスティン・ホフマンにより演じられたこの映画の主人公は，キム・ピークの人生をもとにしていた。その後，人々はピークについて知るようになった。彼はテレビに出演し始め，そこで彼はさまざまなトピックに関する複雑でわかりにくい質問に正しく答えて観客を驚かせていた。5ピークは世界的に有名になり，彼とその父は障害とともに生きる人生について語るために幅広い地域を回るようになった。人生の大半でピークは人を苦手としていたが，自分の経験を話すことを楽しむようになり，彼の社会的能力も向上した。彼はとても多くの人々を，彼の身の上話と彼の言葉で勇気づけた。「他の人々の違いを認めて尊重し，誰に対しても自分が相手にしてほしいように接することで，私たちの世界は誰にとってもより望ましい場所になるでしょう。違っているのは障害を抱えた人たちだけではありません。みんな違っているのです！」

＜解説＞１．人間の記憶が限られていることを述べた部分である。　２．前文で紹介された savant syndrome「サヴァン症候群」についての説明が入る。　３．前文の内容を受けて，ピークが幼いときの具体的なエピソードが入る。　４．第２段落でサヴァンの人について，その優れた能力と同時に彼らが抱える困難にもふれていることに着目する。ピークについても，抱えていた問題を示すことで，彼も同様であることを示していると考えられる。　５．ピークが映画やテレビへの出演で知名度を得た後のことを述べた部分。直後に，人前で話すのを楽しむようになり，社会的能力も向上したとあることから判断できる。

V〔長文読解総合（英問英答形式）―説明文〕

≪全訳≫**1**病室に入れば，看護師や医師に会うものと思うだろう。だが一部の病院では，イヌやネコ，さらにはウサギやカメに会うこともある。しかし，これらのペットは治療を受けるためにそこにいるわけではない。彼らは医療チームの一員なのだ。もちろん動物たちが医学の学位を持っているわけではない。彼らはただそこにいるだけで患者の回復に役立つのだ。**2**30年にわたる研究の後，研究者たちは動物が健康上多くの恩恵を与えることを確信している。それは，血圧を下げることから手術後の治癒が早まることまでさまざまだ。ある研究は，たとえ10分でも動物と一緒にいれば血圧が著しく下がることを示している。ペットがどう人々の健康を改善するのかを示す例は多い。ペットを飼っている人は，飼っていない人よりコレステロール値が低いことを研究が示している。ペットを飼っている人は全体的により好ましい健康状態にあり，医者にかかる回数もより少ない。また，心臓発作を起こしたことのある人がペットを飼うとより長く生きられる。さらに，ペットを飼っている人は精神的にもより健康だ。なぜならペットが彼らをより幸福にし，よりリラックスさせ，ストレスを減らすからだ。❸あなたは子どもの頃にペットを飼っていただろうか。あなたの祖父母はペットを飼っているだろうか。ペットのもたらす健康上の恩恵は，子どもにも高齢者にも非常に大きい。例えば，子どもたちが病気や親族の死といった家族の問題に対処する際に，ペットは助けになる。研究はまた，ペットを飼っている子どもたちはスポーツや趣味に打ち込む可能性がより高いことを示している。情緒障害があったり，精神を病んでいたりする子どもたちもペットにはとても助けられている。動物は子どもたちを落ち着かせて，その行動，あるいは精神力までも改善させる。動物は高齢者にも，彼らがより長くより健康に生きるのに貢献するといった驚くべき効果をもたらす。それはどのようにしてなのだろうか。1つは，ペットは高齢者の寂しさや鬱屈を減らす。そしてイヌのような一部のペットは，散歩のために外に出ることで高齢者を運動する気にさせる。いくつかの支援団体は老人ホームにペットを連れていき，入居者を元気づけている。ペットは幸せな笑顔を高齢者から引き出し，彼らの人生の質を上げるのに役立つ。❹ペットを病院に持ち込むグループもある。ほとんどの場合，その動物はイヌだが，ネコやウサギ，鳥などの場合もある。彼らはセラピーアニマルと呼ばれる。この動物たちは患者に安らぎや愛情を与えるよう訓練されている。良いセラピーアニマルとは，親しみやすく，優しく，そして辛抱強い。彼らは人が彼らをなでたり，彼らに話しかけたりすることを許してくれる。彼らは病気の人たちに笑いや楽しみをもたらし，彼らが快方に向かうのを助ける。❺今日では動物による癒やしのプログラムがたくさんある。興味深い例の1つが，イルカのプログラムだ。世界中の大学やイルカの施設の研究者が，イルカと泳ぐことによる癒やしの効果を研究している。研究者の中には，イルカが水中で出す音が人を癒やせると考えている人もいる。また，イルカが癒やしになるのは，彼らが人を平和で幸せな気分にさせるからだと言う人もいる。特別な支援を必要とする子どもたち向けのイルカのプログラムは大きな成功を収めている。重病患者でさえ，イルカと泳ぐことで症状が改善する。❻動物が病気の人を助けるもう1つの興味深い例は，イヌを使ってガンを発見するプログラムだ。患者の息には特定の化学物質が含まれているため，イヌがガンのにおいを感じられることを研究者たちは発見した。イヌの嗅覚は人間のものより1万倍から10万倍優れている。研究では，訓練されたイヌは88パーセントから97パーセントの確率で早期のガンを発見している。ガンを早期に発見することは患者の生存にとって重要なので，これらの訓練されたイヌは多くの命を救う可能性がある。❼研究者たちは，動物が人々の気分を良くし，寿命を延ばすことを知っている。しかし彼らはその理由を完全に説明することはできない。研究者たちは，ペットがいつも愛情に満ち，決して非難せずにそばにいてくれるのを，人々が頼りにしているからではないかと考えている。これが人々に良い気分をもたらし，リラックスさせるのだ。患者はペットの近くでは穏やかで幸せな気分になる。このような精神的，感情的な状態のおかげで，彼らは身体的に回復していると感じる。理由は何であれ，動物があらゆる年齢の人々にとって良い薬であることは疑いがない。ペットは家庭，病院，そしてあらゆるケアの場において，価値ある位置を占めている。

1＜要旨把握＞「人が短時間でも動物と一緒にいると何が起こりえるか」―ア．「血圧の大幅な低下が見られることがある」　第2段落第3文参照。　lower「～を下げる」

2＜要旨把握＞「ペットを飼うことの利点として次のうち正しいのはどれか」―ウ．「高齢者が体を動かす機会が増える」　第3段落最後から3文目参照。　‘encourage＋人＋to ～’「〈人〉を～する気にさせる」

3＜要旨把握＞「セラピーアニマルについて次のうち正しいのはどれか」―イ．「セラピーアニマルは患者を気分良くさせる方法を教えられる」　第4段落第4文参照。　comfort「快適さ，安らぎ」

4＜要旨把握＞「研究者たちは動物に関して何を発見したか」―ウ．「イヌは息のにおいを嗅ぐことで，人がガンかどうか見分けられる」　第6段落第2文参照。

5＜内容真偽＞「この記事によれば，次のうち正しいのはどれか」　ア．「人間を癒やすことのできる動物はわずかしかいないので，我々はイヌ，ネコ，ウサギ，鳥，イルカを仲間として扱うべきだ」…×　そのような記述はない。　イ．「ペットの良好な精神状態は，患者が肉体的な回復を感じ，その後健康状態が良くなることに役立つ」…×　最終段落第5，6文参照。患者の健康状態を改善するのはペットではなく患者自身の精神状態。　ウ．「動物があらゆる年齢層の人々にとって良い薬であることは誰も疑わないが，動物が人々を癒やすためには特別な条件が必要だ」…×　第1段落最終文参照。ただいるだけでいい。　エ．「ペットは患者の気分を良くするのに役立つが，研究者でもその理由を完全に説明することはできない」…○　最終段落第1，2文に一致する。

Ⅵ〔長文読解総合―説明文〕

≪全訳≫❶ひんやりとした1月の朝のサンノゼ州立大学構内で，新学期の始まりのときのことだった。22歳のライアン・アダムスは，友人たちと最初の授業に歩いて向かっていた。ライアンは大学生として最後の学期を始めることになっていて，5月末にはファイナンスの学位を取得して卒業する。卒業は数か月後のことだが，ライアンはすでに履歴書の作成に取り組んでいて，4月には仕事に応募し始める予定だ。学生からフルタイムで働く社員へと変わることに，彼はわくわくしていると同時に少し不安を感じてもいる。「夏までには職を得たいです」と彼は言う。「やっぱり，ついに社会に出ていくというのはうれしいですね。その反面で，僕が経験する初めての本格的な仕事になるので，それは少し怖いです」❷ライアンは卒業するまでに，大学で4年を，そして彼の人生のうち合計16年間を学校で費やすことになる。多くの学生たちのように，教育に費やした時間とお金は報われるとライアンは信じている。最終的には自分の選んだ分野でいい仕事につき，うまくやっていけるだろうと。しかし，職場に入る準備に学校で費やしたあれだけの年月にもかかわらず，多くの新卒者が言うのは，教室から職業の世界への移行に苦労していて職業生活に適応するのに困難を抱えているということだ。❸WorkAwesome.comというウェブサイトでブログを書いているライター兼編集者のジョセフ・ルイスは，そうなる理由の1つを示している。ルイスは，私たちの学校での経験――子どもの頃から大学まで――のほとんどは相当程度予測が可能だが，社会人生活の方ははるかに不確かだと考えている。例えば学校では，パターンは多かれ少なかれ毎年同じだ。全ての学生は毎年決まった数の授業を受けなければならず，その授業を乗りきるには特定のことをしなくてはならない。課された教材で勉強し，宿題をし，テストを受けて合格するといったことだ。しかし職場では，絶え間ない変化が普通のことであり，人はすばやく適応しなければならない。今月取り組んでいるプロジェクトが来月，あるいは来週にも突然変更になるかもしれないし，多くの場合，この先6か月から12か月後に自分が何をしているのかを予想するのは難しい。職場での生活は，他の面でも不確実なことがある。例えば学校では毎年次の学年に進み，「そしてその変化には進歩の感覚や，成長，重要性の感覚が伴います」とルイスは指摘する。しかし，職場では「X自分がいつ昇進しそうなのかがわからず，それは景気，同僚，上司や顧客，あるいは自分にはどうにもならない他の100の事柄に左右されるのです」❹労働人口に加わる新卒者たちが遭遇するもう１つの問題は，分析的に考える準備ができていないことだ。学校では，大学生たちも含めて，多くの学生が事実を暗記し，「学んだ」ことをテストの中で再現することに多くの時間を費やす。だが職場では，従業員は「Y批判的思考をして自分の仕事に関する決断をすることがしばしば期待されていて，ただ単に管理者の指示に従うだけではありません」とミシガン州立大学のキャリア・サービス・ネットワークは指摘する。例えば，仕事で問題に直面している従業員は，さまざまな解決策を見つけ，最善の行動方針を選択し，その選択を他者に説明するという能力が必要だ。ある最近の報告書は，学校でのテストに費やす時間は減らす必要があること，そして学生が情報を分析して解釈し，問題を解決し，自分の考えを効果的に伝えるのを促進すること――これらは今日の職場で成功するための準備となるスキル――にもっと時間を割く必要があるということを述べている。❺最後になるが，新卒者の多くが言うには，⑦彼らが直面する最も難しいことの１つは仕事上の共同作業に適応することだ。ある意味では，学校は人を協働という職場の持つ性質に備えさせる。学習者たちは他の多くの学生と一緒に毎日授業を受ける。彼らは他人の意見に耳を傾け，ときには集団での議論に参加し，教室の外でもうまくやっていく方法を学ばねばならない。しかしながら学校では通常，学生はほとんどの課題(テスト，宿題，プロジェクト)を他の人とは無関係に取り組んで完了させ，自分がどれだけ良くできたかによって成績がつけられる。しかし職場では，従業員はZ日常的に他の人々とやり取りをしなければならず，成功のために同僚たちに頼ることがしばしばある。言い換えれば，ある従業員が与えられたプロジェクトを完成させるために他の従業員と協力しなくてはならない場合，その従業員の成功は，本人の努力や専門知識だけでなく，同僚がどれだけよく働いたかにも左右される。共同作業に効果的に参加し，そして問題が発生したときの対処方法を知ることは大変に重要だが，そうでありながら，それは，多くの学生が学校という環境の中では十分に練習をしていないことでもある。❻職場に出るにあたって若者たちにより適切な準備をさせるにはどうすればよいのか。新卒者たちは自分たちの教育での経験を振り返って，いくつかのアドバイスをしている。多くの人は，全ての学生に在学中のインターンシップを課すべきだと考えている。例えば，企業，病院，政府機関などでアルバイトをすることは，⑧学生が実社会で成功するのに必要なスキルを身につけるのに役立つ。他の卒業生たちは，教師は授業中の活動としてもっと共同作業を取り入れるべきで，そういった課題は職場で同僚たちと協働するという要求に学生を慣れさせるだろうと考えている。さらに，文章を書いたり人前で話したりする技術――多くの従業員が仕事で日常的に使わねばならない能力――の向上にもっと焦点を当てるべきだと考える人たちもいる。そのような実践的な職業体験を教室での授業と組み合わせることは，学生が職場の現実に備えることに役立ち，学校から職業の世界への移行のストレスをより少ないものにするだろうと卒業生たちは言う。

問１＜適語(句)選択＞空所後の卒業までしばらくあるという内容と，文後半の，すでに仕事の準備を進めているという内容は相反する関係になっているので，Even though「～であるにもかかわらず」を選ぶ。なお，However「しかしながら」は副詞なので，ここでは不適。

問２＜適語補充＞大学卒業後の就職に向けて準備をしているライアンのセリフ。空所後に続く関係詞節から have の目的語となる単語を探す。２文前にある have a job「仕事についている」という表現がヒントになる。

問３＜英文解釈＞ライアンが信じている内容は直後のthat節の内容で，さらにその後のコロン(:)以降で具体的に説明されている。文の最後にあるthe field he has chosen「彼が選んだ分野」は「希望の進路」ということ。 pay off「(努力などが)実を結ぶ，報われる」

問４＜単語の意味＞この後に続く２文から，学校では毎年することが決まっていることが読み取れるので，ア.「予期したとおりに起こったり，振る舞ったりする」が適切。 predictable「予測できる」

問５＜適語選択＞a．次の文から，学校生活では毎年パターンが「同じ」だとわかる。 b．次の文から，職場ではプロジェクトや将来の業務の変更が頻繁にあることがわかる。 constant「絶え間ない」 c．続く２文では，毎年決まって進級のある学校と違い，職場では自分以外の人や物事に自分の命運が左右されることがわかる。 uncertain「不確かな」

問６＜適語句選択＞X．直前のhoweverに着目。前文の学校における進級との対比となる内容が入る。 Y．直後に管理者に従うだけではないとあるので，自分自身で考えることが求められているとわかる。 Z．ここも前にあるhoweverから，前で述べられた学校での学習との違いを示す内容になるとわかる。次の文で言い換えられていることからも判断できる。 in other words「言い換えれば」

問７＜整序結合＞まず‘one of the＋最上級＋複数名詞’「最も～なものの１つ」の形でone of the biggest difficultiesとする。faceは「～に直面する」という動詞として使ってthey faceとまとめ，これでdifficultiesを後ろから修飾する。最後にisを文の述語動詞として使う。

問８＜整序結合＞学生がインターンシップをすることを勧めている部分。「ボランティア経験が学生の役に立つ」という内容を予想し，‘help＋人(＋to)＋動詞の原形’「〈人〉が～するのに役立つ」の形にする。‘人’にはstudentsの１人を指す代名詞としてoneを入れる。‘動詞の原形’にsucceed「成功する」を置くと残りがうまくまとまらないので，learn「～を学ぶ」を置き，その目的語としてskills「技術」を続ける。残りはneeded to succeed「成功するのに必要な」とまとめ，名詞skillsを修飾する過去分詞句として後ろに置く(過去分詞の形容詞的用法)。

問９＜内容真偽＞ア.「ライアンは仕事探しに出遅れてうろたえている」…×　第１段落第４文参照。already「すでに」から，準備を早めに進めていることがわかる。 イ.「大学生は高校生より試験の準備に時間をかけない」…×　そのような記述はない。 ウ.「学生は自分の課題を独力でこなせるくらい自立しているべきだ」…×　そのような記述はない。第５段落第５文のindependentlyは「独立して，(～とは)無関係に」という意味の副詞で，作業には１人で取り組むのが通常である学校の状況を述べている。 エ.「学校は学生が協力し合う機会をもっと提供するべきだ」…○　第５段落後半や最終段落第５文の内容に一致する。 オ.「卒業生の助言に従わない学生は将来成功できないだろう」…×　そのような記述はない。 カ.「人前で話す能力が重要だと考える卒業生もいる」…○　最終段落第６文に一致する。

2024年度／明治大学付属中野高等学校

数学解答

1 (1) $(x-6)(x+3y+9)$　(2) 8071
(3) $1+\sqrt{7}$　(4) 14°

2 (1) $\dfrac{91}{216}$　(2) $\sqrt{7}$　(3) 21cm²
(4) $a=-\dfrac{2}{3}$，$b=-\dfrac{1}{2}$　(5) 841

3 (1) $6-3\sqrt{3}$，$3\sqrt{3}$　(2) 40

4 (1) $(2\sqrt{3},\ 6)$　(2) $2\sqrt{3}$

5 ア…513　イ…1　ウ…3　エ…27
オ…171　カ…13

6 (1) $\dfrac{8\sqrt{5}}{5}$cm　(2) $2\sqrt{6}$cm
(3) $20\sqrt{5}$cm²

1 〔独立小問集合題〕

(1)＜式の計算―因数分解＞与式 $=(x^2+3x-54)+(3xy-18y)=(x+9)(x-6)+3y(x-6)$ として，$x-6=A$ とおくと，与式 $=(x+9)A+3yA=A(x+9+3y)=A(x+3y+9)$ となる。A をもとに戻して，与式 $=(x-6)(x+3y+9)$ である。

(2)＜数の計算＞$2024=2019+5$，$2018=2019-1$ だから，$2019=A$ とおくと，$2024=A+5$，$2018=A-1$ より，与式 $=(A+5)(A-1)-A^2=A^2+4A-5-A^2=4A-5$ となる。よって，与式 $=4\times2019-5=8076-5=8071$ である。

(3)＜数の計算＞与式 $=\sqrt{2\times18}-2\sqrt{2}+\sqrt{2^2\times7}+(7-2\sqrt{7}+6\sqrt{7}-12)-\dfrac{35\times\sqrt{7}}{\sqrt{7}\times\sqrt{7}}+\dfrac{4\times\sqrt{2}}{\sqrt{2}\times\sqrt{2}}=\sqrt{6^2}-2\sqrt{2}+2\sqrt{7}+(4\sqrt{7}-5)-\dfrac{35\sqrt{7}}{7}+\dfrac{4\sqrt{2}}{2}=6-2\sqrt{2}+2\sqrt{7}+4\sqrt{7}-5-5\sqrt{7}+2\sqrt{2}=1+\sqrt{7}$

(4)＜平面図形―角度＞右図で，直線STと直線 l，直線 m の交点をそれぞれC，Dとし，直線 l 上の点Aより左に点E，直線 m 上の点Dより右に点Fをとる。△ABPが正三角形より，∠BAP＝∠APB＝60°だから，∠PAC＝180°－∠BAE－∠BAP＝180°－38°－60°＝82°，∠APT＝180°－∠APB＝180°－60°＝120°となる。また，五角形PQRSTは正五角形だから，外角の和が360°より，∠PTC＝∠RSD＝360°÷5＝72°である。よって，四角形APTCで，∠ACT＝360°－∠PAC－∠APT－∠PTC＝360°－82°－120°－72°＝86°となる。l∥m より錯角は等しいので，∠SDF＝∠ACT＝86°となり，△RSDで内角と外角の関係より，∠x＝∠SDF－∠RSD＝86°－72°＝14°となる。

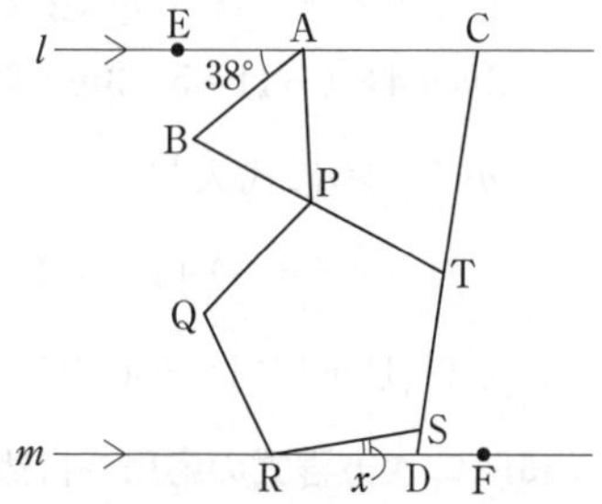

2 〔独立小問集合題〕

(1)＜確率―さいころ＞さいころの目の出方は6通りだから，さいころを3回投げたときの目の出方は，全部で6×6×6＝216(通り)あり，a，b，c の組は216通りである。このうち，$(a-1)(b-2)(c-3)$ の値が0とならない場合を考える。これは，$a-1$，$b-2$，$c-3$ がいずれも0でない場合だから，a は2，3，4，5，6の5通り，b は1，3，4，5，6の5通り，c は1，2，4，5，6の5通りある。よって，$(a-1)(b-2)(c-3)$ の値が0とならない場合は5×5×5＝125(通り)ある。これより，$(a-1)(b-2)(c-3)=0$ となる場合は216－125＝91(通り)だから，求める確率は $\dfrac{91}{216}$ である。

(2)＜数の計算＞$-\sqrt{9}<-\sqrt{7}<-\sqrt{4}$ より，$-3<-\sqrt{7}<-2$ となり，それぞれに5を加えると，$5-3<5-\sqrt{7}<5-2$，$2<5-\sqrt{7}<3$ となる。よって，$5-\sqrt{7}$ の整数部分 a は $a=2$ であり，小数部分 b は $b=5-\sqrt{7}-2=3-\sqrt{7}$ となる。これより，$3a^2-5ab+2b^2=3\times2^2-5\times2\times(3-\sqrt{7})+2(3-\sqrt{7})^2=3\times4-30+10\sqrt{7}+2(9-6\sqrt{7}+7)=12-30+10\sqrt{7}+32-12\sqrt{7}=14-2\sqrt{7}$，$a^2-ab=2^2-2(3-$

$\sqrt{7}) = 4 - 6 + 2\sqrt{7} = 2\sqrt{7} - 2$ となるので，与式 $= \dfrac{14 - 2\sqrt{7}}{2\sqrt{7} - 2} = \dfrac{7 - \sqrt{7}}{\sqrt{7} - 1} = \dfrac{\sqrt{7}(\sqrt{7} - 1)}{\sqrt{7} - 1} = \sqrt{7}$ となる。

(3)**<平面図形—面積>**右図で，2点A，Dを結ぶと，BD＝CDより，$\triangle ABD = \triangle ACD = \dfrac{1}{2}\triangle ABC = \dfrac{1}{2} \times 80 = 40$ となる。CE：EA＝5：3より，△CDE：△ADE＝5：3となるので，$\triangle CDE = \dfrac{5}{5+3}\triangle ACD = \dfrac{5}{8} \times 40 = 25$ となる。同様に，AF：FB＝3：2より，△ADF：△BDF＝3：2なので，$\triangle BDF = \dfrac{2}{3+2}\triangle ABD = \dfrac{2}{5} \times 40 = 16$ となる。また，2点B，Eを結ぶと，CE：EA＝5：3より，△CBE：△ABE＝5：3であるから，$\triangle ABE = \dfrac{3}{5+3}\triangle ABC = \dfrac{3}{8} \times 80 = 30$ となり，AF：FB＝3：2より，△AEF：△BEF＝3：2なので，$\triangle AEF = \dfrac{3}{3+2}\triangle ABE = \dfrac{3}{5} \times 30 = 18$ となる。以上より，△DEF＝△ABC－△CDE－△BDF－△AEF＝80－25－16－18＝21(cm²)である。

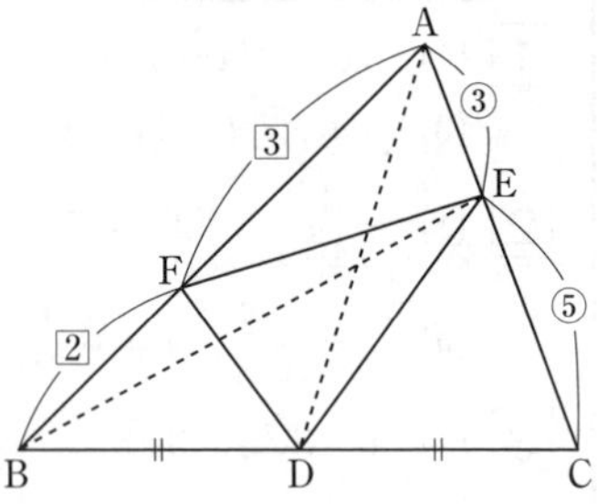

(4)**<連立方程式—解の利用>**$6x + 7y = 11$……㋐，$ax - y = -1$……㋑，$3x + 4y = 13$……㋒，$2x + by = -4$……㋓とする。㋐，㋑の連立方程式の解を $x = m$，$y = n$ とすると，㋒，㋓の連立方程式の解は，㋐，㋑の連立方程式の解より，x が4小さく，y が5大きいので，$x = m - 4$，$y = n + 5$ と表せる。㋐に $x = m$，$y = n$ を代入すると，$6m + 7n = 11$……㋔となり，㋒に $x = m - 4$，$y = n + 5$ を代入すると，$3(m - 4) + 4(n + 5) = 13$，$3m - 12 + 4n + 20 = 13$，$3m + 4n = 5$……㋕となる。㋔，㋕を連立方程式として解くと，㋔－㋕×2より，$7n - 8n = 11 - 10$，$-n = 1$，$n = -1$ となり，これを㋕に代入して，$3m + 4 \times (-1) = 5$，$3m = 9$，$m = 3$ となる。これより，㋐，㋑の連立方程式の解は $x = 3$，$y = -1$ だから，㋑に代入して，$a \times 3 - (-1) = -1$，$3a = -2$ より，$a = -\dfrac{2}{3}$ となる。また，$m - 4 = 3 - 4 = -1$，$n + 5 = -1 + 5 = 4$ より，㋒，㋓の連立方程式の解は $x = -1$，$y = 4$ だから，㋓に代入して，$2 \times (-1) + b \times 4 = -4$，$4b = -2$，$b = -\dfrac{1}{2}$ となる。

(5)**<二次方程式の応用>**自然数が約数を3個持つとき，約数は，1とその数自身以外に1個だから，その1個は，自然数の正の平方根となる。よって，約数を3個持つ自然数は，素数を2乗した数である。そこで，素数を a とすると，自然数は a^2 と表せ，自然数 a^2 の約数は1，a，a^2 となる。これらの総和が871となることから，$1 + a + a^2 = 871$ が成り立ち，$a^2 + a - 870 = 0$，$(a + 30)(a - 29) = 0$ より，$a = -30$，29となる。a は素数なので，$a = 29$ であり，求める自然数は，$a^2 = 29^2 = 841$ である。

3 〔独立小問集合題〕

(1)**<関数—a の値>**関数 $y = \dfrac{1}{3}x^2$ は，x の絶対値が大きいほど y の値が大きくなる関数である。y の変域が $0 \leqq y \leqq 9$ より，最大の $y = 9$ となるときの x の値が，x の変域で絶対値が最大の値である。$9 = \dfrac{1}{3}x^2$ より，$x^2 = 27$，$x = \pm 3\sqrt{3}$ となるので，x の変域で絶対値が最大の値は，$-3\sqrt{3}$，$3\sqrt{3}$ である。また，最小の $y = 0$ となるのは，$0 = \dfrac{1}{3}x^2$ より，$x = 0$ だから，x の変域には $x = 0$ が含まれる。x の変域は $a - 6 \leqq x \leqq a$ なので，絶対値が最大の値が $x = -3\sqrt{3}$ とすると，$a - 6 = -3\sqrt{3}$ であり，$a = 6 - 3\sqrt{3}$ となる。このとき，x の変域は $-3\sqrt{3} \leqq x \leqq 6 - 3\sqrt{3}$ となり，絶対値が最大の値は $x = -3\sqrt{3}$ で，$x = 0$ を含んでいるので，適する。絶対値が最大の値が $x = 3\sqrt{3}$ とすると，$a = 3\sqrt{3}$ であり，a

$-6=3\sqrt{3}-6$ より，x の変域は，$3\sqrt{3}-6 \leqq x \leqq 3\sqrt{3}$ となる。絶対値が最大の値は $x=3\sqrt{3}$ で，$x=0$ を含んでいるので，適する。以上より，$a=6-3\sqrt{3}$，$3\sqrt{3}$ である。

(2)**＜二次方程式の応用＞**12.5％の食塩水100g に含まれる食塩の量は，$100 \times \frac{125}{1000}=\frac{25}{2}$(g)である。100g の食塩水のうち x g を取り出すので，残った食塩水の量はもともとあった食塩水の量の $\frac{100-x}{100}$ である。このことから，残った食塩水に含まれる食塩の量は，$\frac{25}{2} \times \frac{100-x}{100}=\frac{1}{8}(100-x)$ g と表せる。x g の水を入れると，食塩水の量は $(100-x)+x=100$(g)になる。さらに，このうちの x g を取り出すと，同様に考えて，残った食塩水に含まれる食塩の量は，$\frac{1}{8}(100-x) \times \frac{100-x}{100}=\frac{1}{800}(100-x)^2$ g と表せる。これに x g の水を入れると，食塩水の量は $(100-x)+x=100$(g)になり，濃度が4.5％になったので，含まれる食塩の量は $100 \times \frac{45}{1000}=\frac{9}{2}$(g)である。よって，$\frac{1}{800}(100-x)^2=\frac{9}{2}$ が成り立ち，$(100-x)^2=3600$，$100-x=\pm 60$ となる。$100-x=60$ より，$x=40$ であり，$100-x=-60$ より，$x=160$ である。容器には100g の食塩水が入っていたので，$0<x<100$ であり，$x=40$(g)となる。

4 〔関数―関数 $y=ax^2$ と一次関数のグラフ〕

≪基本方針の決定≫(1)　点Pから y 軸に垂線を引いてできる直角三角形に着目する。

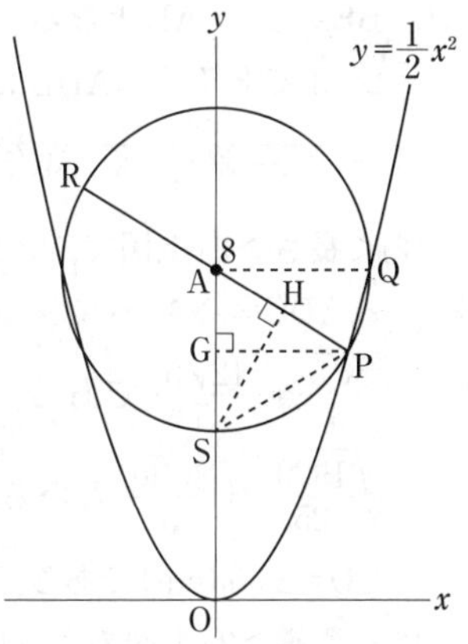

(1)**＜座標＞**右図で，点Qは放物線 $y=\frac{1}{2}x^2$ 上にあり，y 座標は8なので，$8=\frac{1}{2}x^2$，$x^2=16$ より，$x=\pm 4$ となり，点Qの x 座標は4である。よって，Q(4，8)である。A(0，8)なので，2点A，Qを結ぶと，AQは x 軸に平行であり，円Aの半径は AP＝AQ＝4 となる。次に，点Pの x 座標を p とする。点Pは放物線 $y=\frac{1}{2}x^2$ 上にあるので，$y=\frac{1}{2}p^2$ となり，$\mathrm{P}\left(p,\ \frac{1}{2}p^2\right)$ と表せる。点Pから y 軸に垂線PGを引くと，$\mathrm{PG}=p$，$\mathrm{AG}=8-\frac{1}{2}p^2$ となる。△APGで三平方の定理より，$\mathrm{PG}^2+\mathrm{AG}^2=\mathrm{AP}^2$ だから，$p^2+\left(8-\frac{1}{2}p^2\right)^2=4^2$ が成り立つ。これより，$p^2+64-8p^2+\frac{1}{4}p^4=16$，$\frac{1}{4}p^4-7p^2+48=0$，$p^4-28p^2+192=0$，$(p^2)^2-28p^2+192=0$，$(p^2-12)(p^2-16)=0$ となり，$p^2=12$，16 である。よって，$p=\pm 2\sqrt{3}$，± 4 である。$p>0$ で，$p=4$ は点Qの x 座標なので，$p=2\sqrt{3}$ である。$\frac{1}{2}p^2=\frac{1}{2}\times(2\sqrt{3})^2=6$ となるので，$\mathrm{P}(2\sqrt{3},\ 6)$ である。

(2)**＜長さ＞**右上図で，AS＝AP，∠AHS＝∠AGP＝90°，∠SAH＝∠PAG より，△ASH≡△APG となるので，SH＝PG である。(1)より，点Pの x 座標は $2\sqrt{3}$ だから，$\mathrm{PG}=2\sqrt{3}$ であり，$\mathrm{SH}=2\sqrt{3}$ となる。

5 〔数と式―数の性質〕

$n^2+515=(n^2+2)+513$ なので，$n^2+2=A$ とおくと，$n^2+515=A+513$ となる。これより，$\frac{n^2+515}{n^2+2}=\frac{A+513}{A}=\frac{A}{A}+\frac{513}{A}=1+\frac{513}{A}$ となり，A をもとに戻して，$\frac{n^2+515}{n^2+2}=1+\frac{513}{n^2+2}$ となる。$\frac{513}{n^2+2}$

は自然数になるので，n^2+2 は513の正の約数となる。$513=3^3\times19$ より，513の正の約数は1，3，9，19，27，57，171，513であり，$n^2+2>2$ だから，$n^2+2=3$，9，19，27，57，171，513が考えられる。このとき，$n^2=1$，7，17，25，55，169，511となり，n は自然数だから，$1=1^2$，$25=5^2$，$169=13^2$ より，$n^2=1$，25，169である。よって，$n^2+2=3$，27，171の3つとなる。$n^2+2=3$ のとき $\sqrt{1+\frac{513}{3}}=\sqrt{172}$，$n^2+2=27$ のとき $\sqrt{1+\frac{513}{27}}=\sqrt{20}$，$n^2+2=171$ のとき $\sqrt{1+\frac{513}{171}}=\sqrt{4}=2$ となるので，$\sqrt{1+\frac{513}{n^2+2}}$ の値が自然数になるのは，$n^2+2=171$ のときである。$n^2=169$，$n^2=13^2$ より，$n=13$ となる。

6 **〔平面図形—円〕**

≪基本方針の決定≫(2)　△ADCと△AEBに着目する。

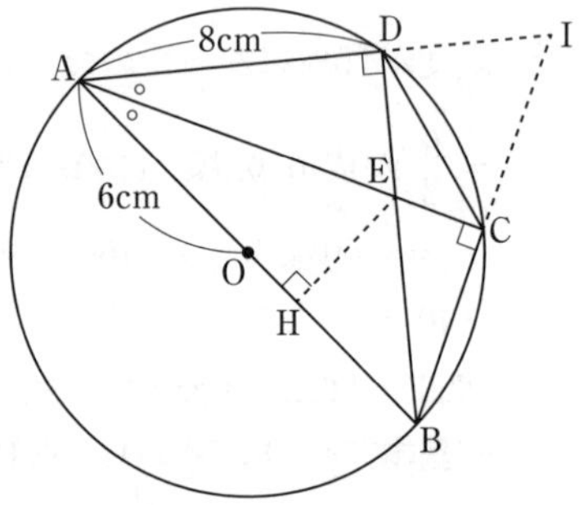

(1)**＜長さ＞**右図で，△ADE，△AEBは，底辺をそれぞれDE，BEと見ると，高さが等しいので，△ADE：△AEB＝DE：BEとなる。また，点EからABに垂線EHを引くと，線分ABが円Oの直径より，$\angle ADE=90^\circ$ だから，$\angle ADE=\angle AHE=90^\circ$ となる。AE＝AE，∠DAE＝∠HAEなので，△ADE≡△AHEである。よって，DE＝HEである。これより，△ADE，△AEBは，底辺をそれぞれAD，ABと見ると，高さが等しいので，△ADE：△AEB＝AD：ABである。したがって，DE：BE＝AD：ABとなる。$AB=2OA=2\times6=12$ だから，AD：AB＝8：12＝2：3となり，DE：BE＝2：3である。△ADBは $\angle ADB=90^\circ$ の直角三角形だから，三平方の定理より，$DB=\sqrt{AB^2-AD^2}=\sqrt{12^2-8^2}=\sqrt{80}=4\sqrt{5}$ となり，$DE=\frac{2}{2+3}DB=\frac{2}{5}\times4\sqrt{5}=\frac{8\sqrt{5}}{5}$ (cm)となる。

(2)**＜長さ＞**右上図で，∠DAC＝∠EABであり，$\overset{\frown}{AD}$ に対する円周角より，∠ACD＝∠ABEだから，△ADC∽△AEBである。これより，CD：BE＝AD：AEである。(1)より，$BE=DB-DE=4\sqrt{5}-\frac{8\sqrt{5}}{5}=\frac{12\sqrt{5}}{5}$ である。また，△ADEで三平方の定理より，$AE=\sqrt{AD^2+DE^2}=\sqrt{8^2+\left(\frac{8\sqrt{5}}{5}\right)^2}=\sqrt{\frac{1920}{25}}=\frac{8\sqrt{30}}{5}$ となる。よって，$CD:\frac{12\sqrt{5}}{5}=8:\frac{8\sqrt{30}}{5}$ が成り立ち，$CD\times\frac{8\sqrt{30}}{5}=\frac{12\sqrt{5}}{5}\times8$，$CD=2\sqrt{6}$ (cm)である。

(3)**＜面積＞**右上図のように，ADの延長とBCの延長の交点をIとする。線分ABが円Oの直径より，$\angle ACB=90^\circ$ だから，∠ACB＝∠ACIである。AC＝AC，∠BAC＝∠IACなので，△ABC≡△AICとなる。よって，AI＝AB＝12となり，DI＝AI－AD＝12－8＝4となる。また，$\triangle ABI=\frac{1}{2}\times AI\times DB=\frac{1}{2}\times12\times4\sqrt{5}=24\sqrt{5}$ であり，$\triangle ABC=\triangle AIC=\frac{1}{2}\triangle ABI=\frac{1}{2}\times24\sqrt{5}=12\sqrt{5}$ となる。AD：DI＝8：4＝2：1より，△ACD：△DCI＝2：1となるので，$\triangle ACD=\frac{2}{2+1}\triangle AIC=\frac{2}{3}\times12\sqrt{5}=8\sqrt{5}$ となる。よって，〔四角形ABCD〕$=\triangle ABC+\triangle ACD=12\sqrt{5}+8\sqrt{5}=20\sqrt{5}$ (cm²)である。

＝読者へのメッセージ＝

4では，座標平面上に円がありました。円も x，y の式で表すことができます。中心が点 (a, b)，半径が r の円は，$(x-a)^2+(y-b)^2=r^2$ と表しますので，4の円は，中心がA(0，8)，半径が4より，$x^2+(y-8)^2=4^2$ となります。座標平面上の円については，高校で学習します。

2024年度／明治大学付属中野高等学校

国語解答

一　問一　(ウ)　問二　油

問三　他者とのか～づきの蓄積

問四　Ⓓ　問五　自分の性格や長所

問六　はじめて自分の個性に気づかされること

問七　(エ)　問八　ヘーゲルに

問九　(ウ)　問十　アイデンティティ

問十一　(エ)　問十二　a…(ア)　b…(エ)

問十三　相手が自由で，自分自身の意志で「私」を承認してくれること。(29字)

問十四　「私」が他～認を求める［から。］

問十五　SNS上の～ルではない

問十六　相手の自由～求めること

問十七　承認欲求　問十八　道具

問十九　(イ)　問二十　(ア)

問二十一　たとえばみ

二　①　武　②　吉　③　青　④　漁　⑤　机

三　①　幻想　②　調和　③　対称　④　修辞法　⑤　郷愁

四　①　凍結　②　昇進　③　句碑　④　抽出　⑤　奉仕　⑥　伐採　⑦　漂泊　⑧　そち　⑨　じょさい　⑩　こっきしん

一〔**論説文の読解―哲学的分野―哲学**〕出典：戸谷洋志『SNSの哲学　リアルとオンラインのあいだ』「なぜSNSで承認されたいのか？」。

≪本文の概要≫人間は，アイデンティティの確立のために他者を必要とする。他者を通して自分が何者であるかを知りたいと望むことこそ，承認欲求である。しかし，承認欲求はときとして有害なものになる。ヘーゲルによれば，他者からの承認に基づいて自分自身を確信しようとすれば，「私」は，他者から承認されているのとは違う自分と，他者から承認されている自分との間で引き裂かれて，自分を見失うことになる。また，他者からの承認を求めることは，他者を自分を確信するための道具として扱うことになるため，自由な他者が自分自身の意志で「私」を承認することにはならない。加えて，「私」が他者に承認を求めるときには，その他者もまた「私」に対して承認を求めるため，「私」は，自分が他者の承認欲求を満たすための道具になっていることを感じて自尊心を傷つけられる。この矛盾を乗り越えて承認を実現させるためには，「私」は，他者から見えている自分が自分の全てではないということを積極的に受け入れなければならない。それは，自分だけではなく他者をも自由にする。ヘーゲルはここで，「相互承認」を提案する。相互承認を求めることも承認欲求であるが，重要なのは，相手の自由を尊重し，相手からも自由を尊重されるという形での承認を求めることである。私たちはそのような承認欲求を目指すこともでき，それがSNSとのよいつき合い方を可能にする。

問一＜**接続語**＞Ⅰ．私たちは「自律性こそが大切だ」と教えられ，わからないことをきこうとすると，自分で考えるようにと怒られたとはいえ，「自律性と他律性」が「対立するもの」としてとらえられることには「疑問の余地」がある。　Ⅱ．「『自分は何者なのか』『自分にはどんな可能性があるのか』ということについての自分なりの理解」の例として，子どもが「大人からさまざまな可能性を提示され，それを一つ一つ試していくことによって，自分を少しずつ知っていく」ということが挙げられる。　Ⅲ．「子どもは自分を育ててくれる大人たちに対して他律的」であるが，「その他律性は，子どもの人生から自律性を奪い去ること」を決して意味しない。

問二＜**慣用句**＞互いに交じり合わないことをたとえて，「水と油」という。

問三＜**文章内容**＞子どもが歌を歌ったのを聞いた大人がうれしそうにほほ笑むと，子どもは，自分には歌を歌うことができて，それによって他の人を喜ばせることができると気づく。このような「他者とのかかわりからもたらされる気づきの蓄積」が，「アイデンティティの形成」には欠かせない。

問四＜品詞＞「できない」「こない」「ならない」の「ない」は，助動詞。「よくない」の「ない」は，形容詞。

問五＜文章内容＞「自分の性格や長所」が自分ではわからないとき，「有効な対処法の一つ」として，友達に「自分の性格や長所」について思いつくことを書いてもらうという方法がある。

問六＜文章内容＞「自分の性格や長所」について友達が書いてくれたものを見て，人は「『なるほど，自分にはこういう長所があるのか』と，はじめて自分の個性に気づかされる」ことがある。

問七＜指示語＞自分の性格や長所を友達に書いてもらうと，自分では気づいていなかった長所に「気づかされる」というところに，「自分が何者であるかを知る」という「『承認』の持つもっとも基本的な働き」が表れている。

問八＜文章内容＞ヘーゲルは，「承認をめぐる矛盾を乗り越え，承認を実現させるためには，『私』は他者から見えている『私』のイメージを自ら捨てなければ」ならないと考えた。それはつまり，「それまで他者から認識されている『私』のイメージを通して自分を確信しようとしていた『私』が，その『私』のイメージにこだわることから，自分を解放する」ということである。

問九＜語句＞「召喚」は，本来，裁判所が被告人などに対して裁判の場に出頭するよう命じること。ここでは，「自分の承認欲求をどのようにコントロール」すればよいかを考えるために，適切な人を特定してこちらから呼び出す，という意味で使われている。

問十＜文章内容＞「そうした確信」とは，自分自身についての確信である。自分自身を確信するとは，「『よし，これが自分なんだ！』と自信を持って断言できる」ような状態になることである。これは，「『自分は何者なのか』『自分にはどんな可能性があるのか』ということについての自分なりの理解」であり，「アイデンティティ」のことだといえる。

問十一＜文章内容＞「まわりの人が『私』を『キラキラした人』として承認する」と，「私」は「実際には『キラキラした人』としてではない生き方もできるはずなのに，まわりの人から認めてもらえる『キラキラした人』を演じようと」する。そのため「私」は，「いつの間にか自分を偽り，見失」ってしまうことになる。そして「私」は，他者から承認されている自分と，それ以外でもありえる自分との間で「引き裂かれる」という状態になるのである。

問十二＜表現＞a．自分が何者なのかを確信するために他者からの承認を求めると，他者に承認されている自分とそれ以外でもありえる自分との間で，自分が引き裂かれて，「自分を偽り，見失う」ことになってしまう。「承認欲求」は，当然のなり行きとしてこのように「挫折」する。　b．ヘーゲルは，「承認」の問題について，「『私』が他者に承認を求めるとき，その他者もまた『私』に対して承認を求める」というように，「私」と他者の両方の関係の問題と考えていた。

問十三＜文章内容＞「ある人による承認が『私』にとって有効である」ためには，「自由な相手が，自分自身の意志で『私』を承認してくれる」ことが必要である。したがって，「相手の自発性や自由を無視する形」で承認を求めても，「私」は満足のいく承認を得ることはできない。

問十四＜文章内容＞承認欲求を持つ「私」は，「自分が認められている気持ち」を「もっと味わいたくて，多くの人にファボをつけてもらうために，自分も他者の投稿に積極的にファボをつけて」いく。しかし，このとき「私」は，自分に寄せられるファボが，「『私』の存在を承認するためにつけられたものではなく，相手が『私』に承認してほしくて」つけられたものだということに気づき，「自尊心を傷つけられる」ことになる。このように，承認を意味するはずのファボが，お互いに自分を承認してもらうための手段となっているのは，「『私』が他者に承認を求めるとき，その他者もまた『私』に対して承認を求める」という関係になっているからである。

問十五＜文章内容＞「承認をめぐる矛盾を乗り越え，承認を実現させる」ためには，「他者から認識されている『私』のイメージを通して自分を確信しようとしていた『私』が，その『私』のイメージにこだわることから，自分を解放する」ことが必要である。それは，例えば「Instagramのなかでキラキラしている自分は自分のすべてではない」ということ，言い換えれば「SNS上の自分が実際の自分とイコールではない」ことを，自ら積極的に受け入れることである。

問十六＜文章内容＞相互承認では，「私」が「相手(他者)の自由」を認めるとき，「『私』もまた，自分があくまでも自由であることを，はじめて他者から承認される」ことになる。「相互承認を求めること」も「承認欲求」ではあるが，相互承認で重要なのは，「相手の自由を尊重し，相手からも自由を尊重されるという形での承認を求めること」なのである。

問十七＜文章内容＞「自分をこういう存在として認めてほしい」というのは，自分を承認してほしいという「承認欲求」である。

問十八＜文章内容＞自分を承認してほしくて相手を「単なる便利な存在」として見ることは，相手を便利な「道具として扱う」ということである。

問十九＜語句＞「尊重」，「重要」，「重鎮」，「重視」の「重」は，重い，価値がある，などの意味。「重箱」の「重」は，重ねる，重なる，という意味。

問二十＜要旨＞自律性と他律性は，対立するものではなく，むしろ，「つながって」いるのであり，自律性は「他律性のなかからしか育まれてこないもの」である((ウ)…○)。「私たちは，自分が何者であるかを知り，自分のアイデンティティを確立するために，どうしても他者の力を借りなければならない」のであり((エ)…○)，「自分が他人にどのような人として見られ，受け入れられているかを知ること」によって「自分が何者であるのかを知りたい」と望むことこそが，「承認欲求にほかならない」のである((ア)…×)。このように「私たちは生きていく上で他者からの承認を必要」とするが，「承認欲求はときとして有害なものに」なる((イ)…○)。

問二十一＜文脈＞子どもは他律的であり，「自分が何者であるかを知り，自分のアイデンティティを確立するために，どうしても他者の力を借りなければならない」というのは「人が成長していく上で自然なあり方」である。子どもの場合と同様に，「大人もまた，他者の影響を受けながらアイデンティティを形成」するのであり，「大人にとってのそうした他者の代表例が，友達」で，例えば自分の性格や長所を友達に書いてもらうことで，自分の個性に気づかされるということがある。

二〔ことわざ〕

①「ペンは剣より強し」は，言論の力は武力よりも大きい，という意味で，「文は武に勝る」と同様。②「善は急げ」は，よいことをするのにためらうことはない，という意味で，「思い立ったが吉日」と同様。　③「寝耳に水」は，突然思いがけないことが起こって驚くことで，「青天の霹靂」と同様。④「ぬれ手で粟」は，苦労なく利益を得ることで，「漁夫の利」と同様。　⑤「絵に描いた餅」は，役に立たない物事のことで，「机上の空論」と同様。

三〔語句〕

①幻想，空想のこと。　②調和のこと。　③左右対称，また，単に対称のこと。　④修辞法のこと。　⑤郷愁のこと。

四〔漢字〕

①物事の実行を一時的に保留の状態にすること。　②地位が上がること。　③俳句を彫った石碑のこと。　④ある物質を溶かして取り出すこと。　⑤社会や国などのために利害とは関係なく尽くすこと。　⑥森や山の木を切り倒すこと。　⑦さすらうこと。　⑧取りはからうこと。　⑨手抜かりのこと。　⑩自制心のこと。

Memo

Memo

Memo

2023年度 明治大学付属中野高等学校

【英　語】（50分）〈満点：100点〉

Ⅰ　次の英文の(　)に最も適するものを選び，記号で答えなさい。

1．Please let me know your answer when you (　　).
ア．finish　　イ．finished　　ウ．will finish　　エ．were finishing

2．New Caledonia, which is known (　　) "the island closest to heaven," is one of the most popular spots among Japanese tourists.
ア．in　　イ．by　　ウ．to　　エ．as

3．There is no problem that (　　　　) at today's meeting.
ア．we should talk about　　イ．we should be talked
ウ．should talk about　　エ．should be talked

4．Italy is a country (　　) population is about (　　　) that of Japan.
ア．which — half as large as　　イ．whose — half as large as
ウ．which — as half as　　エ．whose — as half as

5．His mother will be surprised to learn (　　) well he has done it all by himself.
ア．so　　イ．what　　ウ．how　　エ．that

6．A：Can I have some more soup？
B：Sure.（　　　　）
ア．Take care.　　イ．Take it easy.
ウ．Help yourself.　　エ．You're welcome.

Ⅱ　(　)に指定された文字で始まる語を入れ，英文を完成させなさい。その際に[　]内の定義を参考にすること。

1．I bought a new (d　　) at the bookstore yesterday.
[a book in which you write down the things that happen to you each day]

2．It is a (p　　) to have Jim back in my team.
[a feeling of happiness, satisfaction or enjoyment]

3．"Daddy, (l　　) me up.　I can't see."
[to raise something or someone from a lower to a higher position]

4．The United States midterm elections were (h　　) on November 8, 2022.
[to have an event in a particular place or at a particular time]

5．In 2010, almost 700,000 (i　　) students were studying in colleges and universities in the U.S.
[involving two or more countries]

Ⅲ　次の日本語の内容になるように[　]内の語句を並べかえ，英文を完成させなさい。解答は(A)(B)(C)に入るものを書きなさい。

1．なぜその市はワシントンD.C.と名付けられたのですか。
(　　)(　A　)(　B　)(　C　)(　　)?
[named / why / the city / was / Washington, D.C.]

2．もし私があなたの立場なら，彼に本当のことを教えるのになあ。

I (　　) (A) (　　) the truth if I (B) (　　) (C) (　　).

[were / your / tell / in / him / place / would]

3．このジャングルを安全に案内してくれる人が必要だ。

We (　　) (A) (　　) (B) (　　) safely (C) (　　) (　　).

[through / to / jungle / us / need / guide / someone / this]

4．ナポレオンが着ていたシャツと彼が英語の練習用に書いた手紙が，ベルギーの博物館で展示されている。

(　　) (　　) (A) (　　) (B) (　　) (　　) (C) (　　) (　　) his English have gone on display at a museum in Belgium.

[and / a shirt / Napoleon / wrote / a letter / worn / he / to / by / practice]

5．南極大陸では，凍った大陸を覆う巨大な氷床がゆっくりと溶けてきている。

In Antarctica, the giant ice sheets (　　) (A) (　　) (　　) (B) (　　) (C) (　　) slowly.

[that / continent / been / cover / the / melting / frozen / have]

6．彼は黄色いコートを身につけた男が空港に戻るのを見た。

He (A) (　　) (B) (　　) (C) (　　) to the airport.

[in / saw / go / a man / back / a yellow coat]

Ⅳ　次の英文を読んで，あとの問いに答えなさい。

One day in 1676, Antony van Leeuwenhoek, a Dutch scientist, looked through a microscope. He reacted with surprise. Something appeared that no one had ever seen before. He saw bacteria. As he continued to watch, the things moved. They were so tiny that he could see them only through a microscope. He did not know what they were. He did not know where they came from. Today, over 350 years later, scientists know that the world is filled with bacteria. Scientists know that bacteria can harm and can help humans.

(1) They exist deep under the ground. They exist in oceans and lakes. They exist inside of plants and animals. They exist on people's hands and in their noses. People cannot see them. Yet bacteria have many effects on humans. There are many kinds of bacteria. Some are harmful and others are harmless. Many bacteria actually help us.

Sometimes the word *germs* is used to describe harmful bacteria. Germs can cause terrible diseases such as cholera and tuberculosis. Cholera bacteria live in dirty water. If a person drinks the dirty water, the bacteria will infect his digestive system. He will suffer terrible stomach pains. Some diseases easily transfer from one person to another. For example, someone who has tuberculosis bacteria in her lungs can transfer the disease if she coughs or sneezes. (2) People who breathe the air will breathe in the harmful bacteria.

Often foods have germs growing on them or inside of them. Eating the food could make people sick. (3) For instance, washing fruits before eating them will wash away many harmful germs. Heat is another way to destroy harmful bacteria. Cooking meat for a long time will make it safe to eat.

Not all bacteria are harmful. Some bacteria help humans in many ways. For example, millions of good bacteria exist in the body's digestive system. (4) Also, good bacteria are needed to make certain foods, such as cheeses and yogurts.

Many bacteria also help the environment. For example, bacteria help break down dead plant material, such as fallen leaves, so it can mix with the soil. Bacteria that exist in the oceans help in several ways. For example, they become food that is eaten by tiny fish. Then the tiny fish become food for big fish. When you catch a big fish, it becomes food for your dinner. Another way that bacteria help is by cleaning up oil spills from ships. Also, they help clean up human waste that rain carries into the oceans.

(5) In fact, some help us.

（注） harm 害を及ぼす cholera コレラ tuberculosis 結核
infect 感染する spill 流出

問 （1）～（5）に適するものをそれぞれ選び，記号で答えなさい。

ア．The bacteria come out of her mouth or nose and go into the surrounding air.

イ．However, there are ways to prevent getting sick.

ウ．They make people cough when there are too many bacteria in the food.

エ．Our world is filled with bacteria, but not all are harmful.

オ．Bacteria — tiny living things — exist everywhere in the environment.

カ．They help change the food we eat, so our bodies can use the vitamins in the food.

V 次の英文を読んで，あとの問いに答えなさい。

You're walking down a busy city sidewalk, and someone in front of you falls down. What would you do? Now imagine that same situation, but you are the only other person on the sidewalk. What would you do then? According to social psychologists, you are more likely to help when there is no one else around. In contrast, if there are many witnesses, or bystanders, you might not offer help. It is even possible that no one would help the person at all. Psychologists believe this is a natural yet complex human reaction, which they call the *bystander effect*.

The bystander effect was first discovered in 1964 as a result of a very unfortunate event that happened outside Catherine Genovese's home in New York City. At three o'clock in the morning, someone attacked and murdered Genovese in front of her apartment building. The noise of the killing woke up 38 of Genovese's neighbors. All of them looked out of their windows to see what was happening. However, not one of those 38 witnesses did anything to help. No one reported the murder to the police. The whole nation was shocked by the news the next day, and psychologists had no answers to explain why these people didn't help.

Newspapers called the 38 witnesses selfish and uncaring, but social psychologists John Darley and Bibb Latane had a different theory. They believed that a large number of witnesses actually decreased the chances that any individual would help. If only one person witnesses a murder, he or she will feel fully responsible for calling the police. If there are two witnesses, each person might feel only half responsible. Now imagine there are many witnesses, as in the Genovese case. Darley and Latane pointed out that each person felt only a small amount of responsibility, so each did nothing. The reason they didn't help was not that they were uncaring or selfish people. There were just too many of them.

Darley and Latane knew they had to prove their theory scientifically, so they set up an experiment with college students to test it. They divided the students into three groups. They took each student to a small building. They put him or her in a room with a TV screen that showed another person in a different room in the building ; then they left. Students in the first group thought that they were alone in the building. Students in the second group thought that there was one other person in the building. Students in the third group thought that there were four other people in the building. As part of the experiment, the person on the TV screen pretended to become ill and called out for help. In the first group, where students believed they were the only people in the building, 85 percent went to get help for the person. In the second group, only 62 percent tried to help. In the third group, only 31 percent tried to help. The results supported Darley and Latane's theory. They figured out that having more witnesses did not mean that help was more likely. In fact, the opposite was true.

Social psychologists believe the bystander effect can apply to a number of everyday situations. For example, on a busy sidewalk, you might not give money to a homeless man (or help someone who falls down). On a crowded subway, you may not give up your seat to an elderly person. On the highway, you might choose not to stop and help someone change a flat tire. In these situations, you — and the other bystanders — feel less responsible because so many people are around to help, so no one ends up helping at all.

The bystander effect is one of the many factors that influence a person's decision to help out a stranger in need. Some people might naturally feel more desire to help. Some cultures might put more importance on helping strangers than others do. Some cities and towns could be designed to be more friendly than others. However, psychologists know that humans are naturally influenced by the presence of others around them even if they are not aware of it.

（注） psychologist 心理学者　witness 目撃者，目撃する　complex 複雑な
murder 殺害する，殺害　uncaring 冷淡な　responsible 責任がある　prove 証明する
pretend to *do* ～するふりをする　factor 要因　presence 存在

1. Which of the following statements explains the bystander effect ?
ア. It is a natural human reaction that never occurs in a difficult situation.
イ. It is a natural human reaction that occurs among young people.
ウ. It is a natural human reaction that can occur in situations in which help is needed.
エ. It is a natural human reaction that can occur when there is no one else around.

2. Which of the following statements is true about the case which happened to Catherine Genovese ?
ア. Genovese's neighbors were selfish and uncaring.
イ. The killer attacked and murdered 38 of Genovese's neighbors.
ウ. One of the witnesses helped the injured people soon.
エ. Psychologists couldn't understand the neighbors' behavior at first.

3. What did Darley and Latane figure out ?
ア. When there were more witnesses, more people helped.
イ. Having more witnesses meant less possibility of help.
ウ. Most of the students in the third group tried to help the person in trouble.
エ. Most students were kind enough to help in every situation.

4. Which is NOT written as an example of the bystander effect ?
ア. You may not give your food to a homeless man at a station.

イ. You may not stand up and give up your seat to elderly people on a train.

ウ. You may not stop to give your hand to someone who needs to change a flat tire on the highway.

エ. You may not give money to people in need on busy streets.

5. Which of the following statements is true ?

ア. No one naturally has more desire to help others.

イ. Some cities and towns are designed to make people feel the bystander effect.

ウ. People who grow up in some cultures are more likely to help others.

エ. People are influenced by the number of witnesses only if they are aware of the bystander effect.

6. Which is the best title of this passage ?

ア. A Question of Time

イ. A Question of Tools

ウ. A Question of Places

エ. A Question of Numbers

Ⅵ　次の英文を読んで，あとの問いに答えなさい。

Learning through Video Games : Fact or Fiction ?

Video games are a major part of children's lives today, and they spend hours playing them. However, both parents and teachers question the educational value of video games at home and in the classroom. Even more importantly, can playing video games, especially violent ones, actually be harmful to children ?

The First Point : Gaming to Learn

Do educational computer and video games lead to real improvements in learning ?

1 Many of today's K-12 students are spending their class time — and a lot of it — exploring science and writing sentences through the website BrainPOP. The website allows kids to watch movies, complete quizzes, and play games covering hundreds of topics within math, science, social studies, English, technology, art, music, and health. 【　A　】

2 BrainPOP is just one of hundreds of educational game websites in a billion-dollar industry that is growing in popularity. Nearly 60 percent of teachers now use digital games at least weekly in teaching, with 18 percent using them daily, according to a survey of 488 K-12 teachers conducted by researchers at New York University and the University of Michigan. 【　B　】

3 Over the past 20 years, scientists have reviewed research on the effectiveness of educational computer and video games. Overall, they've found that the research on games is highly diverse, disorganized, and unfocused. Douglas Clark, Ph.D., professor of the learning sciences education at Vanderbilt University says, "The research shows that games as a medium can be effective, but not always. Design is really what matters. Nobody assumes that all lectures, labs, or books are good simply because of their medium." Jan Plass, Ph.D., a professor in NYU's Steinhardt School of Culture, Education and Human Development and one of the study's lead authors, agrees. "We found that well-designed games can encourage students to learn less popular subjects, such as math, and that

game-based learning can actually get students interested in the subject matter."【　C　】

[4] Psychologists are also studying ①a learning game for college students. A series of studies were conducted by psychologist Art Graesser, Ph.D., of the Institute for Intelligent Systems at the University of Memphis, and his co-workers, who developed the game. They reported improvements in critical thinking skills among students at three different types of higher education institutions — a community college, a state university, and a private college. "Every part of the game was supported by one or more principles of learning," says Graesser. "That's different from a lot of commercial games that often try to improve motivation but not learning. We really tried to do both."

The Second Point : Review finds video game play may provide learning, health, and social benefits

[5] Playing video games, including violent games, may boost children's learning, health, and social skills, according to a review of research in *American Psychologist*. The study comes out as ②debate continues among psychologists and other health professionals about the effects of violent media on youth.

[6] While one view maintains that playing video games is intellectually lazy, such play actually may strengthen a range of cognitive skills such as spatial navigation, reasoning, memory, and perception, according to several studies reviewed in the article.

[7] Playing video games may also help children develop problem-solving skills. The more teenagers reported playing strategic video games, the more they improved in problem solving and school grades the following year. Children's creativity was also improved by playing any kind of video game, including violent games, but not when the children used other forms of technology, such as a computer or cell phone, other research revealed.

[8] Simple games that are easy to access and can be played quickly can improve players' moods, promote relaxation, and protect against anxiety, the study said. "If playing video games simply makes people happier, this seems to be a fundamental emotional benefit to consider," said Isabela Granic, Ph.D., of Radboud University Nijmegen in the Netherlands.

[9] The authors also highlighted the possibility that video games are effective tools for learning resilience in the face of failure. By learning to cope with ongoing failures in games, the authors suggest that children build emotional resilience they can rely upon in their everyday lives.

[10] Another stereotype the research challenges is the socially isolated gamer. More than 70 percent of gamers play with a friend. Multiplayer games become virtual social communities, where decisions need to be made quickly about whom to trust or reject and how to lead a group, the authors said. People who play video games that encourage cooperation, ③(　　　) the games are violent, are more likely to be helpful to others while gaming than those who play the same games competitively, a recent study found.

[11] Perhaps a compromise between the two points is to have adults monitor or screen video games before allowing younger children to play them. Another helpful strategy is to limit how much time children are allowed to play the games each day. Finally, adults, especially parents, can discuss the video games with their children and explain why some games are better to play than others.

（注） K-12　英語圏の初等・中等教育の期間　　effectiveness　効果　　disorganized　まとまりがない
medium　手段　　assume　思い込む　　psychologist　心理学者　　critical　批判的な

institution　機関　principle　原理　commercial　営利目的の　boost　高める
youth　青年期　maintain　主張する　strengthen　強化する　cognitive skills　認知能力
anxiety　不安　fundamental　重要な　highlight　強調する　resilience　回復力
cope with　対処する　rely upon　当てにする　stereotype　固定観念　isolated　孤立した
compromise　妥協案　monitor　チェックする　screen　選別する

問1．次の文が入る適切な場所を本文中の【A】～【C】より選び，記号で答えなさい。

But although the popularity of such games has been growing, research still hasn't decided whether they really help children learn.

問2．下線部①について，段落[4]で述べられていることとして適切なものを選び，記号で答えなさい。
ア．３つの教育機関の学生が作ったゲーム
イ．楽しむこと以外も目的とするゲーム
ウ．協調性を高めるゲーム
エ．一部に学習原理を用いたゲーム

問3．下線部②の内容について説明したものを選び，記号で答えなさい。
ア．the benefits of playing computer games in the classroom
イ．the effects of spending too much time playing video games
ウ．the influence of violent video games on young people
エ．the improvements in critical thinking skills among college students

問4．段落[7]で述べられていることとして適切なものを選び，記号で答えなさい。
ア．暴力的なゲームでも創造性は育つ。
イ．カードゲームでも創造性は育つ。
ウ．戦略的なゲームを除く全てのゲームで創造性が育つ。
エ．最先端のテクノロジーを使ったゲームで創造性が育つ。

問5．下線部③の（　）に適するものを選び，記号で答えなさい。
ア．since　イ．even if　ウ．but　エ．as soon as

問6．The Second Point（段落[5]～[10]）で述べられているビデオゲームをすることの利点として適切なものを選び，記号で答えなさい。
ア．Violent games can promote children's relaxation.
イ．Simple games help children to get access to other games.
ウ．Ongoing failures in games may help children learn resilience.
エ．Children can avoid going out by playing multiplayer games.

問7．段落[11]で提案されているものを選び，記号で答えなさい。
ア．ゲームをする時間を決める。
イ．親と一緒にゲームをする。
ウ．学習用ゲームだけをする。
エ．オンラインゲームをする。

問8．本文の内容と合うよう，（　）に指定された文字で始まる語を答えなさい。

Parents are not sure of the educational ①(v　　) of video games, but research seems to support the idea that playing video games can provide benefits, such as ②(i　　) students' learning, strengthening cognitive skills and encouraging cooperation.

【数　学】（50分）〈満点：100点〉

［注意］　1．答えに分数が含まれているときは，それ以上約分できない形で答えてください。

2．答えに根号が含まれているときは，根号を付けたまま，分母に根号を含まない形で答えてください。
また，根号の中を最も小さい自然数で答えてください。

1　次の問いに答えなさい。

(1)　$\left(\dfrac{1}{\sqrt{3}}-\sqrt{6}\right)^2+\dfrac{6}{\sqrt{2}}+\left(\dfrac{2\sqrt{2}}{\sqrt{3}}\right)^2$ を計算しなさい。

(2)　$4x(x-4)-(x^2-6x+8)$ を因数分解しなさい。

(3)　2次方程式 $(x-\sqrt{3})^2-(x-\sqrt{3})-2=0$ を解きなさい。

(4)　次の表は，40人のクラスで実施した数学の小テストの結果をまとめたものです。このとき，得点の中央値を求めなさい。

得点(点)	人数(人)
5	6
4	14
3	8
2	7
1	3
0	2
計	40

2　次の問いに答えなさい。

(1)　x，y についての連立方程式 $\begin{cases} 4x+3y=11 \\ x-ky=-\dfrac{1}{2}k \end{cases}$ の解が $\begin{cases} x=p \\ y=q \end{cases}$ であり，$p+q=3$ が成り立つとき，k の値を求めなさい。

(2)　2つの関数 $y=ax-8$ と $y=bx^2$ は，x の変域が $-4 \leqq x \leqq 2$ のとき，y の変域が一致します。このとき，a，b の値を求めなさい。ただし，$a>0$ とします。

(3)　右の図の△ABCにおいて，辺BCの中点をMとし，頂点B，Cから辺AC，ABにそれぞれ垂線BD，CEをひきます。このとき，$\angle x$ の大きさを求めなさい。

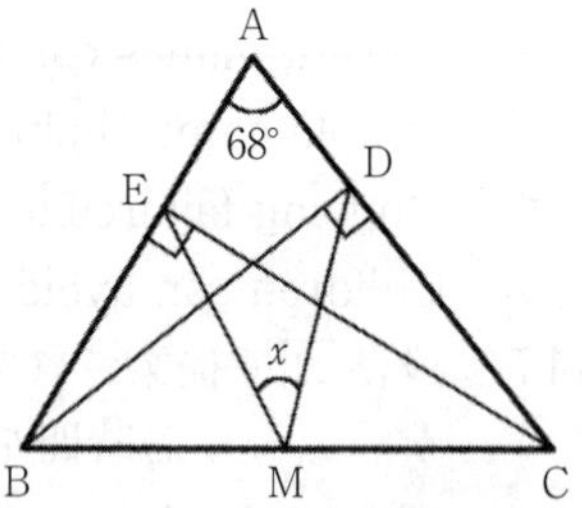

(4)　2次方程式 $x^2-4x+1=0$ の2つの解を a，b とするとき，$a^{10}b^8+a^6b^8-3a^5b^5$ の値を求めなさい。

(5)　等式 $\dfrac{1}{x}-\dfrac{2}{y}=3$ が成り立つとき，$\dfrac{6x-3y}{3xy-2x+y}$ の値を求めなさい。
ただし，x，y はともに0でないものとします。

(6)　$\sqrt{2233-33n}$ が整数となるような自然数 n の値をすべて求めなさい。

3　次の文章について，記号**ア〜ウ**にあてはまる数を答えなさい。

正十二面体のさいころの各面に，１から12までの整数が１つずつ書かれています。このさいころを２回投げ，１回目に出た目の数を a，２回目に出た目の数を b とします。ただし，このさいころを投げたとき，どの面が出ることも同様に確からしいとします。

３本の直線 $y=\frac{b}{a}x$……①，$y=2x-4$……②，$x=3$……③について，２本の直線①，②が平行となる場合の数は［　ア　］通りであり，３本の直線①，②，③が１点で交わる場合の数は［　イ　］通りです。

すなわち，このさいころを２回投げたとき，３本の直線①，②，③により，三角形ができる確率は［　ウ　］です。

4　ある容器に濃度が x ％の食塩水200ｇが入っています。この容器から20ｇの食塩水をくみ出し，かわりに $5x$ ｇの水を入れて，よくかき混ぜたところ，濃度が３％薄くなりました。このとき，次の問いに答えなさい。

(1)　水を入れた後，容器の中の食塩水には何ｇの食塩が溶けていますか。x を用いた１次の単項式で答えなさい。

(2)　x についての２次方程式をつくり，x の値を求めなさい。ただし，答えだけでなく，答えを求める過程がわかるように，途中の式や計算なども書きなさい。

5　右の図のように，１辺が $6\sqrt{2}$ cm の正方形から，４つの合同な二等辺三角形である斜線部分を切り取り，残った部分で正四角錐《すい》をつくります。この正四角錐の底面が１辺３cm の正方形であるとき，次の問いに答えなさい。

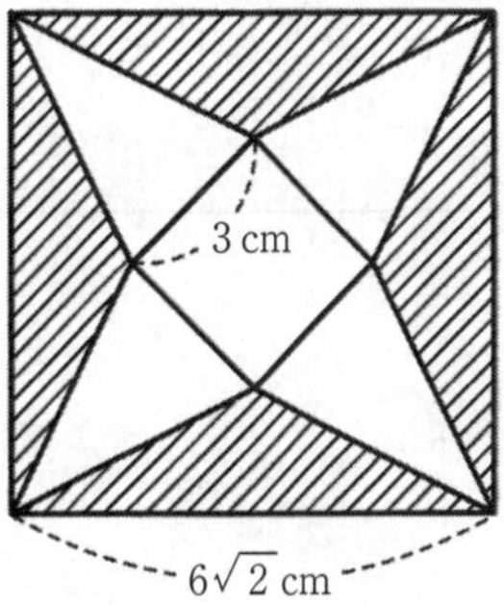

(1)　この正四角錐の体積を求めなさい。

(2)　この正四角錐の内部にあり，すべての面に接する球の半径を求めなさい。

6　右の図のように，放物線 $y=\frac{1}{4}x^2$ 上に４点Ａ，Ｂ，Ｃ，Ｄがあり，それぞれの x 座標は順に -8，$2-2\sqrt{5}$，４，$2+2\sqrt{5}$ です。このとき，直線 AB と直線 BC は垂直に交わり，直線 CD と直線 DA も垂直に交わります。直線 AC と直線 BD の交点をＥとするとき，次の問いに答えなさい。

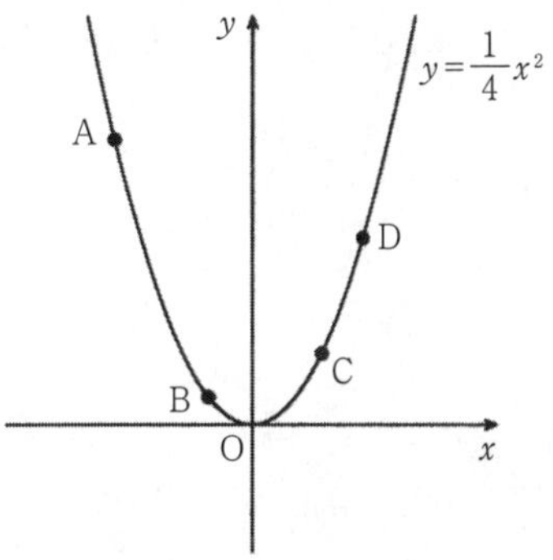

(1)　線分 BD の長さを求めなさい。

(2)　点Ｅの座標を求めなさい。

(3)　△ADE の面積を S，△BCE の面積を T とします。このとき，積 ST の値を求めなさい。

同じなのだ。
要点…この四人の身長は（　）。
(ア) 低い　(イ) 低いわけではない
(ウ) 高い　(エ) 高いわけではない

三

次の①〜⑤について、(ア)〜(ウ)の言葉を【　】内の指示に従ってそれぞれ正しい順番に並べ、記号で答えなさい。

① (ア) 午《うま》　(イ) 丑《うし》　(ウ) 申《さる》
【深夜0時から時刻の早い順に】

② (ア) 冬至　(イ) 大寒　(ウ) 立冬
【寒さが厳しくなっていく順に】

③ (ア) 七夕　(イ) 端午　(ウ) 桃
【一月から訪れる節句の順に】

④ (ア) 葉月　(イ) 文月《ふづき》　(ウ) 長月
【一月から訪れる月の順に】

⑤ (ア) 朧月《おぼろづき》　(イ) 柚湯《ゆずゆ》　(ウ) 浴衣《ゆかた》
【春から季節が巡る順に】

四

次の①〜⑦の――線部を漢字に改め、⑧〜⑩の――線部の読みをひらがなで答えなさい。

① ウイルスのセンプク期間を調べる。
② 医者からジョウザイを処方された。
③ 親に携帯電話をボッシュウされた。
④ 水墨画からユウゲンの美を感じ取る。
⑤ 故郷へのボジョウがこみあげてくる。
⑥ 受験勉強でショウソウ感にかられる。
⑦ 退職をケイキに俳句を始める。
⑧ 芳名帳に名前と住所を書く。
⑨ 惜別の念がこみあげてくる。
⑩ 鶏卵を使った料理を作る。

の五字を答えなさい。

問十八、――線⑯「なぜこんなに短期間で人心が荒廃したのでしょうか」とありますが、その理由として**適切ではないもの**を、次の(ア)〜(エ)の中から一つ選び、記号で答えなさい。

(ア) 同情する対象がなく、自分自身を弱者とみなす思考回路に陥ってしまったから。

(イ) 帰るべき「ホーム」がないという人を想定せず、「ステイホーム」を強要したから。

(ウ) 「エンパシー」の力が足りず、異なる他者への理解が不足してしまったから。

(エ) 「シンパシー」が得意なため、弱者に対して過度な同情をしてしまったから。

問十九、[⑰]に当てはまる言葉を、本文中から三字で抜き出して答えなさい。

問二十、次の文は本文中から抜いたものです。どこに入れるのが適切ですか。**その直後の五字**を答えなさい。

> 演劇に限らず、観客に生のダンスや音楽を提供する場所では、どこでも同様の努力を続けてきたはずです。

問二十一、本文の内容と合うものを、次の(ア)〜(エ)の中から一つ選び、記号で答えなさい。

(ア) 共通の母語を持つ人同士で会話すると、「コンテクストのずれ」があっても会話の前提を想像したコミュニケーションが成り立つため、さまざまな言語を用いて会話するよりも「コンテクストのずれ」が発生しにくい。

(イ) 「対話」するということは、お互いに抱えている内情や立場を考えながら、それぞれが持つコンテクストをすり合わせていくことであり、自分の意見を一方的に主張するものではない。

(ウ) コロナ禍においては、コミュニケーションの希薄さから「コンテクストのずれ」をなくすための努力が失われつつあり、自分が他者に理解されないという被害者意識が高まっている。

(エ) 違う価値観が見えにくい日本社会は、同情する対象がいないと社会から逸脱した存在に対して攻撃的になってしまう性質があり、ネットやＳＮＳでその性質が顕著にみられた。

二

次の①〜⑤の文の要点を説明した文が後にあります。(　)に当てはまる言葉として最も適切なものを、(ア)〜(エ)の中からそれぞれ選び、記号で答えなさい。

① 夏の植物であるニチニチソウには毒の成分がある。だが、薬としても利用されるので、そういった不思議な性質はたいへん面白いものだと思われる。

要点…ニチニチソウは(　)だ。

(ア) 植物　(イ) 毒　(ウ) 薬　(エ) 不思議なもの

② 日曜日に選挙があるが、ぼくは用事があるので、前日までに投票しない場合は投票できるチャンスがなくなるだろう。

要点…ぼくが投票できるチャンスは(　)。

(ア) 日曜日以外だ　(イ) 日曜日の前日だ

(ウ) 日曜日だ　(エ) もうない

③ 日本で欽明《きんめい》天皇の時代に伝来した仏教はいろいろな人物が影響を与えて、後にそれは変化し、各地に拡大していった。

要点…日本の仏教はいろいろな人物に(　)。

(ア) 影響を与えられた　(イ) 影響を与えた

(ウ) 拡大された　(エ) 拡大した

④ 自分は暖かい地域から引っ越してきたため、冬に降雪があることは珍しいと思う。だが、とても寒い北国に住むここの住人たちは、冬の降雪についてそうは思わない。

要点…(　)は降雪が珍しくないと思う。

(ア) 自分　(イ) 寒い北国　(ウ) ここの住人たち　(エ) 冬

⑤ Ａ君とＢ君はＣ君よりも背が高い。しかし、だからといってＣ君は背が低いというわけではなく、クラスで五番目に高いＤ君と

＊2　コンセンサス…合意。意見の一致。

問一、――線①「コンテクストのずれ」とありますが、「ずれ」が問題となるのは、どのようなことが原因だと筆者は述べていますか。具体例を用いて説明している部分を本文中から四十字以内で抜き出し、その最初と最後の五字を答えなさい。

問二、――線②「『ずれ』を修正」するためには何が必要ですか。「～すること。」に続くように本文中から三十字以内で抜き出し、その最初と最後の五字を答えなさい。

問三、[A]・[B]に当てはまる言葉として最も適切なものを、次の(ア)～(オ)の中からそれぞれ選び、記号で答えなさい。

(ア)　あたかも　(イ)　あまねく　(ウ)　よしんば
(エ)　おりしも　(オ)　もちろん

問四、――線③「よく誤解される」とありますが、人々は何について「誤解」しているというのですか。五字以内で答えなさい。

問五、[④]に当てはまる言葉として最も適切なものを、次の(ア)～(エ)の中から選び、記号で答えなさい。

(ア)　進化　(イ)　展開　(ウ)　拡張　(エ)　転換

問六、――線⑤「身近なコミュニティ」とありますが、「コミュニティ」と同様の意味を表している言葉を、本文中から抜き出して答えなさい。

問七、＝線a「ある」・b「それ」・c「ここ」・d「どちら」の中から品詞の異なるものを一つ選び、記号で答えなさい。

問八、――線⑥「その体制」とは、どんな「体制」を指していますか。本文中の語句を用いて、二十字以内で答えなさい。

問九、――線⑦「大事なのは」とありますが、何が「大事」なのですか。本文中から十五字以内で抜き出して答えなさい。

問十、――線⑧「拙速に決めること」とは、どのようなことですか。最も適切なものを、次の(ア)～(エ)の中から選び、記号で答えなさい。

(ア)　皆が納得できるような結論を、早く決めること。
(イ)　皆が納得できるまで、結論を出さないでいること。
(ウ)　皆が十分に納得していないのに、結論を急ぐこと。
(エ)　皆が十分に納得できないので、結論を出さないこと。

問十一、――線⑨「『正解』がないからです」とありますが、その理由として最も適切なものを、次の(ア)～(エ)の中から選び、記号で答えなさい。

(ア)　正解・不正解を求める問題ではなく、みんなで話し合って満足することが目的だから。
(イ)　その場その場に正しい答えが存在するが、全体としてまとまった正解を導かなければならないから。
(ウ)　絶対的な正解は、問題に関わる全ての人にとって、都合がよい解答とは言えないから。
(エ)　これだけが正しいという答えがあるわけではなく、みんなの妥協点を見つける問題だから。

問十二、――線⑩「そうした態度」とは、どのような「態度」を指していますか。本文中の語句を用いて答えなさい。

問十三、[⑪]に当てはまる言葉を、本文中から抜き出して答えなさい。

問十四、――線⑫「みんなが納得できるまで『対話』をし」とありますが、「対話」によって何が生まれるのですか。本文中から五字で抜き出して答えなさい。

問十五、――線⑬「なおさらです」とありますが、「なおさら」の後に省略されていると考えられる言葉を、解答欄に合うように、三十字以内で答えなさい。

問十六、――線⑭「SNSなどで叩かれました」とありますが、「叩」く人に共通していることは何ですか。本文中から十五字以内で抜き出して答えなさい。

問十七、――線⑮「ほぼ単一の文化、ほぼ単一の民族、ほぼ単一の言語という幻想の中で生きてきた」とありますが、「幻想」によって、「日本人」はどのような考え方を持つようになりましたか。「～考え方。」に続くように本文中から抜き出し、その最初と最後音楽で人生を救われた人もいるし、演劇やダンス、映画などから勇気をもらった人もいる。好きなチームのスポーツ観戦が生きがいだという人もいれば、週に一回のカラオケでストレスを発散する人もいる。

「俺はとくに演劇が好きなわけじゃないけど、君にとって演劇は命の次に大切だというのはわかるよ」と、他人の大切にしているものに対する理解を示した人は少なかったように思います。つまりそれは、自分とは違う価値観を理解できないこと、違う価値観への想像力の欠如が露呈したということです。

二〇一一年三月、東日本大震災の後、家族や友人を失い、家や仕事を失った東北の人々が、まだ寒い三月の避難所で、粛々と列をなして救援物資を待っている様子が繰り返しテレビで放送されました。多くの人がその映像を見て深く同情し、義援金を集め、ボランティアに駆けつけました。「かわいそう」と自然に湧きあがってくる気持ちが日本人を動かしたのだと思います。

日本人はこのように心優しい民族です。「かわいそうな人」というはっきりした対象があると、他者の窮状を自分にひきつけ、同情できる。しかし、異なる価値観を持った人の行動については、理解しようとすることすら難しい。これは、長らく⑮ほぼ単一の文化、ほぼ単一の民族、ほぼ単一の言語という幻想の中で生きてきたからです。

二〇二〇年以降のコロナによる厄災がこれまでの自然災害と違うところは、「わかりやすい弱者のいない災害」である点だと私は考えています。

特に、初期のクラスター感染が豪華客船やライブハウス、ホストクラブなどでたまたま発生したことにより、本来は弱者であるはずの感染者さえも悪者扱いされるようになってしまった。日本で「感染は自己責任」と考える人の比率は、他国に比べて突出して高いことが指摘されています。日本は当初、感染者数も死者数も比較的抑え込んできたにもかかわらず、⑯なぜこんなに短期間で人心が荒廃したのでしょうか。

同情する対象がないため、自分の気持ちを向ける先がなかったことも大きく影響していると私は考えています。だから自らが弱者となり、「私だけが我慢している。なぜ他の奴《やつ》らは我慢ができないのか」という思考回路に陥り、他者への攻撃に転化してしまった。

そこにさらに拍車をかけたのが「ステイホーム」です。社会には、閉じこもる「ハウス(house)／家」はあっても、帰るべき「ホーム(home)／家族、友人」のない人がいます。そのことに誰も意識を向けていませんでした。想像することができなかった。心の拠《よ》り所である「ホーム」を持たない人が「ステイハウス」を強要されることで、ネットなどで凶暴化してしまったのではないか。

日本人は、「シンパシー(sympathy)」を持つのは得意ですが、「エンパシー(empathy)」を持つのが苦手です。

「シンパシー／同情」は、自然に湧き出てくる「かわいそう」という感情です。これに対して、「エンパシー／共感する力」は、異なる他者を理解するための、行為、態度、あるいは想像力です。

ここで挙げた例でいえば、今回のコロナのような状況において、他人が何を大切にしているか、その人の行動の背景に何があるかを想像して理解する力は、「エンパシー」にあたります。

多様化していく価値観を認めあい、ともに生きていくためには、「かわいそうだから助けてあげよう」というシンパシーではなく、「私は演劇は観《み》ないけど、君にとって演劇が大切なことはわかる」と思える［⑰］、つまり、「同意」はしなくても、「共感」できるエンパシーの力が必要です。言い換えれば、なぜ他者はそのように考え、行動したかについて思いをはせることなのです。

（平田オリザ『ともに生きるための演劇』による
なお出題の都合上、一部削除したところがある）

＊1　ハイコンテクスト…「コンテクスト」とはここでは知識や文化、価値観等のことを指す。従って「ハイコンテクスト」とは知識、文化、価値観等が共通の認識となっている状態のこと。

ることではありません。なぜならこの問題には⑨「正解」がないからです。

「なぜこの人はそのような行動を取ったのか」「なぜこの人はこのようなことを言ったのか」と、相手の言動の背景を考え、「コンテクストのずれ」について配慮しながら、対話する場を持ち続けることが大事なのです。そうしたプロセスを経て、上手に担当割を数値化したり、お金で解決するならいくらをどう負担しあうかなど＊2コンセンサスをとっていけばいい。

　みんなが協力しあわなくてはいけない場、たとえば地域の共同体では、どんな大企業の重役でも、専業主婦（夫）でも、お年寄りでも、みんなが対等です。企業を退職した方が地域の活動に参加するときに、これまで働いてきた自分の価値観のまま、部下に指示するかのように意見してしまう場面はよくあるかと思います。しかし、「対話」には、対等な関係性が必須ですから、⑩そうした態度ではうまくいきません。ゴミ出しの例だけでいえば、ゴミを一度も出したことのない大企業の重役よりも、毎週ゴミを分別し続けてきた主婦（夫）のほうが専門性が高い。どんな「対話」においても、専門性に対する尊敬は重要です。

「対話」は、それぞれが自分の背景を背負って話すということですから、背景を捨てろと言っているのではありません。「私の意見はこうだ。私が正しい」と一方的に主張するのではなく、「私の立場はこうですが、あなたの立場はそうなのですね」と、上下関係を持ち込まずに、相手の価値観やライフスタイルなどのコンテクストを考えながら対話することで、新しい答えが導き出されます。

　演劇においても、同じ課題があります。劇団の多くは小劇場や学生劇団など同志的な集団から出発することが多いので、初めは目指す理想のもと、[⑪]な関係性でいられるのですが、劇団が売れ、大きくなればなるほど、どうしても上下関係が生まれてしまいます。そうなったとき、上に立つ人が意識すべきは、自らの「権力性」を自覚し、できるだけ対等に近づけるべく行動するということです。

　昨今、ハラスメントの問題が注目されていますが、どのような組織においても、リーダーが自らの権力性に敏感になり、相手のコンテクストを理解しようとする姿勢が欠かせないのです。⑫みんなが納得できるまで「対話」をし、ルールを作っていくのも、リーダーの大切な役目でしょう。

　自分以外の人のコンテクストを理解しようとする姿勢は、直接対話をする相手だけでなく、これからさまざまな場面で、ますます必要となっていくでしょう。ＳＮＳなどで不特定多数の人に向けて気軽に発信できるようになった現代では⑬なおさらです。

　コロナ禍《か》に見舞われたこの数年、演劇や音楽などのライブエンターテインメント業界が受けた打撃は非常に大きなものでした。

　当初から、「半数に制限した観客がマスクをして、一定方向を見て静かに座っていれば感染の確率は極めて低い」といわれていましたが、小さな劇場でクラスターが起こり、一律で劇場を閉めざるを得なくなった時期もありました。

　上演できるようになってからも、稽古場での感染予防対策、ＰＣＲ検査、劇場での検温や消毒、連絡先の把握などを徹底しながら、どうすれば演劇を続けることができるかを赤字覚悟で考え続けてきました。

　私も、他の劇作家たちも、演劇を絶やさないために、窮状を強く訴えてきました。しかし発言するたびに⑭ＳＮＳなどで叩《たた》かれました。

「おまえたちの勝手だろ」
「命のほうが大事だろう」
「演劇なんて不要不急だ」

　それでも私が言い続けてきたのは、「[B]命は大事だけれど、命の次に大切なものは一人ひとり違うでしょう」「自分とは違ったとしても、人の幸せについて考える力、想像力を持ってほしい」ということでした。

二〇二三年度 明治大学付属中野高等学校

【国語】（五〇分）〈満点：一〇〇点〉

一 次の文章を読んで、後の問いに答えなさい。（字数指定がある問いでは、句読点・記号なども一字として数えます）

日本は言葉で多くを説明しなくても互いに理解しあえる＊1ハイコンテクストな社会だと述べましたが、だからこそ「対話」が必要なのです。

普段はあまり意識せずに過ごしていても、実際には一人ひとりの使う言葉や、世代や属するグループによっても、さまざまな「①コンテクストのずれ」が存在しています。

日本語を母語とする人同士で話しているとき、ほとんどの人は、「自分の使っている言葉」が「自分がその言葉で伝えようとしている内容」のまま相手に伝わっているという前提に立っています。しかし、そこには、つねに軽微な「ずれ」があることを心に留《と》めておく必要があるのです。

身近な例で言えば、家の家具や家電ひとつとっても、同じものを指す言葉がたくさんあります。「電子レンジ」を「レンジ」という家庭もあれば、「チン」という人もいる。「座卓」を「ちゃぶ台」という人も、「テーブル」という人もいます。ここで厄介なのは、自分が「ちゃぶ台」と呼んでいるものはみんなも当然そう呼んでいると考えてしまうことです。

たとえば新婚のカップルならば、一方が長年「ちゃぶ台」と呼んできたものを指して、相手が「テーブル」と言ったら小さな諍《いさか》いが起こるかもしれません。しかし、長年一緒に暮らす中で徐々に共有できるコンテクストが増えていきます。

演劇の現場では、劇作家が書いた台詞《せりふ》を俳優が話すときに、「コンテクストのずれ」が頻発します。夫婦の場合、急がずにゆっくり「コンテクストのずれ」をすり合わせていけばよいかもしれませんが、演劇では限られた期間で②「ずれ」を修正しなければなりません。

プロの俳優には、他人が書いた台詞を、［ A ］自分がいつも話しているかのように話すことが求められます。③よく誤解されるのですが、演じるというのは、「自分のコンテクストを完全に離れて他人になりきる」ことではなく、「自分のコンテクストを少しずつ押し広げてその役柄に近づいていく」ことなのです。俳優には、自分のコンテクストをある程度の範囲で自在に［ ④ ］する能力や技術が求められます。

演出家もまた、劇作家が書いた台詞と、俳優の言葉の「コンテクストのずれ」をすり合わせていくことが仕事です。

劇作家、あるいは演出家が描こうとしている世界と、個別のコンテクストを持っている俳優の個別の身体性を通して再現しようとしている世界の細かな「ずれ」をすり合わせていくときにもやはり、イメージを明確に言語化して相手と共有していくために「対話」が必要になります。このことは、実社会のさまざまな場面にも置き換えて考えることができます。

舞台を⑤身近なコミュニティの例に移して説明しましょう。

先日、私が暮らす町で、aある話しあいがありました。ゴミ出しのルールが細かく決まっているものの、bそれを守らない人がいたり、新しい住民に浸透していなかったりする現状をどうするかが議題になりました。現状では、交替で住民がゴミ収集の場に立ち会ってきちんと分別されているかを確認しているのですが、みんなの仕事の形態もバラバラで、⑥その体制を続けるのが難しいという意見も出た。ではこれからどうするか。

「じゃあ、お金を出して人を雇えばいいじゃないか」

「いやいや、これは地域のことなので、やはりみんなで順番にやりましょう」

cここで⑦大事なのは、dどちらの意見がよいかを⑧拙速に決め

英語解答

Ⅰ 1 ア　2 エ　3 ア　4 イ
5 ウ　6 ウ

Ⅱ 1 diary　2 pleasure
3 lift　4 held
5 international

Ⅲ 1 A…was　B…the city
C…named
2 A…tell　B…were　C…your
3 A…someone　B…guide
C…through
4 A…by　B…and　C…wrote
5 A…cover　B…continent
C…been
6 A…saw　B…in　C…go

Ⅳ 1 オ　2 ア　3 イ　4 カ
5 エ

Ⅴ 1 ウ　2 エ　3 イ　4 ア
5 ウ　6 エ

Ⅵ 問1 B　問2 イ　問3 ウ
問4 ア　問5 イ　問6 ウ
問7 ア
問8 ① value　② improving

Ⅰ〔適語(句)選択〕

1．‘時’や‘条件’を表す副詞節では，未来の内容でも現在形で表す。　「終わったら，私にあなたの答えを知らせてください」

2．‘*A* is known as *B*’「*A*は*B*として知られている」の形。　*cf.* ‘*A* is known to *B*’「*A*は*B*に(対して)知られている」　「ニューカレドニアは『天国に一番近い島』として知られており，日本人観光客の間で最も人気のある場所の1つだ」

3．that 以下は problem を修飾する関係代名詞節。we should talk about the problem という文の the problem が先行詞(本問では no problem)となって前に出た形と考えればよい。talk about ～ で「～について話す」という意味になるので，エは should be talked about なら正しい文になる。　「我々が今日の会議で話すべき問題はない」

4．country と population の間には「国の人口」という‘所有’の関係が成り立つので，所有格の関係代名詞 whose を用いる。「～の…倍」は‘倍数詞(… times/twice/half など)＋as＋形容詞＋as ～’の語順で表す。　「イタリアは人口が日本の約半分の国である」

5．直後の副詞 well に着目する。‘how＋形容詞〔副詞〕＋主語＋動詞…’「どれほど～か」の形である。「彼の母親は，彼がそれを全て1人でどれだけよくやったかを知ったら驚くだろう」

6．Help yourself. は「ご自由にお取りください」と食事や飲み物を勧めるときに使われる定型表現。　A：スープをもっともらえますか？／B：もちろんです。ご自由にどうぞ。

Ⅱ〔単語の定義─適語補充〕

1．「毎日起こった物事を書きとめる本」─「日記」　「昨日，本屋で新しい日記を買った」

2．「幸福，満足，楽しみの感情」─「喜び」　「ジムが私のチームに戻ってきたのは喜ばしいことだ」

3．「何かあるいは誰かを低い位置から高い位置に上げること」─「持ち上げる」　「パパ，私を持ち上げて。見えないよ」

4．「特定の場所や時間にある行事を行うこと」─「開催する」　were があるので，‘be動詞＋過去分詞’の受け身形にする。　hold－held－held　「2022年11月8日にアメリカ合衆国の中間選挙が開催された」

5．「2つ以上の国を含むこと」─「国際的な」　international student「留学生」　「2010年には約70万人の留学生がアメリカの大学で学んでいた」

Ⅲ〔**整序結合**〕

1．「その市はワシントンD.C.と名付けられた」は‘name＋*A*＋*B*’「*A*を*B*と名付ける」の受け身形(‘*A*＋be動詞＋named＋*B*’)。これを疑問文の語順にし，疑問詞 Why を文頭に置く。　Why was the city named Washington, D.C.?

2．「もし～なら，…のに」は，仮定法過去(‘If＋主語＋動詞の過去形～，主語＋助動詞の過去形＋動詞の原形…’)を使って表せる。ここでは，主節と if節の順番が逆になっている。仮定法過去の文では，if節に続く be動詞は主語の人称に関係なく原則として were を用いる。「彼に本当のことを教える」は‘tell＋人＋物事’「〈人〉に〈物事〉を教える」の形で表す。　in ～'s place「～の立場で」　I would tell him the truth if I were in your place.

3．We need で始め，「(私たちを)案内してくれる人」を to不定詞の形容詞的用法を使って someone to guide us とまとめる。残りは through this jungle とまとまり，これを最後に置く。　We need someone to guide us safely through this jungle.

4．「ナポレオンが着ていたシャツ」を「ナポレオンによって着られたシャツ」と読み換え，A shirt worn by Napoleon とする(過去分詞の形容詞的用法)。「彼が英語の練習用に書いた手紙」は a letter を先行詞とする関係代名詞節になると考え，a letter he wrote to practice … とまとめる(a letter の後に目的格の関係代名詞が省略された形)。　A shirt worn by Napoleon and a letter he wrote to practice his English have gone on display at a museum in Belgium.

5．the giant ice sheets「巨大な氷床」の後は，that を主格の関係代名詞として用いて，that cover the frozen continent「凍った大陸を覆う」を続ける。「溶けてきている」は‘過去のある時から現在まで続く動作’を表す現在完了進行形(have/has been ～ing)にする。　melt「溶ける」　In Antarctica, the giant ice sheets that cover the frozen continent have been melting slowly.

6．‘see＋目的語＋動詞の原形…’「～が…するのを見る」の形で表す。「黄色いコートを身につけた」は‘in＋衣服’「～を身につけて」の形で in a black coat とする。　go back to ～「～に戻る」　He saw a man in a yellow coat go back to the airport.

Ⅳ〔**長文読解―適文選択―説明文**〕

≪全訳≫❶1676年のある日，オランダの科学者アントニー・ファン・レーウェンフックは顕微鏡をのぞいた。彼は驚いて反応した。それまで誰も見たことのないものが現れた。彼は細菌を見たのだ。続けて見ていると，その物体は動いた。とても小さいので，顕微鏡を通してしか見ることができなかった。彼はそれが何なのか知らなかった。どこから来たのかも知らなかった。350年以上たった現在，科学者たちは世界が細菌でいっぱいだと知っている。科学者たちは細菌が人間に害を及ぼしたり，人間に役立ったりすることがあるのを知っている。❷[1]微生物である細菌は，環境の中の至る所に存在している。地底深くに存在している。海や湖の中に存在している。植物や動物の体内に存在している。人の手の表面や，鼻の中に存在している。人間は細菌を見ることができない。しかし，細菌は人間に多くの影響を及ぼしている。細菌には多くの種類がある。有害なものも，無害なものもある。多くの細菌は，実は人間の役に立つ。❸有害な細菌を表すのに，ばい菌という言葉が使われることがある。ばい菌は，コレラや結核のような恐ろしい病気を引き起こすことがある。コレラ菌は汚れた水の中にすんでいる。もし人が汚れた水を飲むと，コレラ菌がその人の消化器官に感染する。その人はひどい腹痛で苦しむことになる。病気の中には，人から人へ簡単に移るものがある。例えば，肺に結核菌を持っている人は，せきやくしゃみをすると，結核をうつすことがある。[2]この菌はその人の口や鼻から出て，周囲の空気の中に入る。その空気を吸った人たちは，有害な細菌を吸い込むことになる。❹しばしば，食品の表面や内部でばい菌が成長している。その食品を食べることが，人間を病気にすることもある。3しかし，病気になるのを防ぐ方法がある。例えば，果物を食べる前に洗うと，多くの有害なばい菌を洗い流す。熱は，有害な細菌を破壊するもう１つの方法だ。肉を長時間加熱調理すると，安全に食べられるようになる。❺全ての細菌が有害なのではない。一部の細菌は多くの方法で人間の役に立つ。例えば，数百万の善玉菌が人体の消化器官に存在している。4この菌は私たちが食べるものを変化させるのに役立つので，私たちの体は食べ物の中のビタミンを利用できる。また，善玉菌はチーズやヨーグルトなど特定の食品をつくるために必要だ。❻多くの細菌は環境にも役立つ。例えば，細菌が落ち葉などの植物の残骸の分解を助けるので，植物の残骸は土に混じるようになる。海に存在している細菌は，いくつかの方法で役立つ。例えば，小さな魚が食べる餌になる。そして，その小さな魚は大きな魚の餌になる。大きな魚をつかまえれば，あなたの夕食になる。細菌が役立つもう１つの方法は，船からの石油流出の浄化によるものである。さらに細菌は，雨が海へと運んだ人間の排泄物の浄化にも役立つ。❼5人間の世界は細菌でいっぱいだが，全ての細菌が有害なのではない。それどころか，一部の細菌は人間の役に立っているのだ。

＜解説＞１．続く４文の内容は everywhere「至る所」を具体化したもの。このように英語では，‘抽象’→‘具体’の順で説明されることが多い。　２．直後の文の the air はアの the surrounding air「周囲の空気」を受けている。また，代名詞 her からも正答を導ける。　３．続く２文が ways to prevent getting sick「病気になるのを防ぐ方法」の具体例になっている。 for instance「例えば」　４．前の２文から，人体の消化器官に存在する善玉菌のはたらきについて述べる内容が入る。 good bacteria「善玉菌」 ‘help＋(to＋)動詞の原形’「～するのに役立つ」　５．結論部分。本文の主旨は，細菌には悪い面だけではなく良い面もあるということ。第１段落最後の２文で述べた内容を，結論部分で繰り返している。 be filled with ～「～でいっぱいである」(≒be full of ～)

V〔長文読解総合(英問英答形式)─説明文〕

≪全訳≫❶あなたが人通りの多い街の歩道を歩いていると，あなたの前の人が倒れた。あなたはどうするだろうか。では，同じ状況を想像してほしいのだが，今度はあなたとその人しか歩道を歩いていない。このとき，あなたはどうするだろうか。社会心理学者たちによれば，あなたは周りに誰もいないときの方が助ける可能性が高い。反対に，多くの目撃者，つまり傍観者がいると，あなたは助けを申し出る可能性が低い。誰もその人を助けないことすらありうる。心理学者たちの考えでは，これは人間の自然だが複雑な反応であり，傍観者効果と呼ばれる。❷傍観者効果は，ニューヨーク市のキャサリン・ジェノヴィーズの家の外で起こった非常に不幸な出来事の結果として，1964年に最初に発見された。午前３時，何者かがジェノヴィーズを彼女のアパートの前で襲い，殺害した。殺害の音はジェノヴィーズの近所に住む38人の目を覚ました。全員が窓から外を見て，何が起きているのか確認していた。しかし，目撃者38人のうち１人として，助けるために何かした者はいなかった。誰もこの殺害を警察に通報しなかった。翌日，国中がこのニュースにショックを受け，心理学者たちは，この人たちが助けなかった理由を説明する答えを持たなかった。❸新聞は38人の目撃者を利己的で冷淡だと称したが，社会心理学者のジョン・ダーリーとビブ・ラタネには違う理論があった。彼らは，目撃者の多さが，実際には各人が助ける可能性を下げたと考えた。もし１人だけが殺害を目撃したならば，その人は警察を呼ぶのに全責任を感じるだろう。もし目撃者が２人ならば，それぞれ半分の責任しか感じないかもしれない。では，ジェノヴィーズ事件のように多数の目撃者がいると想像してみてほしい。ダーリーとラタネの指摘によれば，全員がごくわずかな責任しか感じなかったから，全員が何もしなかったのだ。彼らが助けなかった理由は，冷淡で利己的な人間だったからではない。単に目撃者が多すぎたのだ。❹ダーリーとラタネは自分たちの理論を科学的に証明する必要があるとわかっていたので，それを検証するために大学生たちに実験を行った。彼らは学生を３つのグループに分けた。そして，それぞれの学生を小さな建物に連れていった。学生たちを建物内の別の部屋にいる人を映したテレビ画面のある部屋に入れ，その場を離れた。第１グループの学生は，建物内には自分１人だと思っていた。第２グループの学生は，建物内には自分の他にもう１人いると思っていた。第３グループの学生は，建物内には自分の他に４人いると思っていた。実験の一部として，テレビ画面上の人は具合が悪くなったふりをして，助けを求めて叫んだ。第１グループの学生は，建物内には自分１人だと思っており，85％がその人のために助けを呼びにいった。第２グループでは62％しか助けようとしなかった。第３グループでは31％しか助けようとしなかった。この結果はダーリーとラタネの理論を裏づけた。彼らは，目撃者が多くなることは，助ける可能性が高くなることを意味しないとわかった。それどころか，その逆が正しかった。❺社会心理学者たちは，傍観者効果は日常の多くの状況に当てはまりうると考えている。例えば，人通りの多い歩道では，あなたはホームレスの人にお金をあげ(たり，倒れている人を助けたりし)ないかもしれない。混雑した地下鉄では，あなたはお年寄りに席を譲らないかもしれない。高速道路では，あなたは停止して誰かのパンクしたタイヤの交換を手伝わないことを選ぶかもしれない。こういった状況では，非常に多くの人が助けるために周りにいるので，あなたや他の傍観者は責任をあまり感じず，その結果，全く誰も助けないことになるのだ。❻傍観者効果は，困っている他人を助けようとする決断に影響する多くの要因のうちの１つである。ある種の人々は，他の人々以上に，人助けを自然にしたがるかもしれない。ある種の文化は，他の文化以上に，他人を助けることを重視しているかもしれない。ある種の都市や町は，他の都市や町以上に，人助けすることを目指しているかもしれない。しかし，心理学者たちが知るように，人間はたとえ気づいていないとしても，周りにいる他者の存在に自然に影響されているのだ。

１＜**要旨把握**＞「次の記述のうち，傍観者効果を説明するものはどれか」―ウ．「助けが必要とされる状況で起こりうる，人間の自然な反応である」　第１段落後半参照。

２＜**内容真偽**＞「キャサリン・ジェノヴィーズに起きた事件に関する次の記述のうち，正しいものはどれか」　ア．「ジェノヴィーズの近所の人々は利己的で冷淡だった」…×　第３段落後半および第４段落後半参照。性格の問題ではなく傍観者効果によるものだった。　イ．「殺人犯はジェノヴィーズの近所に住む38人を襲い，殺害した」…×　第２段落第３，４文参照。38人は事件の目撃者の数。　ウ．「目撃者の１人が負傷者をすぐに助けた」…×　第２段落第５文参照。誰１人として助けなかった。　エ．「心理学者たちは最初，近所の人々の行動を理解できなかった」…○　第２段落最終文に一致する。

３＜**要旨把握**＞「ダーリーとラタネは何を理解したのか」―イ．「目撃者の数が増えることは，助ける可能性が低くなることを意味した」　第４段落最後の２文参照。

４＜**要旨把握**＞「傍観者効果の例として書かれていないものはどれか」―ア．「あなたは駅でホームレスの人に食べ物をあげないかもしれない」　傍観者効果の例は第５段落に書かれている。ホームレスの人への対応については第２文にあるが，「駅で食べ物をあげない」という記述はない。

５＜**内容真偽**＞「次の記述のうち，正しいものはどれか」　ア．「人助けを自然にしたがる気持ちが強い人はいない」…×　第６段落第２文参照。　イ．「いくつかの都市や町は，人々に傍観者効果を感じさせることを目指している」…×　そのような記述はない。　ウ．「ある文化で育った人々は，他人を助ける可能性が高い」…○　第６段落第３文に一致する。　エ．「人は傍観者効果に気づいている場合にのみ，目撃者の数に影響される」…×　第６段落最終文参照。　be aware of ～「～に気づいている」

6＜表題選択＞「本文に最適な表題はどれか」―エ．「数の問題」　本文はbystander effect「傍観者効果」についての説明で，これは周りにいる人の「数」に影響される心理現象である。

Ⅵ〔長文読解総合―説明文〕

≪全訳≫テレビゲームによる学習：本当かうそか？／テレビゲームは今日，子どもの生活の主要な部分であり，彼らは何時間もそれをするのに費やしている。しかし親も教師も，家庭や教室におけるテレビゲームの教育的価値を疑問視している。さらに重要なことだが，テレビゲーム，特に暴力的なゲームをすることは，実際に子どもに有害なのだろうか。／第１の論点：学ぶためにゲームをすること／教育用のコンピューターゲームやテレビゲームは，真の学習の向上につながるだろうか。❶今日のアメリカの幼稚園年長から高校までの生徒の多くは，授業時間，しかもその多くを，BrainPOPというサイトで理科の調べ物をしたり，文章を書いたりするのに費やしている。このサイトで子どもたちは映画を見たり，クイズを仕上げたり，ゲームをしたりでき，その範囲は，数学や理科，社会，英語，技術，美術，音楽，保健の中の数百ものトピックに及ぶ。❷BrainPOPは，人気上昇中の10億ドル産業における数百もの教育用ゲームサイトの１つにすぎない。ニューヨーク大学とミシガン大学の研究者たちが行ったアメリカの幼稚園年長から高校の教師488名の調査によると，現在，教師の60%近くが少なくとも週に一度はデジタルゲームを授業で使用し，18%は毎日使っている。[B]しかし，こうしたゲームの人気は上昇しているが，それらは子どもが学習するのに本当に役立っているのかどうか，研究はまだ結論を出していない。❸過去20年にわたって科学者たちは，教育用のコンピューターゲームやテレビゲームの効果に関する研究について精査してきた。全体としてわかったことは，ゲームに関する研究は，非常に多様で，まとまりがなく，方向性も定まっていない。バンダービルト大学の理科教育学の教授ダグラス・クラーク博士はこう述べている。「ゲームは手段としては効果的かもしれないが，常にそうではない，と研究は示しています。設計こそが重要なのです。講義でも実験室でも本でも，単にそうした媒体だから良いと思い込んでいる人はいません」　ニューヨーク大学スタインハート校文化・教育・人間開発学部の教授で，本研究の筆頭著者の１人であるヤン・プラス博士は，次のように同意している。「我々が発見したところでは，優れた設計のゲームは，数学などのあまり人気のない科目の学習を生徒に促したり，ゲーム中心の学習によって，生徒に実際にその科目の内容に興味を持たせられたりすることがわかっています」❹心理学者たちは大学生用の学習ゲームも研究している。このゲームの開発者であるメンフィス大学知能システム研究所の心理学者アート・グレーサー博士と彼の共同研究者たちによって，一連の研究が行われた。彼らは３つの異なる高等教育機関(コミュニティ・カレッジ，州立大学，私立大学)の学生における批判的思考能力の向上について報告した。「ゲームの全ての部分が，１つ以上の学習の原理に支えられていました」とグレーサー博士は述べている。「これが，往々にしてやる気は高めようとしても，学習を高めようとはしない，多くの商用ゲームとの違いです。私たちは実際に両方をやろうとしました」／第２の論点：研究の精査によれば，テレビゲームをすることで，学習上，健康上，社会上の利益がもたらされる可能性がある。❺『American Psychologist』誌に載った研究レビューによれば，暴力的なゲームを含めて，テレビゲームをすることは，子どもの学習や健康，社会的能力を高めることがある。この研究は，心理学者やその他の医療専門家の間で，暴力的なメディアが青年期に与える影響についての論争が続く中で発表された。❻この論文で検討されたいくつかの研究によれば，テレビゲームをするのは知的側面から言えば怠慢であると１つの見解が主張している一方で，そうしたプレイは空間感覚や推論，記憶，知覚などのさまざまな認知能力を実際に強化することがあるという。❼テレビゲームをすることは，子どもの問題解決能力の発達に役立つこともある。10代の若者は戦略的なテレビゲームをしたことを報告すればするほど，彼らの翌年の問題解決能力や学校の成績は向上していた。子どもの創造性も，暴力的なゲームを含むあらゆる種類のテレビゲームをすることによって向上したが，コンピューターや携帯電話などの他の形態のテクノロジーを使用したときには向上しないことが，他の研究で明らかになった。8使いやすく，すぐにできる単純なゲームは，プレイヤーの気分を向上させ，リラックスを促し，不安から守ることがあると，この研究は述べている。「テレビゲームをするだけで人々の幸福度が上がるなら，これは考慮すべき重要な感情的利益だと思われます」と，オランダのラドバウド大学ナイメーヘン校のイサベラ・グラニック博士は述べた。9その論文の著者たちは，失敗に直面した際にテレビゲームが回復力を学ぶ効果的な手段である可能性も強調している。ゲームの中で継続的な失敗に対処できるようになることで，子どもは日常生活で当てにできる感情面における回復力を身につけると著者たちは示唆している。10この研究が疑っているもう1つの固定観念は，社会的に孤立したゲーマーというものである。70%以上のゲーマーが友人と一緒にプレイしている。マルチプレイヤーゲームはネット上の社会的コミュニティとなり，そこでは，誰を信用して誰を拒否すべきかや，どうグループを率いるべきかをすぐに決める必要があると著者たちは述べた。協力を促すテレビゲームをプレイする人は，たとえそのゲームが暴力的であっても，同じゲームを他人と張り合ってプレイする人よりも，ゲーム中に他の人を助ける可能性が高いことが，最近の研究でわかった。11この2つの論点の妥協案は，幼い子どもにゲームをさせる前に，大人がゲームをチェックしたり，選別したりすることにあるのかもしれない。もう1つの有益な方法は，子どもが1日にゲームをプレイできる時間を制限することだ。最後に，大人，特に親は，テレビゲームについて子どもと話し合って，ある種のゲームが他のゲームよりもプレイするのに好ましい理由を説明できる。

問1＜適所選択＞脱落文にある the popularity of such games「そうしたゲームの人気」から，この文の前には，人気となっているゲームについての説明があると考えられる。第2段落で教育的なゲームが人気になっていることが述べられている。

問2＜要旨把握＞最後の3文参照。ここで述べられているのは，学習ゲームは，学習ではなくゲームをしたいという気持ちを高めようとする商用ゲームとは違い，全ての部分に学習原理を用いているということ。これは，学習ゲームは楽しむことだけでなく，学習も目的としているということである。

問3＜語句解釈＞下線部を含む文の about 以下が debate の具体的な説明になっている。これを言い換えているのは，ウ．「暴力的なテレビゲームが若者に与える影響」。

問4＜要旨把握＞第3文前半参照。この including は「～を含め」という意味の前置詞。

問5＜適語(句)選択＞協力を促すゲームではプレイ中に他の人を助ける可能性が高いことを述べた部分。第5，7段落に続き，その内容が暴力的であってもテレビゲームには良い効果が見込まれるという主張を読み取る。　even if ～「たとえ～でも」

問6＜要旨把握＞第9段落参照。ウ．「ゲームでの継続的な失敗は，子どもが回復力を学ぶのに役立つことがある」は，この内容に一致する。　ongoing「継続している」

問7＜要旨把握＞第2文参照。　limit「～を制限する」

問8＜要約文完成＞≪全訳≫親たちはテレビゲームの教育的①価値について確信していないが，研究はテレビゲームをすることが，生徒の学習の②向上，認知能力の強化，協力の促進といった利益をもたらすことがあるという考えを支持しているようだ。

＜解説＞①この部分は，冒頭にある導入部分の文章第2文の … parents … question the educational value of video games … を書き換えた内容になっている。この question は「～を疑う」の意味の動詞。　②The First Point の第1文の，テレビゲームが improvements in learning「学習の向上」につながるか，という問題提起に対して，第3，4段落は，その効果を証明する内容になっている。空所は後の strengthening … and encouraging … と並列となるので動名詞とする。

数学解答

1 (1) $9+\sqrt{2}$　(2) $(x-4)(3x+2)$
(3) $x=2+\sqrt{3},\ -1+\sqrt{3}$
(4) 3.5点

2 (1) 4　(2) $a=4,\ b=-\frac{3}{2}$
(3) 44°　(4) 11　(5) $-\frac{3}{2}$
(6) 9，53，64

3 ア 6　イ 4　ウ $\frac{67}{72}$

4 (1) $\frac{9}{5}x$g　(2) 12

5 (1) $9\sqrt{2}$cm³　(2) $\frac{3\sqrt{2}}{4}$cm

6 (1) $4\sqrt{10}$　(2) (2，6)　(3) 400

1 〔独立小問集合題〕

(1)＜数の計算＞与式 $=\left(\frac{1}{\sqrt{3}}\right)^2-2\times\frac{1}{\sqrt{3}}\times\sqrt{6}+(\sqrt{6})^2+\frac{6\times\sqrt{2}}{\sqrt{2}\times\sqrt{2}}+\frac{(2\sqrt{2})^2}{(\sqrt{3})^2}=\frac{1}{3}-2\sqrt{2}+6+\frac{6\sqrt{2}}{2}+\frac{8}{3}$ $=\frac{1}{3}-2\sqrt{2}+6+3\sqrt{2}+\frac{8}{3}=9+\sqrt{2}$

(2)＜式の計算―因数分解＞与式 $=4x(x-4)-(x-4)(x-2)$ として，$x-4=M$ とすると，与式 $=4xM-M(x-2)=M\{4x-(x-2)\}=M(3x+2)=(x-4)(3x+2)$ となる。

(3)＜二次方程式＞$x-\sqrt{3}=A$ とすると，$A^2-A-2=0$，$(A-2)(A+1)=0$ より，$A=2,\ -1$ となる。よって，$x-\sqrt{3}=2$ または $x-\sqrt{3}=-1$ より，$x=2+\sqrt{3},\ -1+\sqrt{3}$ となる。

(4)＜データの活用―中央値＞求める中央値は，40人の得点を小さい順に並べたときの20番目と21番目の得点の平均となる。表より，得点が3点以下の人数は $2+3+7+8=20$(人)，4点以下の人数は $20+14=34$(人)なので，20番目の得点は3点，21番目の得点は4点となる。よって，中央値は，$(3+4)\div2=3.5$(点)である。

2 〔独立小問集合題〕

(1)＜連立方程式―解の利用＞$4x+3y=11$……①，$x-ky=-\frac{1}{2}k$……②とする。①，②の連立方程式の解が $x=p$，$y=q$ なので，これらの解を①に代入すると，$4p+3q=11$ が成り立つ。この式を，$3p+3q+p=11$，$3(p+q)+p=11$ とすると，$p+q=3$……③だから，$3\times3+p=11$，$9+p=11$，$p=2$ となり，③より，$2+q=3$，$q=1$ となる。よって，①，②の連立方程式の解は，$x=2$，$y=1$ なので，これらを②に代入すると，$2-k\times1=-\frac{1}{2}k$，$2-k=-\frac{1}{2}k$，$4-2k=-k$，$k=4$ となる。

(2)＜関数―変域の利用＞一次関数 $y=ax-8$ について，$x=-4$ のとき，$y=a\times(-4)-8=-4a-8$，$x=2$ のとき，$y=a\times2-8=2a-8$ となる。$a>0$ より，この一次関数では，x の値が増加すると y の値も増加するので，$-4a-8<2a-8$ となり，x の変域が $-4\leqq x\leqq2$ のときの y の変域は $-4a-8\leqq y\leqq2a-8$……①となる。さらに，$a>0$ より，$-4a<0$，$-4a-8<0$ となるので，一次関数 $y=ax-8$ の①の y の変域には負の値が含まれる。よって，2つの関数の変域が一致することから，関数 $y=bx^2$ も負の値を持つので，$b<0$ となる。これより，関数 $y=bx^2$ について，x の変域が $-4\leqq x\leqq2$ のとき，y の値は $x=0$ で最大となり $y=0$，x の絶対値が最も大きい -4 で y の値は最も小さく，$y=b\times(-4)^2=16b$ となる。したがって，関数 $y=bx^2$ の y の変域は $16b\leqq y\leqq0$……②となり，①，②の変域が一致することから $2a-8=0$，$-4a-8=16b$ が成り立ち，$2a-8=0$ より，$a=4$ となる。これを $-4a-8=16b$ に代入すると，$-4\times4-8=16b$，$16b=-24$ より，$b=-\frac{3}{2}$ となる。

(3)＜**平面図形―角度**＞右図で，∠BEC＝∠BDC＝90°より，4点B，C，D，Eは辺BCを直径とする円の周上にある。これより，辺BCの中点Mは円の中心となる。∠ADB＝90°より，△ABDの内角について，∠ABD＝180°－∠ADB－∠BAD＝180°－90°－68°＝22°である。∠ABDは$\overset{\frown}{DE}$に対する円周角で，$\angle x$は同じ弧に対する中心角なので，$\angle x=2\angle ABD=2\times22°=44°$となる。

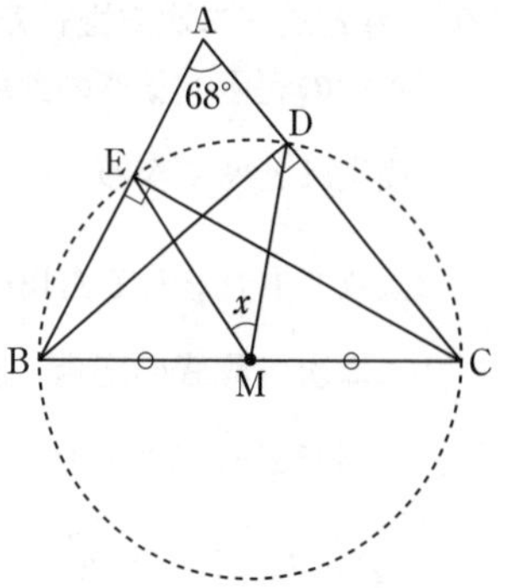

(4)＜**二次方程式の応用―解の利用**＞二次方程式$x^2-4x+1=0$の解は，解の公式より，$x=\frac{-(-4)\pm\sqrt{(-4)^2-4\times1\times1}}{2\times1}=\frac{4\pm\sqrt{12}}{2}=\frac{4\pm2\sqrt{3}}{2}$ $=2\pm\sqrt{3}$となるから，$a=2+\sqrt{3}$，$b=2-\sqrt{3}$とする。与式$=a^{10}b^8+a^6b^8-3a^5b^5=(ab)^8\times a^2+(ab)^6\times b^2-3(ab)^5$とすると，$ab=(2+\sqrt{3})(2-\sqrt{3})=2^2-(\sqrt{3})^2=4-3=1$より，与式$=1^8\times a^2+1^6\times b^2-3\times1^5=a^2+b^2-3$となる。ここで，$a^2+b^2=a^2+2ab+b^2-2ab=(a+b)^2-2ab=\{(2+\sqrt{2})+(2-\sqrt{2})\}^2-2\times1=16-2=14$となるから，与式$=14-3=11$である。なお，$a=2-\sqrt{3}$，$b=2+\sqrt{3}$としても，$ab$と$a^2+b^2$の値は変わらないので，式の値は11となる。

(5)＜**数の計算**＞$\frac{1}{x}-\frac{2}{y}=3$の両辺に$xy$をかけると，$\frac{xy}{x}-\frac{2xy}{y}=3xy$より，$y-2x=3xy$となる。これより，$\frac{6x-3y}{3xy-2x+y}=\frac{-3(y-2x)}{3xy+(y-2x)}=\frac{-3\times3xy}{3xy+3xy}=\frac{-9xy}{6xy}=-\frac{3}{2}$となる。

(6)＜**数の性質**＞$2233-33n=11(203-3n)$より，$\sqrt{2233-33n}$が整数となるのは，$203-3n=11p^2$（pは0以上の整数）となる場合である。$p=0$のとき，$203-3n=11\times0^2$，$203-3n=0$，$3n=203$より，$n=\frac{203}{3}$となり，nは自然数だから適さない。$p=1$のとき，$203-3n=11\times1^2$，$203-3n=11$，$3n=192$より，$n=64$となる。$p=2$のとき，$203-3n=11\times2^2$，$203-3n=44$，$3n=159$より，$n=53$となる。$p=3$のとき，$203-3n=11\times3^2$，$203-3n=99$，$3n=104$より，nは自然数にならず適さない。$p=4$のとき，$203-3n=11\times4^2$，$203-3n=176$，$3n=27$より，$n=9$となる。$p\geqq5$のとき，nの値は負の数となるから適さない。よって，求める自然数nは，$n=9$，53，64である。

3〔**データの活用―確率―さいころ**〕

直線$y=\frac{b}{a}x$と，直線$y=2x-4$が平行になるのは，傾きが等しくなるときである。よって，$\frac{b}{a}=2$より，$b=2a$が成り立つので，このようになる正十二面体のさいころの目の出方は，$(a,\ b)=(1,\ 2)$，(2, 4)，(3, 6)，(4, 8)，(5, 10)，(6, 12)の6ア通りある。また，3本の直線が1点で交わるのは，直線$y=2x-4$と直線$x=3$の交点を直線$y=\frac{b}{a}x$が通るときである。交点の座標は，$y=2x-4$に$x=3$を代入して，$y=2\times3-4=2$より，A(3, 2)となる。この点を直線$y=\frac{b}{a}x$が通るので，この式に$x=3$，$y=2$を代入すると，$2=\frac{b}{a}\times3$より，$2a=3b$，$b=\frac{2}{3}a$が成り立つ。このようになるさいころの目の出方は，$(a,\ b)=(3,\ 2)$，(6, 4)，(9, 6)，(12, 8)の4イ通りある。次に，3本の直線で三角形ができるのは，どの2本の直線も平行にならないときか，3本の直線が1点で交わらないときである。つまり，直線$y=\frac{b}{a}x$と直線$y=2x-4$が平行となる6通りと，3本の直線が1点で交わる4通り以外の場合である。正十二面体のさいころの目の出方は，1回目も2回目も12通りで，全部で$12\times12=144$（通り）なので，三角形ができる場合は，$144-(6+4)=134$（通り）となる。したがって，三角形ができる確率は$\frac{134}{144}=\frac{67}{72}$ウである。

4 〔数と式―二次方程式の応用〕

(1)＜**式の利用**＞x％の食塩水200gから20gをくみ出すと，食塩水の量は$200-20=180$(g)になるが，濃度はx％で変わらないので，含まれる食塩の量は$180\times\frac{x}{100}=\frac{9}{5}x$(g)となる。これに$5x$gの水を入れても含まれる食塩の量は変わらないので，水を入れた後の食塩の量は$\frac{9}{5}x$gである。

(2)＜**二次方程式の応用**＞$5x$gの水を入れた後の食塩水の量は$180+5x$gとなり，濃度は3％薄くなったので$x-3$％と表せる。このとき，含まれる食塩の量は，$(180+5x)\times\frac{x-3}{100}=\frac{1}{100}(180+5x)(x-3)$(g)と表され，これが，(1)より$\frac{9}{5}x$gと等しいことから，$\frac{1}{100}(180+5x)(x-3)=\frac{9}{5}x$が成り立つ。これを解くと，$(180+5x)(x-3)=180x$，$180x-540+5x^2-15x=180x$，$5x^2-15x-540=0$，$x^2-3x-108=0$，$(x-12)(x+9)=0$より，$x=12$，$-9$となり，濃度は正の数なので，$x=12$となる。

5 〔空間図形―四角錐〕

≪**基本方針の決定**≫(2)　(1)で体積を求めた正四角錐を，球の半径を高さとする四角錐や三角錐に分けて考える。

(1)＜**体積―三平方の定理**＞まず，右図1のように，1辺$6\sqrt{2}$の正方形をPQRS，正四角錐の底面を表す1辺3の正方形をABCDとする。正方形ABCDの対角線の交点をEとし，対角線ACの延長が辺PQ，RSと交わる点をそれぞれM，Nとすると，図形の対称性から，2点M，Nはそれぞれ辺PQ，RSの中点で辺PQ，RSと垂直に交わり，$\mathrm{PM}=\frac{1}{2}\mathrm{PQ}=\frac{1}{2}\times6\sqrt{2}=3\sqrt{2}$となる。また，△ACDはAD＝CDの直角二等辺三角形なので，$\mathrm{AC}=\sqrt{2}\mathrm{CD}=\sqrt{2}\times3=3\sqrt{2}$となる。さらに，図形の対称性からAM＝CNであり，MN＝PS＝$6\sqrt{2}$だから，$\mathrm{AM}=(\mathrm{MN}-\mathrm{AC})\times\frac{1}{2}=(6\sqrt{2}-3\sqrt{2})\times\frac{1}{2}=\frac{3\sqrt{2}}{2}$となる。よって，△APMで三平方の定理より，$\mathrm{AP}=\sqrt{\mathrm{PM}^2+\mathrm{AM}^2}=\sqrt{(3\sqrt{2})^2+\left(\frac{3\sqrt{2}}{2}\right)^2}=\sqrt{\frac{90}{4}}=\frac{3\sqrt{10}}{2}$となる。次に，右図2のように正四角錐をつくると，高さはPEとなる。$\mathrm{AE}=\frac{1}{2}\mathrm{AC}=\frac{1}{2}\times3\sqrt{2}=\frac{3\sqrt{2}}{2}$となるから，△APEで三平方の定理より，$\mathrm{PE}=\sqrt{\mathrm{AP}^2-\mathrm{AE}^2}=\sqrt{\left(\frac{3\sqrt{10}}{2}\right)^2-\left(\frac{3\sqrt{2}}{2}\right)^2}=\sqrt{\frac{72}{4}}=\sqrt{18}=3\sqrt{2}$である。したがって，〔正四角錐P-ABCD〕$=\frac{1}{3}\times$〔正方形ABCD〕$\times\mathrm{PE}=\frac{1}{3}\times3^2\times3\sqrt{2}=9\sqrt{2}$(cm³)となる。

図1

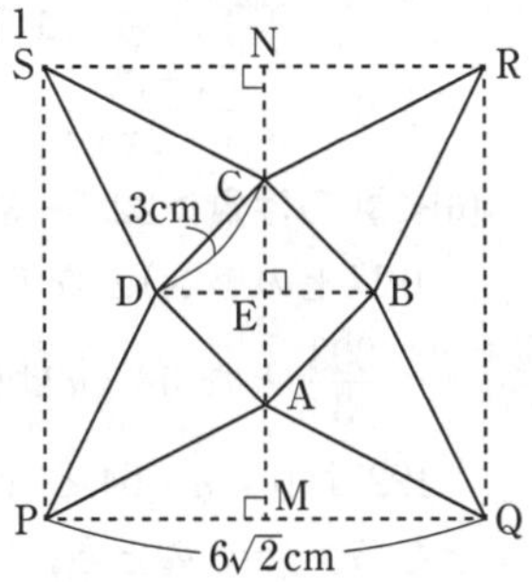

図2

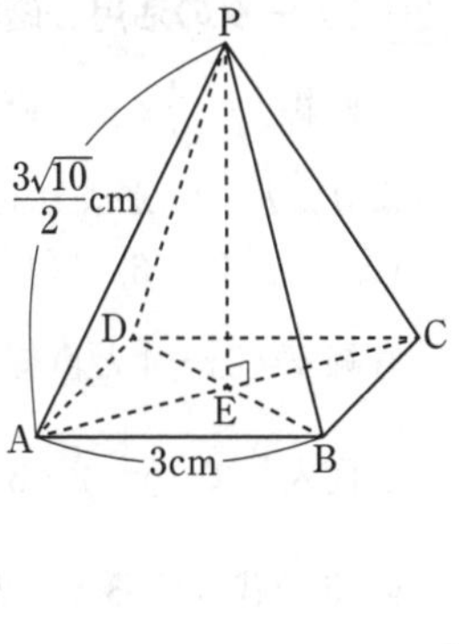

(2)＜**長さ**＞右図3のように，正四角錐P-ABCDの全ての面に接する球を考え，その中心をOとすると，図形の対称性より，点Oは線分PE上にあり，OEが球Oの半径となる。また，中心Oと正四角錐の各頂点を結び，正四角錐を正四角錐O-ABCDと4つの合同な三角錐O-PAB，O-PBC，O-PCD，O-PDAに分けると，球Oの半径は正四角錐O-ABCDの高さであり，4つの三角錐の底面をそれぞれ△PAB，△PBC，△PCD，△PDAとしたときの高さとなる。そ

図3

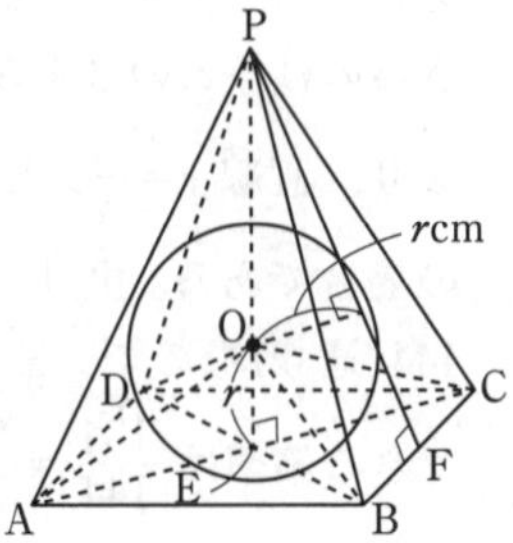

こで，球の半径を r cm とすると，〔正四角錐 O-ABCD〕$=\frac{1}{3}\times$〔正方形 ABCD〕$\times \mathrm{OE}=\frac{1}{3}\times 3^2\times r=3r$ と表せる。また，前ページの図3の△PBC に注目すると，この三角形は底辺が BC=3 で，$\mathrm{PB}=\mathrm{PC}=\frac{3\sqrt{10}}{2}$ の二等辺三角形であり，点Pから底辺 BC に垂線 PF を引くと，点Fは底辺 BC の中点となる。よって，$\mathrm{BF}=\frac{1}{2}\mathrm{BC}=\frac{1}{2}\times 3=\frac{3}{2}$ より，△BPF に三平方の定理を用いると，$\mathrm{PF}=\sqrt{\mathrm{PB}^2-\mathrm{BF}^2}=\sqrt{\left(\frac{3\sqrt{10}}{2}\right)^2-\left(\frac{3}{2}\right)^2}=\sqrt{\frac{81}{4}}=\frac{9}{2}$ となる。これより，$\triangle\mathrm{PBC}=\frac{1}{2}\times\mathrm{BC}\times\mathrm{PF}=\frac{1}{2}\times 3\times\frac{9}{2}=\frac{27}{4}$ となり，〔三角錐 O-PBC〕$=\frac{1}{3}\times\triangle\mathrm{PBC}\times r=\frac{1}{3}\times\frac{27}{4}\times r=\frac{9}{4}r$ と表せる。以上より，〔正四角錐 P-ABCD〕=〔正四角錐 O-ABCD〕$+4\times$〔三角錐 O-PBC〕$=3r+4\times\frac{9}{4}r=12r$ となり，(1)より，〔正四角錐 P-ABCD〕$=9\sqrt{2}$ なので，$12r=9\sqrt{2}$ が成り立ち，$r=\frac{3\sqrt{2}}{4}$ となる。したがって，球の半径は $\frac{3\sqrt{2}}{4}$ cm である。

6 〔関数―関数と図形〕

≪基本方針の決定≫(1)　線分 BD を斜辺とする直角三角形を考える。　(3)　点Eが線分 BD の中点であることに気づきたい。

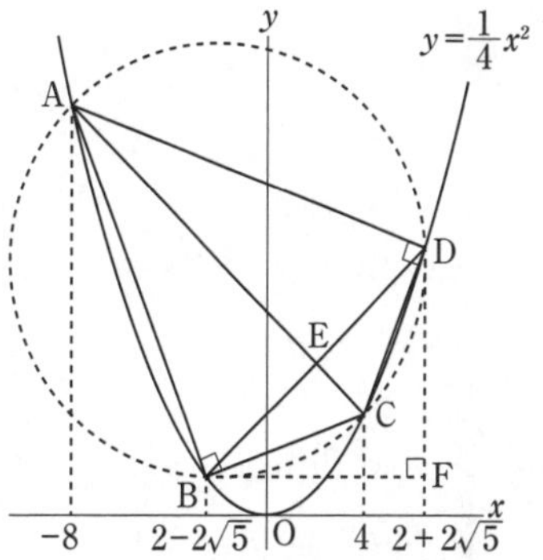

(1)<**長さ**>右図で，2点B，Dは，放物線 $y=\frac{1}{4}x^2$ 上にあり，x 座標はそれぞれ $2-2\sqrt{5}$，$2+2\sqrt{5}$ なので，点Bの y 座標は $y=\frac{1}{4}(2-2\sqrt{5})^2=\frac{1}{4}(4-8\sqrt{5}+20)=\frac{1}{4}(24-8\sqrt{5})=6-2\sqrt{5}$，点Dの y 座標は $y=\frac{1}{4}(2+2\sqrt{5})^2=\frac{1}{4}(4+8\sqrt{5}+20)=\frac{1}{4}(24+8\sqrt{5})=6+2\sqrt{5}$ となり，$\mathrm{B}(2-2\sqrt{5},\ 6-2\sqrt{5})$，$\mathrm{D}(2+2\sqrt{5},\ 6+2\sqrt{5})$ となる。図のように，線分 BD を斜辺とし，他の2辺が x 軸と y 軸に平行な直角三角形 BDF をつくると，$\mathrm{F}(2+2\sqrt{5},\ 6-2\sqrt{5})$ となるから，$\mathrm{BF}=(2+2\sqrt{5})-(2-2\sqrt{5})=4\sqrt{5}$，$\mathrm{DF}=(6+2\sqrt{5})-(6-2\sqrt{5})=4\sqrt{5}$ である。これより，△BDF は BF=DF の直角二等辺三角形となる。よって，$\mathrm{BD}=\sqrt{2}\mathrm{BF}=\sqrt{2}\times 4\sqrt{5}=4\sqrt{10}$ である。

(2)<**座標**>右上図で，まず，(1)と同様にして，2点A，Cの座標を求めると，点Aの x 座標が -8 より，y 座標は $y=\frac{1}{4}\times(-8)^2=16$，点Cの x 座標が4より，y 座標は $y=\frac{1}{4}\times 4^2=4$ となるので，$\mathrm{A}(-8,\ 16)$，$\mathrm{C}(4,\ 4)$ である。次に，図で，点Eは直線 AC と直線 BD の交点なので，これらの直線の式を求める。直線 AC の傾きは，$\frac{4-16}{4-(-8)}=-1$ なので，その式を $y=-x+m$ として，点Cの座標から $x=4$，$y=4$ を代入すると，$4=-4+m$ より，$m=8$ となるので，直線 AC の式は $y=-x+8$ となる。また，図で，(1)より BF=DF なので，直線 BD の傾きは1であり，その式を $y=x+n$ として，点Dの座標から，$x=2+2\sqrt{5}$，$y=6+2\sqrt{5}$ を代入すると，$6+2\sqrt{5}=2+2\sqrt{5}+n$ より，$n=4$ となる。よって，直線 BD の式は $y=x+4$ となる。2直線の式を連立方程式として解くと，y を消去して，$x+4=-x+8$，$2x=4$ より，$x=2$ となり，これを $y=x+4$ に代入して，$y=2+4=6$ となるから，E(2，6)である。

(3)<**積の値**>右上図で，∠ABC=90°，∠ADC=90°より，点B，Dは線分 AC を直径とする円の周上にある。$\overset{\frown}{\mathrm{CD}}$ に対する円周角より，∠DAE=∠CBE，$\overset{\frown}{\mathrm{AB}}$ に対する円周角より，∠ADE=∠BCE

なので，２組の角がそれぞれ等しく，$\triangle$ADE∽$\triangle$BCEとなる。よって，AE：BE＝ED：ECより，AE×EC＝BE×EDとなる。ここで，⑴より$\mathrm{B}(2-2\sqrt{5},\ 6-2\sqrt{5})$，$\mathrm{D}(2+2\sqrt{5},\ 6+2\sqrt{5})$だから，線分BDの中点は，$x=\dfrac{2-2\sqrt{5}+2+2\sqrt{5}}{2}=2$，$y=\dfrac{6-2\sqrt{5}+6+2\sqrt{5}}{2}=6$となり，(2，6)である。これより，線分BDの中点は点Eに一致するから，$\mathrm{BE}=\mathrm{ED}=\dfrac{1}{2}\mathrm{BD}=\dfrac{1}{2}\times4\sqrt{10}=2\sqrt{10}$となる。したがって，$\mathrm{AE}\times\mathrm{EC}=\mathrm{BE}\times\mathrm{ED}=2\sqrt{10}\times2\sqrt{10}=40$となる。また，$S=\triangle\mathrm{ADE}=\dfrac{1}{2}\times\mathrm{AE}\times\mathrm{ED}$，$T=\triangle\mathrm{BCE}=\dfrac{1}{2}\times\mathrm{BE}\times\mathrm{EC}$より，$ST=\left(\dfrac{1}{2}\times\mathrm{AE}\times\mathrm{ED}\right)\times\left(\dfrac{1}{2}\times\mathrm{BE}\times\mathrm{EC}\right)=\dfrac{1}{4}\times\mathrm{AE}\times\mathrm{ED}\times\mathrm{BE}\times\mathrm{EC}$ $=\dfrac{1}{4}\times(\mathrm{AE}\times\mathrm{EC})\times(\mathrm{BE}\times\mathrm{ED})$となるから，$ST=\dfrac{1}{4}\times40\times40=400$となる。

2023年度／明治大学付属中野高等学校

国語解答

一
問一　自分が「ち～しまうこと
問二　イメージを～に「対話」［すること。］
問三　A…(ア)　B…(オ)
問四　演じること　**問五**　(ウ)
問六　共同体　**問七**　a
問八　交替で住民がゴミ収集の場に立ち会う体制。
問九　対話する場を持ち続けること
問十　(ウ)　**問十一**　(エ)
問十二　部下に指示するかのように，上の立場から意見するような態度。
問十三　対等　**問十四**　新しい答え
問十五　［なおさら］自分以外の人のコンテクストを理解しようとする姿勢が必要(27字)［です。］
問十六　違う価値観への想像力の欠如
問十七　「自分の使～いるという［考え方。］
問十八　(エ)　**問十九**　想像力
問二十　私も，他の　**問二十一**　(イ)

二　①　(エ)　②　(ア)　③　(ア)　④　(ウ)　⑤　(ウ)

三　①　(イ)→(ア)→(ウ)　②　(ウ)→(ア)→(イ)　③　(ウ)→(イ)→(ア)　④　(イ)→(ア)→(ウ)　⑤　(ア)→(ウ)→(イ)

四　①　潜伏　②　錠剤　③　没収　④　幽玄　⑤　慕情　⑥　焦燥　⑦　契機　⑧　ほうめい　⑨　せきべつ　⑩　けいらん

一〔**論説文の読解―社会学的分野―コミュニケーション**〕出典；平田オリザ『ともに生きるための演劇』「これからをともに生きるために」。

≪本文の概要≫日本は，言葉で多くを説明しなくても互いに理解し合えるハイコンテクストな社会であるが，実際にはさまざまなコンテクストのずれが存在している。その「ずれ」を修正するために，対話が必要である。対話とは，自分の意見を一方的に主張するのではなく，相手と対等な関係で，相手の価値観やライフスタイルなどのコンテクストを考えながらするものである。自分以外の人のコンテクストを理解しようとする姿勢は，これからますます必要となるだろう。この数年のコロナ禍で，演劇や音楽などの業界は，大きな打撃を受け，窮状を訴える発言をしてきたが，そのたびにたたかれた。それは，自分とは違う価値観への想像力の欠如が露呈したことを意味する。日本人は，「シンパシー／同情」を持つのは得意であるが，異なる他者を理解するための行為，態度，想像力である「エンパシー／共感する力」を持つのは苦手である。多様化していく価値観を認め合い，ともに生きていくためには，シンパシーではなく，エンパシーの力が必要である。

問一＜文章内容＞ほとんどの人は，「『自分の使っている言葉』が『自分がその言葉で伝えようとしている内容』のまま相手に伝わっているという前提に立って」いる。しかし，「そこには，つねに軽微な『ずれ』」がある。例えば，「ちゃぶ台」は「テーブル」ともいうのに，「自分が『ちゃぶ台』と呼んでいるものはみんなも当然そう呼んでいると考えてしまう」と，「ずれ」が問題になる。

問二＜文章内容＞演劇では，劇作家や演出家は「台詞と，俳優の言葉の『コンテクストのずれ』をすり合わせて」いく。それぞれが表現しようとしている世界の「細かな『ずれ』」をすり合わせていくには，「イメージを明確に言語化して相手と共有していくため」の「対話」が必要になる。

問三＜表現＞A．プロの俳優には，「他人が書いた台詞」を，まるで「自分がいつも話しているかのように話すこと」が求められる。　B．言うまでもなく「命は大事」だが，「命の次に大切なものは一人ひとり違う」だろう。

問四＜文章内容＞「演じる」というのは，「自分のコンテクストを完全に離れて他人になりきる」ことであると，よく誤解される。

問五＜文章内容＞「演じる」というのは，「自分のコンテクストを少しずつ押し広げてその役柄に近づいていく」ことで，俳優には，自分のコンテクストを「押し広げて」いく技術が求められる。

問六＜語句＞「コミュニティ」は，「共同体」のこと。「地域の共同体」を指すことも多い。

問七＜品詞＞「ある」は，連体詞。「それ」「ここ」「どちら」は，代名詞。

問八＜指示語＞現状では，「交替で住民がゴミ収集の場に立ち会ってきちんと分別されているかを確認している」が，「みんなの仕事の形態もバラバラ」で，交替で住民がゴミ収集の場に立ち会うという今の体制を続けるのは，難しい。

問九＜文章内容＞「ここで大事なの」は，「どちらの意見がよいかを拙速に決めること」ではない。そうではなく，「対話する場を持ち続けること」が「大事」なのである。

問十＜文章内容＞「拙速」は，やり方はまずいがはやいこと。異なる意見が出たときは，時間をかけた「対話」を通して，「コンセンサスをとって」いけばよい。そういう方法をとらずに「どちらの意見がよいか」という結論だけを急いでしまうことはよくない。

問十一＜文章内容＞「これからどうするか」については，「どちらの意見がよいか」で決めるのではなく，「対話する場」を持ち続けて「コンセンサスをとって」いけばよい。唯一の正解を出すことではなく，異なる意見がある中で，皆が合意できるところを見出していくのがよいのである。

問十二＜指示語＞「対話」には，「対等な関係性が必須」であるため，企業で上の立場にあった人が「部下に指示するかのよう」に，上から意見するような態度では，「対話」はうまくいかない。

問十三＜文章内容＞劇団は，「売れ，大きくなればなる」ほど，どうしても団員どうしに「上下関係が生まれて」しまう。そうなったとき，上に立つ人は，できるだけ「対話」に必須の「対等な関係性」を目指すべきである。

問十四＜文章内容＞「対等な関係性」で「相手の言動の背景を考え，『コンテクストのずれ』について配慮しながら」行われる「対話」により，「新しい答え」が導き出される。

問十五＜文章内容＞「自分以外の人のコンテクストを理解しようとする姿勢」は，「これからさまざまな場面で，ますます必要となっていく」だろう。「SNSなどで不特定多数の人に向けて気軽に発信できるようになった現代」では，なおさら「自分以外の人のコンテクストを理解しようとする姿勢」が「必要」になる。

問十六＜文章内容＞「私」や他の劇作家たちは「演劇を絶やさないために，窮状を強く訴えて」きたが，それに対して「『俺はとくに演劇が好きなわけじゃないけど，君にとって演劇は命の次に大切だというのはわかるよ』と，他人の大切にしているものに対する理解を示した人は少なかった」ようである。それは，「自分とは違う価値観を理解できないこと，違う価値観への想像力の欠如が露呈したということ」である。

問十七＜文章内容＞「ほぼ単一の文化，ほぼ単一の民族，ほぼ単一の言語という幻想」の中で生きてくると，異なる価値観を持った人の行動を「理解しようとすることすら難しい」ということになる。日本人は，相手も自分と同じ価値観を持っていて，「『自分の使っている言葉』が『自分がその言葉で伝えようとしている内容』のまま相手に伝わっている」ものだと考えてしまうのである。

問十八＜文章内容＞日本人は「シンパシー／同情」を持つのは得意で「かわいそうな人」に対しては同情できるが，コロナ禍では「同情する対象がないため，自分の気持ちを向ける先がなかった」ことで，人々は「自らが弱者となり，『私だけが我慢している。なぜ他の奴らは我慢ができないのか』という思考回路に陥り，他者への攻撃に転化」した((ア)…○，(エ)…×)。社会には「帰るべき『ホーム(home)／家族，友人』のない人」がいるということを誰も想像できず，「ステイホーム」は「ステイハウス」を強要するものになり，強要された人が「凶暴化」した((イ)…○)。日本人は，「異なる他者を理解するための，行為，態度，あるいは想像力」である「エンパシー／共感する力」を持つのが苦手であるため，異なる他者を理解できずに心が「荒廃」してしまった((ウ)…○)。

問十九＜文章内容＞「私は演劇は観ないけど，君にとって演劇が大切なことはわかる」というような，他人が大切にしているものに対する理解，「自分とは違う価値観」に対する理解ができないのは，「違う価値観」への「想像力」が欠如しているためである。

問二十＜文脈＞コロナ禍に見舞われたこの数年，演劇や音楽などの業界では「一律で劇場を閉めざるを得なくなった時期」もあった。「上演できるようになってから」も，感染予防対策を徹底しながら，「どうすれば演劇を続けることができるかを赤字覚悟で考え続けて」きた。「演劇に限らず，観客に生のダンスや音楽を提供する場所では，どこでも同様の努力を続けてきたはず」である。「私も，他の劇作家たちも，演劇を絶やさないために，窮状を強く訴えて」きた。

問二十一＜要旨＞「日本語を母語とする人同士」の会話では，ほとんどの人は，「『自分の使っている言葉』が『自分がその言葉で伝えようとしている内容』のまま相手に伝わっているという前提」に立っているが，「そこには，つねに軽微な『ずれ』」がある((ア)…×)。演劇の場でも身近なコミュニティでも，「コンテクストのずれ」をすり合わせていく必要があり，そのためには，自分の意見の正しさを一方的に主張するのではなく，「相手の価値観やライフスタイルなどのコンテクストを考えながら対話する」ことが重要である((イ)…○)。コロナ禍では，「同情する対象」がなく，「自分の気持ちを向ける先がなかった」ために，人々は自らが弱者となり「他者への攻撃」を行ったうえに，帰るべき「『ホーム』を持たない人」の存在を社会が想像できなかったために，人心は荒廃した((ウ)…×)。「長らくほぼ単一の文化，ほぼ単一の民族，ほぼ単一の言語という幻想の中で生きてきた」日本人は，「同情する対象がない」と「他者への攻撃」に向かい，自分とは違う価値観を持った他者をSNSでたたいたり「ネットなどで凶暴化」したりする((エ)…×)。

二〔資料〕

①ニチニチソウは，毒がある一方で薬としても利用されるという「不思議な性質」を持つ。　②日曜日に選挙があるが，「ぼく」は日曜日には用事があるので，投票できるのは「前日まで」である。③仏教は，いろいろな人物の「影響」を受けて変化し，各地に拡大していった。　④冬の降雪は，暖かい地域で暮らしてきた自分にとっては珍しいが，「とても寒い北国に住むここの住人」にとっては珍しくない。　⑤A君とB君よりも背が低いC君と，D君は，「クラスで五番目」に背が高い。

三〔国語の知識〕

①**＜古典の知識＞**時刻は，午前○時から二時間ごとに十二支を当てて表す。十二支は，「子，丑，寅，卯，辰，巳，午，未，申，酉，戌，亥」。　②**＜語句＞**「冬至」は，十二月二十二日頃。「大寒」は，一月下旬。「立冬」は，十一月初め。　③**＜語句＞**「七夕」の節句は，七月七日。「端午」の節句は，五月五日。「桃」の節句は，三月三日。　④**＜古典の知識＞**「葉月」は八月。「文月」は七月。「長月」は九月。　⑤**＜俳句の技法＞**「朧月」は，春のかすんだ月。「柚湯」は，柚の実を入れて冬至の日に入る風呂。「浴衣」は，夏に着る木綿の一重の着物。これらは全て季語である。

四〔漢字〕

①隠れてひそむこと，また感染しているが，症状が出ないこと。　②粒状の薬のこと。　③強制的に取り上げること。　④奥深くてはっきりと知ることができないこと，また，上品で優しいこと。⑤心を引かれ，懐かしく思う気持ちのこと。　⑥あせり，いらだつこと。　⑦きっかけのこと。⑧氏名の尊敬語。　⑨別れを惜しむこと。　⑩ニワトリの卵のこと。

Memo

Memo

Memo

2022年度 明治大学付属中野高等学校

【英　語】（50分）〈満点：100点〉

I　次の英文の(　)に最も適するものを選び，記号で答えなさい。

1．What would happen to the world if the sun (　　) for a second?

ア．disappears　　イ．disappeared

ウ．will disappear　　エ．has disappeared

2．She wants to know (　　) I like to do in my free time.

ア．that　　イ．if　　ウ．what　　エ．when

3．Even at age 20, my father won't let me (　　) any social media.

ア．use　　イ．used　　ウ．using　　エ．to use

4．The social aspect of stopping work (　　) to a co-worker can help people feel more like they belong in the workplace.

ア．talking　　イ．to talk　　ウ．talked　　エ．that talks

5．The radio host played the same old song (　　　　) and he got complained by his listeners.

ア．at random　　イ．one after another

ウ．sooner or later　　エ．again and again

6．Mom：I don't want you up in that tree.

Kid　：(　　　　)

Mom：Some of the branches are dead and they might break down.

ア．Why not?　　イ．Who knows?

ウ．Not at all.　　エ．Watch out!

II　(　)に指定された文字で始まる語を入れ，英文を完成させなさい。その際に[　]内の定義を参考にすること。

1．When the last (c　　) leaves, we close the shop.

[a person who buys goods or services]

2．Any (a　　) from my parents was always simple and useful.

[an opinion that you give somebody about what he or she should do]

3．Her voice sounded (n　　) although she said she was fine.

[afraid of or worried about something that is happening or might happen]

4．They tried to find the (h　　) treasure in the woods.

[to put something in a place where it cannot be easily seen or found]

5．If you see an (a　　), please call the police.

[a sudden event that causes damage or injury]

Ⅲ　次の日本語の内容になるよう[　]内の語句を並べかえ，英文を完成させなさい。解答は(A)(B)(C)に入るものを書きなさい。

1．このソファはとても重いので，リビングルームに運び込むのに4人必要だ。

This sofa is (　　)(　　)(A)(　　)(　　)(　　)(B)(　　)(C) to the living room.

[move / so / four people / need / that / to / heavy / we / it]

2．空気を循環させるために，窓を開けたままにしておいた方がよい。

You should leave (　　)(A)(　　)(B)(　　)(C)(　　) circulating.

[in / the air / keep / open / order / the windows / to]

3．日本では，ウナギは水がきれいな川で捕れる高価な魚として知られている。

In Japan, *unagi*, or eel, is (　　)(A)(　　)(B)(　　)(C)(　　) clean rivers.

[in / expensive / an / known / caught / as / fish]

4．いつスマートフォンを買い替えるかを決めるのは，想像より難しい。

(　　)(A)(　　)(B)(　　)(　　)(C)(　　)(　　) we imagine.

[upgrade / is / our / deciding / to / than / when / smartphones / harder]

5．トムはいくつなぞなぞを解けるかを数えて，自分がどのくらい賢いかを判断している。

Tom judges how (　　)(　　)(A)(　　)(B)(　　)(　　)(C)(　　) he can solve.

[of / clever / is / riddles / the number / counting / he / by / that]

6．学びの素晴らしい点は，誰もそれを奪うことができないということだ。

The beautiful thing (　　)(　　)(A)(　　)(　　)(B)(　　)(　　)(C)(　　) from you.

[take / no / is / about / away / learning / can / one / that / it]

Ⅳ　次の英文を読んで，あとの問いに答えなさい。

It's a fact that we're using more of Earth's resources than nature can replenish. For example, fresh water, which all living things need to survive, is becoming scarce. In addition, lifestyle habits that heat up the planet are causing climate change. What's the answer? In my opinion, becoming a vegetarian is the best way to preserve our resources and slow down global warming because [　1　].

One reason that [　2　] is that it saves large amounts of water. Meat production, which involves raising animals and processing them to turn them into food products, is very water intensive. For example, it takes 16,000 liters of water to produce just one kilogram of beef. By comparison, it takes only 3,400 liters of water to produce a kilogram of rice, and a mere 833 liters to produce the same amount of corn.

Another reason that becoming a vegetarian is good for the planet is that it helps to slow down global warming. Meat production emits greenhouse gases such as CO_2. Trees, which absorb CO_2, are often cut down to make room for grazing animals. In addition, meat production uses a lot of fossil fuels to run production facilities and to transport meat products. These fossil fuels contribute to greenhouse gases. In fact, according to a United Nations report, [　3　]. By not eating meat, we might be able to slow down climate change.

Not eating meat is a good way to ensure a sustainable future because it uses less water, and it also reduces greenhouse gas emissions. Besides being good for the planet, [4]. Studies show that a vegetarian diet, which tends to be low in fat, leads to a lower risk of heart disease. It also reduces the risk of other serious diseases such as cancer. By becoming vegetarians, [5].

（注） replenish 補う　scarce 不十分な　involve 含む　emit 排出する
absorb 吸収する　grazing animal 放牧家畜　ensure 保証する

問 [1]～[5]に適するものをそれぞれ選び，記号で答えなさい。

ア．vegetarianism has some additional good points
イ．vegetarianism is a good way to reduce our use of resources
ウ．raising animals for food produces more greenhouse gases than cars
エ．it saves water and cuts down on carbon emissions
オ．we will ensure the health of the planet and our own health at the same time

V　次の英文を読んで，あとの問いに答えなさい。

The term "robot" was first used in the 1920s, and today there are millions of robots in use throughout the world, according to the International Federation of Robotics. In the health industry, robots are being used more each day.

Increasingly, surgeons use robots for remote surgery, also called *telesurgery*. In other words, they operate on patients without having to be in the same physical location : in fact, they may be far away. Although it might seem scary to have a robot performing an operation on you, robotic surgery has many benefits. Robots do not get distracted or become bored by repetitive tasks. In addition, they are much more precise. As a result, a patient may feel less pain during an operation and recover more quickly.

Medical students also use robots to learn about the human body. They practice on *human simulators*, mannequins with the latest technology. These pieces of equipment not only look like real people, but they also act like them. They can cry, sweat, produce saliva, and open and close their eyes. They can make breathing and heartbeat sounds, and they can bleed and respond to drugs. There are many varieties of these mannequins : male and female versions, teenage versions, and even pregnant and baby versions. Because they are so lifelike, these robotic patients can prepare future doctors for the real-life scenarios they might face in their careers. They can "suffer" from almost any emergency situation possible, like a heart attack or epileptic seizure. This experience of realistic "emergencies" may help prevent medical errors, which unfortunately are all too common.

Robots can help nurses, too. A common problem in hospitals is that nurses constantly have to move people from one bed to another, pick them up, or put them into a wheelchair. Robots are strong, so they can help with tiring tasks like these. Because they do not get tired, they can help prevent injury, and in addition, they never get angry, bored, or frustrated.

Finally, robots can also improve life for people who have lost mobility. Robotic pants allow paralyzed patients to move around independently instead of being confined to a wheelchair. The pants have advantages that are not only physical. One patient commented : "I never dreamed I would walk again. I forgot what it's like." He continued : "I have a 3-year-old daughter. The first time she saw me walking, she was silent for the first few minutes and then she said: 'Daddy, you are tall.' It made me feel so good, like I was flying."

（注）surgeon 外科医　operate 手術をする　benefit 利点　distracted 気が散った
repetitive 繰り返しの　precise 正確な　mannequin マネキン人形
saliva 唾液　bleed 血を流す　epileptic seizure てんかん性発作
paralyzed 麻痺した　confine 閉じ込める

1. Which is NOT written about robotic surgery in the passage?
ア. Robotic surgery does not cost much.
イ. Robots do not lose focus or get tired.
ウ. Robotic surgery causes less damage to the patients.
エ. Doctors do not have to be in the operating room.

2. Which is true about what medical students can do with *human simulators*?
ア. They can directly see how to do remote surgery.
イ. They can practice moving people from one bed to another.
ウ. They can learn how to use robots in a real situation.
エ. They can get ready for emergency situations they may face.

3. What can robots do instead of nurses?
ア. Reducing the pain of patients after surgery.
イ. Doing physical work without getting tired.
ウ. Recording the condition of patients every day.
エ. Moving beds for people who are going to stay in hospital.

4. Which is true about robotic pants?
ア. They help patients recover from paralysis.
イ. They assist patients in getting in and out of a wheelchair.
ウ. They support patients both physically and emotionally.
エ. They allow paralyzed patients to jump high.

5. Which is the best title for this passage?
ア. Great Improvement in Remote Surgery
イ. Various Robots That Improve Health Care
ウ. Doctors with Excellent Medical Tools
エ. Robots, Mannequins, and Special Pants for Patients

VI　次の英文を読んで，あとの問いに答えなさい。

It seemed normal when Nguyen Ngoc Truong Son wanted to play chess with his parents. However, it was unusual when he showed that he already knew how to play — before anyone taught him. Apparently the two-year-old had learned all of the rules by watching his parents. After only one month of playing with them, he was winning all of the games. By age four, he was competing in national tournaments. By age 12, he was Vietnam's youngest champion.

Another two-year-old child, Jay Greenberg, also surprised his parents by drawing pictures of musical instruments that he had never seen. They soon discovered that Jay "heard music in his head." He began to compose music at age three. By age ten, he was attending the well-known Juilliard Conservatory in New York, composing full symphonies. Jay was noted not only for the quality of his musical work, but also the speed at which he was able to produce it. That is, while talented professional composers normally write five or six symphonies in a lifetime, Jay wrote five by the age of 12.

A third young child, Abigail Sin, was first introduced to piano lessons at age five and had what her tutor called an "unstoppable desire to master the keyboard." She became Singapore's most celebrated pianist by age ten.

Child prodigies such as these are a ①(　　　) to both experts and non-experts. On the one hand, they attract praise and attention from everyone they meet ; on the other hand, they attract criticism, and they find it difficult to fit in with the rest of the world.

Child prodigies are highly intelligent, but this is not the only factor that sets them apart. They are considered prodigies because of their exceptional ability in one domain, or area. Experts define *child prodigy* as "a young child who displays mastery of a field that is usually acquired by adults." Child prodigies usually have abilities in structured areas such as language, math, drawing, chess, and music. They are not as likely to appear in less structured domains such as medicine, law, or creative writing, areas that need experience.

Child prodigies can focus their attention for long periods of time, concentrating on tasks that would ②(　　　) other children of the same age. Abigail Sin practiced piano at least 25 hours a week. Similarly, two-year-old Nguyen Ngoc Truong Son had the concentration to play chess for hours at a time. [A] The distinction of "prodigy" thus goes beyond mere intelligence. For explanations, experts look in two directions : *nature*, the child's unique biology, and *nurture*, the child's environment.

When researchers look to *nature* to explain child prodigies, they study innate, or inborn, qualities. For example, they look at whether the brain structure of a prodigy is different from that of a child with average intelligence. Technology is a great help in answering this question. For instance, scientists use imaging technology to see the amount of activity in different parts of the brain. These brain scans show that the frontal lobe of a prodigy's brain is very active, unlike children with average intelligence doing the same tasks. ③Their frontal lobes are almost inactive. Science has proven that the frontal lobe of the brain controls many aspects of thought and concentration. [B]

When researchers look to *nurture* to explain child prodigies, they focus on the child's environment instead of the child's biology. [C] The most important factor on the *nurture* side is the ④(　　　). Raising a child prodigy is extremely challenging. It needs considerable patience, creativity, and resourcefulness.

Some parents are delighted by the exceptional abilities of their children. They make use of all the resources they have or can find to support them. For example, Jay Greenberg's parents bought their two-year-old son a cello when he requested it and arranged for music lessons. [D].

Other parents are not so supportive of their child prodigy. On the contrary, some parents even see their offspring's gifts as a way to draw attention to themselves and their own interests. Boris Sidis, for example, was a well-known scientist with strong opinions about making the most of one's intelligence and about raising children. When his son Billy was born, Boris saw the child as an opportunity to test his theories.

From Billy's birth, it was clear that he was an exceptional child. His parents made use of every opportunity to teach him language, math, science, and logic. Boris was very poor, but he used his limited resources to buy or acquire toys and books for the young genius. Billy Sidis spoke five languages at age five. He passed entry exams for MIT and Harvard Medical School at age nine and was allowed to enter Harvard University at age 11. He was considered a genius in mathematics, physics, and languages.

Boris claimed that his methods of child-raising were responsible for his son's abilities and took his story to the press. The press, in turn, focused more on the young Harvard student's odd personal life than on his accomplishments. It was soon clear that Billy was unprepared to get along with other people, function successfully in the real world, or manage the challenges of being different. After college, he lived an isolated life. Despite his intelligence, he died unemployed and in poverty.

When people are unusual, they attract attention. In the case of child prodigies, ⑤[they / positive / the / and / receive / negative / attention / both / is]. It is positive because most people admire intelligence. It is negative because prodigies are very different from other people. They are a challenge for teachers, who expect seven-year-olds to prefer Batman to Beethoven. They are a challenge to parents, who { X }. They present a challenge to scientists, who { Y }. And they challenge the world because they { Z }.

（注） attend 通う　rest 他の部分　set ～ apart ～を際立たせる　exceptional 並外れた
define 定義する　mastery 熟練　acquire 手に入れる
distinction 優秀さ　innate 生まれつきの　frontal lobe 前頭葉
considerable かなりの　resourcefulness 柔軟性　on the contrary それどころか
offspring 子ども　odd 奇妙な　accomplishment 偉業
manage うまく対処する　isolated 孤立した　poverty 貧困

問１．本文冒頭の３人の人物について，間違っているものを１つ選び，記号で答えなさい。

ア．Nguyen Ngoc Truong Son learned how to play chess without instructions from anyone.

イ．Jay Greenberg was helped by talented professional composers before the age of three.

ウ．Abigail Sin was very hungry to learn the keyboard and became a great pianist later.

問２．下線部①の（　）に適するものを選び，記号で答えなさい。

ア．solution　イ．danger　ウ．waste　エ．mystery

問３．下線部②の（　）に適するものを選び，記号で答えなさい。

ア．surprise　イ．excite　ウ．bore　エ．attract

問４．次の英文を入れるのに，最も適切な場所を本文中の[A]～[D]から選びなさい。

This may explain how prodigies can focus on a task, solve complex problems, and learn quickly.

問５．下線部③は誰の前頭葉か。本文中から書き抜きなさい。

問６．下線部④の（　）に当てはまる適切な語を，本文中から書き抜きなさい。

問７．Billy について，間違っているものを１つ選び，記号で答えなさい。

ア．貧しい生活を送った。

イ．普段の様子が新聞に掲載された。

ウ．いくつかの分野で才能を開花させた。

エ．大学で様々な人と良い人間関係を築いた。

問８．下線部⑤の［　］内の語句を意味が通るように並べかえなさい。

問９．{Ｘ}―{Ｙ}―{Ｚ}に入る選択肢の組み合わせとして適切なものを選び，記号で答えなさい。

１．want to study them without further isolating them from normal society

２．show the tendency that people have to reject those who are different from the standard

３．want to help them but often lack the resources or find their needs and desires difficult to understand and meet

（注） tendency 傾向

ア．１―２―３　　イ．１―３―２　　ウ．２―１―３

エ．２―３―１　　オ．３―１―２　　カ．３―２―１

問10．本文の内容に合うものを１つ選び，記号で答えなさい。

ア．The factors that seem to always appear in a child prodigy are an unusually high intelligence and the ability to master one area, such as music or math.

イ．The child prodigies in the passage showed considerable interest and ability in creative writing.

ウ．All of the parents in the article provided their children with both educational and emotional support.

エ．Technology has shown that the brains of highly intelligent children are almost the same as the brains of children with normal intelligence.

【数　学】（50分）〈満点：100点〉

1　次の問いに答えなさい。

(1)　2次方程式 $x^2+2\sqrt{3}x-9=0$ を解きなさい。

(2)　$\dfrac{12-\sqrt{18}-\sqrt{48}}{\sqrt{3}}+(2-\sqrt{3})^2$ を計算しなさい。

(3)　$(x^2+x)^2-x(x+1)-2$ を因数分解しなさい。

(4)　$3\sqrt{3}$ の小数部分を a とするとき，$a^2+10a+21$ の値を求めなさい。

2　次の問いに答えなさい。

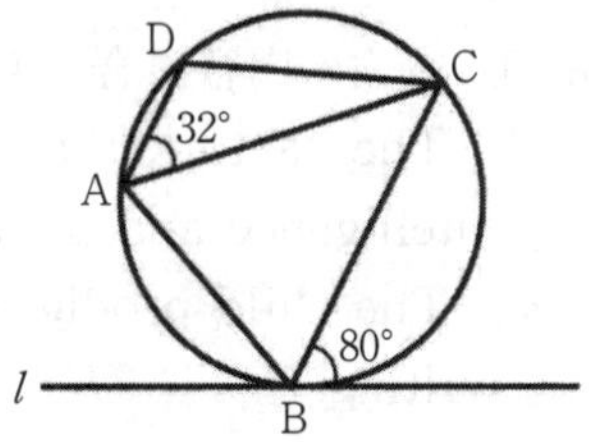

(1)　右の図のように，4点A，B，C，Dは円周上にあります。直線 l はBを通る接線です。
　AD∥BCのとき，∠ADCの大きさを求めなさい。

(2)　x，y が $\begin{cases} x+y=\sqrt{5} \\ x-y=\sqrt{3} \end{cases}$ を満たすとき，x^2+y^2 の値を求めなさい。

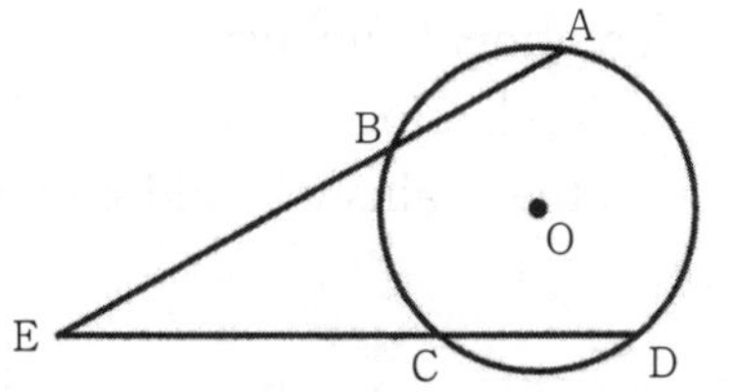

(3)　右の図のように，4点A，B，C，Dは円Oの周上にあります。円Oの周の長さを a とすると，$\overset{\frown}{AB}=\dfrac{1}{6}a$，$\overset{\frown}{BC}=\dfrac{1}{4}a$，$\overset{\frown}{CD}=\dfrac{1}{5}a$ となりました。
　線分ABの延長線と線分DCの延長線の交点をEとするとき，∠AEDの大きさを求めなさい。

(4)　2つの関数 $y=ax^2$ と $y=2x+b$ において，x の変域が $-4\leqq x\leqq 1$ であるとき，2つの関数の y の変域が同じになりました。このとき，a，b の値を求めなさい。ただし，$a<0$ とします。

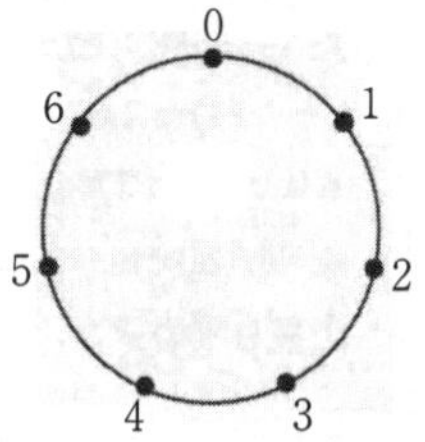

(5)　右の図のように，円周を7等分した点にそれぞれ0～6の番号をつけます。次に，さいころを2回投げ，3つの番号を下のように決めます。
　　1つ目の番号：1回目に出た目
　　2つ目の番号：2回目に出た目
　　3つ目の番号：1回目と2回目に出た目の差の絶対値
　このとき，3つの番号の頂点で三角形ができる確率を求めなさい。

(6)　x，y についての2つの連立方程式(A)，(B)があります。

$$\begin{cases} 3x-2y=1 \\ ax+2y=11 \end{cases}\ \cdots\cdots(A)\qquad \begin{cases} x-y=2 \\ 5ax=-21 \end{cases}\ \cdots\cdots(B)$$

　(A)の解の x と y の値を入れかえたものが(B)の解となっています。このとき，(A)の解と a の値を求めなさい。

3　次の問いに答えなさい。

(1)　右の図1のように，長方形ABCDの辺BC上に点EをBE：EC＝1：2，辺CD上に点FをCF：FD＝3：1となるようにとります。AEとBFの交点をGとします。△AFDの面積が30 cm^2 であるとき，四角形AGFDの面積を求めなさい。

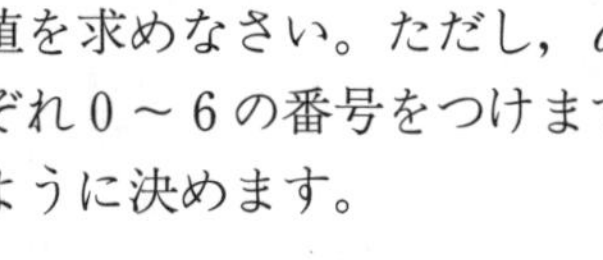

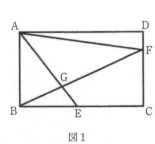

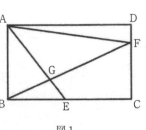

図1

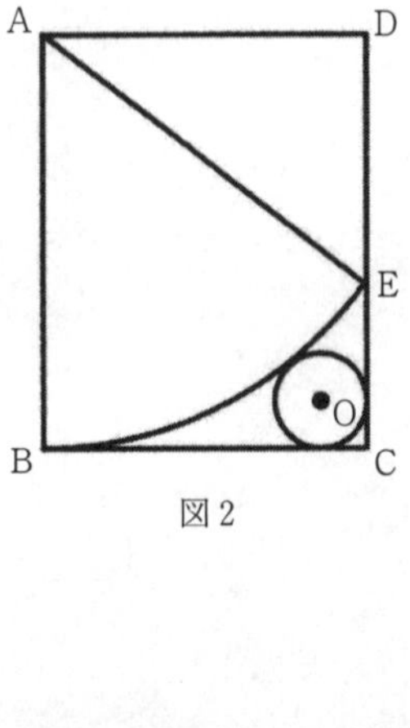

図2

(2)　右の図2のように，AB＝4 cm，AD＝

3 cmの長方形ABCDに辺ABを半径とするおうぎ形ABEと円Oが入っています。点Eは辺CD上にあり，円Oは弧BEと辺BC，CDそれぞれに接しています。このとき，次の問いに答えなさい。

① 円Oの半径をx cmとして，方程式をつくりなさい。

② ①でつくった方程式を用いて，円Oの半径を求めなさい。ただし，答えだけでなく，答えを求める過程がわかるように，途中の式や計算なども書きなさい。

4 下の図のように，放物線$y=\sqrt{3}x^2$上に2点A，Bがあります。直線ABとx軸が交わってできる角の大きさが30°で，Bのx座標が1のとき，次の問いに答えなさい。

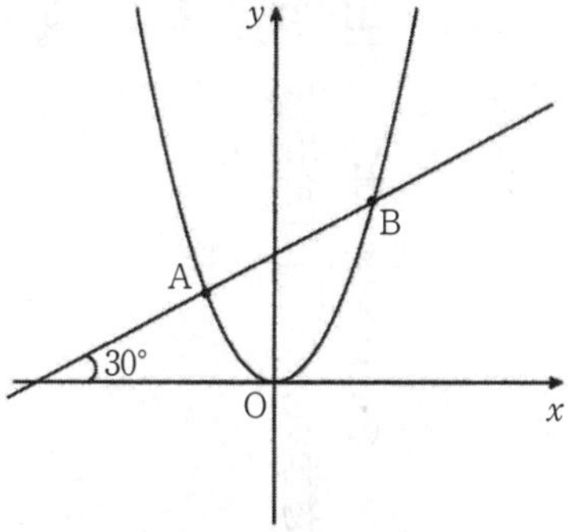

(1) 直線ABの式を求めなさい。

(2) 点Aの座標を求めなさい。

(3) 直線ABを回転の軸として，△AOBを1回転させてできる立体の体積を求めなさい。ただし，円周率はπとします。

5 2けたの2つの自然数M，N ($M \leqq N$)があります。M，Nはともに十の位の数が等しく，それぞれの一の位の数の和が10になります。十の位の数をa，Mの一の位の数をx，Nの一の位の数をyとするとき，次の問いに答えなさい。

(1) 2つの自然数の和$M+N$が50の倍数となるようなaの値をすべて求めなさい。

(2) 2つの自然数の積MNが8の倍数となるような自然数M，Nの組は何組あるかを，次のようにして求めました。ア～オに当てはまる数や式を答えなさい。

ただし，同じ記号には同じ数や式が入ります。また，イにはx，yを用いない式を入れること。

[解答]

$M=10a+x$，$N=10a+y$と表せるので

$MN=(10a+x)(10a+y)$

$=100a^2+10ax+10ay+$「ア」

$=100a^2+10a(x+y)+$「ア」

$=100a($「イ」$)+$「ア」

つねに$a($「イ」$)$は「ウ」の倍数であるから，$100a($「イ」$)$は8の倍数である。

よって，MNが8の倍数であるとき，「ア」は8の倍数となり，逆に，「ア」が8の倍数であるとき，MNは8の倍数となる。

したがって，$M \leqq N$より，$x \leqq y$となることに注意すると，「ア」が8の倍数になる2つの自然数x，yの組のうち$x+y=10$を満たすものは「エ」組ある。

よって，2つの自然数の積MNが8の倍数となるような自然数M，Nの組は「オ」組である。

⑤ (ア) 明日の台風に備える。
(イ) 赤飯を神棚に備える。
(ウ) 徳を身に備える。
(エ) 教室に辞書を備える。

三 次の①～⑤のことわざ・慣用句の□に入る動物名を、後の(ア)～(コ)の中からそれぞれ選び、記号で答えなさい。

① 人間万事塞翁が□
② 角を矯《た》めて□を殺す
③ 大山鳴動して□一匹
④ 鬼が出るか□が出るか
⑤ まな板の□

(ア) 鯉《こい》　(イ) 鹿　(ウ) 羊　(エ) 馬　(オ) 蛇
(カ) 鯛《たい》　(キ) 牛　(ク) 猿　(ケ) 鶏　(コ) 鼠《ねずみ》

四 次の①～⑦の——線部を漢字に改め、⑧～⑩の——線部の読みをひらがなで答えなさい。

① クッタクのない笑顔を浮かべる。
② 不要な文書をハキする。
③ 美しい音楽にトウスイする。
④ 壁をペンキでトソウする。
⑤ 身柄をコウソクされる。
⑥ 鼻のネンマクが傷ついて痛い。
⑦ シンセキの家へ遊びに行く。
⑧ 帆船が進んでゆく。
⑨ 農民が一斉に蜂起する。
⑩ 卸値で販売する。

で抜き出して答えなさい。

問十六、――線⑯「いまの自分を磨く」ことの具体的な内容を含む一文を本文中から抜き出し、その最初の五字を答えなさい。

問十七、――線⑰「白状」の「白」とは**異なる**意味の「白」が用いられているものを、次の(ア)～(エ)の中から選び、記号で答えなさい。

(ア) 自白　(イ) 明白　(ウ) 表白　(エ) 告白

問十八、――線⑱「貧者の武器」として、AIはどのようなはたらきをするものと期待されていますか。その説明として最も適切なものを、次の(ア)～(エ)の中から選び、記号で答えなさい。

(ア) これまで手にしていた銃に代わる武器として、貧者に民主主義の基盤となる教育をもたらすもの。

(イ) 世界を支配している経済の論理から自由になるための武器として、貧者に民主化をもたらすもの。

(ウ) 銃の流通に規制をかける武器として、貧者に教育を前提とした開かれた民主主義をもたらすもの。

(エ) 経済の論理が招いた銃社会に対抗する武器として、貧者に民主化の核となる教育をもたらすもの。

問十九、本文の内容や叙述の説明として最も適切なものを、次の(ア)～(エ)の中から選び、記号で答えなさい。

(ア) AIの発展に伴う今後の社会や人々の在り方について、日本や海外の社会の分析や予測を踏まえながらAI脅威論を肯定している。

(イ) AIの発展に伴う今後の社会や人々の在り方について、主に日本の政治や社会の分析を中心にしながらAI脅威論を否定している。

(ウ) AIの発展に伴う今後の社会や人々の在り方について、専門家が示す様々な数値を根拠にしてAI脅威論に慎重な姿勢を見せている。

(エ) AIの発展に伴う今後の社会や人々の在り方について、過去や現在の状況、AIの専門家の意見を踏まえてAI脅威論を疑問視している。

問二十、次の一文は、本文中から抜いたものです。本文中の【Ⅰ】～【Ⅳ】のうち、どこへ入れるのが適切ですか。【Ⅰ】～【Ⅳ】の中から選び、記号で答えなさい。

> 今後、どの仕事がなくなり、どんな新しい仕事が出てくるかは誰にも予測できませんが、「考える力」や「探求する力」「問いを立てる力」がもっと必要になるのは確かです。

問二十一、この文章を内容の上で四段落に分けたとき、最後の段落はどこから始まりますか。その最初の五字を答えなさい。

二

次の①～⑤の――線部について、**誤って**使われている漢字を(ア)～(エ)の中から一つずつ選び、記号で答えなさい。また、正しい漢字に直しなさい。

① (ア) 食事に時間を掛ける。
(イ) 椅子に腰を掛ける。
(ウ) 馬が草原を掛ける。
(エ) 三に七を掛ける。

② (ア) 動揺する心を収める。
(イ) 文章を百字以内に収める。
(ウ) 古今の学問を収める。
(エ) 景色をカメラに収める。

③ (ア) 気を引き閉める。
(イ) カーテンを閉める。
(ウ) 二十時に窓口を閉める。
(エ) 長年続けた店を閉める。

④ (ア) なぞを解く。
(イ) 契約を解く。
(ウ) 靴ひもを解く。
(エ) 人に道理を解く。

問五、――線⑤「未来のＡＩ社会を描く映画でも、実はそれほど大した話は出てきません」とありますが、その理由として最も適切なものを、次の(ア)～(エ)の中から選び、記号で答えなさい。

(ア) どんなことも描ける映画とはいえ、観客動員数を考えると、現実の状況から想像の及ぶ範囲の話しか作れないから。

(イ) ＡＩの進歩が目覚ましい現在においては、虚構の世界よりも、むしろ現実の世界の方がよっぽど変化が激しいから。

(ウ) ＡＩ脅威論ブームは出版業界が作り出している部分が多く、実際にはさほど深刻な事態になるとは考えにくいから。

(エ) 人間の発想力には限界があり、それまでにあったものと根本的な部分からかけ離れた想像をすることは困難だから。

問六、ⓐ・ⓑ・ⓒ に当てはまる言葉の組み合わせとして最も適切なものを、次の(ア)～(エ)の中から選び、記号で答えなさい。

(ア) ⓐ そして　ⓑ だから　ⓒ つまり

(イ) ⓐ つまり　ⓑ しかし　ⓒ だから

(ウ) ⓐ しかし　ⓑ そして　ⓒ つまり

(エ) ⓐ だから　ⓑ しかし　ⓒ そして

問七、――線⑥「いまのＡＩをめぐる状況」とありますが、どのような「状況」ですか。それが最も端的に表現されている一文を本文中から抜き出し、その最初の五字を答えなさい。

問八、――線⑦「心配することは何もなかったわけです」とありますが、当時の人々はどのようなことを「心配」していたのですか。本文中の言葉を用いて二十字以内で説明しなさい。

問九、――線⑧「与しません」を言い換えた表現として適切なものを、次の(ア)～(エ)の中から選び、記号で答えなさい。

(ア) 提案しません　(イ) 賛成しません

(ウ) 関与しません　(エ) 感心しません

問十、――線⑨「『ＡＩの進化でなくなる仕事』のリストを見て右往左往する」とありますが、それを助長している要因の一つを本文中から二十五字以内で抜き出し、その最初と最後の五字を答えなさい。

問十一、――線⑩「現在の日本はとても幸運な社会です」とありますが、「幸運な」理由の説明として最も適切なものを、次の(ア)～(エ)の中から選び、記号で答えなさい。

(ア) 若い世代が少なく労働力が不足する傾向にあるので、誰もが仕事や恋愛に関して競争意識を持たなくてすむ穏やかな社会だから。

(イ) 生産年齢人口の減少によって労働力が不足する傾向にあるので、元気な中高年がいつまでも働けるとても活気に満ちた社会だから。

(ウ) 若い世代が少なく労働力が不足する傾向にあるので、若者が仕事や将来を真剣に考えることができる充実した社会だから。

(エ) 生産年齢人口の減少によって労働力が不足する傾向にあるので、人々が仕事にあぶれる心配をせずに暮らせる落ち着いた社会だから。

問十二、――線⑪「ＡＩの果たす役割」とありますが、「ＡＩ」は今の段階ではどのような「役割」を果たしていますか。本文から読み取れることとして最も適切なものを、次の(ア)～(エ)の中から選び、記号で答えなさい。

(ア) 人間のあらゆる仕事の代替

(イ) 銃などの危険な武器の回収

(ウ) 人間が賢くなることのサポート

(エ) 日本の労働力不足の解消

問十三、――線⑫「ボルト」・――線⑬「自動車」は、それぞれ何をたとえていますか。本文中から抜き出して答えなさい。

問十四、――線⑭「そのような世界」とは、どのような「世界」であると筆者は言っていますか。本文中の言葉を用いて四十字以内で説明しなさい。

問十五、――線⑮「ＡＩだとこうはなりません」とありますが、それはＡＩと人間とで何が異なるからですか。本文中から五字以内は0と1ではなく、ファジーに記憶しているからです。そこが人間の脳のすばらしいところです。ファジーな認識を持つ人間の脳は、バラの花を5、6本見たら、他の種類のバラに出会ってもすぐにバラだと識別できるようになります。AIは2万～3万枚のバラの写真を見せないと、識別できるようにはなりません。

AIの専門家たちが、5年や10年でAIが人間の仕事を何百万人分も奪うことはとてもできないと考えているのは、このためです。やがてはAIもファジーな認識能力を獲得できるようになるのかもしれませんが、それがいつになるのか、どこまで可能になるのかはまだ誰にもわかりません。そんなわからない先のことをあれこれ悩んでいるよりは、⑯いまの自分を磨くほうがよほど有益なのは、先に述べたとおりです。

政府は入管法を改正して外国人労働者を受け入れることを決めました（２０１９年4月施行）。このプロセスで、政府は今後5年間で約35万人を受け入れると表明しています。これは、今後5年間では、35万人程度の労働力もAIでは置き換えることができないと政府が⑰白状したようなものではないでしょうか。

AIについては、とかく脅威論ばかりが語られがちですが、実はAIはとても便利な道具です。人間が賢くなることをサポートしてくれるし、⑱貧者の武器にもなり得ます。

これまでは、学校がなく、先生がいなかったら、子どもたちは勉強できませんでした。ですが、いまはAIが使えるので、たとえばアフリカの小村でも外国語や最新の経済学を学ぶことができます。

こう話すと、アフリカの子どもたちは通信料金を支払えないではないか、という人が必ずいます。しかし、そのぐらいは、支援する側が負担すればいいだけの話です。現地に学校を建てて先生を集めてくるより、ずっと安くすみます。

アフリカではいまカラシニコフ銃が野放しになっています。グーグルの元CEOのエリック・シュミットは、「銃を持ってきてくれたら最新のスマートフォンをただで渡す」「ネットもメールも格安で使えるようにする」といえば、すぐに危険な武器を回収できるだろうと、著書『第五の権力』で述べています。そのような発想はとても大事だと思います。

AIはこのように貧者の武器となり、民主主義を機能させるツールにもなり得ます。民主主義は、一定の教育が施された市民の存在を前提にした仕組みです。発展途上国の教育の振興にAIが上手に使われたら、それは民主主義にとっても大きな力となります。

もっともAIはツールなので悪用されるリスクがないわけではありません。ビッグデータとAIを組み合わせた監視社会の到来は、ジョージ・オーウェルが『一九八四年』で描いた通りです。便利なだけに、使い方によっては毒にも薬にもなる一面があることを忘れてはならないと思います。

（出口治明『自分の頭で考える日本の論点』による。なお、出題の都合上、表記を改めたところがある。）

＊1　デバイス…パソコン等の情報端末や、それに接続して使う周辺機器の総称。

＊2　ドラスティックに…抜本的に。

＊3　ロジック…論理や筋道。

問一、――線①「耳目を引く」の「耳目」の意味として**適切でないもの**を、次の(ア)～(エ)の中から一つ選び、記号で答えなさい。

(ア)　見聞　(イ)　関心　(ウ)　注意　(エ)　興味

問二、――線②「僕自身は、AI脅威論をかなり疑っています」とありますが、これを裏付けている日本の政治のあり方が述べられている形式段落の最初の五字を答えなさい。

問三、――線③「ツールとして上手に使えばそれでいい」とありますが、AIを「上手に使え」なかった場合に起こり得る弊害を本文中から二十五字以内で抜き出し、その最初と最後の五字を答えなさい。

問四、――線④「まったく予測できなかった」理由が述べられている一文を本文中から抜き出し、その最初の五字を答えなさい。

僕は基本的に楽観論者なので、ＡＩに仕事を奪われて人間のすることがなくなるという悲観論には⑧与《くみ》しません。

「将来の仕事がＡＩに奪われるのなら、いまから何を勉強しておいたらいいですか」と尋ねられることがよくあります。そんなときは、将来のよくわからないことを心配するより、いまの仕事を一所懸命やって実績を上げるとか、英語を勉強してＴＯＥＦＬｉＢＴ(TOEFL Internet-Based Test)で90のスコアを取るなどして実力をつけたほうがいいですよと、アドバイスしています。

【 Ⅲ 】数字(データ)とファクトを使って、自分の頭で*3ロジックを考え、自分の言葉で説得力のある情報発信を行う力はオールマイティです。そのような力を身につけるほうが、⑨「ＡＩの進化でなくなる仕事」のリストを見て右往左往するよりはるかに役に立ち、人生もずっと楽しくなるはずです。

さらにいえば、仕事という観点では、⑩現在の日本はとても幸運な社会です。社会にとってもっとも厳しい状況は、一般論で述べれば、ユース・バルジです。バルジとは「膨らみ」の意味で、ユース・バルジとは、人口構成で若い世代が膨れ上がっている状態のことをいいます。

ユース・バルジの状態になると、社会は不安定になります。仕事にあぶれる若者が大量発生するからです。仕事がないとお金もない、デートもできないし、結婚もできないということで、不満をため込んだ若者たちによって社会が不穏になります。

中東がいまユース・バルジに見舞われています。中東の混迷の根本原因は、実は宗教問題ではなく、ユース・バルジです。日本はその真逆の社会です。

【 Ⅳ 】新型コロナウイルス感染症による経済危機で、失業率が上がり、新卒採用も抑制されましたが、これはあくまで一時的なものです。生産年齢人口の減少により、日本が深刻な労働力不足に陥りつつあるという長期的、構造的なトレンドは変わっていません。［Ⓒ］、仕事の心配をする必要は実はあまりない。

将来のことを心配して対応を検討するにしても、⑪ＡＩの果たす役割がもう少し具体的にわかるようになってから考えても決して遅くはないと思います。

ＡＩのプロに話を聞いても、ＡＩはハイスピードで進化しているけれども、５年や10年で人間の労働力を何百万人分も奪うことはとてもできない、という人がほとんどです。

ＡＩといっても、要はコンピュータなので、基本原理は０と１で表現されます。逆にいえば、０と１に直せないものは苦手です(量子コンピュータが実用化されると、そうではなくなるようですが)。

ＡＩが囲碁や将棋、チェスに強いのは当たり前です。それらのゲームにはファジーなところがまったくありません。論理の積み重ね、０と１の積み重ねで答えが得られます。

囲碁では、人間のプロ棋士が生涯にチェックできる対局数はおおよそ１万局が限界だそうです。しかしＡＩは１日で優に１万局対戦することができます。これはウサイン・ボルトが自動車と１００メートル競走を行うようなものです。⑫ボルトがどれだけ速く走っても、スピードで⑬自動車に敵《かな》うはずがありません。

このような世界では、ＡＩはすでに人間の脳には永遠に理解できない高みに到達しているといっていいでしょう。

しかし、⑭そのような世界がすべてではありません。ＡＩはファジーなものは苦手です。たとえば、今日僕とあなたが出会い、明日再び出会うとします。あなたが今日と違う服を着ていても、人間の僕にはすぐにあなただとわかります。あなたのほうも、道ですれ違ったらすぐに僕だと認識して、お互い「あ、昨日はどうも」と挨拶をするでしょう。

ところが、⑮ＡＩだとこうはなりません。ＡＩはあなたを写真のように覚えるので、服が違ってしまうと同一人物だとわからなくなるのです。

人間は服が違うのにどうして同一人物だとわかるのか。人間の脳

二〇二二年度 明治大学付属中野高等学校

【国語】（五〇分）〈満点：一〇〇点〉

一 次の文章を読んで、後の問いに答えなさい。（字数指定がある問いでは、句読点・記号なども一字として数えます。）

ＡＩの急速な進歩に伴って、人間の仕事がＡＩにどんどん奪われるのではないかという危惧が広がっています。この種の危惧の発端となったオックスフォード大学のオズボーンとフレイのレポートでは、現在ある仕事の実に47%がここ20年のうちにＡＩに代替されると推測しています。日本でも、２０３０年頃には労働人口の約半数がＡＩに取って代わられるだろうという予測を野村総研が発表しました。こうした未来予測に触れて、ＡＩ恐るべしという気持ちに多くの人が傾いているのだと思われます。

ただ、社会にそんな気運が広がっているのは、必要以上に危機感をあおる情報発信がなされていることも一因です。ことに、活字離れに苦しむ出版業界が、①耳目を引く本を売ろうとして、ＡＩ脅威論ブームをつくりだしているようにも思えます。

②僕自身は、ＡＩ脅威論をかなり疑っています。ＡＩといえども、基本的には自動車やスマホと同じようなツールですから、ただ③ツールとして上手に使えばそれでいいわけです。

たしかに、社会はものすごいスピードで進化するので、これからどんなことが起こるかは誰にもわかりません。たとえば、僕が子どもの頃、いずれみんながペットボトルで水を飲むようになると予想した人は1人もいなかったことでしょう。

そんな昔のことでなくても、僕が還暦でインターネットを主な販売チャネルとするライフネット生命を立ち上げたときには、契約はパソコンで行われることを想定していました。ところが、その後スマホが普及し、いまはスマホからの契約者のほうが多くなっています。たった10年先のことですら、④まったく予測できなかったわけです。

しかし、これも、冷静になって考えてみればパソコンというツールがスマホというツールに変わっただけ、単に＊1デバイスがシフトしただけで、本質的なところが＊2ドラスティックに変わったわけではありません。

⑤未来のＡＩ社会を描く映画でも、実はそれほど大した話は出てきません。『レディ・プレイヤー1』という、スピルバーグがつくった２０１８年公開の映画があります。舞台は２０４５年を想定していて映画自体はとても面白いのですが、冷静に見れば現在の延長線上の話ばかりで、本質的に新しいことは何も登場しません。どんなことでも描けるはずの映画でも、その程度なのです。

ⓐ、ＡＩが進化したら人間の仕事がどうなるかは、いまの段階では詳しくわかるはずがない。けれども、何もかもがまるっきり変わってしまうことはないと思うのです。

【　Ⅰ　】産業革命のとき、連合王国（イギリス）ではラッダイト運動が起こりました。機械によって人間の仕事が奪われたという不満と不安で、人々は機械を打ち壊しました。⑥いまのＡＩをめぐる状況とよく似ています。

しかし結局のところ、失業が増えるどころか、労働需給はむしろタイトになりました。一時的に多少の混乱はありましたが、長い目で見たら機械の普及によって経済が大きく成長し、労働力が以前にも増して必要となったのです。あとから見れば、⑦心配することは何もなかったわけです。

【　Ⅱ　】ＡＩによって人間の仕事が奪われるという発想は一種の悲観論です。ⓑ、そもそも悲観論の類は、少なくともこれまでの歴史上では、すべて外れて全敗しています。それほど賢くない人間の想像力では、技術の進歩や社会の進化を見通しきれないからです。

英語解答

Ⅰ 1 イ　2 ウ　3 ア　4 イ
5 エ　6 ア

Ⅱ 1 customer　2 advice
3 nervous　4 hidden
5 accident

Ⅲ 1 A…that　B…to　C…it
2 A…open　B…order　C…keep
3 A…as　B…expensive
C…caught
4 A…when　B…upgrade　C…is
5 A…is　B…counting　C…riddles
6 A…is　B…one　C…it

Ⅳ 1 エ　2 イ　3 ウ　4 ア
5 オ

Ⅴ 1 ア　2 エ　3 イ　4 ウ
5 イ

Ⅵ 問1 イ　問2 エ　問3 ウ
問4 B
問5 children with average intelligence (doing the same tasks)
問6 parents　問7 エ
問8 the attention they receive is both positive and negative
問9 オ　問10 ア

Ⅰ〔適語(句)選択・語形変化〕

1．「もし～なら…だろう」という‘現在または未来についての可能性の低い想像’は，‘If＋主語＋動詞の過去形…，主語＋助動詞の過去形…’という形で表せる(仮定法過去)。　「もし太陽が一瞬消えたら，世界はどうなるのだろう」

2．do「～をする」の目的語が直後にないことに着目。do の目的語となるのは「何を」を表す疑問詞 what。　「私が自由時間に何をするのが好きかを彼女は知りたがっている」

3．‘let＋目的語＋動詞の原形’「～に…させる，～が…するのを許可する」の形。　「20歳になっても，父は私にソーシャルメディアをいっさい使わせようとしない」

4．文が成立するのは to不定詞を用いたイだけ。stop work to talk to a co-worker は「同僚と話すために仕事を中断する」あるいは「仕事を中断して同僚と話す」という意味で，この to不定詞は‘目的’または‘結果’を表す副詞的用法。　‘help＋目的語＋動詞の原形’「～が…するのを手伝う」　「仕事を中断して同僚と話すという社会的側面は，人々が職場に属していると感じやすくするのに役立つ」

5．the same old song「同じ古い歌」を流したのだから「何度も何度も」が適切。　one after another「次から次へと」　at random「ランダムに」　sooner or later「遅かれ早かれ」　「そのラジオの司会者は同じ古い歌を何度も流し，リスナーから苦情を言われた」

6．直前の I don't want ～を受けて，「どうして(だめなの)？」ときくアが適切。相手の否定文を受けて「どうして？」というとき，この not は省略できない。　母：あの木に登ってほしくないわ。／子ども：どうして？／母：枯れてる枝があって，折れちゃうかもしれないでしょ。

Ⅱ〔単語の定義―適語補充〕

1．「商品またはサービスを購入する人」―「顧客」　client も可。　「最後の客が帰ったら，私たちは閉店する」

2. 「その人がすべきことについてあなたが誰かに与える意見」―「助言，アドバイス」 動詞 advise「助言する」とのスペルの違いに注意。 「両親からの助言は，いつもシンプルで有益だった」

3. 「起こりつつある，または起こる可能性のあることを恐れていたり，心配していたりする」―「緊張して，不安な」 'sound＋形容詞'「～のように聞こえる」 「彼女は大丈夫と言っていたが，声は緊張しているように聞こえた」

4. 「簡単に見られたり見つけたりできない場所に何かを置くこと」―「隠す」 ここでは treasure「宝物」という名詞を修飾するので，過去分詞にする。 hide－hid－hidden 「彼らは森に隠された宝物を探そうとした」

5. 「損傷やけがを引き起こす突然の出来事」―「事故，アクシデント」 「事故を見かけたら，警察を呼んでください」

Ⅲ〔整序結合〕

1. 'so ～ that＋主語＋動詞…'「とても～なので…だ」の構文で表す。「4人必要だ」は we need four people とまとめ，この後に'目的'を表す to不定詞の副詞的用法を続ける。 'move *A* to *B*'「*A* を *B* に移動させる〔運ぶ〕」 This sofa is so heavy that we need four people to move it to the living room.

2. 'leave＋目的語＋形容詞'「～を(…の状態)のままにしておく」，in order to ～「～するために」，'keep＋目的語＋形容詞'「～を(…の状態)に保つ」の形を組み合わせる。 You should leave the windows open in order to keep the air circulating.

3. 「～として知られている」は be known as ～で表せる。「高価な魚」は an expensive fish。残りは caught in (clean rivers)「(きれいな川)で捕まえられる」という過去分詞句をつくる。 catch－caught－caught In Japan, *unagi*, or eel, is known as an expensive fish, caught in clean rivers.

4. 「決めるのは」は「決めることは」ということなので，Deciding で始め，動名詞句を主語とする文をつくる。Deciding の目的語となる「いつスマートフォンを買い替えるか」は'疑問詞＋to不定詞'の形で when to upgrade our smartphones とまとまり，ここまでが文の主語となる。残りは is harder than (we imagine.)と続ければよい。 upgrade「～をアップグレードする」≒「～を買い替える」 Deciding when to upgrade our smartphones is harder than we imagine.

5. judge「～を判断する」の目的語となる「自分がどのくらい賢いか」は'疑問詞＋主語＋動詞'の間接疑問で表すが，how は「どれくらい，どれほど」という'程度'の意味の場合は直後に形容詞〔副詞〕が続くので，how clever he is となる。「いくつなぞなぞを解けるかを数えて」は，「自分が解けるなぞなぞの数を数えることによって」と読み換え，that を目的格の関係代名詞として用いて表す。 by ～ing「～することによって」 the number of ～「～の数」 Tom judges how clever he is by counting the number of riddles that he can solve.

6. 「～は，…ということだ」は，'～ is that …'という形で表せる。この that は is の補語になる名詞節を導く接続詞で，この後には‘主語＋動詞…’が続く。主語の「学びの素晴らしい点」はThe beautiful thing about learning,「誰も～できない」は no one can ～で表せる。「～を奪う」は take away ～で表せるが，目的語が代名詞のときは，take ～ away という語順になる。

The beautiful thing about learning is that no one can take it away from you.

Ⅳ〔長文読解─適文選択─説明文〕

≪全訳≫❶私たちが自然が補えるよりも多くの地球の資源を使っている，ということは事実である。例えば，真水は全ての生き物が生きていくために必要だが，不十分になりつつある。さらに，地球を温暖化させる生活習慣が，気候変動を引き起こしている。その解決策は何だろうか。私の考えでは，ベジタリアンになることが，資源を保護し，地球温暖化を遅らせる一番良い方法だ。なぜなら，1それは水を節約し，炭素排出量を減らすからだ。❷2菜食主義が資源の使用を減らす良い方法である1つの理由は，それが大量の水を節約することだ。食肉の生産は，動物の飼育，加工，食品化を含み，非常に水集約型である。例えば，牛肉わずか1キロをつくるのに，1万6000リットルの水が必要だ。それに比べて，米1キロをつくるのに必要な水はわずか3400リットル，同じ量のトウモロコシをつくるのに必要な水はわずか833リットルだ。❸ベジタリアンになることが地球に良いもう1つの理由は，それが地球温暖化を遅らせるのに役立つことだ。食肉の生産は，二酸化炭素などの温室効果ガスを排出する。木は二酸化炭素を吸収するが，放牧家畜の場所をつくるために，しばしば伐採される。そのうえ，食肉の生産は大量の化石燃料を使って，生産設備を稼働したり，食肉製品を輸送したりしている。これらの化石燃料が，温室効果ガスを生んでいる。実際，国連の報告書によると，3食用動物の飼育は，自動車以上に多くの温室効果ガスを生んでいる。肉を食べないことで，私たちは気候変動を遅らせることができるかもしれないのだ。❹肉を食べないことは，持続可能な未来を保証する良い方法だ。なぜなら，水の使用量を減らし，さらに，温室効果ガスの排出を減らすからだ。地球にとって良いだけでなく，4菜食主義にはさらなるいくつかの利点がある。さまざまな研究が示すところでは，ベジタリアンの食事は，脂肪分が少ない傾向にあり，心臓病のリスク減少につながっている。さらに，がんなどの他の深刻な病気のリスクも減らしている。ベジタリアンになることによって，5私たちは地球の健康と私たち自身の健康を同時に確保するであろう。

＜解説＞1．preserve our resources and slow down global warming「資源を保護し，地球温暖化を遅らせる」ことになる理由が入る。次の2つの段落で1に入る2つの理由がそれぞれ説明されている。　2．reason that ～は「～する理由」という意味。空所後に続く「大量の水を節約する」のは菜食主義が資源の利用を減らす良い方法である理由といえる。第3段落第1文と似た形になることも根拠となる。　3．greenhouse gases「温室効果ガス」について述べている部分である。　4．文前半の Besides は「～のほかに，～に加えて」という意味。地球にとって良いだけでなく，他にも利点があるという文脈を読み取る。直後の2文で健康への好影響の具体例が挙げられている。　5．By becoming vegetarians「ベジタリアンになることによって」に続くまとめとなる部分。we を主語としてその利点をまとめているオが適切。

Ⅴ〔長文読解総合─説明文〕

≪全訳≫❶国際ロボット連盟によれば，「ロボット」という言葉は1920年代に初めて使われ，今日では，世界中で数百万台のロボットが使われている。健康産業において，ロボットは毎日，いっそう使われるようになっている。❷外科医は遠隔手術(テレサージェリーとも呼ばれる)のためにロボットをますます使っている。言い換えれば，外科医は物理的に同じ場所にいる必要なく，患者を手術している。実際，遠く離れている場合もある。ロボットに手術をさせるのは怖いと思うかもしれないが，ロボット手術には多くの利点がある。ロボットは，繰り返しの作業に気が散ったり，飽きたりしない。さらに，ロボットの方がはるかに正確である。その結果，患者は手術中に感じる痛みが減り，より早く回復する場合がある。❸医学生もロボットを使って，人体について学んでいる。医学生はヒューマンシミュレータで練習しており，これは最新技術を伴うマネキン人形だ。こうした機器は，本物の人間のように見えるだけでなく，人間のように行動する。泣いたり，汗をかいたり，唾液を出したり，目を開閉したりできるのだ。呼吸音や心音も出せるし，血を流したり，薬に反応したりもできる。こうしたマネキンには多くの種類がある。男性版，女性版，10代版，さらには，妊婦版，乳児版もある。こうしたロボット患者はまるで生きているかのようなので，未来の医師たちを，仕事で直面する可能性のある現実的なシナリオに備えさせることができる。ロボット患者は，心臓発作やてんかん性発作といった，ほとんどあらゆる緊急事態に「苦しむ」ことができる。こうした現実的な「緊急事態」の経験が，医療過誤の予防に役立つ可能性がある。医療過誤は，残念ながら，あまりにもよくあることなのだ。❹ロボットは看護師も手伝える。病院でよくある問題は，看護師が患者をベッドから別のベッドに移したり，抱き上げたり，車椅子に乗せたりしなければならないことだ。ロボットは力があるので，こうした疲れる作業を手伝うことができる。ロボットは疲れないので，けがの予防に役立つうえ，決して怒ったり，退屈したり，いらいらしたりすることもない。❺最後に，ロボットは動けなくなった人々の生活も向上できる。ロボティックスズボンは，麻痺した患者を，車椅子に閉じ込めることなく，自立して移動できるようにする。このズボンには，身体的なことだけにとどまらない利点がある。ある患者は，こう評した。「再び歩けるなんて，夢にも思わなかった。歩くのがどんな感じか忘れていたよ」　彼はこう続けた。「私には3歳の娘がいるんだ。彼女が私が歩いているのを初めて見たとき，最初の数分間は黙っていたんだけど，それから，『パパ，背が高いね』って言ったんだ。私はとてもうれしかった。まるで空を飛んでいるかのようにね」

1＜**英問英答**＞「本文でロボット手術について書かれていないのはどれか」―ア.「ロボット手術はあまり費用がかからない」　金額に関する記述はない。　イ.「ロボットは集中力を欠いたり，疲れたりしない」　ウ.「ロボット手術は患者へのダメージが少ない」　エ.「医師は手術室にいる必要がない」

2＜**英問英答―内容真偽**＞「医学生がヒューマンシミュレータを使ってできることについて，正しいのはどれか」　ア.「遠隔手術のやり方を直接見られる」…×　イ.「患者をベッドから別のベッドに移す練習ができる」…×　ウ.「現実の状況でロボットの使い方を学べる」…×　エ.「直面する可能性のある緊急事態に備えられる」…○　第3段落終わりから3文目参照。

3＜**英問英答**＞「看護師の代わりにロボットは何ができるか」―イ.「疲れずに肉体労働をすること」　第4段落第2～4文参照。　ア.「手術後の患者の痛みを減らすこと」　ウ.「毎日，患者の状態を記録すること」　エ.「入院予定の人のベッドを移動すること」

4＜**英問英答―内容真偽**＞「ロボティックスズボンについて正しいのはどれか」　ア.「患者が麻痺から回復するのを助ける」…×　イ.「患者が車椅子に乗り降りするのを手伝う」…×　ウ.「患

者を心身ともに支援する」…○　第5段落第3文に一致する。　physically「身体的に，物理的に」⇔ emotionally「感情的に，精神的に」　エ.「麻痺した患者を高くジャンプできるようにする」…×

5＜英問英答―表題選択＞「本文に最適な表題はどれか」―イ.「医療を向上させるさまざまなロボット」　第1段落で健康産業におけるロボットという大枠を示したうえで，第2～5段落でさまざまな例を挙げている。　ア.「遠隔手術の大きな進歩」　ウ.「優れた医療器具を持つ医師たち」　エ.「ロボット，マネキン人形，患者専用ズボン」

Ⅵ〔長文読解総合―説明文〕

≪全訳≫❶グエン・ゴック・チュオン・ソンが両親とチェスをやりたがったときは普通だったようだ。しかし，彼が誰かに教わる前に，すでにやり方を知っているのを示したのは普通ではなかった。どうやらこの2歳児は，両親を観察することで，全てのルールを覚えていたようだ。わずか1か月間両親とチェスをした後は，彼は全ての試合に勝っていた。4歳までには，彼は全国大会で競っており，12歳までには，ベトナムの最年少のチャンピオンになっていた。❷別の2歳児のジェイ・グリーンバーグも，自分が一度も見たことのない楽器の絵を描いて，両親を驚かせた。ジェイの両親には，彼が「頭の中で音楽を聴いている」ことがまもなくわかった。彼は3歳で作曲を始め，10歳までには，ニューヨークの有名なジュリアード音楽院に通い，完全な交響曲を作曲していた。ジェイは，音楽作品の質の高さだけでなく，作品をつくる速さでも注目された。もっと言えば，才能あるプロの作曲家がつくる交響曲は通常，生涯で5～6曲であるのに対し，ジェイは12歳までに5曲をつくったのだ。❸3人目の子ども，アビゲイル・シンは，5歳で初めてピアノのレッスンを受け，彼女の先生が言うところの「鍵盤をマスターしたいという止められない欲求」を持っていた。彼女は10歳までに，シンガポールで最も有名なピアニストになった。❹こうした天才児は，専門家，非専門家の両方にとって説明できないものである。天才児は一方では出会う全員から賞賛と注目を集めるが，他方では批判を集め，世界の他の部分と折り合うことが難しいと感じる。❺天才児は非常に知能が高いが，これは天才児を際立たせる唯一の要因ではない。彼らが天才児と考えられるのは，1つの領域における並外れた能力ゆえである。専門家は天才児を「通常は大人によって成し遂げられる，1つの分野への熟練を示す幼い子ども」と定義している。天才児は通例，言語や数学，絵，チェス，音楽といった構造化された分野における能力を持っている。天才児は，医学や法律，創作的な執筆作業といった，あまり構造化されていない分野，すなわち，経験を必要とする分野では，出現する可能性が低い。❻天才児は長時間注意を集中させ，同年齢の他の子どもであれば退屈させてしまうであろう作業に集中できる。アビゲイル・シンは週に少なくとも25時間，ピアノの練習をしていた。同様に，2歳のグエン・ゴック・チュオン・ソンも，一度に何時間もチェスをする集中力を持っていた。このように，「天才児」の特徴は，単なる知能にはとどまらない。説明のために，専門家は2つの方向に目を向けている。1つは「天性」，つまり，天才児特有の生物学的な性質と，「教育」，つまり，天才児の環境である。❼研究者は天才児を説明するために「天性」に目を向ける場合，生まれつきの，すなわち，先天的な資質を調べる。例えば，天才児の脳の構造が，平均的知能を持つ子どもの脳の構造と異なるかどうかを調べる。科学技術は，この疑問に答えるのに大いに役立つ。例えば，科学者は画像技術を使って，脳のさまざまな部位の活動量を見る。こうした脳スキャンが示すところでは，天才児の脳の前頭葉は，同じ作業をしている平均的知能を持つ子どもとは異なり，非常に活発である。後者の前頭葉はほとんど活動していない。科学は，脳の前頭葉が思考や集中力の多くの側面を制御していることを証明したのだ。このことは，天才児がいかにして１つの課題に集中し，複雑な問題を解決し，すばやく習得できるかということの説明になるだろう。❽研究者が天才児を説明するために「教育」に目を向ける場合，彼らは天才児の生物学的な性質ではなく，その環境に焦点を当てる。「教育」の側で最も重要な要因は，親である。天才児を育てることは非常に大変だ。それにはかなりの忍耐力と創造力，それに財力が必要である。❾親の中には，自分の子どもの並外れた能力に喜ぶものがいる。そうした親は，自分たちが持っている，あるいは見つけられる全ての資産を活用して，子どもを支援する。例えば，ジェイ・グリーンバーグの両親は，２歳の息子がチェロを欲しがったときに，それを買い与え，音楽のレッスンを手配した。❿一方で，天才児にさほど支援的でない親もいる。それどころか，中には，子どもの才能を自分自身と自分自身の関心に注目させる手段だと考えさえする親もいる。例えば，ボリス・サイディズは有名な科学者であり，人の知能を最大限に生かすことや育児について強い意見を持っていた。息子のビリーが生まれたとき，ボリスは息子を自分の理論を検証する好機だと考えた。⓫ビリーは生まれたときから，並外れた子どもであることが明らかだった。彼の両親はあらゆる機会を利用して，彼に言語や数学，科学，論理学を教えた。ボリスは非常に貧しかったが，その限られた財産を使って，天才児のためにおもちゃや本を買ったり，手に入れたりした。ビリー・サイディズは５歳で５か国語を話した。彼は９歳でMIT（マサチューセッツ工科大学）とハーバード大学医学部の入学試験に合格し，11歳でハーバード大学への入学を許可された。彼は，数学，物理学，語学の天才だと考えられていた。⓬ボリスは，自分の育児法が息子の能力の原因だと主張し，その話を新聞に持ち込んだ。すると新聞は，このハーバード大の学生の偉業というより，その奇妙な私生活に焦点を当てた。まもなく明らかになったのは，ビリーは人とうまくつき合ったり，実社会で首尾よく機能したり，人と違っているという難題に対処したりする準備ができていなかったということだ。大学卒業後，彼は孤立した生活を送り，その知能にかかわらず，無職で貧困のうちに死んだ。⓭人は一風変わっていると，注目を集める。天才児の場合に，⑤天才児が集める注目には，プラスとマイナスの両方がある。プラスである理由は，大半の人は知能を賞賛することだ。マイナスである理由は，天才児は他の人たちと全く違うことだ。天才児は教師にとって難題だ。教師は７歳児がベートーベンよりバットマンを好むと想定しているからだ。天才児は両親にとって難題だ。両親は X 天才児の役に立ちたいが，財力が足りなかったり，天才児の要求や願望を理解し満たすのが難しいとわかったりすることが多いからだ。天才児は科学者にとって難題だ。科学者は Y 天才児を，通常の社会からそれ以上に隔離することなく，研究したいからだ。さらに，天才児は世界にとって難題だ。なぜなら天才児は，Z 人々が標準と異なる人々を拒絶せざるをえないという傾向を明らかにするからだ。

問１＜内容真偽＞ア．「グエン・ゴック・チュオン・ソンは誰の指導も受けずに，チェスのやり方を覚えた」…○　第１段落第１，２文に一致する。　イ．「ジェイ・グリーンバーグは３歳になる前に才能あるプロの作曲家の支援を受けた」…×　第２段落参照。　ウ．「アビゲイル・シンは鍵盤を学ぶことにとても熱心で，後に偉大なピアニストになった」…○　第３段落に一致する。

問２＜適語選択＞この後の内容から，child prodigies「天才児，神童」が研究の対象であり，また，親や教師その他一般の人々にとって扱いが難しい存在だということがわかる。それは，彼らがmystery「謎，説明〔理解〕のつかない存在」であるからといえる。

問３＜適語選択＞この段落で述べられているのは，１つのことに長時間集中して取り組むことができるという天才児たちの特徴である。同年齢の他の子どもであれば飽きてしまうようなことに長時間集中できることが，天才児と凡人の違いなのである。bore は「～をうんざりさせる，退屈させる」という意味。　concentrate on ～「～に集中する」　attract「～を引きつける」

問４＜適所選択＞脱落文の「このことは，天才児がいかにして１つの課題に集中し，複雑な問題を解決し，すばやく習得できるかということの説明になるだろう」という意味から，この文の前には，天才児の仕組みを説明するような内容があると考えられる。空所Ｂの前では，普通はほとんど活動していない前頭葉が天才児の場合は非常に活発であることが述べられており，これがそれに該当する。

問５＜指示語＞ Their なので前にある複数名詞を受けていると考え，該当するものを当てはめて意味が通るか確かめる。下線部を含む Their frontal lobes are almost inactive. という文が，前にある the frontal lobe of a prodigy's brain is very active と対照的な内容になっていることから，Their は a prodigy と対比される存在であることがわかる。　unlike「～とは違って」

問６＜適語補充＞この段落から，天才児を解明するうえでの nurture の側面について述べられている。直後に Raising a child prodigy「天才児を育てること」とあり，次の段落からはその「親」の具体的な行動に関する説明が始まっていることから判断できる。

問７＜内容真偽＞ア…○　第12段落最終文に一致する。　イ…○　第12段落第２文に一致する。　ウ…○　第11段落最終文に一致する。　エ…×　第12段落第３，４文参照。

問８＜整序結合＞直後に It is positive because .... It is negative because ... と続いていることから，both positive and negative とまとめる（‘both *A* and *B*’「*A* と *B* の両方」）。is の主語になれるのは attention だけなので，the attention is とする。attention は receive するものなので，残りは they（＝child prodigies）receive とまとめ，attention を後ろから修飾する（attention と they の間に目的格の関係代名詞が省略された形）。　the attention they receive is both positive and negative.

問９＜適語句選択＞それぞれの文の主語（のはたらきをする先行詞）から考えればよい。parents には，resources「資産」が関連する（第９段落第２文，第11段落第３文）。科学者は study them（＝child prodigies）「天才児を研究する」人である。最後の Z に残った２が入る。

問10＜内容真偽＞ア．「天才児に必ず現れると思われる要因は，異常に高い知能と，音楽や数学など１つの分野に熟練する能力である」…○　第５段落第１～４文に一致する。　イ．「本文中の天才児たちは，創造的な執筆作業にかなりの関心と能力を示した」…×　第５段落最終文参照。　ウ．「本文中の親は全員，自分の子どもに教育的な支援と精神的な支援の両方を提供した」…×　第10段落第１文参照。　エ．「科学技術が示すところでは，非常に知能が高い子どもの脳は，通常の知能を持つ子どもの脳とほとんど同じである」…×　第７段落第５～７文参照。

数学解答

1 (1) $x=-3\sqrt{3}$, $\sqrt{3}$　(2) $3-\sqrt{6}$

(3) $(x^2+x+1)(x+2)(x-1)$　(4) 23

2 (1) 112°　(2) 4　(3) 24°

(4) $a=-\frac{5}{8}$, $b=-2$　(5) $\frac{2}{3}$

(6) $x=5$, $y=7$, $a=-\frac{3}{5}$

3 (1) 118cm²

(2) ① $(4+x)^2=(4-x)^2+(3-x)^2$

② $11-4\sqrt{7}$ cm

4 (1) $y=\frac{\sqrt{3}}{3}x+\frac{2\sqrt{3}}{3}$

(2) $\left(-\frac{2}{3}, \frac{4\sqrt{3}}{9}\right)$　(3) $\frac{10\sqrt{3}}{27}\pi$

5 (1) 2, 7

(2) ア…xy　イ…$a+1$　ウ…2　エ…2

オ…18

1〔独立小問集合題〕

(1)＜二次方程式＞解の公式より, $x=\frac{-2\sqrt{3}\pm\sqrt{(2\sqrt{3})^2-4\times1\times(-9)}}{2\times1}=\frac{-2\sqrt{3}\pm\sqrt{48}}{2}=\frac{-2\sqrt{3}\pm4\sqrt{3}}{2}$ $(=-\sqrt{3}\pm2\sqrt{3})$となるので, $x=-\sqrt{3}-2\sqrt{3}=-3\sqrt{3}$, $x=-\sqrt{3}+2\sqrt{3}=\sqrt{3}$ となる。

(2)＜数の計算＞$\frac{12-\sqrt{18}-\sqrt{48}}{\sqrt{3}}=\frac{12}{\sqrt{3}}-\frac{\sqrt{18}}{\sqrt{3}}-\frac{\sqrt{48}}{\sqrt{3}}=\frac{12\sqrt{3}}{3}-\sqrt{6}-\sqrt{16}=4\sqrt{3}-\sqrt{6}-4$, $(2-\sqrt{3})^2=4-4\sqrt{3}+3=7-4\sqrt{3}$ より, 与式$=4\sqrt{3}-\sqrt{6}-4+7-4\sqrt{3}=3-\sqrt{6}$ となる。

(3)＜式の計算―因数分解＞与式$=(x^2+x)^2-(x^2+x)-2$ とし, $x^2+x=A$ とおくと, 与式$=A^2-A-2=(A+1)(A-2)$となり, A をもとに戻すと, 与式$=(x^2+x+1)(x^2+x-2)=(x^2+x+1)(x+2)(x-1)$となる。

(4)＜数の計算＞$3\sqrt{3}=\sqrt{27}$ で, $\sqrt{25}<\sqrt{27}<\sqrt{36}$ より, $5<\sqrt{27}<6$ だから, $5<3\sqrt{3}<6$ である。これより, $3\sqrt{3}$ の整数部分は5だから, 小数部分 a は $3\sqrt{3}-5$ となる。よって, 与式$=(a+3)(a+7)$と変形し, $a=3\sqrt{3}-5$ を代入すると, 与式$=(3\sqrt{3}-5+3)(3\sqrt{3}-5+7)=(3\sqrt{3}-2)(3\sqrt{3}+2)=(3\sqrt{3})^2-2^2=27-4=23$ となる。

2〔独立小問集合題〕

(1)＜平面図形―角度＞右図1のように, 円の中心をOとし, 点Oと点A, B, Cをそれぞれ結び, 直線 l 上の点Bより右の部分に点Eをとる。AD∥BCより, 錯角が等しいので, ∠ACB＝∠DAC＝32°である。よって, $\overset{\frown}{AB}$ に対する円周角と中心角の関係より, ∠AOB＝2∠ACB＝2×32°＝64°となる。また, l は円Oの接線より, ∠OBE＝90°なので, ∠OBC＝∠OBE－∠CBE＝90°－80°＝10°である。△OBCはOB＝OCの二等辺三角形だから, ∠BOC＝180°－10°×2＝160°となる。したがって, $\overset{\frown}{ABC}$ に対する中心角の大きさは, ∠AOB＋∠BOC＝64°＋160°＝224°だから, 円周角と中心角の関係より, ∠ADC＝$\frac{1}{2}$×224°＝112°である。

図1

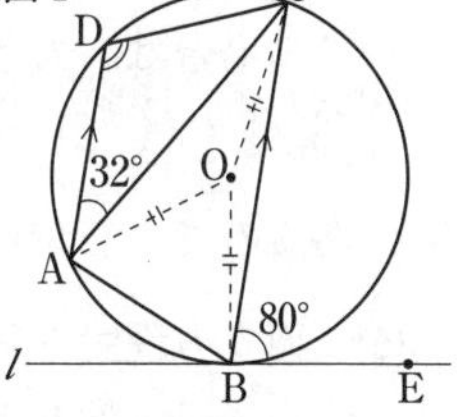

(2)＜連立方程式―解の利用＞$x+y=\sqrt{5}$……①, $x-y=\sqrt{3}$……②とする。①＋②より, $2x=\sqrt{5}+\sqrt{3}$ ∴ $x=\frac{\sqrt{5}+\sqrt{3}}{2}$ ①－②より, $2y=\sqrt{5}-\sqrt{3}$ ∴ $y=\frac{\sqrt{5}-\sqrt{3}}{2}$ よって, 与式$=\left(\frac{\sqrt{5}+\sqrt{3}}{2}\right)^2+\left(\frac{\sqrt{5}-\sqrt{3}}{2}\right)^2=\frac{5+2\sqrt{15}+3}{4}+\frac{5-2\sqrt{15}+3}{4}=\frac{5+2\sqrt{15}+3+5-2\sqrt{15}+3}{4}=\frac{16}{4}=4$ となる。

≪別解≫$x+y=\sqrt{5}$ より, $(x+y)^2=(\sqrt{5})^2$, $x^2+2xy+y^2=5$……③, $x-y=\sqrt{3}$ より, $(x-y)^2=(\sqrt{3})^2$, $x^2-2xy+y^2=3$……④ ③＋④より, $x^2+y^2+x^2+y^2=5+3$, $2x^2+2y^2=8$, $2(x^2+y^2)=8$ ∴ $x^2+y^2=4$

(3)<**平面図形—角度**>右図2のように，中心OとA，B，C，Dをそれぞれ結び，AとDを結ぶ。円Oの周の長さをaとすると，$\overset{\frown}{AB}=\frac{1}{6}a$，$\overset{\frown}{BC}=\frac{1}{4}a$，$\overset{\frown}{CD}=\frac{1}{5}a$だから，$\angle AOB=360°\times\left(\frac{1}{6}a\div a\right)=60°$，$\angle BOC=360°\times\left(\frac{1}{4}a\div a\right)=90°$，$\angle COD=360°\times\left(\frac{1}{5}a\div a\right)=72°$である。よって，$\angle BOD=\angle BOC+\angle COD=90°+72°=162°$より，$\overset{\frown}{BD}$に対する円周角と中心角の関係から，$\angle BAD=\frac{1}{2}\angle BOD=\frac{1}{2}\times162°=81°$となる。同様に，$\angle AOC=\angle AOB+\angle BOC=60°+90°=150°$より，$\angle ADC=\frac{1}{2}\angle AOC=\frac{1}{2}\times150°=75°$となる。したがって，△ADEにおいて，$\angle AED=180°-\angle BAD-\angle ADC=180°-81°-75°=24°$である。

図2

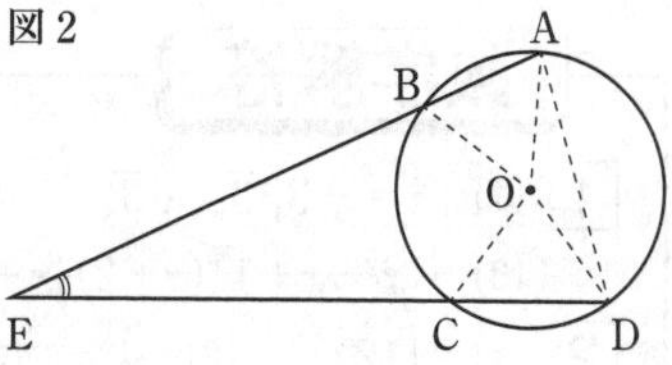

(4)<**関数—変域**>関数$y=ax^2$において，$a<0$のとき，xの絶対値が大きいほどyの値は小さくなるので，xの変域が$-4\leqq x\leqq1$のとき，$x=-4$でyは最小値$y=a\times(-4)^2=16a$をとり，$x=0$でyは最大値$y=0$をとる。よって，yの変域は$16a\leqq y\leqq0$となる。また，関数$y=2x+b$においては，xが増加すると，yも増加するから，xの変域が$-4\leqq x\leqq1$のとき，$x=-4$でyは最小値$y=2\times(-4)+b=-8+b$をとり，$x=1$でyは最大値$y=2\times1+b=2+b$をとり，yの変域は$-8+b\leqq y\leqq2+b$となる。この2つの関数のyの変域が同じになるから，$16a=-8+b$，$0=2+b$が成り立つ。$0=2+b$より，$b=-2$となり，これを$16a=-8+b$に代入すると，$16a=-8-2$，$16a=-10$，$a=-\frac{5}{8}$となる。

(5)<**確率—さいころ**>1回目，2回目に出た目をそれぞれa，bとすると，a，bの組は全部で$6\times6=36$(通り)ある。このうち，$a=b$となる場合は，1つ目と2つ目の番号の点が重なるので，三角形ができず，このような目の出方は，$(a, b)=(1, 1)$，$(2, 2)$，$(3, 3)$，$(4, 4)$，$(5, 5)$，$(6, 6)$の6通りある。また，3つ目の番号であるa，bの差の絶対値と，a，bのどちらかが等しくなる場合も三角形はできない。この場合，a，bの差の絶対値がa，bのうち大きい方と等しくなることはないから，$a<b$のとき，$b-a=a$より，$b=2a$，$a>b$のとき，$a-b=b$より，$a=2b$となる。よって，この場合は，大きい方の目が小さい方の目の2倍となるので，$(a, b)=(1, 2)$，$(2, 1)$，$(2, 4)$，$(3, 6)$，$(4, 2)$，$(6, 3)$の6通りある。したがって，三角形ができない目の出方は，$6+6=12$(通り)あるので，三角形ができる目の出方は，$36-12=24$(通り)あり，求める確率は$\frac{24}{36}=\frac{2}{3}$となる。

(6)<**連立方程式—解の利用**>(A)について，$3x-2y=1$……①，$ax+2y=11$……②とし，(B)について，$x-y=2$……③とする。(A)の解を$x=p$，$y=q$とすると，(B)の解は$x=q$，$y=p$だから，①，②に$x=p$，$y=q$を代入して，$3p-2q=1$……①′，$ap+2q=11$……②′が成り立ち，③に$x=q$，$y=p$を代入して，$q-p=2$……③′が成り立つ。①′，③′を連立方程式として解くと，①′+③′×2より，$3p-2p=1+4$，$p=5$となり，これを③′に代入して，$q-5=2$，$q=7$となる。よって，(A)の解は$x=5$，$y=7$である。これを②に代入すると，$5a+14=11$，$5a=-3$，$a=-\frac{3}{5}$となる。

3 〔独立小問集合題〕

(1)<**平面図形—面積**>次ページの図1で，〔四角形AGFD〕=〔台形ABFD〕−△ABGと考える。まず，CF：FD=3：1より，AB：FD=CD：FD=(3+1)：1=4：1である。△ABFと△AFDで，底辺をそれぞれAB，FDと見ると高さが等しいから，△ABF：△AFD=AB：FD=4：1より，△ABF=4△AFD=4×30=120となり，〔台形ABFD〕=△AFD+△ABF=30+120=150である。

次に，図1のように，直線AD，直線BFの交点をHとすると，BC∥DHより，△BCF∽△HDFとなるから，BC：HD＝BF：HF＝CF：DF＝3：1である。これより，BF＝$\frac{3}{3+1}$BH＝$\frac{3}{4}$BHとなり，HD＝$\frac{1}{3}$BCより，AH＝AD＋HD＝BC＋$\frac{1}{3}$BC＝$\frac{4}{3}$BCとなる。また，BE：EC＝1：2より，EB＝$\frac{1}{3}$BCであり，BE∥AHより，△BEG∽△HAGとなるから，BG：HG＝EB：AH＝$\frac{1}{3}$BC：$\frac{4}{3}$BC＝1：4より，BG＝$\frac{1}{1+4}$BH＝$\frac{1}{5}$BHである。以上より，BF：BG＝$\frac{3}{4}$BH：$\frac{1}{5}$BH＝15：4であり，△ABFと△ABGは底辺をそれぞれBF，BGと見ると高さが等しいから，△ABF：△ABG＝BF：BG＝15：4となる。したがって，△ABG＝$\frac{4}{15}$△ABF＝$\frac{4}{15}$×120＝32より，〔四角形AGFD〕＝〔台形ABFD〕－△ABG＝150－32＝118(cm^2)である。

図1

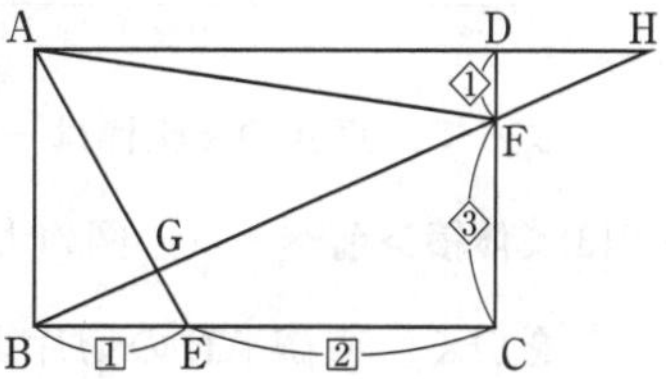

(2)＜平面図形—長さ＞①右図2のように，円Oと辺BC，CD，$\overset{\frown}{BE}$との接点をそれぞれF，G，Hとし，点Oから辺ABに垂線OIを引く。また，2点A，Oを結ぶと，点Hは線分AO上の点となる。△AIOにおいて，三平方の定理より，AO^2＝AI^2＋IO^{2}となる。まず，AO＝AH＋HOであり，AH＝AB＝4，HO＝xだから，AO＝4＋xと表せる。次に，四角形IBFOは長方形，四角形OFCGは正方形より，IB＝OF＝x，FC＝OG＝xだから，AI＝AB－IB＝4－x，IO＝BF＝BC－FC＝3－xと表せる。よって，AO^2＝AI^2＋IO^{2}より，$(4+x)^2=(4-x)^2+(3-x)^2$が成り立つ。　②①の方程式を解くと，$16+8x+x^2=16-8x+x^2+9-6x+x^2$，$x^2-22x+9=0$より，解の公式を用いて，$x=\frac{-(-22)\pm\sqrt{(-22)^2-4\times1\times9}}{2\times1}=\frac{22\pm\sqrt{448}}{2}=\frac{22\pm8\sqrt{7}}{2}=11\pm4\sqrt{7}$となり，$0<x<\frac{3}{2}$なので，$x=11-4\sqrt{7}$(cm)である。

図2

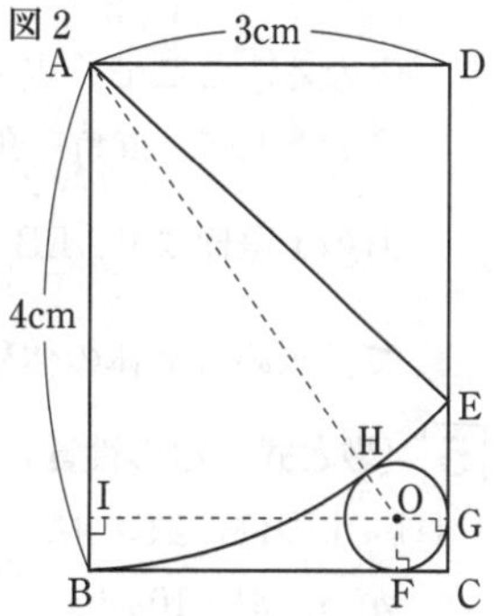

4 〔関数—関数$y=ax^2$と一次関数のグラフ〕

(1)＜直線の式＞右図で，点Bは放物線$y=\sqrt{3}x^2$上にあり，x座標が1なので，$y=\sqrt{3}\times1^2=\sqrt{3}$より，B(1，$\sqrt{3}$)である。また，直線ABと$x$軸，$y$軸との交点をそれぞれC，Dとすると，直角三角形CODにおいて，∠DCO＝30°より，この直角三角形の3辺の比は1：2：$\sqrt{3}$なので，CO：OD＝$\sqrt{3}$：1となる。これより，直線ABの傾きは，$\frac{OD}{CO}=\frac{1}{\sqrt{3}}=\frac{\sqrt{3}}{3}$となるから，その式は$y=\frac{\sqrt{3}}{3}x+b$とおける。これに点Bの座標より，$x=1$，$y=\sqrt{3}$を代入すると，$\sqrt{3}=\frac{\sqrt{3}}{3}+b$，$b=\frac{2\sqrt{3}}{3}$となるので，直線ABの式は$y=\frac{\sqrt{3}}{3}x+\frac{2\sqrt{3}}{3}$である。

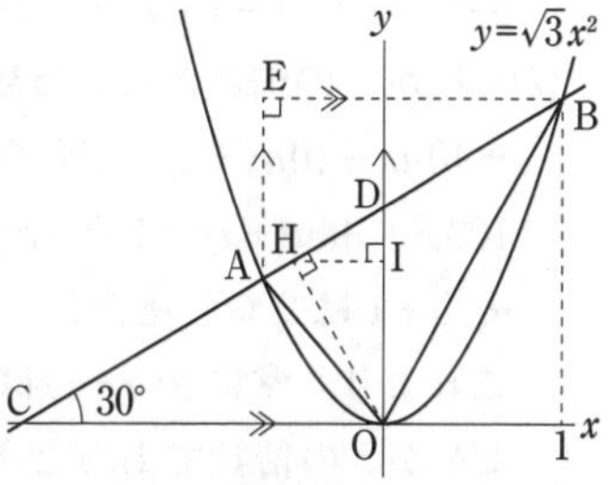

(2)＜座標＞右上図で，点Aは放物線$y=\sqrt{3}x^2$と直線$y=\frac{\sqrt{3}}{3}x+\frac{2\sqrt{3}}{3}$の交点である。2式から$y$を消去すると，$\sqrt{3}x^2=\frac{\sqrt{3}}{3}x+\frac{2\sqrt{3}}{3}$，$x^2=\frac{1}{3}x+\frac{2}{3}$，$3x^2-x-2=0$となるから，解の公式を用いると，$x$

$=\dfrac{-(-1)\pm\sqrt{(-1)^2-4\times3\times(-2)}}{2\times3}=\dfrac{1\pm\sqrt{25}}{6}=\dfrac{1\pm5}{6}$ より，$x=\dfrac{1-5}{6}=-\dfrac{2}{3}$，$x=\dfrac{1+5}{6}=1$ となる。よって，点Aの x 座標は $-\dfrac{2}{3}$ となるから，$y=\sqrt{3}\times\left(-\dfrac{2}{3}\right)^2=\dfrac{4\sqrt{3}}{9}$ より，$\mathrm{A}\left(-\dfrac{2}{3},\ \dfrac{4\sqrt{3}}{9}\right)$ である。

(3)＜**体積**＞前ページの図のように，原点Oから直線ABに垂線OHを引き，点Hから y 軸に垂線HIを引く。直線ABの切片より，$\mathrm{D}\left(0,\ \dfrac{2\sqrt{3}}{3}\right)$ だから，$\mathrm{OD}=\dfrac{2\sqrt{3}}{3}$ である。直角三角形CODで，$\angle\mathrm{CDO}=180^\circ-90^\circ-30^\circ=60^\circ$ より，直角三角形OHDは3辺の比が $1:2:\sqrt{3}$ だから，$\mathrm{DH}=\dfrac{1}{2}\mathrm{OD}=\dfrac{1}{2}\times\dfrac{2\sqrt{3}}{3}=\dfrac{\sqrt{3}}{3}$，$\mathrm{OH}=\sqrt{3}\mathrm{DH}=\sqrt{3}\times\dfrac{\sqrt{3}}{3}=1$ となる。さらに，直角三角形HIDで，$\angle\mathrm{IDH}=60^\circ$ だから，$\mathrm{IH}=\dfrac{\sqrt{3}}{2}\mathrm{DH}=\dfrac{\sqrt{3}}{2}\times\dfrac{\sqrt{3}}{3}=\dfrac{1}{2}$ より，点Hの x 座標は $-\dfrac{1}{2}$ となり，点Aの x 座標 $-\dfrac{2}{3}$ より大きいので，点Hは線分AB上にある。よって，直線ABを回転の軸として△AOBを1回転させてできる立体は，底面の半径がOHで，高さがAH，BHの2つの円錐を合わせた立体となり，その体積は，$\dfrac{1}{3}\times\pi\times\mathrm{OH}^2\times\mathrm{AH}+\dfrac{1}{3}\times\pi\times\mathrm{OH}^2\times\mathrm{BH}=\dfrac{1}{3}\times\pi\times\mathrm{OH}^2\times(\mathrm{AH}+\mathrm{BH})=\dfrac{1}{3}\times\pi\times\mathrm{OH}^2\times\mathrm{AB}$ となる。ここで，点Aを通り y 軸に平行な直線と，点Bを通り x 軸に平行な直線を引き，その交点をEとして，直角三角形AEBをつくると，平行線の錯角より，$\angle\mathrm{ABE}=\angle\mathrm{OCD}=30^\circ$ であり，点A，Bの x 座標より，$\mathrm{EB}=1-\left(-\dfrac{2}{3}\right)=\dfrac{5}{3}$ だから，$\mathrm{AB}=\dfrac{2}{\sqrt{3}}\mathrm{EB}=\dfrac{2}{\sqrt{3}}\times\dfrac{5}{3}=\dfrac{10\sqrt{3}}{9}$ である。したがって，求める立体の体積は，$\dfrac{1}{3}\times\pi\times\mathrm{OH}^2\times\mathrm{AB}=\dfrac{1}{3}\times\pi\times1^2\times\dfrac{10\sqrt{3}}{9}=\dfrac{10\sqrt{3}}{27}\pi$ となる。

5 〔数と式―数の性質〕

(1)＜**十の位の数**＞M，N は十の位の数がどちらも a で，M の一の位の数は x，N の一の位の数は y だから，$M=10a+x$，$N=10a+y$ と表せる。これより，$M+N=(10a+x)+(10a+y)=20a+x+y$ となり，M，N の一の位の数の和が10より，$x+y=10$ だから，$M+N=20a+10=10(2a+1)$ となる。よって，$M+N$ が50の倍数となるのは，$2a+1$ が5の倍数のときである。ここで，a は十の位の数だから，$1\leqq a\leqq9$ より，$2a+1$ は，$2\times1+1=3$ 以上，$2\times9+1=19$ 以下となり，a は自然数より，$2a+1$ は奇数だから，$2a+1$ が5の倍数となるのは，$2a+1=5$，15のときである。$2a+1=5$ より，$a=2$，$2a+1=15$ より，$a=7$ となるから，求める a の値は2，7である。

(2)＜**積が8の倍数となる自然数の組**＞$M=10a+x$，$N=10a+y$ より，$MN=(10a+x)(10a+y)=100a^2+10ax+10ay+xy=100a^2+10a(x+y)+xy$ となり，$x+y=10$ だから，$MN=100a^2+10a\times10+xy=100a^2+100a+xy=100a(a+1)+xy$ となる。ここで，$100=4\times25$ より，100は4の倍数である。また，a，$a+1$ は2つの連続した自然数だから，一方が偶数，つまり，2の倍数で，もう一方が奇数である。これより，常に $a(a+1)$ は2の倍数だから，$4\times2=8$ より，$100a(a+1)$ は8の倍数となる。よって，MN が8の倍数であるとき，xy も8の倍数となり，逆に，xy が8の倍数であるとき，MN は8の倍数となる。さらに，$M\leqq N$ より，$x\leqq y$ となることから，2つの自然数 x，y の組のうち，$x+y=10$ を満たすものは，$(x,\ y)=(1,\ 9)$，$(2,\ 8)$，$(3,\ 7)$，$(4,\ 6)$，$(5,\ 5)$ であり，このうち，xy が8の倍数になる x，y の組は，$(x,\ y)=(2,\ 8)$，$(4,\ 6)$ の2組ある。したがって，xy が8の倍数で，$x+y=10$ となる自然数 x，y の組は2組あり，M，N の十の位の数 a は1～9の9通りあるから，MN が8の倍数となるような自然数 M，N の組は，$9\times2=18$(組)ある。

2022年度／明治大学付属中野高等学校

国語解答

一 問一 (ア)　問二 政府は入管

問三 ビッグデー～社会の到来

問四 たしかに，　問五 (エ)

問六 (イ)　問七 ＡＩの急速

問八 機械によって人間の仕事が奪われること。

問九 (イ)

問十 必要以上に～ていること

問十一 (エ)　問十二 (ウ)

問十三 ⑫ 人間のプロ棋士　⑬ ＡＩ

問十四 ファジーなところが全くなく，０と１の積み重ねで答えが得られる世界。(33字)

問十五 認識能力

問十六 そんなとき　問十七 (イ)

問十八 (ア)　問十九 (エ)

問二十 Ⅲ　問二十一 ＡＩについ

二 ① (ウ)・駆　② (ウ)・修

③ (ア)・締　④ (エ)・説

⑤ (イ)・供

三 ① (エ)　② (キ)　③ (コ)　④ (オ)

⑤ (ア)

四 ① 屈託　② 破棄　③ 陶酔

④ 塗装　⑤ 拘束　⑥ 粘膜

⑦ 親戚　⑧ はんせん〔ほぶね〕

⑨ ほうき　⑩ おろしね

一〔論説文の読解―社会学的分野―現代文明〕出典；出口治明『自分の頭で考える日本の論点』「人間の仕事はAIに奪われるのか」。

≪本文の概要≫人間の仕事がAIに奪われるのではないかという危惧が広がっているが，それは，必要以上に危機感をあおる情報発信がなされていることも一因である。僕は，AI脅威論をかなり疑っている。AIも，ただツールとして上手に使えばそれでよい。「AIの進化でなくなる仕事」のリストを見て右往左往するより，自分の力を磨く方がはるかによい。深刻な労働力不足に陥りつつある日本では，仕事がなくなる心配をする必要もあまりない。人間の脳はファジーな認識を持つが，AIはファジーなものは苦手であるため，AIのプロも，５年や10年でAIが人間の労働力を何百万人分も奪うことはとてもできないと言っている。AIは，実はとても便利な道具で，人間が賢くなることをサポートしてくれるし，貧者の武器にもなりうる。発展途上国の教育の振興にAIが使われたら，それは民主主義にとっても大きな力となる。もっとも，AIは便利なツールであるだけに，使い方によっては毒にも薬にもなる一面があることを忘れてはならない。

問一＜語句＞「耳目を引く」の「耳目」は，多くの人々の注意・関心・興味のこと。

問二＜文章内容＞「AI脅威論」とは，人間の仕事がAIに奪われるのではないかというものである。しかし，日本政府は「今後５年間で約35万人」の外国人労働者を受け入れると表明した。これは，「今後５年間では，35万人程度の労働力もAIでは置き換えることができないと政府が白状したようなもの」である。

問三＜文章内容＞AIは，「ツール」であるために「悪用されるリスク」もある。それは，ジョージ・オーウェルが描いたとおり，「ビッグデータとAIを組み合わせた監視社会の到来」である。

問四＜文章内容＞「10年先のこと」ですら「予想できなかった」ということは，10年前に「これからどんなことが起こるか」がわからなかったということである。そして，「これからどんなことが起こるか」わからないのは，「社会はものすごいスピードで進化する」からである。

問五＜文章内容＞「未来のAI社会を描く映画」で「大した話」が出てこないというのは，その映画が「冷静に見れば現在の延長線上の話ばかり」で，「本質的に新しいこと」は何も登場しないということである。そうなるのは，未来を描こうとしても，「それほど賢くない人間の想像力では，技術の進歩や社会の進化を見通しきれないから」である。

問六＜接続語＞ⓐ「未来のAI社会を描く映画」でも「冷静に見れば現在の延長線上の話ばかり」で，「本質的に新しいこと」は何も登場しないということは，要するに，「AIが進化したら人間の仕事がどうなるかは，いまの段階では詳しくわかるはずがない」ということである。　ⓑ「AIによって人間の仕事が奪われるという発想は一種の悲観論」であるけれども，「そもそも悲観論の類は，少なくともこれまでの歴史上では，すべて外れて全敗」している。　ⓒ日本では，「生産年齢人口の減少」により，「深刻な労働力不足に陥りつつあるという長期的，構造的なトレンド」は変わっていないので，「仕事の心配をする必要」はあまりない。

問七＜文章内容＞「ラッダイト運動」は，人々が機械を打ち壊した運動である。そこには，「機械によって人間の仕事が奪われたという不満と不安」が背景にあり，それは，今の日本の「AIの急速な進歩に伴って，人間の仕事がAIにどんどん奪われるのではないかという危惧が広がって」いるという状況と似ている。

問八＜文章内容＞「ラッダイト運動」は，「機械によって人間の仕事が奪われたという不満と不安」から起こった。人々は，機械によって人間の仕事が奪われ，失業者が増えることを心配していたのである。

問九＜語句＞「与する」は，賛成して味方をする，という意味。

問十＜文章内容＞「『AIの進化でなくなる仕事』のリストを見て右往左往する」とは，AIの進歩に伴って人間の仕事が奪われるのではないかと，危惧することである。「社会にそんな気運が広がっている」のは，「必要以上に危機感をあおる情報発信がなされていることも一因」である。

問十一＜文章内容＞「人口構成で若い世代が膨れ上がっている状態」になると，「仕事にあぶれる若者が大量発生」して「社会は不安定に」なる。しかし，日本は「生産年齢人口の減少」により「深刻な労働力不足に陥りつつある」ため，「仕事の心配をする必要は実はあまりない」のである。

問十二＜文章内容＞AIについては「とかく脅威論ばかりが語られがち」である。しかし，AIは，人間にとっては「人間が賢くなることをサポートしてくれる」し，「貧者の武器」にもなりうる「便利な道具」である。

問十三＜表現＞囲碁では，「人間のプロ棋士が生涯にチェックできる対局数はおおよそ１万局が限界」であるのに対し，「AIは１日で優に１万局対戦する」ことができる。「ボルト」がどれだけ速く走っても，「スピード」で「自動車に敵う」はずがないように，「人間のプロ棋士」がどれだけ速く対局をチェックしても，「スピード」で「AI」に「敵う」はずはないのである。

問十四＜指示語＞「囲碁や将棋，チェス」のように「ファジーなところ」が全くなく，「論理の積み重ね，０と１の積み重ねで答えが」得られる世界では，AIはすでに「人間の脳には永遠に理解できない高みに到達している」といってよい。しかし，人や花の識別がAIにとって容易でないように，「ファジーなところ」が全くなく，「論理の積み重ね，０と１の積み重ねで答えが」得られる世界が全てではない。

問十五＜文章内容＞今日会った相手に明日再び出会うという場合，人間なら，違う服を着ていても，お互いに前日に会った相手だと「認識」することができる。それは，「人間の脳」は「ファジーに記憶している」からである。一方，AIは，「ファジーなものは苦手」で，「服が違ってしまうと同一人物だとわからなく」なる。AIもやがては「ファジーな認識能力を獲得できるようになるのかも」しれないが，今のところはAIの「認識能力」は，人間の「認識能力」とは違うのである。

問十六＜文章内容＞AIの専門家たちは，「５年や10年でAIが人間の仕事を何百万人分も奪うことはとてもできない」と考えている。そうである以上，「将来のよくわからないことを心配する」より，

「いまの仕事を一所懸命やって実績を上げる」とか，英語を勉強して「TOEFLiBT」で「90のスコアを取る」などして，実力をつけた方がよい。

問十七＜語句＞「白状」は，隠していたことを打ち明けることで，この「白」は，申す，という意味。「明白」の「白」は，物事がはっきりして明らかである，という意味。

問十八＜文章内容＞AIは，「貧者の武器」となり，「民主主義を機能させるツール」にもなりうる。貧しい発展途上国の教育の振興にAIが上手に使われれば，「一定の教育が施された市民の存在を前提」とする民主主義にとっても，大きな力になるのである。

問十九＜要旨＞本文は，過去の「ラッダイト運動」や「AIのプロ」に聞いた話，今の日本社会では労働力不足が続くので仕事の心配をする必要はあまりないことにふれたりしながら，将来AIによって人間の仕事が奪われるかもしれないというAI脅威論を疑問視している。

問二十＜文脈＞「将来の仕事がAIに奪われる」といって心配するより，「いまの仕事」で「実績を上げる」とか「TOEFLiBT」で「90のスコアを取る」などして，「実力」をつけた方がよい。今後，「どの仕事がなくなり，どんな新しい仕事が出てくるかは」わからないが，「『考える力』や『探求する力』『問いを立てる力』がもっと必要になるのは確か」である。「数字(データ)とファクトを使って，自分の頭でロジックを考え，自分の言葉で説得力のある情報発信を行う力」を身につける方が，「『AIの進化でなくなる仕事』のリストを見て右往左往するよりはるかに役に立ち，人生もずっと楽しくなるはず」である。

問二十一＜段落関係＞まず，AI脅威論に対する疑問が述べられ，次に，今はまだわからない将来のことを悩んでいるより自分を磨く方がよいという考えが示される。そして，その考えの根拠として，人間の仕事はすぐにはAIに奪われないことが述べられる。そして，最後に，AIが「貧者の武器」になり，民主主義にとっても力となりうることが述べられている。

二〔漢字〕

①「馬が草原をかける」の「かける」は，走る，という意味の「駆ける」。　②「古今の学問をおさめる」の「おさめる」は，学んで身につける，という意味の「修める」。　③「気を引きしめる」の「しめる」は，緩みのないようにする，という意味の「締める」。　④「人に道理をとく」の「とく」は，よくわかるように話す，という意味の「説く」。　⑤「赤飯を神棚にそなえる」の「そなえる」は，物をささげる，という意味の「供える」。

三〔ことわざ〕

①世の中の状況は常に変わるので，何が幸で何が不幸かは予測できない，ということを，「人間万事塞翁が馬」という。　②わずかな欠点を直そうとしてやりすぎ，かえって全体をだめにしてしまうことを，「角を矯めて牛を殺す」という。　③前触れで大騒ぎしておいて，実際の結果は小さい，ということを，「大山鳴動して鼠一匹」という。　④次にどんな恐ろしいことが起こるか予測できず不気味であること，運命は予測できないことを，「鬼が出るか蛇が出るか」という。　⑤相手のなすがままになるしかない状態のことを，「まな板の鯉」という。

四〔漢字〕

①「屈託」は，くよくよすること。　②「破棄」は，破りすてること。　③「陶酔」は，うっとりしてその気分に浸ること。　④「塗装」は，建物の保護や装飾のために塗料をぬること。　⑤「拘束」は，自由を奪って束縛すること。　⑥「粘膜」は，気道や消化管を覆っている薄い層のこと。⑦「親戚」は，親類のこと。　⑧「帆船」は，帆をかけた船のこと。　⑨「蜂起」は，大勢の人が一斉に立ち上がって実力行使すること。　⑩「卸値」は，生産者や輸入商から商品を仕入れて小売り商人に売り渡すときの値段のこと。

Memo

2021年度 明治大学付属中野高等学校

【英　語】（50分）〈満点：100点〉

I　次の英文の（　）に最も適するものを選び，記号で答えなさい。

1．She (　　　　) the dishes in the kitchen when I saw her a few minutes ago, so she should be at home.

ア．may be washing　　イ．has washed
ウ．is washing　　エ．was washing

2．Mysteriously the light came on (　　　) we were not near the switch.

ア．although　　イ．because
ウ．before　　エ．until

3．John was (　　　) tired to do (　　　) when he came home.

ア．too — nothing　　イ．too — anything
ウ．enough — nothing　　エ．enough — anything

4．If it rains tomorrow, we will (　　　) off the game.

ア．take　　イ．turn　　ウ．put　　エ．keep

5．My teacher gave me a (　　　) of advice.

ア．couple　　イ．number
ウ．pair　　エ．piece

6．A：“See you next week.　Have a nice weekend!”
　B：“Thanks.　(　　　　).”

ア．You too　　イ．Great job
ウ．My pleasure　　エ．No way

II　（　）に指定された文字で始まる語を入れ，英文を完成させなさい。その際に[　]内の定義を参考にすること。

1．He was standing in the (m　　) of the road.
[a central point, position, or part]

2．A Japanese woman crossed the (d　　) in Australia in a solar vehicle in 2001.
[a large area of land that has very little water and very few plants on it]

3．If you know the right answer, please (r　　) your hand.
[to move or lift something to a higher position, place, or level]

4．It is his (h　　) to drink a glass of milk at breakfast.
[something that you do often and regularly]

5．The local (e　　) will be damaged if this project is carried out.
[the air, water, land, animals, and plants around us]

Ⅲ　次の日本語の内容になるよう［　］内の語句を並べかえ，英文を完成させなさい。解答は(A)(B)(C)に入るものを書きなさい。

1．英語を話すときには，考え過ぎずに相手に自分の考えを伝えようとしてみましょう。
When you speak English, try (　　) (A) (　　) (B) (　　) (C) (　　) much.
[to / other people / thinking / without / your idea / too / tell]

2．調子が良くないと思うときに家にいることは，感染拡大を避けるために非常に重要だ。
(A) (　　) (　　) you (　　) (B) (　　) (C) (　　) very important to avoid the spread of infections.
[when / not / staying / is / are / feeling / at home / well]

3．「アニマルスクール」はアメリカの教育家であるレオ・ブスカーリアが有名にした話だ。
The Animal School is (　　) (A) (　　) (B) (　　) (C) (　　) the American educator, Leo Buscaglia.
[by / a / made / story / famous / was / that]

4．店で買うオレンジジュースの中には，オレンジではないものを実際には使っているものもある。
Some (　　) (A) (　　) (B) (　　) (C) (　　) non-orange products.
[the store / orange juice / some / uses / actually / bought / at]

5．私の娘は，元気がよくて仲良くしてくれる人を探している。
My daughter is (　　) (A) (　　) (B) (　　) (　　) (C) (　　).
[along / looking / cheerful / with / someone / get / for / to]

6．より正確な情報を得るために，誰にインタビューをしてどの専門家に見解を求めるかを決めなくてはならない。
We have to decide (A) (　　) (　　) and (　　) (B) (　　) (C) (　　) their views to get more accurate information.
[to / who / experts / to / for / which / interview / ask]

Ⅳ　次の英文を読んで，あとの問いに答えなさい。

Does a meal of fried crickets and marinated worms sound tasty to you? While (　　1　　), they are not very popular worldwide. However, there are good reasons for eating insects instead of meat and fish.

One reason insects make a good food source is that (　　2　　). When we eat chicken or beef, we generally only eat the muscles and throw away the rest. As Figure 1 shows, the majority of a cricket's body can be used as food — only one-fifth is wasted. On the other hand, with most other protein sources, such as fish, chicken, and cattle, much more of the animal is wasted. (　　3　　). This means the majority of the animal's body is thrown away.

Figure 1: Edible portion of animal (%)

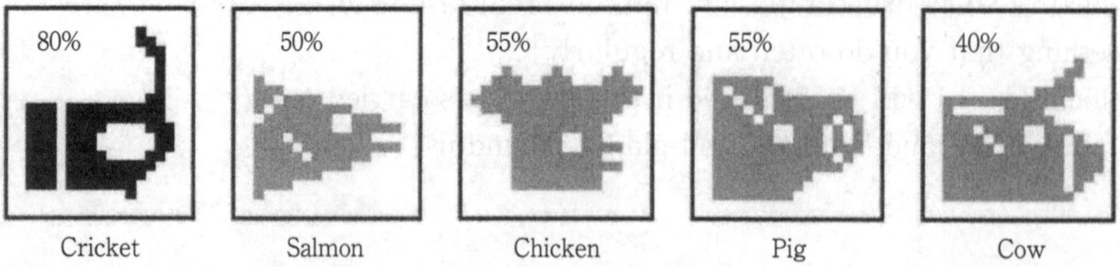

Another reason we should eat insects is that they are packed with nutrition. Many insects are rich in protein. As illustrated in Figure 2, (　　4　　). They also contain much less fat, making them a healthy choice. In addition, insects such as crickets are a good source of vitamins and minerals. They have 10 times as much vitamin B_{12} as salmon, almost five times as much magnesium as beef, and more calcium than milk.

Figure 2: Nutritional value of animal (%)
The percent of protein and fat in crickets is similar to that of most meats.

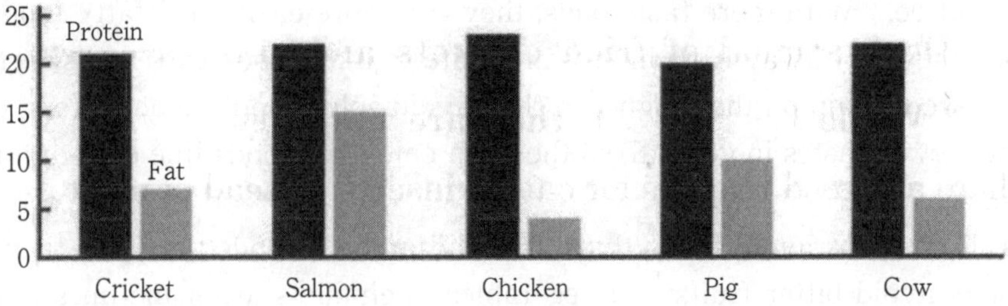

It's clear that there are benefits to replacing meat and fish with insects. In addition to being less wasteful and equally nutritious, insects are available all over the world and they reproduce rapidly. As resources become scarce and the global population increases, (　5　).

(注) cricket コオロギ　muscle 筋肉　protein タンパク質　edible 食べられる
nutrition 栄養　contain 含む　benefit 利点　reproduce 繁殖する　scarce 乏しい

問　(1)～(5)に適するものをそれぞれ選び，記号で答えなさい。ただし，文頭に来るものも小文字で示してある。

ア. eating them produces much less waste than eating meat or fish
イ. crickets have as much protein as salmon, chickens, and cows
ウ. perhaps someday more people will consider sitting down for a meal of crickets and worms
エ. only about half of a salmon or a chicken is used as food, and less than half of a cow is used
オ. insects are already a desirable source of protein in some parts of the world

Ⅴ　次の英文を読んで，あとの問いに答えなさい。

Why do some people love spicy food and others hate it? Why do many people dislike broccoli? Why do some people want sweets all the time? Human taste is not as simple as liking or disliking something. The kind of tongue you have can affect your food choices — and your health.

The human tongue is made up of a group of muscles and taste buds that work together to recognize taste. The average adult tongue has 10,000 taste buds, which are tiny bumps located on the tongue. Tiny hairs on the end of the taste buds tell us whether food is sweet, sour, bitter, or salty. The taste buds send messages to the brain as chemicals from the food enter the nose. Together, the taste buds and nose tell the brain exactly what the tongue is tasting. This complex system helps humans to survive by recognizing which foods are safe and which might be dangerous.

Although all humans have taste buds, we do not all have the same number of them. Medium tasters typically have 10,000 taste buds. These "average tasters" make up about 50 percent of the world population. Non-tasters, 25 percent of the population, have half the number of taste buds as medium tasters. The other 25 percent are supertasters. Supertasters have four to six times as many taste buds as non-tasters and twice as many as medium tasters. Research shows that supertasters are more likely to be women and from Asia, Africa, and South America.

Supertasters live in a very colorful world of tastes, non-tasters live in a gray world, and

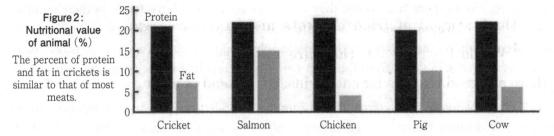

medium tasters are somewhere between the two. Supertasters think that a lot of foods are too strong. In addition to having more taste buds, supertasters are born with a gene that makes them sensitive to bitter foods. As a result, they dislike broccoli, cauliflower, grapefruit, and even coffee. With more taste buds, they can more easily feel fatty foods in their mouths. Therefore, they stay away from high-fat food items like french fries and sweets. They are also very sensitive to pain on the tongue, so they avoid spicy food. Non-tasters, on the other hand, experience fewer tastes in general, so they can enjoy hot foods like chili and pepper with much less pain.

As a rule, humans avoid foods that taste bad and eat foods that give them pleasure. Since supertasters avoid bitter fruits and vegetables, their diets are sometimes not balanced, which could put them more at risk for certain types of cancers. However, they also dislike fatty and sweet foods, so they tend to be thinner and at lower risk for heart disease and diabetes. In contrast, non-tasters like foods high in fat because their tongues do not react negatively to them. All people should pay attention to what they eat, but non-tasters and supertasters must be more aware of the foods they are eating or avoiding and find other ways to make up the difference.

If you can identify which kind of taster you are, you will be able to make more educated choices about your diet. This simple test can show whether you are a non-taster, medium taster, or supertaster. Put a small amount of blue food coloring on your tongue. Take a piece of notebook paper (the kind with holes punched out), and put one of the holes over your tongue. Your taste buds will look like little pink bumps on your blue tongue. Count how many bumps you see in the hole. If there are five bumps or fewer, you are a non-taster. If there are 30 or more, you are a supertaster. If there are between 5 and 30, you are a medium taster.

（注） affect 影響する　taste bud 味蕾（味を感じる器官）　tiny bump 小突起
gene 遺伝子　sensitive 敏感な　diet 食事　thin やせた
diabetes 糖尿病　food coloring 着色料

1．What is the main idea of the article?

ア．As a rule, humans eat foods that taste good and avoid foods that taste bad.

イ．If you have more taste buds, you can enjoy foods better.

ウ．Supertasters live in a colorful world of tastes, but non-tasters live in a gray world.

エ．The kind of taster you are can influence both your food choices and your health.

2．Which statement is true about taste buds?

ア．They tell the brain how food tastes.

イ．They send messages to the tongue.

ウ．The average person has 5,000 taste buds.

エ．They show what part of the world you are from.

3．Which statement is true about the number of taste buds a person has?

ア．You can increase the number of your taste buds by training.

イ．The number of taste buds on your tongue can cause you to like or dislike certain foods.

ウ．In order to enjoy spicy foods, you should have as many taste buds as possible.

エ．There is no relationship between how many taste buds you have and how you taste.

4. Which statement is true about the three different kinds of tasters?
ア. Supertasters and non-tasters should pay more attention to what they eat than medium tasters.
イ. The population of supertasters is the largest of the three in the world.
ウ. Medium tasters are at the highest risk for certain types of cancers.
エ. Non-tasters have the greatest chance to be a successful cook among the three.
5. How can you identify which kind of taster you are?
ア. By checking the size of your taste buds.
イ. By drawing blue and pink circles on your tongue.
ウ. By counting small pink bumps on your tongue after coloring it blue.
エ. By checking the number of small holes on your tongue.

Ⅵ 次の英文を読んで，あとの問いに答えなさい。

The Earth's population of seven billion people speaks roughly 7,000 languages. However, there is a very unequal distribution in the number of people who speak these languages. In fact, just 85 of them are spoken by 78 percent of the world's population. And the least common 3,500 languages are spoken by fewer than 9 million people combined. (①), there are only 235,000 speakers of Tuvan, the native language of the Republic of Tuva in Russia. And there are fewer than 2,000 known speakers of Aka, a language from Arunachal Pradesh in northeastern India.

Many of these smaller languages are disappearing rapidly. More than 1,000 are listed as critically or severely endangered. In fact, it is estimated that a language "(②)" every 14 days. According to linguists, within the next century, nearly half of the world's current languages will disappear as communities abandon native tongues in favor of English, Chinese, or Spanish. But should we be worried about language extinction? And what can we do to prevent it?

Since humans first started to communicate with each other, languages have come and gone. The languages of powerful groups have spread, while the languages of smaller cultures have disappeared. Today, languages dominate not only because they are spoken by powerful groups, but also because of how they are used. [A]

In an increasingly globalized age, languages spoken in remote places are no longer protected from dominant world languages. Languages such as Chinese, English, Russian, Hindi, Spanish, and Arabic reach into tiny communities and compete with smaller languages. When one language dominates, children from non-dominant language groups tend to lose their native languages as they grow up, go to school, and get jobs. Sometimes they don't want to speak the less dominant languages, partly because they think that speaking these languages makes it difficult to succeed. These attitudes, along with the strong desire to fit in, threaten the survival of native languages. Political pressure can also affect the survival of smaller languages. [B]

Why is the extinction of a minority language a concern? Different languages express unique perspectives on the world. For example, languages can show us how a culture experiences basic concepts such as time, (③), and colors. The Pirahã, an Amazonian tribe, appear to have no words for numbers. Instead, they get by with quantity words such as *few* and *many*.

This suggests that numbers may be an invention of culture, and not an idea that humans are born with. Also, ④[colors / of / on / how / think / people / depends] their language. For example, the Candoshi language in Peru uses one word to describe shades of green, blue, and purple. However, it has a separate word for dark green.

The loss of a language also means the loss of (⑤), similar to the possibility of losing a future miracle drug if a species dies out. For example, the Seri in an area of Mexico have words for more than 300 native plants. By studying their language, scientists learned about a highly nutritious food source similar to wheat, called *eelgrass*. Scientists have also learned a lot about the habitats and behaviors of local animals. There are only 650 to 1,000 Seri speakers left, so by losing the language we might lose important scientific knowledge.

If languages continue to disappear at today's rapid rate, we may ⑥[could / plants / to / lose / about / knowledge / lead / that] useful drugs someday. We may also lose the skills of many of the world's cultures. In Micronesia, for example, some sailors can find their way across miles of ocean without using any maps or modern equipment. [C]

Fortunately, groups around the world are working to bring threatened languages back to life. These groups are giving people more opportunity { X }, and are changing the attitudes that caused people to stop using them. One group that is helping to save disappearing languages is the Enduring Voices Project. This project works { Y } — places with languages that are both unique and at risk of disappearing. The Enduring Voices Project has two goals: to accurately document the languages of these places and { Z }.

Projects such as these are very important to the survival of endangered languages. The work of these groups will allow us to pass on a wealth of historical, cultural, and scientific knowledge to future generations. As Enduring Voices team member K. David Harrison says, it would be wrong for us to think that "we have nothing to learn from people who just a generation ago were hunter-gatherers. . . . What they know — which we've forgotten or never knew — may someday save us."

(注) distribution 分布　Tuvan トゥバ語　Aka アカ語
Arunachal Pradesh アルナーチャル・プラデーシュ州　linguist 言語学者
abandon 捨てる　extinction 絶滅　dominate 優位を占める
threaten おびやかす　concern 問題　perspective 見方
Pirahã ピダハン族　quantity 量　Candoshi カンドシ族
Seri セリ族　nutritious 栄養豊かな　wheat 小麦　habitat 生息地
document 記録する　hunter-gatherer 狩猟採集民族

問１．(①)に適するものを選び，記号で答えなさい。
ア．By the way　イ．However
ウ．Therefore　エ．For example

問２．(②)に適するものを選び，記号で答えなさい。
ア．changes　イ．appears　ウ．dies　エ．shows

問３．[A]—[B]—[C]に入る英文の組み合わせとして適切なものを選び，記号で答えなさい。
1．Sadly, their skills and knowledge are only in languages that are at risk of disappearing.
2．For example, languages like English are commonly used on television, on the Internet, and in international business.

3．Governments sometimes pass laws that require people to use dominant languages at school, at work, and in the media.

ア．1－2－3　　イ．1－3－2　　ウ．2－1－3

エ．2－3－1　　オ．3－1－2　　カ．3－2－1

問4．(③)に適する語を，本文中から書き抜きなさい。

問5．下線部④の[　]内の語句を正しく並べかえなさい。

問6．(⑤)に適する語を，本文中から書き抜きなさい。

問7．下線部⑥の[　]内の語句を正しく並べかえなさい。

問8．{X}—{Y}—{Z}に入る語句の組み合わせとして適切なものを選び，記号で答えなさい。

1．to use these threatened languages

2．to record the cultural information they contain

3．to identify language hot spots

ア．1－2－3　　イ．1－3－2　　ウ．2－1－3

エ．2－3－1　　オ．3－1－2　　カ．3－2－1

問9．本文の内容に合うものを2つ選び，記号で答えなさい。

ア．People all over the world speak roughly 7,000 languages, and nearly half of them are spoken by about 80 percent of the world's population.

イ．Minority languages have been protected from dominant world languages.

ウ．Children from non-dominant language groups tend to use dominant languages because it is the key to success.

エ．Language is one thing that makes us different from all other living things.

オ．When a language disappears, the species which it describes also dies out.

カ．K. David Harrison, a member of the Enduring Voices Project, says that we have something to learn from disappearing languages.

【数　学】（50分）〈満点：100点〉

1　次の問いに答えなさい。

(1)　$(x^2-2x)^2-5(x^2-2x)+6$ を因数分解しなさい。

(2)　$\dfrac{(\sqrt{2}-1)(2+\sqrt{2})}{\sqrt{3}}-\dfrac{(3+\sqrt{3})(\sqrt{3}-1)}{\sqrt{2}}$ を計算しなさい。

(3)　$\sqrt{12(51-2n)}$ が整数となるような自然数 n をすべて求めなさい。

(4)　右の表は，ある中学校の男子40人の自宅から学校まで登校するのにかかる時間を調査し，度数分布表にまとめたものです。

このとき，この表から登校するのにかかる時間の平均値を求めなさい。

階級（分）	度数（人）
0以上　20未満	2
20　～　40	4
40　～　60	11
60　～　80	13
80　～　100	7
100　～　120	3
計	40

2　次の問いに答えなさい。

(1)　$n^2-18n+72$ が素数となる自然数 n をすべて求めなさい。

(2)　右の図のように，四角形ABCDの２本の対角線を引いたとき，$\angle x$ の大きさを求めなさい。

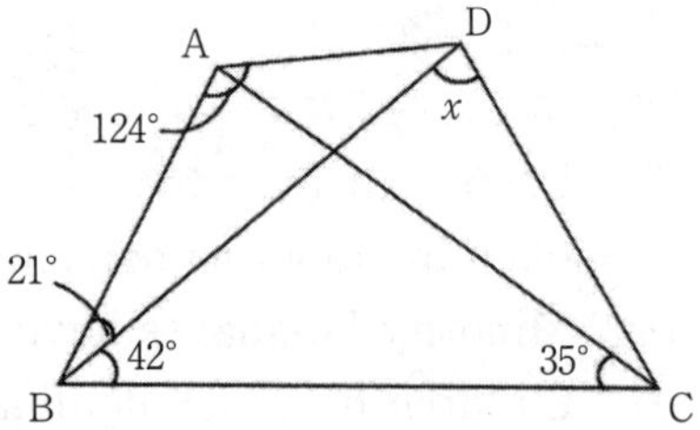

(3)　１個のサイコロを３回振り，１回目に出た目を a，２回目に出た目を b，３回目に出た目を c とします。１次関数 $y=3x+1$ と，方程式 $ax-by+\mathrm{c}=0$ のグラフをかいたとき，この２つのグラフが交わる（重なる場合も含む）確率を求めなさい。

(4)　$x+\dfrac{1}{x}=3$ のとき，$x^2-\dfrac{1}{x^2}$ の値を求めなさい。

3　次の問いに答えなさい。

(1)　右の図のように，円柱の中に２つの球A，Bが入っています。球Aは円柱の側面と下の面に接し，球Bは円柱の側面と上の面に接しています。また，球Aの半径が球Bの半径の２倍で，２つの球は互いに接しています。球Bの半径を x cmとするとき，x の値を求めなさい。

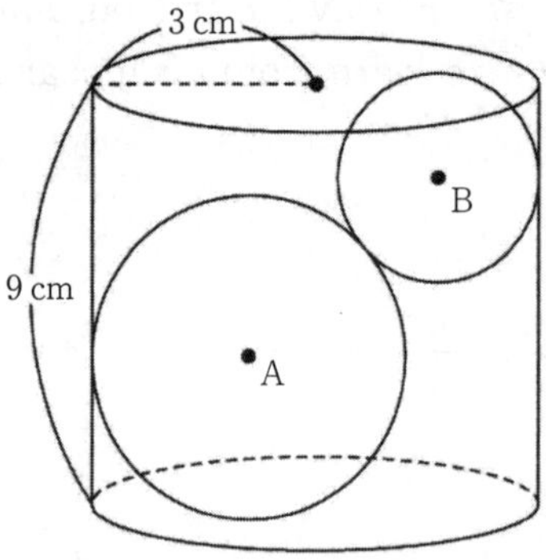

【この問題は途中式や考え方を書きなさい。】

〔編集部注…問題に不備があったため，採点されなかった。〕

(2)　『３けたの正の整数において，上２けたの数から一の位の数を引いた数が11の倍数ならば，もとの３けたの整数は11の倍数である』という性質が成り立ちます。

例えば，418であれば，41−8＝33 となり，418は11の倍数だとわかります。

３けたの正の整数の百の位の数を x，十の位の数を y，一の位の数を z としたとき，この性質が成り立つわけを x，y，z を用いて説明しなさい。

【この問題は途中式や考え方を書きなさい。】

4　右の図のような三角錐O-ABCがあります。OA＝8，AB＝AC＝6であり，OA，OB，OCのそれぞれの中点をD，E，Fとします。また，∠OAB＝∠OAC＝∠BAC＝90°です。次の問いに答えなさい。

(1)　線分OA上に点Gがあります。FG＋GBの長さが最小となるとき，線分OGの長さを求めなさい。

(2)　線分OD上に点Hがあります。△HEFが正三角形であるとき，線分OHの長さを求めなさい。

(3)　(1)の点Gと(2)の点Hについて，三角錐H-GEFを考えます。点Gから△HEFへ垂直な線を引き，その交点をIとします。線分GIの長さを求めなさい。

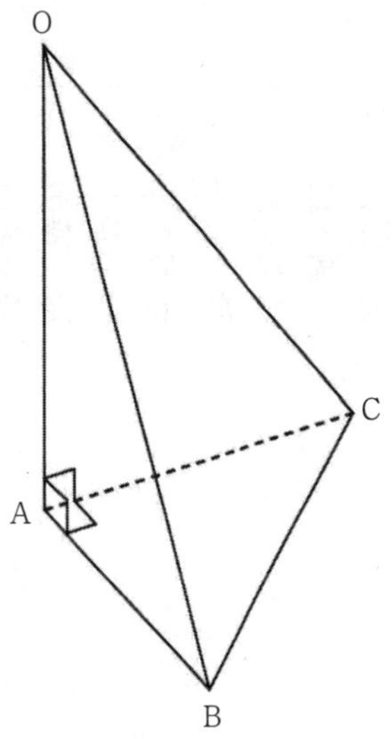

5　連立方程式 $\begin{cases} ax+5y=17 \cdots ① \\ 4x-by=5 \quad \cdots ② \end{cases}$ を太郎くんと次郎くんが解きました。次の会話はこの連立方程式を解いた2人と先生との会話です。下の問いに答えなさい。ただし，aとbは定数とします。

先生「それでは，この計算の答えを聞こうかな。太郎くんはいかがですか。」

太郎「x＝［　ア　］，$y=\frac{3}{2}$です。」

先生「太郎くん。それは，①の方程式のxの係数を4にして計算していますよ。他の部分は合っていますね。次郎くんはいかがですか。」

次郎「x＝－13，y＝［　イ　］です。」

先生「次郎くんは，②の方程式のyの係数の符号を逆にして計算していますよ。他の部分は合っていますね。」

先生「2人とも，もう一度問題の式を見て，落ち着いて解き直してみて下さい。」

(1)　［ア］と［イ］に当てはまる数を答えなさい。

(2)　この連立方程式の正しい解を求めなさい。

6　右の図のように，放物線$y=\frac{1}{2}x^2$上に2点A，Bがあります。2点A，Bのx座標はそれぞれ－2，3です。また，同じ座標平面上に，この2点A，Bとは別にCA＝CB，∠ACB＝90°となる点Cをとります。次の問いに答えなさい。

(1)　点Cのx座標をすべて求めなさい。

(2)　点Dが放物線$y=\frac{1}{2}x^2$上を動くとき，△ABCの面積と△ABDの面積が等しくなるような点Dのx座標をすべて求めなさい。

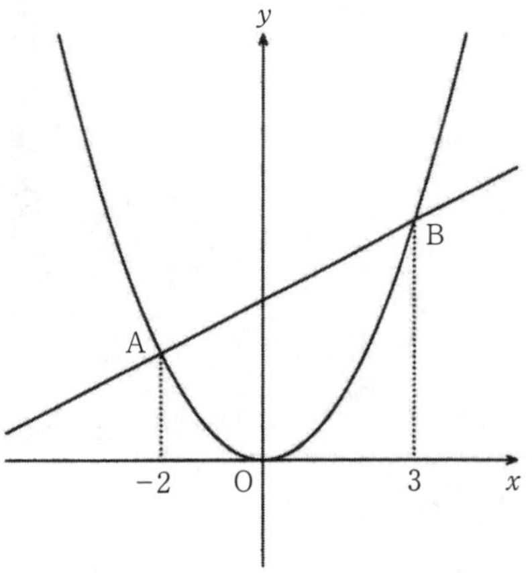

問二十、本文の内容と合うものを、次の(ア)～(カ)の中から**二つ**選び、記号で答えなさい。

(ア) 多様な環境に適応するために、多くの植物は万能タイプにならざるを得なかったのである。

(イ) 環境における多様性とは、万能タイプの植物が特定の環境に満ちあふれていることである。

(ウ) 植物の多様性は、さまざまな環境に適応可能な万能タイプの植物によって支えられている。

(エ) 生物の多様性に必要なものは、時間的にも外界との関係においても、適応できる力である。

(オ) 環境を多様化する試みは、その地域に合った専門家タイプの植物を生育させることである。

(カ) 植物の多様性こそが、地球の生態系を安定に保ち、維持することに役立っているといえる。

二

次の①～⑤の四字熟語には、A、Bそれぞれ一字ずつ誤りがあります。それぞれの正しい漢字を組み合わせて、二字熟語を作りなさい。

(例) A 短刀直入（「短」が「単」の誤り）
　　 B 大言壮吾（「吾」が「語」の誤り）　答え　単語

① A 疑心暗気
　 B 彩色兼備

② A 雲産霧消
　 B 危機一発

③ A 一鳥一夕
　 B 通過儀令

④ A 古事来歴
　 B 親類援者

⑤ A 周人環視
　 B 高明正大

三

次の①～⑤の言葉が示す様子を、後の語群の漢字を組み合わせた熟語で答えなさい。

① まじまじ　② まごまご
③ かんかん　④ いらいら
⑤ ふかふか

軟	凝	燥	視	当
激	焦	惑	柔	高

四

次の①～⑦の――線部を漢字に改め、⑧～⑩の――線部の読みをひらがなで答えなさい。

① 試合に負け、カイコンの念が募る。
② 人生のキロに立たされる。
③ 貸した本を返すようにサイソクする。
④ キンチョウのあまりにせりふを忘れる。
⑤ 素晴らしい演技で観客をミリョウする。
⑥ 調査を進めるに従って、資料がボウダイになる。
⑦ がっかりしている子供をナグサめる。
⑧ 暫時、息が止まるほど驚いた。
⑨ 両者の意見を勘案して妥協点を考える。
⑩ 逃亡の企てが発覚した。

か。次の(ア)〜(カ)の中から選び、記号で答えなさい。

(ア) 子孫を　(イ) どれだけ　(ウ) 残せるか
(エ) 一点から　(オ) 評価される　(カ) なります

問三、――線②「専門家タイプ」の植物を、次の(ア)〜(カ)の中から**すべて**選び、記号で答えなさい。

(ア) アカマツ　(イ) イネ　(ウ) カタクリ
(エ) コマクサ　(オ) タンポポ　(カ) サボテン

問四、――線③「遺憾なく」の意味を、次の(ア)〜(エ)の中から選び、記号で答えなさい。

(ア) 十分に　(イ) ある程度　(ウ) 最後まで　(エ) 意外にも

問五、――線④「普通の植物」とありますが、ここでいう「普通」とはどのようなことですか。「ということ。」に続くように、本文中から最も適切な表現を抜き出して答えなさい。

問六、――線⑤が「雑多なつまらない者たち」という意味の四字熟語になるように、Ⅰ・Ⅱに当てはまる漢字をそれぞれ答えなさい。なお、ⅠとⅡには反対の意味を持つ漢字が入ります。

問七、A〜Cに当てはまる言葉を、次の(ア)〜(カ)の中からそれぞれ選び、記号で答えなさい。

(ア) あるいは　(イ) しかし　(ウ) ただし
(エ) しかも　(オ) 従って　(カ) 一方で

問八、――線⑥「特定の環境条件」とありますが、ここではどのような「環境」を指していますか。本文中から抜き出して答えなさい。

問九、――線⑦「場合によって面白い現象が見られます」とありますが、どのような点が「面白い」のですか。本文中の言葉を用いて答えなさい。

問十、――線⑧「砂漠の植生が単調であって、少数の種類の植物によって占められている理由」とは何ですか。本文中の言葉を用いて三十字以内で答えなさい。

問十一、――線⑨「ひとつの特別な要因」を説明するために示されたたとえを、本文中の言葉を用いて答えなさい。

問十二、⑩・⑪に当てはまる言葉を、それぞれ本文中から抜き出して答えなさい。

問十三、――線⑫「そこ」の指示内容を、本文中から抜き出して答えなさい。

問十四、――線⑬「病気や害虫の存在も植物の多様性を左右します」とありますが、「病気や害虫の存在」は、どのような影響を与えますか。本文中から十字以内で抜き出して答えなさい。

問十五、――線⑭「防御手段をもっています」とありますが、本文中に書かれている「防御手段」を、それぞれ十字以内で二つ答えなさい。

問十六、――線⑮「水田」をたとえた表現を、本文中から抜き出して答えなさい。

問十七、⑯・⑰に当てはまる言葉を、それぞれ本文中から抜き出して答えなさい。

問十八、――線⑱「人間がタネをまいたわけではないのに顔を出した植物にこそ、環境の多様性の秘密が潜んでいるのです」とありますが、どうしてそう言えるのですか。理由として最も適切なものを、次の(ア)〜(エ)の中から選び、記号で答えなさい。

(ア) 雑草は幅広い環境条件でも生育でき、専門家タイプの植物の生育を妨げるから。
(イ) 多様な植物が生育可能であることで、多様な環境の存在も推測可能となるから。
(ウ) 単調な生態系の中に他の植物が生育することで、多様な環境が形成されるから。
(エ) 想定を超えた植物の生育は、環境の多様性の秘密に人知が及ばない証拠だから。

問十九、次の文は本文中から抜いたものです。どこに入れるのが適切ですか。その直前の五字を答えなさい。

【その環境からその種類の植物は消え去るでしょう。】

タクリは、早春という季節の専門家といってもよいでしょう。特定の環境が実現する時期がそれぞれ存在することによって、複数の種類の植物が同じ場所に生育することが可能になるわけです。

そして、もうひとつ状況を複雑にするのが、植物自身の環境への影響です。例えば、見渡す限り平らな地面が広がっている環境を想像してください。そこには日陰ひとつありませんから、直射日光の下では光が強すぎて枯れてしまう植物は入り込むことができません。しかし、⑫そこに直射日光を好む大きな植物が先に入り込めば、今度はそこに、その植物による日陰ができます。そうすれば弱い光を好む植物も入り込めるようになります。これは、ごく単純化した設定ですが、一般に、植物が生長することによって環境自体もダイナミックに変化します。そして、そのことが環境に多様性をもたらし、ひいては生物の多様性を増すのです。

また、⑬病気や害虫の存在も植物の多様性を左右します。例えば、水田ではイネの病気や害虫が大きな問題となります。この原因のひとつは、イネを好む害虫や病原菌にとって、水田は、大きな食糧貯蔵庫のようなものである点にあります。害虫が一本のイネを食べ終えて周りを見回せば、いくらでもイネがあるわけですから、ひょいと隣に移動して新しいイネにありつくことができます。害虫にとってはまさに天国です。

植物は、そのような食害を防ぐために、害虫にとっては毒になる成分を体につくることがあります。しかし、一部の害虫は、その毒を解毒する仕組みを進化させることがありますから、結局はいたちごっこです。イネは一般的な意味での毒はもちませんが、葉はケイ酸を含んでいて硬く、外敵に食べられにくくなっています。それでも、進化の過程で、今度はケイ酸を含む葉でも食べることができる昆虫が現れることになります。イネばかり植わっていれば、そのような昆虫を避けることはできません。人間は殺虫作業に追われることになります。

しかし、もし、多様な植物が地面を覆っているなかで、同じ種の植物がぽつん、ぽつんとしか生えていなかったらどうでしょう。それぞれの植物は、それぞれの⑭防御手段をもっています。その防御をかいくぐるように進化した害虫もいるはずですが、それは、特定の防御の手段をもつ植物に対してのものです。つまり、その害虫が食べることができるのは、特定の種類の植物に限られるわけです。そうすると、防御手段をかいくぐってある植物を食べたとしても、その植物を食べ終えて周りを見回すと、周囲は種類の異なる別の防御手段をもっている植物です。その害虫が食べられる植物は見つかりません。多様な生態系のなかでは、⑮水田のようにはいかないのです。つまり、単調な生態系のなかの植物ほど害虫などに弱いことになりますから、害虫や病気の存在は、生態系を多様化する方向にはたらくはずです。

植物の多様性を生み出すものは、環境要因の多様性に加えて、時間的な変化、［⑯］が［⑰］に及ぼす影響、そして外敵との駆け引きがあります。それらを単純化して理解するのは簡単ではありません。しかし、生命が周囲の環境と密接にかかわりながら進化してきた結果、現在の多様性が生まれたことだけは確かです。そして、その多様性こそが、地球の生態系を安定に保ち、維持することに役立っているのです。

あるひとつの場所で環境がどれだけ多様かを実感するのは難しいかもしれませんが、そこに生えている植物の多様性を観察すれば、環境の多様性を見積もることができます。それは、都会のなかの公園でも構いませんし、そこにきちんと植えられている植物だけに限る必要もありません。むしろ、⑱人間がタネをまいたわけではないのに顔を出した植物にこそ、環境の多様性の秘密が潜んでいるのです。

問一、［X］に共通して当てはまる言葉を、本文中から抜き出して答えなさい。

問二、――線①「最終的には」が直接かかっていく部分はどこですそうすると、⑦場合によって面白い現象が見られます。アカマツはどちらかといえば万能タイプで、さまざまな環境に侵入することができます。ところが、実際にアカマツが生えている場所は、土地が痩せているなど、他の植物から見るとあまり食指が動かない場所が多いのです。ただし、これはアカマツが痩せた土壌に特化した専門家であるということではありません。実際には、アカマツを単独で植えれば、痩せた土地よりも肥えた土地でよりよく生育します。しかし、肥えた土地では、そこに特化した専門家との競争に負けるので、痩せた土地でも肥えた土地でも生育できる万能タイプのアカマツが、実際には痩せた土地に見られるようになるのです。

では、さまざまな要因の組み合わせで決まる環境において、それぞれの要因に対して別々の反応の仕方をする植物のうち、どの植物が生き残るかは、どのようにして決まるのでしょうか。

まず、簡単な例で考えてみましょう。例によって砂漠を考えてみます。砂漠に生きる植物にとって重要なのは、どれだけ乾燥に耐えられるかという乾燥耐性です。もちろん、乾燥耐性が同じなら、「強い光を有効に利用できる」「高温に強い」「夜昼の温度差が大きくても平気」といった別の要因で優劣が決まることもあるかもしれません。しかし、砂漠においては、乾燥耐性に少しでも差があれば、それによって生き残れるかどうかがほぼ決まってしまいますから、おそらくは植物の性質で評価されるのは乾燥耐性に絞られるでしょう。その場合、学校の成績を数学のテストだけで決めるようなものですから、おそらく特定の専門家タイプの植物が他の植物を大きく引き離して有利になるでしょう。⑧砂漠の植生が単調であって、少数の種類の植物によって占められている理由はこのあたりにありそうです。

一方で、より極端ではない環境ではどうでしょうか。その場合には、光や温度、水などさまざまな要因が絡み合いますから、⑨ひとつの特別な要因によって生存が決まるということはないでしょう。つまり、先ほどの学校の例でいえば、すべての教科の試験の総合点で評価される場合に相当します。ただ、試験の総合点といっても、全科目の平均をとるのか、それとも主要教科に重みをつけるのか、さらには日ごろの平常点を考慮するのか、一筋縄ではいきません。同様に、どの環境要因が重視されるかは一概にはわかりませんし、さらにそれらの要因は季節とともに変化していくことも考えられますから、単にひとつの時点で、その環境の要因を一回評価すればよいというものでもありません。時とともに、どの植物が一番有利になるかは移り変わっていくでしょう。いわば、いろいろな科目の抜き打ち試験が毎日のようにある学校のようなものです。

しかも、サボテンのように乾燥耐性というひとつの環境要因にぴったり合うように自分の体を変えた場合、それによって光を受ける効率など、別の環境要因に対しては、むしろマイナスの作用をもたらしかねません。言葉を変えれば、別の環境要因にも対応しようとすると、サボテンのように乾燥耐性に特化するのは難しくなるわけです。結果として、多くの植物は万能型にならざるを得ません。すると、乾燥耐性などのそれぞれの要因に対して完全に対応することはできなくなりますから、砂漠におけるサボテンのように、他を引き離して圧倒的に有利になる植物は存在しなくなります。温和な環境が、多様な生命に満ちあふれている理由はこのようなところにあるのでしょう。

ひとつあるいはごく少数の要因によって評価される場合には、その要因に［　⑩　］した少数の生物が他の生物に比べて非常に［　⑪　］になるのに対して、数多くの多様な要因によって評価される場合には、ひとつの正解は得られず、さまざまな「解」が存在して多様性が生み出されるのです。

生物の多様性の源泉について整理してみましょう。多様性のひとつの源は、さまざまな環境要因の相互作用です。ひとつの環境要因に特化すると、別の環境要因に十分適応できないことが多様性を生み出します。さらに、その環境要因が一定ではなく、時間とともに変化していくことも多様性を生み出します。第5章で取り上げたカ

二〇二一年度　明治大学付属中野高等学校

【国語】（五〇分）〈満点：一〇〇点〉

一　次の文章は、園池公毅『植物の形には意味がある』の最後の第10章です。本文中、前の章に言及している箇所がありますが、読解・解答には影響がありません。以下の本文を読んで、後の問いに答えなさい。（字数指定がある問いでは、句読点・記号なども一字として数えます。）

　本章では、最後のまとめとして、植物の形の多様性を生み出す生物と環境とのかかわりについて考えてみることにします。

　一口に環境といっても、植物を支える［X］の機能が直接かかわる要因だけでも、光や二酸化炭素、水、風などさまざまなものがあることをこれまで見てきました。そして、植物にとって［X］がどれだけ大事だったとしても、その植物がその環境で繁栄しつづけられるかどうかは、［X］だけでは決まりません。生命の進化を考えると、①最終的には植物が子孫をどれだけ残せるかという一点から評価されることになります。光合成ができなければ、普通の植物は子孫を残せませんが、逆にいくら光合成ができても、子孫をつくれなければ1代でおしまいです。

　数多くの環境要因に対する植物の応答の仕方が、どれだけ子孫を残せるかという一点によって評価されるのは、ちょうど、学校で多くの科目の試験があるけれども、それらの総合点で進学や留年が決まるのといっしょです。さて、そこで、小学校のころを思い出していただきたいのですが、クラスにはたいてい〇〇博士というのがいて、昆虫なり、電車なり、特定のことについてならこの子に聞けばわかるという子供がいたのではないかと思います。そのような子供は、特定の狭い範囲についてはいわばスペシャリストですが、その範囲を外れると、必ずしも知識が豊富なわけではありません。専門家タイプといってよいでしょう。一方で、特に何かに深い洞察を示すわけではないけれども、何事もそれなりにこなす万能タイプの子供も当然います。

　生物の環境に対する応答についても、同様に②専門家タイプと万能タイプが見られます。第1章で議論したサボテンなどは、さしずめ専門家タイプの横綱でしょう。砂漠のような極度に乾燥した環境では、その専門家としての技量が③遺憾なく発揮されますが、日本のように普通に雨の降る環境では、逆に④普通の植物に圧倒されて、生きていくことができません。一部の高山植物なども専門家として捉えることができるでしょう。何を好き好んで高山の厳しい環境に生きているのだろうと思うかもしれませんが、下界で⑤［I］象［II］象とくだらない競争を繰り広げるよりは、高山の厳しい環境に特化して専門家として孤高を生きるほうが楽なのかもしれません。

　［A］、「雑草」といわれる植物は、どちらかというと万能タイプでしょう。ある程度環境が違っても、そこそこ生きていくことができるので、あちらこちらで目にします。［B］、ここでいう「万能」は、「すべての条件で一番である」という意味ではないことに注意する必要があります。実際には「広い範囲の条件でそこそこである」という意味です。そもそもすべての条件で一番であったら、その植物が全世界を覆い尽くしてしまうでしょう。［C］、万能タイプの植物は、特定の環境においては、その環境に特化した専門家タイプの植物に負けてしまいます。これが植物の多様性を生み出すひとつの要因となっています。

　例えば、タンポポと高山植物のコマクサをさまざまな環境条件で栽培した場合、コマクサは、⑥特定の環境条件以外では生きていけないのに対して、タンポポは比較的広い範囲の環境条件で生きていけるでしょう。しかし、高山にコマクサとタンポポを並べて植えれば、必ずコマクサが生き残るでしょう。専門領域においては人より優れているからこそ、専門家といえるわけです。

2021年度／明治大学付属中野高等学校

英語解答

Ⅰ　1　エ　2　ア　3　イ　4　ウ
　5　エ　6　ア

Ⅱ　1　middle　2　desert
　3　raise　4　habit
　5　environment

Ⅲ　1　A…tell　B…your idea
　　C…thinking
　2　A…Staying　B…not　C…well
　3　A…story　B…was　C…famous
　4　A…bought　B…the store
　　C…uses
　5　A…for　B…cheerful　C…along
　6　A…who　B…experts　C…ask

Ⅳ　1　オ　2　ア　3　エ　4　イ
　5　ウ

Ⅴ　1　エ　2　ア　3　イ　4　ア
　5　ウ

Ⅵ　問1　エ　問2　ウ　問3　エ
　問4　numbers
　問5　how people think of colors
　　depends on
　問6　knowledge
　問7　lose knowledge about plants
　　that could lead to
　問8　イ　問9　ウ，カ

Ⅰ〔適語(句)選択〕

1．when I saw「私が見たとき」という過去の出来事なので「洗っていた」という過去進行形にする。　「私が彼女を数分前に見たとき，彼女は台所で皿を洗っていたので，彼女は家にいるはずだ」

2．空所前後が相反する内容になっているので‘逆接’を表すalthough「～だけれども」が適切。「不思議なことに，我々はスイッチの近くにいなかったのに，ライトがついた」

3．‘too ～ to …’「あまりに～で…できない」の構文。tooに否定の意味が含まれるので，‘not ～ any …’と同じような呼応関係になって，2つ目の空所にはanythingが入る。これは‘so ～ that …’の構文で次のように書き換えられる。　John was so tired that he could not do anything when ...≒John was so tired that he could do nothing when ...　「帰宅したとき，ジョンはあまりにも疲れていたので何もできなかった」

4．put off「～を延期する」(≒postpone)　「明日，雨が降れば，我々は試合を延期するだろう」

5．advice「アドバイス，助言」は‘数えられない名詞’。数える場合にはa piece of ～，two pieces of ～などをつける。　「先生が私に1つアドバイスをくれた」

6．You (have a nice weekend) too.の省略と考えられる。　A：また来週会おうね。よい週末を！／B：ありがとう。あなたもね。

Ⅱ〔単語の定義―適語補充〕

1．「中心の位置，場所，部分」―「真ん中，中心」　in the middle of ～「～の真ん中に〔で〕」「彼は道路の真ん中に立っていた」

2．「水も植物もほとんどない広大な陸地の部分」―「砂漠」　desert「砂漠」(発音は[dézərt])とdessert「(食後の)デザート」(発音は[dizə́ːrt])のスペリングの違いに注意。　「ある日本女性が，2001年に太陽光を使った車で，オーストラリアの砂漠を横断した」

3.「何かを高い位置，場所，水準に動かしたり持ち上げたりすること」―「～を上げる」　自動詞のrise「上がる」と他動詞のraise「～を上げる」を正しく区別すること。　raise ～'s hand「手を挙げる，挙手する」　「正解を知っていたら，手を挙げてください」

4.「あなたが頻繁に，そして定期的に行うこと」―「習慣」　個人的な習慣(癖)をhabit，文化的な習慣(風習)をcustomという。　「朝食にグラス1杯の牛乳を飲むのが彼の習慣です」

5.「我々の周りにある大気，水，陸地，動植物」―「環境」　「もしこのプロジェクトが実行されたら，地元の環境が損なわれるだろう」

Ⅲ〔整序結合〕

1．try to ～「(試しに)～してみる」　'tell＋人＋物事'「〈人〉に〈物事〉を伝える」　without ～ing「～しないで」 When you speak English, try to tell other people your idea without thinking too much.

2.「家にいることは，非常に重要だ」→Staying at home is very importantが文の骨組み。「調子が良くない」はnot feeling wellとする。　Staying at home when you are not feeling well is very important to avoid the spread of infections.

3．まずa storyを置き，この後はthatを関係代名詞として用いて，a storyを修飾する関係詞節をつくる。「有名にした」は「有名にされた」と考え，'make＋目的語＋形容詞'「～を…(の状態)にする」を受け身にしたbe made famousとまとめて最後にbyを置く。　*The Animal School* is a story that was made famous by the American educator, Leo Buscaglia.

4.「店で買うオレンジジュース」は「店で買われるオレンジジュース」と考えて，orange juice bought at the storeとまとめる(このboughtは過去分詞の形容詞的用法)。actuallyのような副詞は，通例一般動詞の前に置く。　Some orange juice bought at the store actually uses some non-orange products.

5．まず「～人を探している」なのでlooking for someoneとする。この後は，somethingやsomeoneにつく形容詞は後ろに置かれるので，cheerfulを続け，残りはto不定詞の形容詞的用法でto get along withとまとめる。'something＋形容詞＋to不定詞'の語順の応用形。　(例) something hot to drink「何か温かい飲み物」　また，本問のようにto不定詞の形容詞的用法で最後に前置詞が置かれる形は次のように考える。　a house to live in「住む家」←live in a house「家に住む」／a pen to write with「書くペン」←write with a pen「ペンで書く」／paper to write on「書く紙」←write on paper「紙の上に書く」　get along with ～「(人)と仲良くする」 My daughter is looking for someone cheerful to get along with.

6．'疑問詞＋to不定詞'の形にまとめる。who to interview「誰にインタビューをすべきか」とwhich experts to ask for their views「どの専門家に見解を求めるべきか」がandで並んでおり，ともにdecideの目的語になっている。　'ask＋人＋for ～'「〈人〉に(意見など)を求める」　We have to decide who to interview and which experts to ask for their views to get more accurate information.

Ⅳ〔長文読解―適文選択―説明文〕

≪全訳≫❶コオロギの唐揚げとミミズのマリネという食事はおいしそうに思えるだろうか。1昆虫は世界の一部の地域ではすでに望ましいタンパク質源であるが，世界的にはあまり人気がない。しかし，肉や魚の代わりに昆虫を食べる十分な理由がある。❷昆虫が優れた食糧源になる理由の１つは，2昆虫を食べることは，肉や魚を食べるよりも，出す廃棄物がはるかに少ないことだ。我々は鶏や牛を食べるとき，たいていは筋肉だけを食べ，残りを捨てている。図１が示すように，コオロギの身体の大部分は食べ物として使うことができ，廃棄されるのは，ほんの５分の１だ。一方，魚・鶏・牛などの他のほとんどのタンパク質源の場合，その動物のはるかに多くの部分が廃棄されている。3鮭や鶏の約半分しか食べ物として使われておらず，牛は半分未満しか使われていない。このことは，その動物の身体の大部分が捨てられていることを意味している。／図１：食べられる動物の部位(％)／コオロギ80％／鮭50％／鶏55％／豚55％／牛40％❸我々が昆虫を食べるべきもう１つの理由は，昆虫には栄養が詰まっていることだ。多くの昆虫はタンパク質が豊富である。図２に示されているように，4コオロギは，鮭・鶏・牛と同じくらいのタンパク質がある。さらに，脂肪分がはるかに少ないので，コオロギは健康的な選択肢になっている。そのうえ，コオロギのような昆虫は優れたタンパク質源・ミネラル源である。ビタミンB12の量は鮭の10倍，マグネシウムの量は牛のほぼ５倍，そして，カルシウムの量は牛乳より多い。／図２：動物の栄養価(％)／コオロギのタンパク質と脂肪の割合は，ほとんどの肉と同様である。／タンパク質／脂肪／コオロギ／鮭／鶏／豚／牛❹肉や魚を昆虫に置き換えることに利点があるのは明らかだ。昆虫は廃棄物が少なく，栄養価が同等であることに加えて，世界中で手に入り，急速に繁殖する。資源が乏しくなり，世界の人口が増えるにつれて，5おそらくいつの日にか，コオロギとミミズの食事を食べることをもっと多くの人が考えるようになるだろう。

＜解説＞１．接続詞 While には「～だけれども」という‘逆接’の意味もある。ここでは，a desirable source of protein in some parts of the world「世界の一部の地域では望ましいタンパク質源である」⇔ not very popular worldwide「世界的にはあまり人気がない」という関係になる。　２．この段落で述べられている内容をまとめて提示するアが入る。２文後の only one-fifth is wasted「廃棄されるのは，ほんの５分の１だ」は，アの eating them(＝insects) produces much less waste の具体的説明になっている。　３．動物の食べ物として使用される割合を述べたエは，直前の文 much more of the animal is wasted「動物のはるかに多くの部分が廃棄されている」の具体例となっている。　４．Figure 2「図２」が示す内容として適切なのは，コオロギの protein「タンパク質」について述べたイ。次の文で fat「脂肪」について述べられていることも手がかりになる。
５．この文章では昆虫食の利点を述べているので，全体の結論として，昆虫食が今後検討されるようになるだろうと述べるウが適切。

Ⅴ〔長文読解総合―説明文〕

≪全訳≫❶なぜ辛い食べ物が好きな人がいれば，嫌いな人もいるのだろうか。なぜ多くの人はブロッコリーを好まないのだろうか。なぜいつでも甘いものを欲しがる人がいるのだろうか。人間の味覚は，何かを好きあるいは嫌いというほど単純ではない。人が持つ舌の種類が，食べ物の選択，さらには健康状態に影響することがあるのだ。❷人間の舌は，協力して味覚を認識する筋肉と味蕾《みらい》の集まりでできている。平均的な大人の舌には１万の味蕾があり，これらは舌の上に位置している小突起である。味蕾の端にある微細な毛は，食べ物が甘いか酸っぱいか苦いかしょっぱいかを我々に教えてくれる。食べ物の化学物質が鼻に入るとき，味蕾はメッセージを脳に送る。味蕾と脳は一緒になって，舌が味わっているものを脳に正確に伝える。この複雑なシステムは，どの食べ物が安全か，そしてどの食べ物が危険かもしれないかを認識することによって，人間の生存に役立っている。❸全ての人間には味蕾があるが，全員が同じ数の味蕾を持っているわけではない。普通の味覚の人には，通常，１万の味蕾がある。こうした「平均的な味覚の人」が，世界の人口の約50％を構成している。人口の25％である味覚の鈍い人は，味蕾の数が普通の味覚の人の半分である。残りの25％は味覚の鋭い人である。味覚の鋭い人の味蕾の数は，味覚の鈍い人の４～６倍，普通の味覚の人の２倍である。研究によれば，味覚の鋭い人は，女性や，アジア・アフリカ・南米出身者であることが多い。❹味覚の鋭い人はとても多彩な味の世界に暮らしており，味覚の鈍い人は灰色の世界に暮らしており，普通の味覚の人はその２つの中間である。味覚の鋭い人は，多くの食べ物は味が濃すぎると思っている。味覚の鋭い人は，味蕾の数が多いことに加えて，自分たちを苦い食べ物に対して敏感にする遺伝子を生まれ持っている。その結果，ブロッコリーやカリフラワー，グレープフルーツ，さらにはコーヒーですら好まない。味蕾の数が多いので，口の中で脂っこいものをより簡単に感じることができる。それゆえ，フライドポテトやスイーツなどの高脂質の食品を避けている。さらに，彼らは舌の痛みに対して非常に敏感なので，辛い食べ物も避けている。一方で，味覚の鈍い人は，感じる味覚の数が一般的に少ないので，唐辛子やコショウなどの辛い食べ物を痛みをあまり感じずに楽しめる。❺一般的に，人間はおいしくない食べ物を避け，自分に喜びを与えてくれる食べ物を食べる。味覚の鋭い人は苦い果物や野菜を避けるので，その食事はときにバランスを欠く場合があり，これによって，ある種のがんのリスクが上がることがある。しかし，味覚の鋭い人は脂っこくて甘い食べ物も好まないので，痩せていて，心臓病や糖尿病のリスクが下がる傾向にある。対照的に，味覚の鈍い人は，高脂質の食べ物を好む。なぜなら，舌が高脂質の食べ物に否定的には反応しないからだ。全ての人々が自分の食べるものに気をつけるべきだが，味覚の鋭い人と味覚の鈍い人は，自分が食べていたり避けていたりする食べ物をより一層意識し，差を埋め合わせる他の方法を探さなくてはならない。❻もし自分がどんな種類の味覚の持ち主かを特定できれば，自分の食事に関してもっと知識に基づいた選択ができるようになる。この単純なテストをすることで，自分が普通の味覚の人なのか，味覚の鈍い人なのか，それとも，味覚の鋭い人なのかがわかる。少量の青色着色料を舌の上にのせ，ノートを１枚取り出して(とじる穴が開いている種類のもの)，穴の１つを舌の上に置いてみるのだ。味蕾は青い舌の上では小さなピンクの突起のように見えるだろう。穴の中にいくつの突起が見えるか数えてみてほしい。突起の数が５以下ならあなたは味覚の鈍い人，30以上なら味覚の鋭い人，５～30なら普通の味覚の人である。

1＜英問英答＞「この文章の主旨はどれか」―エ.「自分がどんな種類の味覚の持ち主かが，食べ物の選択と健康状態の両方に影響を与えることがある」　第１段落最終文参照。問題文はtaste buds「味蕾」の数の違いにより，supertasters「味覚の鋭い人」，non-tasters「味覚の鈍い人」，medium tasters「普通の味覚の人」という３種の人を比較しており，これをThe kind of taster you are「自分がどんな種類の味覚の持ち主か」とまとめている。　ア.「一般的に，人間はおいしい食べ物を食べ，おいしくない食べ物を避ける」　イ.「味蕾の数が多ければ，もっと食べ物を楽しめる」　ウ.「味覚の強い人はカラフルな味の世界に暮らしているが，味覚の弱い人は灰色の世界に暮らしている」

2＜内容真偽＞「以下のうちで味蕾に関して正しい記述はどれか」　ア.「食べ物がどんな味がするか

を脳に伝える」…○　第2段落第4，5文に一致する。　イ．「メッセージを舌に伝える」…×　第2段落第4文参照。「舌」ではなく「脳」。　ウ．「平均的な人は5000の味蕾を持っている」…×　第2段落第2文参照。「5000」ではなく「1万」。　エ．「人の出身地を示す」…×　このような記述はない。

3＜内容真偽＞「人が持つ味蕾の数に関して正しい記述はどれか」　ア．「味蕾の数は訓練によって増やせる」…×　このような記述はない。　イ．「舌の上の味蕾の数によって，ある種の食べ物を好きになったり好まなくなったりすることがある」…○　第4段落に一致する。　ウ．「辛い食べ物を楽しむためには，できるだけたくさんの味蕾を持っているべきだ」…×　第4段落最終文参照。　エ．「味蕾の数と味の感じ方は無関係である」…×　第4段落参照。

4＜内容真偽＞「3種類の異なる味覚の持ち主に関して正しい記述はどれか」　ア．「味覚の鋭い人と味覚の鈍い人は，普通の味覚の人以上に，自分の食べるものに気をつけるべきだ」…○　第5段落最終文に一致する。　イ．「味覚の鋭い人の人口は，3種類の中で世界で最も多い」…×　第3段落第3文参照。「味覚の鋭い人」ではなく「普通の味覚の人」。　ウ．「普通の味覚の人はある種のがんのリスクが最も高い」…×　第5段落第2文参照。「普通の味覚の人」ではなく「味覚の鋭い人」。　エ．「味覚の鈍い人は料理人として成功する可能性が3種類の中で最も高い」…×　このような記述はない。

5＜英問英答＞「自分がどんな種類の味覚の持ち主かをどうやって特定できるか」―ウ．「自分の舌の上の小さなピンクの突起を，青色に染めた後で数えることによって」　第6段落第3～6文参照。　ア．「自分の味蕾の大きさを確認することによって」　イ．「自分の舌の上に青とピンクの丸を描くことによって」　エ．「自分の舌の上の小さな穴の数を確認することによって」

Ⅵ〔長文読解総合―説明文〕

≪全訳≫❶地球の人口70億人が約7000の言語を話している。しかし，これらの言語を話す人の数は非常に不平等に分布している。実際，それらのうちわずか85の言語を，世界の人口の78％が話している。そして，最も一般的でない3500の言語は，合計で900万人未満の人にしか話されていない。例えば，ロシアのトゥバ共和国の母語であるトゥバ語の話者は23万5000人しかいない。そして，インド東北部のアルナーチャル・プラデーシュ州の言語であるアカ語の話者は2000人未満である。❷こうした少数言語の多くは急速に消滅しつつある。1000語以上の言語が，重大な絶滅危機にあるとして登録されている。実際，2週間に1つの言語が「死滅している」と推定されている。言語学者たちによれば，英語や中国語やスペイン語を優先して地域社会が母語を捨てるにつれ，現在の世界の言語の半数近くが次の世紀中に消滅するだろう。だが，我々は言語の絶滅を心配すべきなのだろうか。そして，それを防ぐために我々には何ができるだろうか。❸人類が最初にお互いに意思疎通を始めて以来，言語は登場しては消滅していった。強力な集団の言語が広がる一方で，少数文化の言語は消滅していった。今日，言語が優位を占めている原因は，その言語を強力な集団が話しているというだけではなく，その言語の使われ方にもある。A例えば，英語のような言語は，テレビやインターネットや国際ビジネスで一般的に使われている。❹ますますグローバル化する時代において，人里離れた場所で話されている言語は，世界の支配的な言語からもう保護されることはない。中国語や英語，ロシア語，ヒンズー語，スペイン語，アラビア語などの言語が小さな地域社会に入り込み，少数言語と競い合っている。1つの言語が優位を占めると，非支配的な言語集団の子どもたちは，成長して学校に行き，就職するに伴って，自分たちの母語を喪失する傾向にある。ときとして，子どもたちは非支配的な言語を話したがらない。その理由の１つは，そういった言語を話すと成功するのが難しくなると考えているからだ。こうした態度は，適合したいという強い欲求とともに，母語の存続をおびやかしている。また，政治的な圧力も少数言語の存続に影響することがある。Bときとして，政府は学校や職場やメディアで支配的な言語を使うことを人々に義務づける法案を可決している。❺なぜ少数言語の絶滅が問題なのだろうか。さまざまな言語は，世界に対する独特な見方を表している。例えば，言語は我々に対して，時間や数や色といった基本的概念をある文化がどのように経験しているかを示すことがある。アマゾンの部族であるピダハン族は，数を表す単語を持っていないようだ。その代わりに，彼らは「少ない」「多い」などの量を表す単語でどうにかやっている。このことは，数は文化的発明であって，人類が生まれ持った概念ではないかもしれない，ということを示唆している。さらに，人々が色をどのように考えるかは，その言語次第である。例えば，ペルーのカンドシ族の言語は，緑・青・紫の色合いを表現するために１つの単語を使う。だが，深緑を表す別の単語があるのだ。❻さらに，ある言語の喪失は知識の喪失も意味する。これは，ある種が死滅したら，未来の奇跡的な薬を喪失する可能性に似ている。例えば，メキシコのある地域に住むセリ族は，現地の植物300種以上に対する単語を持っている。彼らの言語を研究することによって，科学者たちは，アマモと呼ばれる小麦に似た非常に栄養豊かな食糧源について学んできた。さらに，科学者たちは現地の動物の生息地や行動についてもたくさん学んできた。セリ語の話者はわずか650～1000人しか残っていないので，この言語を喪失することによって，我々は重大な科学的知識を喪失するかもしれないのだ。❼もし言語が今日の速い速度で消滅し続ければ，いつの日にか有益な薬につながるかもしれない植物に関する知識を，我々は喪失するかもしれない。さらに，世界の文化の多くの技術を喪失するかもしれない。例えば，ミクロネシアには，地図や現代的な機器をいっさい使わずに何マイルもの海を航海できる船乗りたちがいる。C悲しいことに，彼らの技術や知識は，消滅の危機にある言語の中にしかないのだ。❽幸いにして，世界中のグループが絶滅の危機にある言語をよみがえらせることに取り組んでいる。これらのグループは，こうした絶滅の危機に瀕《ひん》した言語を使うもっと多くの機会を人々に与えて，人々にこうした言語を使うのをやめさせた態度を変えつつある。消滅しつつある言語を救う手助けをしているグループの１つが，Enduring Voices Project である。このプロジェクトは，言語のホットスポット――独自性があり，かつ消滅の危機にある言語の存在する場所――を特定することに取り組んでいる。Enduring Voices Project には２つの目標がある。それは，こうした場所にある言語を正確に記録することと，そうした言語が含んでいる文化的情報を記録することだ。❾こういったプロジェクトは絶滅の危機にある言語の存続にとって非常に重要である。こうしたグループの仕事により，我々が豊富な歴史的・文化的・科学的知識を未来の世代に伝えることが可能になるだろう。Enduring Voices Project のメンバーであるＫ・デイヴィッド・ハリソンはこう言っている。「ほんの一世代前は狩猟採集民族だった人々から学ぶことは何もない，と我々が考えるのは間違いだろう。彼らが知っていて，我々が忘れていたり，そもそも知らなかったりしたことが，いつの日か我々を救うかもしれないのだ」

問１＜適語(句)選択＞この後で挙げられているトゥバ語は，直前で述べられている the least common 3,500 languages「最も一般的でない3500の言語」の例である。　for example「例えば」　by the way「ところで」　therefore「したがって」

問２＜適語選択＞空所を含む文の文頭にあるIn factは「実際」という意味で，前で述べた内容をさらに補足するときに使われる。ここでは，直前の２文で述べた「言語が消滅しつつある」という内容を受けて，その裏づけとなる内容を補足していると考えられるのでdies「死滅する」が適切。

問３＜適文選択＞A．直前の文で述べたhow they are used「言語の使われ方」の具体例となる２が入る。　B．直前の文にあるPolitical pressure「政治的な圧力」の具体例となる３が入る。　C．１のtheirは直前の文のsome sailors「船乗りたち」を受けていると考えられる。

問４＜適語補充＞この後に続く内容が，空所を含む文で述べた内容の具体例になっていることを読み取る。直後で最初の具体例としてnumbers「数」の話をしているのである。

問５＜整序結合＞まず，think of ～「～を考える」，depends on ～「～次第である」の２つの動詞句をまとめ，think ofの主語としてpeopleを置く。ここまでくれば，前後の内容と残りの語句から，「人々が色をどのように考えるかはその言語次第である」という意味になると判断できるので，文の主語をhow people think of colorsという名詞節にまとめ，depends onにつなげる。

問６＜適語補充＞the loss of ～「～の喪失，～を失うこと」。この段落と次の段落で述べられている内容から判断できる。同じ段落の最終文にはlose important scientific knowledgeとある。

問７＜整序結合＞直後の文がWe may also lose ... となっているので，mayの後に続く動詞にloseを置く。ここは「知識」を失う話をしているのでloseの目的語にknowledgeを置き，残りをその知識の内容としてabout以下にまとめる。aboutの後に名詞のplantsを置き，あとはthatを主格の関係代名詞として用いてこれを修飾する関係代名詞節をつくる。　lead to ～「～につながる」

問８＜適語句選択＞X．１のthese threatened languagesは，直前の文にあるthreatened languages「絶滅の危機にある言語」を受けていると考えられる。　Y．空所に続くダッシュ(―)以下の内容が，３にあるlanguage hot spots「言語のホットスポット」の言い換えになっている。　Z．２のto record ～「～を記録すること」は，前にあるto accurately document ～「～を正確に記録すること」とandで並列される内容になる。また，２にあるtheyは直前のthe languages of these placesを受けていると考えられる。

問９＜内容真偽＞ア．「世界中の人々が約7000の言語を話しており，その半数近くが世界人口の約80％によって話されている」…×　第１段落第３文参照。世界人口のおよそ80％が話しているのは約7000の言語のうちわずか85の言語。　イ．「少数言語は世界の支配的な言語から保護されてきている」…×　第４段落第１文参照。　ウ．「非支配的な言語集団の子どもたちは，成功への鍵になるので支配的言語を使う傾向にある」…○　第４段落第４文に一致する。　エ．「言語は，我々人間を他のあらゆる生物と違うようにするものだ」…×　このような記述はない。　オ．「ある言語が消滅するとき，その言語が表現している種も死滅する」…×　第６段落第１文参照。カ．「Enduring Voices ProjectのメンバーであるK・デイヴィッド・ハリソンは，我々は消滅しつつある言語から学ぶべきことがあると言っている」…○　第９段落後半に一致する。

2021年度／明治大学付属中野高等学校

数学解答

1 (1) $(x+1)(x-3)(x^2-2x-2)$

(2) $-\dfrac{2\sqrt{6}}{3}$　(3) 12, 24　(4) 64分

2 (1) 5, 13　(2) 82°　(3) $\dfrac{103}{108}$

(4) $\pm 3\sqrt{5}$

3 (1) 解なし

(2) (例)3けたの正の整数は，$100x+10y+z$　上2けたの数から一の位の数をひいた数は$10x+y-z$だから，これが11の倍数のとき，nを整数として，$10x+y-z=11n$と表せる。よって，$10x+y=11n+z$，$100x+10y=110n+10z$だから，$100x+10y+z=110n+10z+z=110n+11z=11(10n+z)$　$10n+z$は整数だから，$100x+10y+z$は11の倍数である。

4 (1) $\dfrac{16}{3}$　(2) 1　(3) $\dfrac{13\sqrt{3}}{9}$

5 (1) ア…$\dfrac{19}{8}$　イ…19

(2) $x=2$, $y=1$

6 (1) $-\dfrac{3}{4}$, $\dfrac{7}{4}$　(2) $\dfrac{1\pm 5\sqrt{2}}{2}$, $\dfrac{1}{2}$

1〔独立小問集合題〕

(1)＜因数分解＞$x^2-2x=A$とおくと，与式$=A^2-5A+6=(A-3)(A-2)=(x^2-2x-3)(x^2-2x-2)=(x+1)(x-3)(x^2-2x-2)$となる。

(2)＜平方根の計算＞$(\sqrt{2}-1)(2+\sqrt{2})=2\sqrt{2}+2-2-\sqrt{2}=\sqrt{2}$，$(3+\sqrt{3})(\sqrt{3}-1)=3\sqrt{3}-3+3-\sqrt{3}=2\sqrt{3}$より，与式$=\dfrac{\sqrt{2}}{\sqrt{3}}-\dfrac{2\sqrt{3}}{\sqrt{2}}=\dfrac{\sqrt{2}\times\sqrt{3}}{\sqrt{3}\times\sqrt{3}}-\dfrac{2\sqrt{3}\times\sqrt{2}}{\sqrt{2}\times\sqrt{2}}=\dfrac{\sqrt{6}}{3}-\dfrac{2\sqrt{6}}{2}=\dfrac{\sqrt{6}}{3}-\sqrt{6}=\dfrac{\sqrt{6}}{3}-\dfrac{3\sqrt{6}}{3}=-\dfrac{2\sqrt{6}}{3}$となる。

(3)＜数の性質＞$\sqrt{12(51-2n)}=\sqrt{2^2\times 3\times(51-2n)}$だから，これが整数となるとき，$2^2\times 3\times(51-2n)$が整数の2乗となる。よって，$51-2n=3k^2$($k$は整数)と表せる。$n$は自然数だから，$2n$は偶数であり，$51-2n$は奇数となる。これより，$3k^2$は奇数だから，$k$は奇数である。$k=1$のとき，$51-2n=3\times 1^2$より，$n=24$となり，自然数だから適する。$k=3$のとき，$51-2n=3\times 3^2$より，$n=12$となり，自然数だから適する。$k=5$のとき，$51-2n=3\times 5^2$より，$n=-12$となり，$n$が自然数とならないから適さない。$k\geqq 7$のときも$n$は自然数にならない。以上より，求める自然数$n$は$n=12$, 24である。

(4)＜資料の活用—平均値＞平均値は，〔階級値〕×〔度数〕の合計を度数の合計でわって求められる。各階級の階級値は，階級が小さい方から，10分，30分，50分，70分，90分，110分だから，〔階級値〕×〔度数〕の合計は，$10\times 2+30\times 4+50\times 11+70\times 13+90\times 7+110\times 3=2560$(分)となる。度数の合計は40人だから，平均値は$2560\div 40=64$(分)となる。

2〔独立小問集合題〕

(1)＜整数の性質＞$n^2-18n+72=(n-6)(n-12)$となる。nは自然数だから，$n^2-18n+72$が素数となるとき，$n-6$, $n-12$がともに正の数とすると，$n-6$, $n-12$のうち小さい方が1となる。$n-12<n-6$だから，$n-12=1$であり，$n=13$となる。このとき，$n-6=13-6=7$だから，$(n-6)(n-12)=7\times 1=7$となり，素数だから適する。$n-6$, $n-12$がともに負の数とすると，$n-6$, $n-12$のうち大きい方が-1となるから，$n-6=-1$であり，$n=5$となる。このとき，$n-12=5-12=-7$だから，$(n-6)(n-12)=(-1)\times(-7)=7$となり，素数だから適する。以上より，求める自然数$n$は$n=5$, 13である。

(2)＜図形—角度＞次ページの図の△ABDで，$\angle ADB=180^\circ-\angle BAD-\angle ABD=180^\circ-124^\circ-21^\circ=$

35°だから，$\angle \mathrm{ADB}=\angle \mathrm{ACB}$となる。よって，4点A，B，C，Dは同一円周上にある。$\overset{\frown}{\mathrm{AD}}$に対する円周角より，$\angle \mathrm{ACD}=\angle \mathrm{ABD}=21^\circ$だから，$\angle \mathrm{BCD}=\angle \mathrm{ACB}+\angle \mathrm{ACD}=35^\circ+21^\circ=56^\circ$となる。△DBCで，$\angle x=180^\circ-\angle \mathrm{DBC}-\angle \mathrm{BCD}=180^\circ-42^\circ-56^\circ=82^\circ$となる。

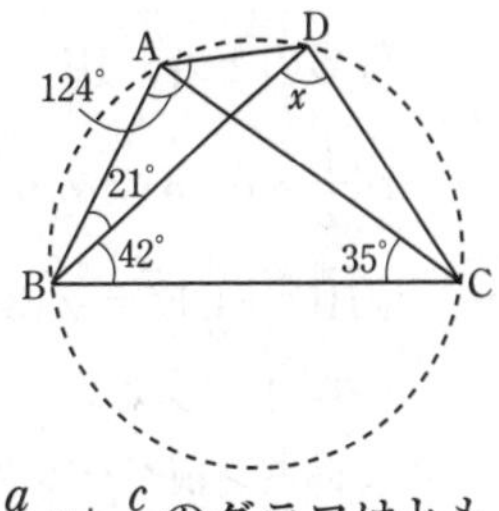

(3)<確率―サイコロ>1個のサイコロを3回振るとき，目の出方は全部で$6\times6\times6=216$(通り)あるから，a，b，cの組も216通りある。方程式$ax-by+c=0$をyについて解くと，$y=\dfrac{a}{b}x+\dfrac{c}{b}$となる。2つの関数$y=3x+1$，$y=\dfrac{a}{b}x+\dfrac{c}{b}$のグラフはともに直線だから，交わらない場合(重なる場合は除く)を考えると，これは，この2直線が平行になる(重なる場合は除く)ときである。この場合は，$\dfrac{a}{b}=3$だから，a，bの組は$(a,\ b)=(3,\ 1)$，$(6,\ 2)$の2通りあり，$\dfrac{c}{b}=1$になると2つのグラフは重なるので，$(a,\ b)=(3,\ 1)$のとき$c=2$，3，4，5，6の5通り，$(a,\ b)=(6,\ 2)$のとき$c=1$，3，4，5，6の5通りある。よって，2つのグラフが交わらない(重なる場合は除く)a，b，cの組は$5+5=10$(通り)だから，2つのグラフが交わる(重なる場合も含む)a，b，cの組は$216-10=206$(通り)あり，求める確率は$\dfrac{206}{216}=\dfrac{103}{108}$となる。

(4)<式の値>$x^2-\dfrac{1}{x^2}=x^2-\left(\dfrac{1}{x}\right)^2=\left(x+\dfrac{1}{x}\right)\left(x-\dfrac{1}{x}\right)$となり，$x+\dfrac{1}{x}=3$だから，$x^2-\dfrac{1}{x^2}=3\left(x-\dfrac{1}{x}\right)$となる。また，$\left(x+\dfrac{1}{x}\right)^2=3^2$より，$x^2+2+\dfrac{1}{x^2}=9$，$x^2+\dfrac{1}{x^2}=7$となる。$\left(x-\dfrac{1}{x}\right)^2=x^2-2+\dfrac{1}{x^2}$，$\left(x-\dfrac{1}{x}\right)^2=x^2+\dfrac{1}{x^2}-2$，$\left(x-\dfrac{1}{x}\right)^2=7-2$，$\left(x-\dfrac{1}{x}\right)^2=5$より，$x-\dfrac{1}{x}=\pm\sqrt{5}$となるので，$x^2-\dfrac{1}{x^2}=3\times(\pm\sqrt{5})=\pm3\sqrt{5}$である。

3 〔独立小問集合題〕

(1)

(2)<文字式の利用―論証>上2けたの数から一の位の数をひいた数は$10x+y-z$と表せる。これが11の倍数のとき，$10x+y-z=11n$(nは整数)と表せるから，$10x+y=11n+z$となる。解答参照。

4 〔空間図形―三角錐〕

≪基本方針の決定≫(2)　△HDEで三平方の定理を用いる。

(1)<長さ―中点連結定理>右図1で，線分FG，GBを含む面OAC，面OABを右図2のように展開する。$\angle \mathrm{OAC}+\angle \mathrm{OAB}=90^\circ+90^\circ=180^\circ$より，3点C，A，Bは一直線上にあり，点Aは線分BCの中点となる。FG＋GBの長さが最小となるのは，3点F，G，Bが一直線上にあるときとなる。2点F，Aを結ぶと，点Fは辺OCの中点だから，△OCBで中点連結定理より，FA∥OB，$\mathrm{FA}=\dfrac{1}{2}\mathrm{OB}$となる。よって，△OBG∽△AFGとなるから，$\mathrm{OG}:\mathrm{AG}=\mathrm{OB}:\mathrm{AF}=\mathrm{OB}:\dfrac{1}{2}\mathrm{OB}=2:1$となり，$\mathrm{OG}=\dfrac{2}{2+1}\mathrm{OA}=\dfrac{2}{3}\times8=\dfrac{16}{3}$である。

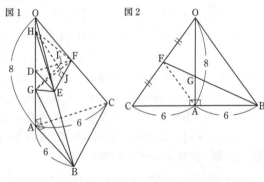

図1

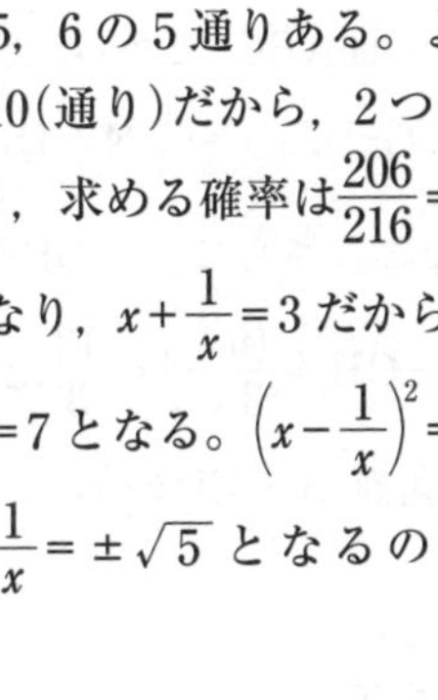

図2

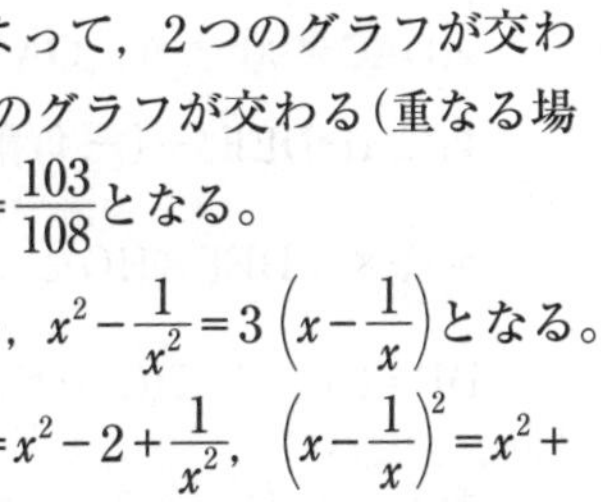

(2)<長さ―三平方の定理>右上図1で，△ABCは直角二等辺三角形だから，$\mathrm{BC}=\sqrt{2}\mathrm{AB}=\sqrt{2}\times6=6\sqrt{2}$である。△OBCで中点連結定理より，$\mathrm{EF}=\dfrac{1}{2}\mathrm{BC}=\dfrac{1}{2}\times6\sqrt{2}=3\sqrt{2}$だから，△HEFが正三

角形のとき，$HE=EF=3\sqrt{2}$ となる。また，△OABで中点連結定理より，DE∥AB，$DE=\frac{1}{2}AB=\frac{1}{2}\times 6=3$ であり，∠HDE＝∠DAB＝90°となる。よって，△HDEで三平方の定理より，$HD=\sqrt{HE^2-DE^2}=\sqrt{(3\sqrt{2})^2-3^2}=\sqrt{9}=3$ となる。$OD=\frac{1}{2}OA=\frac{1}{2}\times 8=4$ なので，$OH=OD-HD=4-3=1$ である。

(3)＜長さ＞前ページの図1で，点Gから△HEFへ引いた垂線GIの長さは，三角錐H-GEFの底面を△HEFと見たときの高さに当たる。△HEFは1辺の長さが $3\sqrt{2}$ の正三角形なので，点HからEFに垂線HJを引くと，△HEJは3辺の比が $1:2:\sqrt{3}$ の直角三角形となり，$HJ=\frac{\sqrt{3}}{2}HE=\frac{\sqrt{3}}{2}\times 3\sqrt{2}=\frac{3\sqrt{6}}{2}$ となる。これより，$\triangle HEF=\frac{1}{2}\times EF\times HJ=\frac{1}{2}\times 3\sqrt{2}\times\frac{3\sqrt{6}}{2}=\frac{9\sqrt{3}}{2}$ である。また，3点D，E，Fがそれぞれ辺OA，OB，OCの中点より，面DEFと面ABCは平行であり，∠OAB＝∠OAC＝90°より，OA⊥〔面ABC〕だから，OA⊥〔面DEF〕となる。よって，〔三角錐H-GEF〕＝〔三角錐H-DEF〕＋〔三角錐G-DEF〕＝$\frac{1}{3}\times\triangle DEF\times HD+\frac{1}{3}\times\triangle DEF\times DG=\frac{1}{3}\times\triangle DEF\times(HD+DG)=\frac{1}{3}\times\triangle DEF\times HG$ となる。さらに，△DEF∽△ABCとなるから，∠EDF＝∠BAC＝90°となり，DF＝DE＝3，$HG=OG-OH=\frac{16}{3}-1=\frac{13}{3}$ だから，〔三角錐H-GEF〕＝$\frac{1}{3}\times\left(\frac{1}{2}\times 3\times 3\right)\times\frac{13}{3}=\frac{13}{2}$ である。したがって，三角錐H-GEFの体積について，$\frac{1}{3}\times\frac{9\sqrt{3}}{2}\times GI=\frac{13}{2}$ が成り立つので，$GI=\frac{13\sqrt{3}}{9}$ となる。

5 〔方程式―連立方程式の応用〕

(1)＜解＞太郎くんが求めた x の値を $x=p$，次郎くんが求めた y の値を $y=q$ とする。太郎くんは，①の方程式の x の係数を4にして計算したので，①の方程式を $4x+5y=17$ として解いたことになる。その解が $x=p$，$y=\frac{3}{2}$ だから，$4p+5\times\frac{3}{2}=17$ より，$4p+\frac{15}{2}=17$，$4p=\frac{19}{2}$，$p=\frac{19}{8}$ となる。太郎くんが求めた解 $x=\frac{19}{8}$，$y=\frac{3}{2}$ は②の方程式 $4x-by=5$ の解でもあるから，$4\times\frac{19}{8}-b\times\frac{3}{2}=5$ より，$-\frac{3}{2}b=-\frac{9}{2}$，$b=3$ となり，②の方程式は $4x-3y=5$ である。次郎くんは，②の方程式の y の係数の符号を逆にして計算したので，②の方程式を $4x+3y=5$ として解いたことになる。その解が $x=-13$，$y=q$ だから，$4\times(-13)+3q=5$ より，$3q=57$，$q=19$ となる。

(2)＜正しい解＞次郎くんが求めた解 $x=-13$，$y=19$ は①の方程式 $ax+5y=17$ の解でもあるから，$a\times(-13)+5\times 19=17$，$-13a=-78$，$a=6$ となる。よって，正しい連立方程式は，$6x+5y=17$……①′，$4x-3y=5$……②′となる。これを解くと，①′×2−②′×3より，$10y-(-9y)=34-15$，$19y=19$　$\therefore y=1$　これを①′に代入して，$6x+5=17$，$6x=12$　$\therefore x=2$

6 〔関数―関数 $y=ax^2$ と直線〕

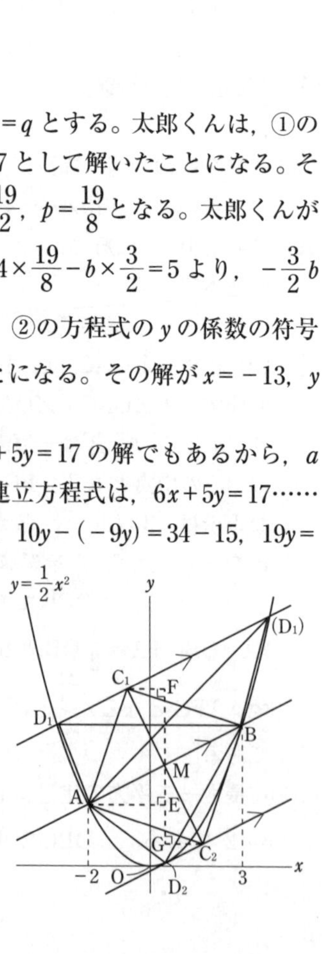

(1)＜x 座標＞右図で，2点A，Bは放物線 $y=\frac{1}{2}x^2$ 上にあり，x 座標はそれぞれ−2，3だから，$y=\frac{1}{2}\times(-2)^2=2$，$y=\frac{1}{2}\times 3^2=\frac{9}{2}$ より，A(−2，2)，B$\left(3,\ \frac{9}{2}\right)$ である。次に，CA＝CB，∠ACB＝90°となる点Cのうち，y 座標の大きい方を C_1，小さい方を C_2，直線ABと線分 C_1C_2 の交点をMとし，点Mを通り y 軸に平行な直線と，点A，

点 C_1，点 C_2 を通り x 軸に平行な直線との交点をそれぞれ E，F，G とする。四角形 AC_2BC_1 は正方形になるので，$\angle AMC_1=90^\circ$，$AM=MC_1$ である。また，$\angle AEM=\angle MFC_1=90^\circ$ であり，$\angle AME=180^\circ-\angle AMC_1-\angle C_1MF=180^\circ-90^\circ-\angle C_1MF=90^\circ-\angle C_1MF$，$\angle MC_1F=180^\circ-\angle MFC_1-\angle C_1MF=180^\circ-90^\circ-\angle C_1MF=90^\circ-\angle C_1MF$ より，$\angle AME=\angle MC_1F$ である。よって，$\triangle AEM\equiv\triangle MFC_1$ だから，$EM=FC_1$ である。点 M は線分 AB の中点だから，x 座標は $\frac{-2+3}{2}=\frac{1}{2}$，$y$ 座標は $\left(2+\frac{9}{2}\right)\div2=\frac{13}{4}$ となり，$M\left(\frac{1}{2},\ \frac{13}{4}\right)$ である。これより，$EM=\frac{13}{4}-2=\frac{5}{4}$ となるので，$FC_1=\frac{5}{4}$ となり，点 C_1 の x 座標は $\frac{1}{2}-\frac{5}{4}=-\frac{3}{4}$ である。同様に，$\triangle AEM\equiv\triangle MGC_2$ だから，$GC_2=EM=\frac{5}{4}$ となり，点 C_2 の x 座標は $\frac{1}{2}+\frac{5}{4}=\frac{7}{4}$ となる。

(2)＜**x 座標—等積変形**＞前ページの図で，直線 AB より上側にある点 D を D_1，直線 AB より下側にある点 D を D_2 とする。$\triangle ABC_1=\triangle ABD_1$ より，$D_1C_1 /\!/ AB$ である。直線 AB の傾きは $\left(\frac{9}{2}-2\right)\div\{3-(-2)\}=\frac{1}{2}$ だから，直線 D_1C_1 の傾きも $\frac{1}{2}$ であり，その式は $y=\frac{1}{2}x+b$ とおける。(1)より，$AE=\frac{1}{2}-(-2)=\frac{5}{2}$ となり，点 C_1 の y 座標は $\frac{13}{4}+\frac{5}{2}=\frac{23}{4}$ となるから，$C_1\left(-\frac{3}{4},\ \frac{23}{4}\right)$ である。直線 D_1C_1 は点 C_1 を通るから，$\frac{23}{4}=\frac{1}{2}\times\left(-\frac{3}{4}\right)+b$，$b=\frac{49}{8}$ より，直線 D_1C_1 の式は $y=\frac{1}{2}x+\frac{49}{8}$ となる。点 D_1 は放物線 $y=\frac{1}{2}x^2$ と直線 $y=\frac{1}{2}x+\frac{49}{8}$ の交点だから，$\frac{1}{2}x^2=\frac{1}{2}x+\frac{49}{8}$，$4x^2-4x-49=0$ より，$x=\frac{-(-4)\pm\sqrt{(-4)^2-4\times4\times(-49)}}{2\times4}=\frac{4\pm\sqrt{800}}{8}=\frac{4\pm20\sqrt{2}}{8}=\frac{1\pm5\sqrt{2}}{2}$ となる。同様に，$\triangle ABC_2=\triangle ABD_2$ より，$D_2C_2 /\!/ AB$ だから，直線 D_2C_2 の式は $y=\frac{1}{2}x+b'$ とおける。$\frac{13}{4}-\frac{5}{2}=\frac{3}{4}$ より，$C_2\left(\frac{7}{4},\ \frac{3}{4}\right)$ だから，$\frac{3}{4}=\frac{1}{2}\times\frac{7}{4}+b'$，$b'=-\frac{1}{8}$ となり，直線 D_2C_2 の式は $y=\frac{1}{2}x-\frac{1}{8}$ である。点 D_2 は放物線 $y=\frac{1}{2}x^2$ と直線 $y=\frac{1}{2}x-\frac{1}{8}$ の交点だから，$\frac{1}{2}x^2=\frac{1}{2}x-\frac{1}{8}$，$4x^2-4x+1=0$，$(2x-1)^2=0$ より，$x=\frac{1}{2}$ となる。以上より，求める点 D の x 座標は $\frac{1\pm5\sqrt{2}}{2}$，$\frac{1}{2}$ である。

2021年度／明治大学付属中野高等学校

国語解答

一　問一　光合成　問二　(オ)

問三　(ウ), (エ), (カ)　問四　(ア)

問五　ある程度環境が違っても，そこそこ生きていくことができる［ということ。］

問六　Ⅰ　有　Ⅱ　無

問七　A…(カ)　B…(ウ)　C…(イ)

問八　高山の厳しい環境

問九　万能タイプの植物が，好条件とはいえない環境で生きている点。

問十　砂漠で生き残れるかどうかは，乾燥耐性の優劣だけで決まるから。（30字）

問十一　学校の数学のテストの成績

問十二　⑩　特化　⑪　有利

問十三　見渡す限り平らな地面が広がっている環境

問十四　生態系を多様化する

問十五　・毒になる成分をつくる
・ケイ酸で葉を硬くする

問十六　大きな食糧貯蔵庫

問十七　⑯　植物　⑰　環境

問十八　(イ)　問十九　まいです。

問二十　(ア), (カ)

二　①　鬼才　②　散髪　③　朝礼
④　縁故〔故縁〕　⑤　公衆

三　①　凝視　②　当惑　③　激高
④　焦燥　⑤　柔軟

四　①　悔恨　②　岐路　③　催促
④　緊張　⑤　魅了　⑥　膨大
⑦　慰　⑧　ざんじ　⑨　かんあん
⑩　くわだ

一〔論説文の読解―自然科学的分野―自然〕出典；園池公毅『植物の形には意味がある』「生物と環境のかかわり」。

≪本文の概要≫数多くの環境要因に対する生物の応答の仕方には，専門家タイプと万能タイプがある。サボテンなどは専門家タイプの横綱で，砂漠のような極度に乾燥した環境には強いが，普通に雨の降る環境では，普通の植物に圧倒されて，生きていくことができない。一方で，雑草などは万能タイプで，あちらこちらで目にするが，特定の環境においては，その環境に特化した専門家タイプの植物に負けてしまう。これが植物の多様性を生み出す一つの要因になっている。さまざまな要因の組み合わせで決まる環境において，どの植物が生き残れるかは，その環境で評価される要因が多いか少ないかで決まる。一つあるいはごく少数の要因によって評価される場合は，その要因に特化した少数の生物が，他の生物に比べて非常に有利になり，数多くの多様な要因によって評価される場合には，多様性が生み出されることになる。生物の多様性の源泉としては，さまざまな環境要因の相互作用，その環境が時間とともに変化していくこと，植物自身の環境への影響，病気や害虫の存在などが挙げられる。これらを単純化して理解するのは簡単ではないが，生命が周囲の環境と密接に関わりながら進化してきた結果，現在の多様性が生まれたことだけは，確かである。そしてその多様性こそが，地球の生態系を安定に保ち，維持することに役立っているのである。

問一＜文章内容＞「光合成」に関わる要因だけでも，「光や二酸化炭素，水，風など」がある。植物にとっては，「光合成」は大事であるが，「いくら光合成ができても，子孫をつくれなければ１代でおしまい」である。「その植物がその環境で繁栄しつづけられるかどうか」は，「光合成」だけで決まるわけではないのである。

問二＜文章内容＞植物にとっての大事さは，「生命の進化を考える」と，「植物が子孫をどれだけ残せるかという一点」から「最終的」に「評価される」のである。

問三＜文章内容＞専門家タイプの植物は，特定の環境でしか生きることができないが，その特定の環境でなら「普通の植物」よりも強いという植物である。砂漠のサボテン，高山植物のコマクサ，早春のカタクリなどが，専門家タイプである。

問四＜語句＞「遺憾なく」は，申し分なく，十分に，という意味。

問五＜文章内容＞サボテンは専門家タイプの植物で，砂漠で生きていくのには向いているが，普通に雨の降る環境では，専門家タイプではない「普通」の植物に圧倒されてしまう。専門家タイプではない植物とは，万能タイプの植物であり，雑草のように，「ある程度環境が違っても，そこそこ生きていくことができる」植物である。

問六＜四字熟語＞世の中にいくらでもいる雑多なつまらない人々のことを，「有象無象」という。

問七＜接続語＞Ａ．サボテンや一部の高山植物は専門家タイプで，それとは別の側で，「雑草」は，どちらかというと万能タイプである。　Ｂ．「雑草」は万能タイプで，「ある程度環境が違っても，そこそこ生きていくことができる」といっても，ここでいう「万能」は，「すべての条件で一番である」という意味ではない。　Ｃ．「すべての条件で一番であったら，その植物が全世界を覆い尽くしてしまう」けれども，万能タイプの植物は，「特定の環境においては，その環境に特化した専門家タイプの植物に負けて」しまう。

問八＜文章内容＞「コマクサ」は「高山植物」であり，「高山の厳しい環境」で生きている。

問九＜文章内容＞例えばアカマツは，万能タイプなので「痩せた土地でも肥えた土地でも生育できる」とはいえ，「痩せた土地よりも肥えた土地でよりよく生育」する。しかし，実際にアカマツが生えている場所は，専門家タイプとの競争が行われない痩せた土地であることが多い。このように，環境によっては，専門家タイプに負けることを避けて，万能タイプの植物が，必ずしも好条件とはいえない場に生えるということが起こるのである。

問十＜文章内容＞「砂漠においては，乾燥耐性に少しでも差があれば，それによって生き残れるかどうかがほぼ決まって」しまうため，「植物の性質で評価されるのは乾燥耐性に絞られる」と考えられる。すると，乾燥耐性が他より優れているサボテンばかりが，砂漠では生き残ることになる。

問十一＜文章内容＞植物の生存が，「乾燥耐性というひとつの環境要因」で決まるということは，学校に当てはめれば，「学校の成績を数学のテストだけで決めるようなもの」である。

問十二＜文章内容＞「どの植物が一番有利になるか」は，どの環境要因が重視されるかによって変わる。砂漠なら，乾燥耐性に対する優劣という要因だけでその植物が生き残れるかどうかが決まるので，サボテンが生き残る。そのように，「ひとつあるいはごく少数の要因によって評価される場合」は，その要因に「特化」した少数の生物が，他の生物に比べて非常に「有利」になるのである。

問十三＜指示語＞「見渡す限り平らな地面が広がっている環境」に「直射日光を好む大きな植物」が先に入り込めば，「その植物による日陰」ができるので，「弱い光を好む植物も入り込めるように」なる。

問十四＜文章内容＞イネばかり生えている水田のように「単調な生態系のなかの植物」は，ある種類の害虫や病原菌に全滅させられることがある。しかし，「多様な生態系」の中では，害虫は，防御手段をかいくぐれる「特定の種類の植物」を食べ尽くすと，周囲に食べられる植物を見つけることがもうできない。「害虫や病気の存在」は，「生態系を多様化する方向にはたらく」のである。

問十五＜文章内容＞植物は，害虫の「食害」を防ぐために，「害虫にとっては毒になる成分を体につくる」ことがある。イネは「一般的な意味での毒」は持たないが，「葉はケイ酸を含んでいて硬く，外敵に食べられにくくなって」いる。

問十六＜表現＞水田では，イネの病気や害虫が大きな問題となる。その原因の一つは，「イネを好む害虫や病原菌にとって，水田は，大きな食糧貯蔵庫のようなものである点」にある。

問十七＜文章内容＞「生物の多様性の源泉について整理」すると，まず，「さまざまな環境要因の相互作用」があり，その「環境要因」が「時間とともに変化していくこと」がある。さらに，「もうひとつ状況を複雑にする」のは，「植物自身の環境への影響」である。また，「病気や害虫の存在」も多様性を左右し，植物と害虫や病原菌とは，「いたちごっこ」のような駆け引きをしている。

問十八＜文章内容＞「生命が周囲の環境と密接にかかわりながら進化してきた結果，現在の多様性が生まれた」ことは確かである。現在の環境に多様性があるとすれば，その多様性は，それまでに生命と周囲の環境との密接な関わりがあったことを示すものなのである。

問十九＜文脈＞植物は，「光合成ができても，子孫をつくれなければ1代でおしまい」になる。子孫をつくれなかった植物は，「その環境」から「消え去る」ことになるのである。

問二十＜要旨＞植物には専門家タイプと万能タイプがあり，万能タイプはあちらこちらで目にするが，万能タイプの植物は，特定の環境では専門家タイプの植物に負けてしまう。これが，植物の多様性を生み出す一因である((イ)・(ウ)…×)。特定の環境要因に特化していることは，別の環境要因に対してマイナスの作用をもたらしかねないので，多くの植物は，万能タイプにならざるをえない((ア)…○)。「植物の多様性を生み出すもの」には，「環境要因の多様性に加えて，時間的な変化，植物が環境に及ぼす影響，そして外敵との駆け引き」がある((エ)…×)。現在の植物の多様性は，「生命が周囲の環境と密接にかかわりながら進化してきた結果」生まれたもので，「その多様性こそが，地球の生態系を安定に保ち，維持することに役立って」いる((カ)…○)。環境が多様であるかは，「植物の多様性」から推測できる((オ)…×)。

二〔漢字〕

①疑う心があると，少しのことでも疑わしく恐ろしく感じることを，「疑心暗鬼」という。才知と美貌の両方を備えていることを，「才色兼備」という。非常に優れた才能がある人のことを，「鬼才」という。　②物事がわずかな時間で一時に消えてなくなることを，「雲散霧消」という。ほんのわずかな差のところまで危機が迫ることを，「危機一髪」という。伸びた髪を切って整えることを，「散髪」という。　③短い時間，または少しの日数のことを，「一朝一夕」という。人が生きている間に年齢に合わせて経験する儀式のことを，「通過儀礼」という。学校や職場で，朝，始業前に行う会のことを，「朝礼」という。　④古くから伝わる事物の由来やこれまでの経過などのことを，「故事来歴」という。血のつながっている人や，結婚でつながりができた人のことを，「親類縁者」という。縁続き，または何かの縁があってのつながりのことを，「縁故」という。また，昔からの縁のことを，「故縁」という。　⑤大勢が取り巻いて見ていることを，「衆人環視」という。公正で利己的な気持ちがないことを，「公明正大」という。社会の一般の人々のことを，「公衆」という。

三〔語句〕

①「まじまじ」は，目をそらさずに見つめる様子。「凝視」は，じっと見つめること。　②「まごまご」は，どうすればよいのかわからずに迷う様子。「当惑」は，戸惑うこと。　③「かんかん」は，激しく怒っている様子。「激高」は，感情が激しく高ぶっていきり立つこと。　④「いらいら」は，思いどおりにならずに腹が立っている様子。「焦燥」は，いらだち焦ること。　⑤「ふかふか」は，やわらかい様子。「柔軟」は，やわらかくしなやかな様子。

四〔漢字〕

①後悔し，残念に思うこと。　②分かれ道のこと。　③早くするようにと，せっつくこと。
④何かをしようとして気持ちが張りつめること。　⑤人をひきつけて夢中にさせること。　⑥非常に大きいこと。　⑦音読みは「慰問」などの「イ」。　⑧しばらく，ということ。　⑨考え合わせること。　⑩音読みは「企画」などの「キ」。

2020年度 明治大学付属中野高等学校

【英　語】（50分）〈満点：100点〉

I　次の英文の(　)に最も適するものを選び，記号で答えなさい。

1．Our teacher told us to collect information about Newton, but (　　) did.
　ア．many　イ．another　ウ．anyone　エ．few

2．We will leave home to pick her up at the station as soon as we (　　) a call from her.
　ア．get　イ．are getting　ウ．will get　エ．got

3．You had better not eat here (　　) you'll be punished!
　ア．but　イ．or　ウ．if　エ．when

4．The Olympic Games are held (　　) four years.
　ア．by　イ．for　ウ．all　エ．every

5．Ted got interested in the legend of a brave soldier (　　) in British tales.
　ア．was told　イ．was telling　ウ．told　エ．telling

6．"How about having a cup of coffee after the meeting?"
　"(　　　) I have another meeting."
　ア．Not at all.　But　イ．I'd love to, but
　ウ．I can't!　But　エ．I'm fine, but

II　(　)に指定された文字で始まる語を入れ，英文を完成させなさい。その際に[　]内の定義を参考にすること。

1．Have you ever been (a　　)?
　[in or to a foreign country or countries]

2．He recently started a fruit (b　　) in Florida.
　[the activity of making money by making or buying and selling things]

3．I have (d　　) this car for almost ten years.
　[to get in a car and move it]

4．Their dance performance was (w　　) than the average in the contest.
　[poor quality and below an acceptable level]

5．I thought they were brothers but actually (c　　).
　[children of your aunt or uncle]

III　次の日本語の内容になるよう[　]内の語句を並べかえ，英文を完成させなさい。解答は(A)(B)(C)に入るものを書きなさい。

1．先生は，いかにナンシーが疲れているのかがわかって驚いたようだった。
　Our teacher looked surprised (A)(　　)(B)(　　)(　　)(C).
　[Nancy / see / was / tired / to / how]

2．先週，父は去年の2倍の本を僕に送ってくれた。
　Last week my father (　　)(A)(B)(　　)(　　)(C)(　　) he did last year.
　[many / me / books / sent / as / as / twice]

3．どんな果物を冷蔵庫で冷やしておくべきなのですか。

What (　　) (　　) (A) (　　) (B) (　　) (C) in the refrigerator?

[should / kept / fruits / kind / cold / be / of]

4．僕はルーシーにピクニックに行こうと誘う勇気がなかった。

I was (　　) (A) (B) (　　) (　　) (C) (　　) go on a picnic together.

[ask / enough / not / to / to / brave / Lucy]

5．この道を行くとパーティーの時に話した店に着くよ。

This street will take (A) (　　) (B) (　　) (　　) (C) (　　) the party.

[to / I / at / the shop / of / spoke / you]

6．世界で生産される全食料の３分の１は廃棄されている。

One-third (A) (　　) (　　) (B) (　　) (　　) (C) (　　).

[the world / wasted / the food / all / is / in / produced / of]

Ⅳ　次の kudzu (つる植物の一種) についての英文を読んで，あとの問いに答えなさい。

One warm day in January, Tim Sanders' truck broke down on the highway near Greenville, Alabama. He got a ride home, but he didn't have enough money to tow the truck into town. He and a friend went back to get the truck, but they couldn't find it. Several months later they tried again. They drove up and down. Then they stopped near a large hill of vines by the side of the road. Tim took out an ax and started to cut away the vines. There was his truck. In just six months kudzu vines had covered it completely!

Kudzu is a plant native to Japan and China. It is a vine with large, green leaves and small, purple flowers. The roots of one plant sometimes weigh 200 pounds (91kg) and lie 10-12 feet (3-3.6m) deep in the ground.

In 1876 the Japanese government brought kudzu to the United States as part of a plant show. (　1　) Some of them found that animals liked to eat it and told farmers to plant it to feed goats, cows, and horses. In the 1930s the U.S. government paid people to plant kudzu to protect the soil. (　2　)

In the summer kudzu can grow one foot a day or up to 60 feet in a season. It now covers 7 million acres of land in the South. It covers anything that is not moving: homes, cars, and telephone poles. It takes over whole fields so that nothing else can grow. (　3　) No birds or animals can live in a forest covered with kudzu.

Now the government is trying to kill the kudzu. (　4　) It just grew faster. Some have found one kind of caterpillar in the South that eats kudzu. They are also thinking about bringing some insects from China. These insects like to eat kudzu, but they might eat other plants, too. (　5　)

For now, kudzu is here to stay. So if you visit the South, don't leave your car by the side of the road. If you do, you might need an ax to find it!

問　(1)～(5)に適するものをそれぞれ選び，記号で答えなさい。

ア．Some forests are dying because kudzu blocks out the light that the trees need to live.

イ．This might cause new problems.

ウ．The government scientists didn't know that kudzu grows very quickly in the warm weather of the Southeastern United States.

エ. Some scientists tried poisons, but the kudzu did not die.

オ. American gardeners thought it was beautiful and began to plant it everywhere.

V 次の英文を読んで，あとの問いに答えなさい。

There are people who think that countries waste their money when they send astronauts into space. They say that the money should be used to improve the quality of life on Earth. What they might not know is that life on Earth has been improved by missions into space. Technology, materials, devices, and fabrics that were first developed for use in space are now part of our everyday lives. These items are called "spin-offs."

For example, one spin-off of space technology has made it quicker to buy things at stores. The bar codes used on today's packages came from the NASA space program. Now, we all benefit because a price can be scanned instantly by a laser. Previously, each price had to be typed into the cash register. Think about all the stores in the world and all the people who wait in line every hour of every day, and you can see how much time that simple technology has saved.

NASA has also developed various materials that we now find around us every day. The lightweight metals used in modern tennis rackets are one example. Also, NASA developed metals that have a "memory." When these metals are bent, they return to their original shape, which we use in eyeglass frames to make them flexible and unbreakable. Glasses also use another NASA development : scratch-resistant lenses. Finally, the shock-absorbing materials originally developed for moon boots are now used in all kinds of athletic shoes.

Another space spin-off commonly found in homes is the smoke detector. The smoke detector comes from technology originally used in the Skylab spacecraft in the early 1970s. Millions of homes now have these devices installed. They are cheap, small sensors that sound an alarm if smoke appears. Countless lives have been saved thanks to the early warning provided by smoke detectors.

We can also find space-age fabrics around us. Homes now use thin insulation that was first developed for use in space. This insulation is more efficient and easier to install than traditional insulation. We also wrap this kind of insulation around our water heaters to make them more efficient. Ultra-light fabrics designed in the space program are now used in the roof of the Silverdome sports arena in Detroit, Michigan, and in the roof of the airport in Jeddah, Saudi Arabia. More importantly, space fabrics, like the smoke detector, help save lives. Beta Glass, a fabric made by NASA, is now used in fireproof clothing worn by firefighters.

These are only a few of the 30,000 space innovations that benefit our lives on Earth. There will always be people who are against space exploration, but if they say it wastes money, remind them that their way of life is possible because of products from space.

（注） device 機器　fabric 繊維　benefit 利益を得る　scan 読み取る
type 入力する　the cash register （店の）レジ　scratch-resistant 傷のつきにくい
shock-absorbing 衝撃を吸収する　insulation 断熱材　efficient 効率的な
fireproof 耐火性の　innovation 技術革新　exploration 探検

問 本文の内容に合うよう，英文の空所に適するものを選び，記号で答えなさい。

1. People who say "no" to space exploration ＿＿＿＿＿.

ア. think the benefits are greater than the costs of the space program

イ. don't support any kinds of international cooperation
ウ. would not like to spend their time on spin-offs so much
エ. might not realize how spin-offs have made their living better

2. The spin-offs from NASA ＿＿＿＿＿.
ア. are allowed to be made only in the US
イ. can be found in our homes and on our bodies
ウ. are used secretly by the US government
エ. have not been very useful for most of us

3. The smoke detectors ＿＿＿＿＿.
ア. were installed in millions of homes in the early 1970s
イ. have simple technology that anyone can understand
ウ. did not originally sound an alarm in spacecraft
エ. have sensors that were not at first developed for our daily lives

4. The material used in the roof of the Silverdome is ＿＿＿＿＿.
ア. Beta Glass
イ. metals with a memory
ウ. ultra-light fabrics
エ. the shock absorber from moon boots

5. The best title for this story is "＿＿＿＿＿"
ア. What Can We Get from Missions into Space?
イ. NASA ― How Space Technology Began ―.
ウ. Spin-Offs ― The Mystery of NASA Space Technology ―.
エ. The Advantages and Disadvantages of Spin-Offs.

Ⅵ 次の英文を読んで，あとの問いに答えなさい。

In the beginning, people used just their fingers to eat. Then came the finger-and-knife combination. Around 5,000 years ago, while the rest of the world was still using fingers and a knife, the Chinese began using chopsticks. Today many people eat with a combination of knives, spoons, and forks, but chopsticks are still as important and popular as they were centuries ago.

No one knows exactly when the Chinese began to use chopsticks. According to one Chinese legend, the use of chopsticks began when two poor farmers were thrown out of their village. The farmers went from village to village, but were not welcome anywhere. [A] [B] [C] Using some sticks from the forest floor, they took the pieces of meat from the fire and put them into their mouths. And so began the popularity of chopsticks. Other people did the same, and in a short time people all over China were eating with chopsticks.

There are other ideas about why the Chinese started using chopsticks. Some people believe that the philosopher Confucius influenced how the Chinese thought about many things, including how they ate. Confucius, a vegetarian, said it was wrong to have knives at the table because knives were used for (①). Another idea is that there was not enough fuel in China. There was only a small amount of fuel available for the cooking of food. But the Chinese found the solution! They cut up the food into small pieces before cooking, so it would cook as quickly as possible and only use a little fuel. The small pieces of food were well suited for chopsticks. It is not certain which came first : chopsticks or the unique style of Chinese cooking. But it is certain that chopsticks did have a great influence on the development of Chinese cooking.

Chopsticks spread from China to Vietnam and eventually reached Japan by the year 500. Over 3,000 years and between different cultures, several variations of chopsticks developed. Chinese chopsticks are nine to ten inches long and round or square at the top end. The Vietnamese did not change the Chinese chopsticks. The Japanese made their chopsticks rounded and pointed. They are also shorter — seven inches long for females and eight inches long for males.

Every kind of material is used to make chopsticks. The vast majority of chopsticks are made from bamboo. Bamboo is cheap, heat resistant, and has no taste or odor. The wealthy have had chopsticks made from gold, jade, ivory, and silver. Some people had strong feelings about some of these materials. (②), people once believed ③silver chopsticks would turn black if they touched any poison. An emperor who was afraid of being poisoned told his servants to test each of the dishes with silver chopsticks before he ate. The emperor himself would not use silver chopsticks to eat ; he thought the metal in his mouth was unpleasant. Today we know that silver doesn't react to poisons, but if bad eggs, onions, or garlic are used, the chemicals might change the color of silver chopsticks.

The Japanese made chopsticks from every kind of tree. They even started to put lacquer, a kind of shiny paint, on chopsticks about 400 years ago. The lacquered chopsticks of modern Japan have designs and are beautiful to look at. They are given as special gifts because they are not only beautiful, but durable. The layers of lacquer make them last forever. The Wajima Nuri area in Japan is famous for making chopsticks with between 75 and 120 separate layers of lacquer. These chopsticks are harder than metal and can cost up to $125 a pair.

In 1878, the Japanese were also the first to make disposable wooden chopsticks. The disposable chopstick started when a Japanese schoolteacher named Tadao Shimamoto had packed his lunch and brought it to school with him but had left behind his pair of chopsticks. Fortunately, his school was in an area of Japan famous for its wood. He explained his problem to one of the local men. The man gave him a piece of wood from which Tadao made a pair of chopsticks. ④[who / eaten / anyone / what / in a Japanese restaurant / has / knows] these look like. People liked his chopsticks so much that soon the local area started to produce large numbers of disposable chopsticks called *wari-bashi*. We do not know if Tadao made any money from wari-bashi, but certainly his name is remembered. Each year representatives from disposable chopstick manufacturers go to Tadao's hometown and perform a ceremony to show (⑤) for the father of wari-bashi.

About one-half of disposable chopsticks are produced in Japan ; the rest come from China, Indonesia, Korea, and the Philippines. Japan uses about 24 billion pairs of disposable chopsticks a year, which is a lot of wood. It is enough to build over 10,000 homes. Japan now is trying to eliminate them for (⑥) reasons. Today, increasing numbers of Japanese carry their own personal chopsticks to restaurants instead of using disposable ones. But no matter what kind of chopsticks people use, chopsticks are here to stay.

（注） philosopher 哲学者　Confucius 孔子（人名）　including ～ ～を含めて

solution　解決(策)　suited　適する　eventually　最終的には
heat resistant　熱に強い　odor　におい　wealthy　お金持ちの　jade　ひすい(石)
ivory　象牙　emperor　皇帝　unpleasant　気持ち悪い　chemical　化学(物質)
lacquer　漆《うるし》　durable　長持ちする　layer　層　disposable　使い捨ての
representative　代表者　manufacturer　製造者　eliminate　排除する

問１．A ― B ― C に入る文の組み合わせとして適切なものを選び，記号で答えなさい。

1．The smell of the roasting meat was so good that the two men could not wait any longer.

2．Then they ran from the village and into a forest, where they quickly made a fire to cook their meat.

3．The two men grew tired and hungry, so they stole a piece of meat from a storeroom in a small village.

ア．１―２―３　イ．１―３―２　ウ．２―１―３
エ．２―３―１　オ．３―１―２　カ．３―２―１

問２．(①)に適するものを選び，記号で答えなさい。
ア．cooking　イ．eating　ウ．cutting　エ．killing

問３．(②)に適するものを選び，記号で答えなさい。
ア．After all　イ．At first　ウ．In fact　エ．After a while

問４．下線部③について，次の中から本文の内容にふさわしいものを選び，記号で答えなさい。
ア．かつて裕福な人々は，使い勝手の良さゆえに銀の箸を使用した。
イ．銀の箸は家来に毒味をさせる目的で使用されていた。
ウ．皇帝は食事の際に銀の箸の口当たりを楽しんだ。
エ．銀の箸の色は，どんな食品に触れようとも変化しないことがわかっている。

問５．日本の箸について，次の中から本文の内容にふさわしいものを選び，記号で答えなさい。
ア．漆塗りの箸は美しく長持ちするため，プレゼントに用いられている。
イ．伝統的な漆塗りの箸は，割り箸の普及により激減している。
ウ．輪島塗の箸は良質なため，ほとんどの日本人に愛用されている。
エ．漆塗りの箸は高価ではあるが，金属ほどは強くない。

問６．下線部④の[　]内の語句を正しく並べかえなさい。

問７．(⑤)に適するものを選び，記号で答えなさい。
ア．kindness　イ．anger　ウ．interest　エ．respect

問８．(⑥)に適するものを選び，記号で答えなさい。
ア．cultural　イ．economical　ウ．environmental　エ．historical

問９．本文の内容に合うものを２つ選び，記号で答えなさい。
ア．Japanese chopsticks are exactly the same as Chinese chopsticks.
イ．Disposable chopsticks were first made by a vegetarian, Confucius.
ウ．Two poor farmers went to a lot of villages to spread the culture of chopsticks.
エ．In Japan, men and women use different lengths of chopsticks.
オ．Confucius told the Chinese to use chopsticks to cut up their food.
カ．Carrying personal chopsticks to restaurants is becoming popular in Japan.
キ．Tadao Shimamoto made his first pair of disposable chopsticks for sale.

【数　学】 (50分) 〈満点：100点〉

1　次の問いに答えなさい。

(1) $\dfrac{\sqrt{10}-2}{\sqrt{6}}\times\dfrac{\sqrt{10}+2}{\sqrt{3}}-\sqrt{2}-(\sqrt{3}+\sqrt{2})(\sqrt{2}-\sqrt{3})$ を計算しなさい。

(2) $(-2x-4y+3)(2x-4y+3)$ を展開しなさい。

(3) $a^2-3a-2ab+b^2+3b-10$ を因数分解しなさい。

(4) $\sqrt{9a}$ が5より大きく，7より小さくなるような整数 a を，すべて求めなさい。

2　次の問いに答えなさい。

(1) -24 を3つの整数の積で表すとき，その3つの整数の組は何通りありますか。

(2) 連立方程式 $\begin{cases}6x-5y=3\\4x-y=a\end{cases}$ の解の x，y の値を入れ替えると連立方程式 $\begin{cases}4x-3y=12\\bx+2y=25\end{cases}$ の解になります。a，b の値を求めなさい。

(3) 下の図1のように，AB＝8cm，AD＝10cmの長方形ABCDの紙を，頂点Bが，辺AD上の点Fと重なるように折ったときの折り目をCEとするとき，線分CEの長さを求めなさい。

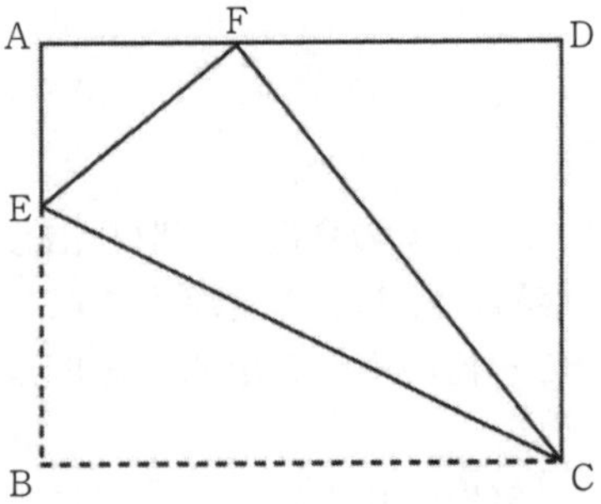

図1

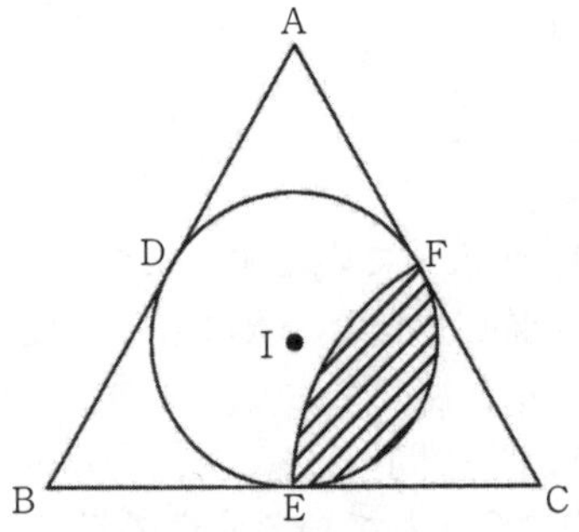

図2

(4) 上の図2のように，円Iは1辺が6cmの正三角形ABCの3辺と，3点D，E，Fで接しています。点Cを中心とし，CEを半径とする円をかいたとき，斜線部分の面積を求めなさい。ただし，円周率は π とします。

(5) 座標平面上に3点A$(-1,\ 2)$，B$(1,\ 1)$，C$(2,\ 3)$をとります。このとき，3点A，B，Cを通る円の中心の座標を求めなさい。

(6) 12km離れているA地点とB地点の間を往復しました。上り坂では時速3km，下り坂では時速5km，平地では時速4kmで歩きました。行きは3時間14分，帰りは2時間58分かかりました。A地点とB地点の間に平地は何kmありますか。

3　右の図のように，球Oと正四角錐P-ABCDがあります。正四角錐の5つの頂点は球面上にあり，四角形ABCDは，1辺が12cmの正方形です。PA＝PB＝PC＝PD＝$6\sqrt{6}$cmのとき，次の問いに答えなさい。ただし，円周率は π とします。

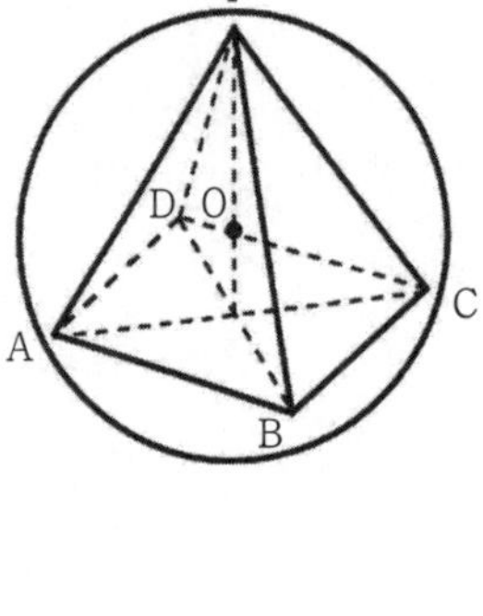

(1) 正四角錐P-ABCDの高さを求めなさい。

(2) 球Oの半径を求めなさい。【(2)は途中式や考え方を書きなさい。】

4　右の図のように2つの放物線 $y=2x^2$…①，$y=\frac{1}{2}x^2$…②があります。放物線①上に点Aをとり，Aを通り y 軸に平行な直線と放物線②との交点をB，Aを通り x 軸に平行な直線と放物線②との交点をDとし，線分AB，ADを2辺とする長方形ABCDをつくります。ただし，2点A，Dの x 座標は正の数とします。このとき，次の問いに答えなさい。

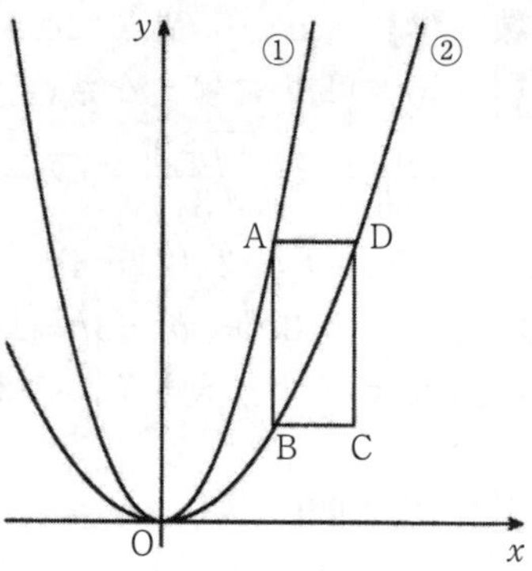

(1)　点Aの x 座標を a とするとき線分ABの長さを a を用いて表しなさい。

(2)　長方形ABCDの辺の長さが，AB：BC＝5：2となるときの点Cの座標を求めなさい。

5　40人が10点満点のテストを受けました。問題は3問あり，$\boxed{1}$は2点，$\boxed{2}$は3点，$\boxed{3}$は5点です。下の表はその結果を表しています。$\boxed{1}$を正解した人が26人のとき，$\boxed{3}$を正解した人数を求めなさい。

得点	0	2	3	5	7	8	10	計
人数	0	3	4	10	14	6	3	40

6　容器に，12％の食塩水400gが入っています。この容器の中から，$2x$ gの食塩水を取り出し，かわりに水を $2x$ g加えよくかき混ぜました。次にもう一度，この容器から $2x$ gの食塩水を取り出し，かわりに水を $2x$ g加えよくかき混ぜました。この2回の操作で容器の中の食塩水の濃度は，4.32％になりました。このとき，次の問いに答えなさい。

(1)　この2回の操作で食塩水の中に含まれている食塩の量は $\boxed{\quad}$ 倍になりました。$\boxed{\quad}$ に当てはまる数を求めなさい。

(2)　x の値を求めなさい。

頂と言える。

(ウ) 彼は権力者の圧力にも負けずに不正を暴く硬骨漢だ。

(エ) 大事な仕事の最中に持ち場を離れるという野放図な行いは許されない。

⑤

(ア) 夏休みになっても帰らない息子を、両親は一日千秋の思いで待っていた。

(イ) 八人の生徒たちは付和雷同で、皆異なる意見を述べた。

(ウ) 話が我田引水になって、利害の一致しない人から批判を浴びた。

(エ) 課長の指示は朝令暮改で、本当に従ってよいのか判断できない。

三

次の□に当てはまる故事成語を後の【語群】からそれぞれ選び、漢字に改めて答えなさい。

① □ですが、最後に一言申し上げます。

② この賞はスターへの□だ。

③ 彼は□型の人間だ。

④ 適度の運動は健康を□する。

⑤ どこから勉強すればよいのかも分からず□だ。

【語群】

・しゅしゅ　・はてんこう　・とうりゅうもん

・じょちょう　・ごりむちゅう　・ちょうさんぼし

・だそく　・せんりがん　・たいきばんせい

四

次の①～⑦の――線部を漢字に改め、⑧～⑩の――線部の読みをひらがなで答えなさい。

① 歯並びをキョウセイする。

② 教室の中はカンサンとしていた。

③ 国同士の対立をユウリョする。

④ 試験範囲をしっかりモウラするよう勉強する。

⑤ 冷房のショクバイがオゾン層を破壊する。

⑥ ハンザツな仕事に音を上げた。

⑦ ビーカー内の水をフットウさせる。

⑧ 法律を遵守する国民性。

⑨ 大きな鐘を鋳造する。

⑩ いくつもの塑像が展示されている。

されてしまうこと。

(イ) パーム油を使った製品であることが分かりにくくなり、問題が潜在化すること。

(ウ) アブラヤシのプランテーションが、大規模に、しかも無計画に増え続けること。

(エ) 他の国から流入した貧しい不法移民を、低い賃金で働かせる行為が広がること。

問十三、――線⑫「経済発展」とありますが、マレーシア政府が「経済発展」のために具体的に行ったことを、「マレーシア政府が」から始めて、本文中の言葉を用いて三十字以内で答えなさい。

問十四、――線⑬「ここ」の指示内容を、本文中から抜き出して答えなさい。

問十五、――線⑭「彼らのふるさとが大変なことになっている」とありますが、「大変なこと」とは、ここではどのようなことをいっていますか。本文中の言葉を用いて、三十五字以内で答えなさい。

問十六、――線⑮「受けています」の主語を、本文中から抜き出して答えなさい。

問十七、――線⑯「人間だけの都合」を分かりやすく言い換えた表現を、「こと。」に続くように、本文中から十五字以内で抜き出して答えなさい。

問十八、――線⑰「実態を勉強し、問題意識を持ってボルネオ島を実際に訪ね」とありますが、これと対照的な態度の筆者の姿をたとえた言葉を、本文中から三字で抜き出して答えなさい。

問十九、ボルネオ島に広がる、野生生物の生存を脅かすものを、筆者は皮肉を込めて何と表現していますか。本文中から抜き出して答えなさい。

問二十、筆者の主張として最も適切なものを、次の(ア)~(エ)の中から選び、記号で答えなさい。

(ア) 支援自動販売機をもっと活用して、ボルネオの環境問題に役立てるべきだ。

(イ) 地球を守るため、環境は必ず保護されていかなければならない。

(ウ) ボルネオでは環境保全の資金活動のため、観光客を大切にしている。

(エ) 環境破壊の問題について、まず実態を知ることから始めることが大切である。

二 次の①~⑤について、――線部の言葉が間違って使われている文を、(ア)~(エ)の中から一つずつ選び、それぞれ記号で答えなさい。

① (ア) あなたと私はもともと赤の他人だ。
(イ) 就職が決まった学生の青田買いが横行している。
(ウ) 人望のある彼女に白羽の矢が立つのは当然だ。
(エ) あの事件の本当の黒幕は彼だったのか。

② (ア) 新しいお店は、客がきびすを接するほど繁盛している。
(イ) 彼は、どんな質問にも的確に答えるので一目置かれている。
(ウ) 弟は、先生から折り紙を付けられるほどのいたずらっ子である。
(エ) 兄が断ったので、僕にお使いのお鉢が回ってきた。

③ (ア) 調子に乗ってたくさんの品物を注文したら足が出てしまった。
(イ) 姉の自慢話は鼻について仕方がない。
(ウ) 彼は、爪に火をともすような生活をしていたが、一転して大金持ちになった。
(エ) 好意を寄せている人の前で転んでしまい、目から火が出るほど恥ずかしかった。

④ (ア) 二か国による長い時間を掛けた話し合いは没交渉に終わった。
(イ) 彼女は語学力があり、海外の大舞台での活躍はまさに真骨

けを使うようにするのはもちろんのことです。

「日本は昔から、家を建てるための木材や、自動車のタイヤの原料になるゴムをボルネオから輸入してきました。そして今はパーム油という恩恵を⑮受けています。そんな歴史的な関係を振り返れば、恩返しするのは当然です」と、更家さんは話します。

⑯人間だけの都合で自然を壊していけば、必ず人間がしっぺ返しを食う。そうでなくても、健やかな形で地球を子孫に残すのは、今を生きる人間たちの義務なのです。「野生生物のふるさとを守りたい」という日本の人たちの思いが、少しずつ形になり始めました。

「そんなこと、教科書に載ってないし知らなかった」と思ったあなた。知ることができてよかったと思います。私自身も取材を始めるまで、パーム油という油の存在や、その影響について知りませんでした。

⑰実態を勉強し、問題意識を持ってボルネオ島を実際に訪ね、人々の話を聞いて初めて、事態の深刻さを知りました。自分にできることは何かと考え、この事実を記事として伝えるほか、学校の授業や講演で紹介しています。

人間の暮らしをよりよくするための行動が、地球に負荷を与えたり、同じように生きる仲間である動物を犠牲にしたり、あるいはどこかで悲しむ人間を増やしている。グローバル化していく世界では、同じようなことがさらに増えていくでしょう。簡単には答えは出ませんが、まずは知ることからしか始まりません。「無関心は最大の敵」なのです。

（元村有希子『カガク力を強くする！』による）

問一、①・③ に当てはまる言葉の組み合わせとして最も適切なものを、次の(ア)～(エ)の中から選び、記号で答えなさい。

(ア) ①緊張・③安心　(イ) ①緊張・③興奮
(ウ) ①感激・③興奮　(エ) ①感激・③安心

問二、――線②「地球上でこの島にしか生息せず」とありますが、このように特定の地域にしか「生息」しないものを何と呼んでいますか。本文中から抜き出して答えなさい。

問三、――線④「熱帯雨林の減少を加速させているのは、私たち人間なのです」とありますが、「熱帯雨林の減少」の原因となる「人間」の行為を、その行為の目的も明らかにして、三十字以内で具体的に答えなさい。

問四、〰〰線X「で」と同じ用法のものを、══線(a)～(d)の中から一つ選び、記号で答えなさい。

問五、――線⑤「アブラヤシから採れるパーム油が『もうかる』と目をつけた」とありますが、「パーム油」が「もうかる」と考えられるのはどういう点からですか。「点」に続くように、五字以内で二つ、本文中から抜き出して答えなさい。

問六、A・B に当てはまる言葉を、次の(ア)～(オ)の中からそれぞれ選び、記号で答えなさい。

(ア) でも　(イ) だから　(ウ) さらに
(エ) そして　(オ) あるいは

問七、――線⑥「環境破壊の問題と社会的な問題」とありますが、それぞれの問題を本文中の言葉を用いて、十五字以内で具体的に答えなさい。

問八、――線⑦「ゆえん」の語の意味を熟語で答えなさい。

問九、⑧ に当てはまる言葉を、次の(ア)～(エ)の中から一つ選び、記号で答えなさい。

(ア) 一般的　(イ) 効果的　(ウ) 普遍的　(エ) 現実的

問十、――線⑨「パーム油が使われていたとしても明示されていない」とありますが、実際にはどのように表示されているのですか。本文中から抜き出して答えなさい。

問十一、――線⑩「そちら」の指示内容を、本文中の言葉を用いて十字以内で答えなさい。

問十二、――線⑪「事態の悪化」とありますが、この内容として**適切でないもの**を次の(ア)～(エ)の中から一つ選び、記号で答えなさい。

(ア) 野生生物の生きる環境が破壊され、島の豊かな生態系も破壊も言えます。パーム油がなくなれば、栄養不足におちいる人たちが増えるかもしれません。パーム油の生産現場で働いている人たちが失業してしまう事態も考えられます。

先進国の人々が、パーム油を使った商品を買わないようにするのはどうでしょう。　⑧　ではありません。あまりにも多くの加工食品にパーム油が使われているからです。だいいち、⑨パーム油が使われていたとしても明示されていないことが多く、私たち消費者は、買うか買わないかの判断ができないのです。

そんな中、「野生生物に優しい農園で採れたパーム油だけを使おう」という運動も始まりました。二〇〇四年、「持続可能なパーム油のための円卓会議(RSPO)」という国際的な話し合いが始まりました。プランテーションの経営者やパーム油に加工する製油会社、輸出業者、パーム油を使う食品メーカーなどの関係者に加えて、自然保護団体や法律の専門家、政府関係者など、いろんな立場の人が参加してルールを決めました。このルールを守って作られたパーム油は「認証油」と呼ばれます。

たとえば、ボルネオゾウやオランウータンが農園を横切らなくても熱帯雨林を移動できるよう、農園の敷地内に通り道を作ったり、幼い子どもや不法移民を低賃金で働かせたりしない農園などがRSPOの認証を受け、そこで採れたパーム油を使った製品には専用のシールを貼れるのです。価格は、そうでない商品より割高になってしまいますが、許容できる値段ならば、消費者が⑩そちらを選ぶことによって、⑪事態の悪化を防げるかもしれません。

野生生物保護のための行動も大切です。「寄付」です。自然保護団体に直接寄付するだけでなく、日本ではキリンビバレッジの協力で、ジュースなどを買うと料金の一部を寄付できる支援自動販売機を、旭山動物園のほか全国二〇〇カ所に設置しています。私たちはジュースを定価で買うだけ。自動的に売り上げの一部が寄付に回されます。

私がボルネオ島を訪ねた時、サバ州の熱帯雨林にボルネオゾウのレスキューセンターが完成しました。一〇コースの五〇メートルプールほどの広さがある、ひょうたん型のパドック(放牧場)では、メスのゾウが一頭、餌を食べていました。この施設は、プランテーションに迷い込むなどトラブルを起こしたゾウを一時的に保護し、けがなどを治したあと、安心して過ごせる場所に移動させるための「ゾウの一時避難所」です。

約四八〇〇万円の建設費用は、日本からの寄付金でまかなわれました。設計は旭山動物園が担当し、地元の旭川市も一〇〇〇万円を寄付しました。キリンビバレッジは自動販売機を通して広く寄付金を集め、現地で発生するさまざまな手続きや建設作業は、大成建設と現地の子会社が担当しました。

地元・サバ州のアンブ野生生物局長は「⑫経済発展も大切だけれど、自然を守ることはそれ以上に大切です。⑬ここにくれば必ずボルネオゾウに会えるので、観光客も来るでしょう。子どもたちを連れてきて、熱帯雨林でいま何が起きているかを知ってもらうことも必要です」と話してくれました。

旭山動物園の坂東園長は「毎年、一〇〇万人以上の人たちが旭山に来てくれる。ボルネオからやってきたオランウータンを見て「かわいいね」と喜んだ後は、⑭彼らのふるさとが大変なことになっているということも知ってほしい」と言います。二〇一八年には、この活動が全国六カ所の動物園に広がりました。

パーム油を原料にさまざまな洗剤を作って四〇年になるメーカーのサラヤ(大阪市)も、恩返しプロジェクトに参加しています。更家《さらや》悠介《ゆうすけ》社長は二〇〇四年、ボルネオの現状を、テレビ番組のインタビューで偶然知りました。「手に優しい」「合成洗剤と違って環境を汚さない」と宣伝し、自信を持っていた製品の原料が、野生生物を苦しめているなんて、と愕《がく》然としました。パーム油を使った商品の売上げの一%(年間約一五〇〇万円)をボルネオの森林保護のために寄付し、洗剤を買った人たちに呼びかけてボルネオを訪ねるツアーも毎年実施しています。さきほど紹介した「認証パーム油」だイチョウも、枝から枝へとダイナミックに飛び回っています。動物園では見られない、本当の野生の姿です。

しかし、そこをすみかとするボルネオゾウやオランウータンが、熱帯雨林の伐採により、生存の危機に直面しています。伐採で増えているのがアブラヤシのプランテーション。アブラヤシの実や種からは、良質の油(パーム油)がたくさん採れます。マレーシア政府は一九六八年、ゴムや木材に代わってアブラヤシの栽培を奨励するようになりました。⑤アブラヤシから採れるパーム油が「もうかる」と目をつけたのです。

狙いは当たりました。世界の人口が増えるにつれて、油の消費が増えました。先進国では肥満に悩む人たちを中心に、バターやラードなど動物性の油ではなく、「健康にいい」植物油が注目されるようになりました。

中でも、大豆油や菜種油に比べて値段が安いパーム油が人気を集めました。世界の生産量は、一九八〇年は四八〇万トンだったのが、二〇一七年には五八九〇万トンと、約四〇年間で一〇倍以上に増えました。現在、その八割以上がインドネシアとマレーシアで生産されています。

ボルネオ島内を車で走りました。繁華街を過ぎて三〇分もすれば、道路沿いはアブラヤシ農園になります。かつては、さまざまな木が生い茂る熱帯雨林だったのです。すれ違うトラックには、収穫したアブラヤシの実が山積みされていました。絞った後のパーム油を港へ運ぶタンクローリーも、ひっきりなしに往来していました。

地元の人々にとってアブラヤシは、手っ取り早くお金になる「金の卵」です。[A] その一方で、⑥環境破壊の問題と社会的な問題が同時に起きています。

熱帯雨林が失われたことにより、貴重な野生生物やジャングルが守っていた生物多様性は損なわれました。一度開発されると、大量の肥料の影響で土地がやせてしまうため、熱帯雨林の再生はきわめて難しいのです。また、豊かな自然とともにあったそれまでの暮らしも変わりました。国境を越えてやってきた貧しい移民の人たちが農園で働き始めました。戸籍がなく学校にも行かないこどもたちも含まれています。世界的に問題視されている児童労働が見過ごされている現実もあります。

「パーム油？　聞いたことないよ」という人も多いでしょう。お菓子やカップラーメンの袋の裏側に印刷されている「原材料」の欄を読んでみましょう。「植物油」「植物油脂」と書いてあるものの多くは、実はパーム油です。赤ちゃんが飲む粉ミルク、みんなが好きなチョコレートやドーナツ、フライドポテトやハンバーガーなどのファストフード、お弁当にはいっている冷凍食品、食べ物以外ではシャンプーやリンスや石けんなどにもパーム油は使われています。

日々の料理に使うサラダ油やオリーブ油などとは違い、加工製品に使われることが多いため、消費者である私たちからは見えにくいのです。「見えない油」と呼ばれる⑦ゆえんです。

最大の消費国は人口が急増しているインド。日本も年間七一万トン(二〇一七年)輸入しています。

パーム油の生産は、野生動物を二重の意味で脅かしています。一つは、農園開発によって熱帯雨林が減っていること。[B] 近年、農園にボルネオゾウが入り込み、好物のアブラヤシを食い荒らすため、人々は彼らを「害獣」として嫌うようになりました。二〇一三年一月には、一四頭ものゾウが集団で死んでいるのが見つかりました。毒殺とみられています。マレーシアはいま、国として発展するために産業を育てることと、野生生物を保護するという、相反する課題に直面しているのです。

この難しい課題は、決してマレーシアの人たちだけのものではありません。パーム油を購入している私たち一人一人に突きつけられた問題です。

どうすれば解決するか。もっとも単純な答えは「パーム油をやめる」ことです。しかし、油脂は生きるのに必要な栄養です。大豆や菜種に比べて安いパーム油は、貧しい人たちにとっては「命綱」と

二〇二〇年度　明治大学付属中野高等学校

【国語】（五〇分）〈満点：一〇〇点〉

一　次の文章を読んで、後の問いに答えなさい。（字数指定がある問いでは、句読点・記号なども一字として数えます。）

バキッ、バキッ……。

大きな枝を踏み折るような、耳慣れない音。追いかけるように生暖かい風が、獣の匂いを運んできました。漆黒の闇の中、静かな［　①　］が走ります。ネイチャーガイド（案内人）が懐中電灯の光でそっと示した先に現れたのは、ボルネオゾウでした。まず親子、そして大きなメス。ボートの上で息を殺している私たちに気づく様子もなく、川岸をゆっくりと歩いて行きます。全部で七頭。仲間同士、低い声で鳴き交わしながら、やがてジャングルの中に消えていきました。

二〇一三年九月、私はマレーシアのボルネオ島を訪れました。②地球上でこの島にしか生息せず、推定二〇〇〇頭にまで減って絶滅が心配されているボルネオゾウの現状を取材するためです。

期待通りにゾウの群れに出会うことができた［　③　］の中で、私は飛行機の窓から見たボルネオ島の風景を思い出していました。眼下に広がるのは一面の緑。しかしよくよく見ると、熱帯雨林のあちこちに、木々が整然と並ぶプランテーション（大規模農園）がパッチワークのように広がっていました。緑は緑でも、これらは野生生物が生きていけない「緑の砂漠」。そして、④熱帯雨林の減少を加速させているのは、私たち人間なのです。

ボルネオ島は赤道直下にあり、北側をマレーシアとブルネイ、南側をインドネシアが統治しています。マレーシアでは「ボルネオ」、インドネシアでは「カリマンタン」と呼ばれています。

世界で三番目に大きい島Xで、面積は日本列島の約二倍。海に囲まれ、隔絶された環境(a)で生物が独自の進化をとげました。昆虫や両生類などにも「固有種」が多いのが特徴です。最大の都市コタキナバルまでは、成田空港から直行便で約七時間。日本との時差は一時間しかありません。地球上の生物種の半分以上は熱帯雨林に生息しているといわれる「野生生物のゆりかご」。そんな手つかずの自然は、意外に近くにありました。

この旅を企画したのは、北海道・旭山動物園の坂東元《ばんどうげん》園長です。旭山動物園にはボルネオ生まれのオランウータンが飼育されています。しかし、坂東園長は二〇〇七年まで、彼らの生まれ故郷を訪ねたことがなかったといいます。

「飼育しながら動物のことを理解したつもりでしたが、ジャングル(b)で野生の姿を見て、別の気持ちがわいてきました。「ああ、彼らはここで生まれて育ったのか。日本に来てくれてありがとう」って」

以来、坂東園長はボルネオの熱帯雨林保全に熱心に取り組ん(c)できました。日本で集めた寄付を、保全に役立ててもらおうというもの(d)で、名付けて「恩返しプロジェクト」。その一環として現地へ行くというので、私も野次馬として同行したというわけです。

野生動物は用心深いうえに、ジャングルの奥深くや高い木の上で暮らしているため、めったに会えません。最適なのが、ボートに乗って川から観察する方法です。ボルネオ島の東の端っこ、キナバタンガン川下流の森の中にあるバンガローに泊まり、昼、夜、翌日早朝と計三回、川を行き来しました。ガイドに指示され、岸辺の木々を双眼鏡で探すと、高さ三〇メートルはありそうな高い木の上を、のんびりと歩いて移動するオランウータンを見つけました。

鼻が長いテングザル。ニホンザルのような顔と長い尻尾を持った好奇心旺盛なカニクイザル。髪型をソフトモヒカンにしていたサッカーのベッカム選手のように、頭の上の毛が立っているシルバーリーフモンキーは枝の上で餌を食べたり、子ザル同士でじゃれ合ったりしています。くちばしの上に鮮やかなオレンジ色の突起があるサ

2020年度／明治大学付属中野高等学校

英語解答

Ⅰ 1 エ　2 ア　3 イ　4 エ
5 ウ　6 イ

Ⅱ 1 abroad　2 business
3 driven　4 worse
5 cousins

Ⅲ 1 A…to　B…how　C…was
2 A…me　B…twice　C…books
3 A…fruits　B…be　C…cold
4 A…brave　B…enough
C…Lucy
5 A…you　B…the shop　C…of
6 A…of　B…produced　C…is

Ⅳ 1 オ　2 ウ　3 ア　4 エ
5 イ

Ⅴ 1 エ　2 イ　3 エ　4 ウ
5 ア

Ⅵ 問1 カ　問2 エ　問3 ウ
問4 イ　問5 ア
問6 Anyone who has eaten in a Japanese restaurant knows what
問7 エ　問8 ウ　問9 エ，カ

Ⅰ〔適語(句)選択・語形変化〕

1．無冠詞の few は「ない」ことに焦点が置かれ，「ほとんどない(人〔物〕)」という否定的な意味を表す。　「先生はニュートンについて情報を集めるように私たちに言ったが，集めた人はほとんどいなかった」

2．‘時’や‘条件’を表す副詞節では，未来のことでも現在形で表す。　as soon as ～「～するとすぐに」　「彼女からの電話を受けたらすぐに，私たちは彼女を駅まで迎えに行くために家を出るだろう」

3．had better ～「～した方がいい」などの‘忠告’や‘命令’に続く or は「さもないと，そうでなければ」という意味を表す。　「ここで食べない方がいいよ，さもないと罰せられるよ」

4．‘every＋数詞＋名詞’で「～ごとに」。　「オリンピックは4年ごとに開催される」

5．a brave soldier はイギリスの物語で「語られている」ので，過去分詞 told が適切(a brave soldier を修飾する過去分詞の形容詞的用法)。　「テッドはイギリスの物語で語られている勇敢な兵士の伝説に興味を持った」

6．「会議の後にコーヒーでもどうですか？」「ぜひそうしたいのですが，別の会議があるんです」　How about ～？は‘提案・勧誘’の表現。I'd love to, but ～「ぜひそうしたいのですが～」は誘いを断る表現で，but 以下に理由が続く。

Ⅱ〔単語の定義―適語補充〕

1．「外国であるいは外国に」―「外国に〔で〕」　「今までに外国に行ったことはありますか」

2．「物をつくったり買ったり売ったりしてお金を稼ぐ活動」―「商売，事業」　「彼はつい最近フロリダで果物の商売を始めた」

3．「車に乗ってそれを動かすこと」―「運転する」　‘have/has＋過去分詞’の現在完了(‘継続’用法)なので，過去分詞にする。　drive－drove－driven　「私は10年近くこの車を運転している」

4．「質が悪く，満足できる水準より低い」―「より悪い」　直後に than があることから bad の比較級 worse が適切。　bad/ill－worse－worst　「彼らのダンスの演技はコンテストの平均よりも悪かった」

5．「あなたのおじまたはおばの子ども」―「いとこ」　「彼らは兄弟だと思ったが，実際にはいとこだった」

Ⅲ〔整序結合〕

1．「わかって驚いた」は‘感情の原因’を表すto不定詞の副詞的用法で surprised to see とまとめる。「いかにナンシーが疲れているのか」は‘how＋形容詞＋主語＋動詞’の感嘆文の形で表す。 Our teacher looked surprised to see how tired Nancy was.

2．「～の…倍―」は‘倍数＋as＋原級＋as ～’で表す。この表現で‘数’に関して述べる場合は‘倍数＋as many＋複数名詞＋as ～’という形になる。「僕に送ってくれた」は，語群に to がないので，‘send＋人＋物’の形にする。なお，倍数は‘数詞＋times’で表すが，「２倍」は twice がよく使われる。　Last week my father sent me twice as many books as he did last year.

3．「どんな果物」は What kind of fruits「どんな種類の果物」とまとめ，これを主語とする。「冷やしておく」は「冷たく保たれる」と読み換え，‘keep＋目的語＋形容詞’「～を…(の状態)に保つ」の受け身の形で be kept cold とする。　What kind of fruits should be kept cold in the refrigerator?

4．語群に enough があるので，‘形容詞＋enough＋to不定詞’「～する〔できる〕ほど十分…」の形にまとめる。「ルーシーにピクニックに行こうと誘う」は‘ask＋人＋to不定詞’「〈人〉に～するように頼む」の形で表す。　I was not brave enough to ask Lucy to go on a picnic together.

5．「この道があなたを～に連れていく」と考え，‘take＋人＋to＋場所’で表す。「(私が)話した店」は speak of ～「～のことを話す」を使って，the shop を I spoke of が後ろから修飾する形にまとめる(目的格の関係代名詞が省略された‘名詞＋主語＋動詞’の形)。　This street will take you to the shop I spoke of at the party.

6．「～の３分の１」は One-third of ～ で，「世界で生産される全食料」は‘名詞＋過去分詞＋語句’の形で表す(過去分詞の形容詞的用法)。　One-third of all the food produced in the world is wasted.

Ⅳ〔長文読解―適文選択―説明文〕

≪全訳≫❶１月のある暖かい日，ティム・サンダースのトラックがアラバマ州グリーンビル近くの幹線道路で故障した。彼は家まで車に乗せてもらったが，トラックをレッカーで街まで運ぶだけのお金がなかった。彼と友人はトラックを取りに戻ったが，見つからなかった。数か月後彼らは再び試みた。彼らはあちこち運転して回った。そして道路脇の広いつる植物の丘の近くで止まった。ティムは斧《おの》を取り出して，つるを刈り始めた。そこに彼のトラックはあった。わずか６か月の間にクズのつるがそれをすっかり覆ってしまっていたのだ。❷クズは日本と中国を原産とする植物である。大きな緑の葉と小さな紫色の花をつけるつる植物だ。１株の根はときに200ポンド(91キログラム)あり，地下10～12フィート(３～3.6メートル)深くにはっている。❸1876年に日本政府は植物展の一環としてクズをアメリカに持っていった。1アメリカの園芸愛好家らはそれを美しいと思い，至る所に植え始めた。彼らの何人かは動物がそれを食べるのを好むことを知り，農場経営者らにヤギや牛や馬にえさをやるために栽培するよう伝えた。1930年代にアメリカ政府は土壌保護のためにクズを植える人々にお金を払った。2政府の科学者たちは，クズがアメリカ南東部の温暖な気候において非常に早く成長するのを知らなかったのだ。❹夏場にクズは1日で1フィート，あるいは1シーズンで最大60フィート大きくなる。現在それは南部の700万エーカーの土地を覆っている。家，車，電柱といった動かないものなら何でも覆ってしまう。野原全体を乗っ取ってしまうので，他には何も育たない。3樹木が生きるのに必要な光をクズがさえぎってしまうので，いくつかの森が枯れつつある。クズに覆われた森には鳥も動物も生きていくことができない。❺現在政府はクズを根絶しようとしている。4毒物を試した科学者もいたが，クズは根絶しなかった。ただ成長を早めただけだった。南部に生息するクズを食べる毛虫の一種を見つけた人もいる。彼らは中国から昆虫を数匹持ってくることも考えている。これらの昆虫はクズを食べるのを好むが，他の植物も食べてしまう可能性がある。5これは新たな問題を引き起こすかもしれない。❻今のところ，クズは根づいている。だからもし南部を訪ねたら，車を道路脇に放置しないように。もしそうしたら，それを見つけるために斧が必要になるかもしれないから。

1．直前の文に，日本がアメリカにクズを紹介したのは植物展だったとあることから判断できる。また，直後の文の them は，オの American gardeners を指していると考えられる。　2．この後，クズが夏場に急速に成長することが具体的に紹介されていることから判断する。アメリカ政府がクズを奨励した1930年当時，その事実はまだ知られていなかったのである。　3．この段落ではクズの成長の早さがもたらす弊害について述べられている。直後の文では森にすむ鳥や動物への影響を述べているので，「森が枯れつつある」と述べるアが適切。　4．前後の文を見ると，「クズの根絶を試みる」→「成長が早まっただけ」という展開になっているので，毒物で除草を試みたがクズは枯れなかったというエが適切。　5．直前の文では，クズを食べる昆虫が他の植物も食べてしまうかもしれないという問題点が指摘されている。イの This「このこと」とは，they might eat other plants, too の内容を受けている。

V〔長文読解―内容一致―説明文〕

≪全訳≫❶宇宙飛行士を宇宙に送ると，国はお金の無駄遣いをしていると思う人がいる。お金は地球上の生活の質を改善するために使われるべきだと彼らは言う。彼らが知らないかもしれないのは，地球上の生活は宇宙への任務によって改善されてきたということだ。宇宙で使用するために初めて開発された技術や材料，装置，布地は現在私たちの日々の生活の一部になっている。これらの品は「副産物」と呼ばれている。❷例えば，宇宙技術の副産物の1つは店でより速く物を買えるようにした。現在パッケージに使われているバーコードはNASAの宇宙計画から生まれた。レーザーで価格を瞬時に読み取ることができるので，今や私たちは皆，恩恵を受けている。以前は，価格は一つ一つレジに入力しなくてはならなかった。世界中の全ての店と毎日毎時並んで待っている全ての人々を考えてみれば，その単純な技術がどれほど多くの時間を節約しているかわかるだろう。❸NASAはまた，現在私たちの周りで毎日目にするさまざまな材料を開発してきた。現代のテニスラケットに使われている軽金属がその一例だ。さらに，NASAは「記憶」を持つ金属も開発した。それらの金属を曲げるともとの形に戻るので，これは眼鏡のフレームをしなやかで壊れにくくするために利用されている。眼鏡はNASAによる別の開発品，つまり傷のつきにくいレンズも利用している。最後に，もともと月面靴のために開発された衝撃を吸収する素材は今ではあらゆる種類の運動靴に利用されている。❹家庭でよく見かける宇宙技術の副産物のもう1つは煙探知器だ。煙探知器はもともと1970年代初期の宇宙船スカイラブで使われた技術に由来している。現在何百万もの家庭がこの装置を取りつけている。それは煙が発生すると警報が鳴る安くて小さなセンサーだ。煙探知器による早期警報のおかげで数えきれないほどの命が救われている。❺私たちの周りでは最新式の布地を目にすることもできる。現在，住宅には宇宙で使用するために初めて開発された薄い断熱材が使われている。この断熱材は従来の断熱材よりも効率的で取りつけが簡単だ。また，給湯器の効率を上げるために，この種の断熱材で周りをくるんでいる。宇宙計画で企画された超軽量の布は現在，ミシガン州デトロイトのシルバードーム・スポーツアリーナの屋根や，サウジアラビアのジェッダにある空港の屋根に使われている。さらに重要なことに，宇宙用の布は煙探知器のように救命に役立っている。NASAでつくられた布のベータ・グラスは，現在消防士が着る耐火性の衣類に使用されている。❻これらは地球上で私たちの生活に役立つ3万件の宇宙技術革新のごく一部である。宇宙探索に反対する人々は常にいるだろうが，彼らがそれをお金の無駄遣いだと言うのなら，自分たちの暮らしは宇宙の産物のおかげで可能になっていることに気づかせるといい。

1．「宇宙探索を否定する人々は(　　)」―エ．「副産物がどのように彼らの生活をよりよくしてきたかに気づいていないかもしれない」　第1段落第3文および最終段落最終文参照。　2．「NASAの副産物は(　　)」―イ．「私たちの家庭や身体の上に見出すことができる」　第4，5段落参照。3．「煙探知器には(　　)」―エ．「当初は私たちの日々の生活のために開発されたわけではなかったセンサーがついている」　第4段落第2，4文参照。　4．「シルバードームの屋根に使われている材料は(　　)である」―ウ．「超軽量の布」　第5段落第5文参照。　5．「この話に最適な表題は『(　　)』である」―ア．「宇宙への任務から私たちは何を得られるか」　文章全体を通して，NASAが宇宙用に開発したものの副産物が私たちの生活にどれほど役立っているかを述べている。

Ⅵ〔長文読解総合―説明文〕

≪全訳≫❶当初，人々は食べるのに指だけを使っていた。次に指とナイフを組み合わせて使うようになった。およそ5000年前，世界の他の地域ではまだ指とナイフを使っていたとき，中国人は箸を使い始めた。今日では多くの人々がナイフとスプーン，フォークの組み合わせで食べているが，箸は今なお何世紀も前と同じくらい重要で人気がある。❷中国人がいつ箸を使い始めたかを正確に知る人は誰もいない。中国のある伝説によれば，箸の使用は2人の貧しい農夫が村から追い出されたときに始まった。その農夫はあちこちの村に行ったが，どこにも歓迎されなかった。A<u>その2人の男は疲れておなかがすいてきたので，小さな村の貯蔵庫から一片の肉を盗んだ。</u>／→B<u>そして彼らは村から森へ逃げ込み，そこで肉を焼くために手早く火をおこした。</u>／→C<u>火であぶった肉がとてもいいにおいだったので，2人はこれ以上待てなかった。</u>森の地面にあった数本の小枝を使いながら，彼らは火から肉を取り出し，口の中に入れた。それで箸の流行が始まった。他の人々も同じことをして，まもなくすると，中国全土の人々が箸で食べていた。❸中国人がなぜ箸を使い始めたかについては他の見解もある。哲学者の孔子が，食べ方を含めて中国人のさまざまな物事に対する考え方に影響を与えたと考えている人もいる。菜食主義者である孔子は，刃物は殺傷に使われるので，テーブルでナイフを持つのは間違っていると言った。もう1つの見解は，中国には十分な燃料がなかったというものだ。食べ物の調理に使える燃料はごくわずかな量だった。しかし中国人は解決策を見つけた。彼らは調理する前に食べ物を小さく切ったので，可能なかぎり早く調理ができて燃料もわずかしか使わなかった。小さな食べ物は箸にとても適していた。

箸と中国の独特な調理法のどちらが先だったのかは定かではない。しかし，箸が中国料理の発展に多大な影響を与えたのは確かである。❹箸は中国からベトナムへ広がり，最終的には500年までに日本に到達した。3000年を超える年月と異なる文化の間で，箸のさまざまなバリエーションが出現した。中国の箸は長さ９～10インチで，上端が円形または四角である。ベトナム人は中国の箸を変えなかった。日本人は自分たちの箸を丸く，そしてとがらせた。それらはまた中国のものより短く，女性用は長さ７インチ，男性用は長さ８インチだ。❺箸をつくるのにはあらゆる種類の材料が用いられる。箸の大多数は竹からつくられる。竹は安価で，熱に強く，味やにおいがない。お金持ちの人々は箸を金やひすい，象牙，銀でつくらせてきた。これらの素材のいくつかに強い感情を持つ人もいた。実際に，人々はかつて銀の箸が毒に触れると，黒くなると信じていた。毒を盛られるのを恐れていたある皇帝が，自分が食べる前に家来に銀の箸を使って各料理を調べるよう命じた。皇帝自身は食事に銀の箸を使おうとはしなかった。なぜなら，口の中ではその金属が気持ち悪いと思ったからだ。今では銀は毒に反応しないとわかっているが，もし傷んだ卵やタマネギ，ニンニクが使われたら，それらの化学物質が銀の箸の色を変えるかもしれない。❻日本人は箸をあらゆる種類の木からつくった。彼らは約400年前，箸に光沢のある塗料の一種である漆を塗り始めさえした。現代日本の漆塗りの箸には柄があり，見て美しい。それらは美しいだけでなく長持ちするので，特別な贈り物として贈られる。漆の層が箸をいつまでも長持ちさせるのだ。日本の輪島塗の地域は75～120層の漆塗りの箸をつくることで有名だ。これらの箸は金属よりも固く，一膳が最高で125ドルすることもある。❼1878年に初めて使い捨ての木製の箸をつくったのも日本人だった。使い捨ての箸は，島本忠雄という名の日本人の学校教師がお弁当をつくって学校に持ってきたが，自分の箸を忘れてきたことが始まりだった。幸運にも，彼の学校は日本の木材で有名な地域にあった。彼は地元の男性の１人に自分が困っていることを説明した。その男性は彼に一片の木をくれ，忠雄はそれで一膳の箸をつくった。④日本食レストランで食事をしたことがある人なら誰でもそれがどのようなものかはわかる。人々は彼の箸をとても気に入ったので，その地域ではすぐに割り箸と呼ばれる使い捨ての箸が大量生産され始めた。忠雄が割り箸でお金をもうけたかはわからないが，彼の名が記憶されているのは確かである。毎年使い捨て箸の製造者の代表が忠雄の故郷におもむき，割り箸の生みの親に敬意を表すために式典を行っている。❽使い捨て箸の約２分の１が日本で製造されていて，残りは中国，インドネシア，韓国，フィリピンである。日本は１年で約240億膳の使い捨て箸を使っており，これは大量の木材に当たる。それは１万軒以上の家を建てるのに十分な量だ。日本は今，環境上の理由からそれらをなくそうとしている。今日，ますます多くの日本人が使い捨ての箸を使う代わりに，レストランへ自分の箸を持っていっている。しかし，人々がいかなる種類の箸を使おうとも，箸は暮らしに根づいている。

問１＜文整序＞村から追い出された農夫の行動を時系列で並べる。１と２は肉が唐突に出てくるので，肉を入手した経緯がわかる３を最初に置く。残る２つは肉を焼く前か最中かで判断できる。

問２＜適語選択＞菜食主義者の孔子がナイフをテーブルで使うのが適切ではないと考える理由として最も適切と考えられるのは，「殺傷」に使うから。

問３＜適語句選択＞この後に続く銀の箸についての思い込みに関する話は，直前で述べられている金やひすいなどの素材に特別な感情を持つ人がいるということを，具体例を用いて詳しく説明した内容になっている。In fact「実際(は)」は，前述の内容を補足するために用いられる。

問4＜要旨把握＞ア…×　第5段落第4文参照。「使い勝手の良さゆえに」という記述はない。　イ…○　第5段落第7文に一致する。　ウ…×　第5段落終わりから2文目参照。　エ…×　第5段落最終文参照。

問5＜要旨把握＞ア…○　第6段落第4文に一致する。　'not only *A* but (also) *B*'「*A*だけではなく*B*も」　durable「長持ちする，丈夫な」　イ…×　そのような記述はない。　ウ…×　「ほとんどの日本人に愛用されている」という記述はない。　エ…×　第6段落最終文参照。

問6＜整序結合＞語群から動詞は knows と has eaten の2つできるので，主語は3人称単数と判断できる。疑問文ではないので疑問詞が主語になる可能性がないことから，anyone を主語，who を関係代名詞とする。レストランは食事をする場所と考えると，Anyone who has eaten in a Japanese restaurant とまとまり，Anyone に対応する文の動詞として knows を続ける。残った what と these は文末の look like につなげて what these look like とすると，「これら(忠雄がつくった箸)がどう見えるか」という間接疑問の形になる。　look like ～「～のように見える」

問7＜適語選択＞空所の後にある the father は「創始者，生みの親」という意味で，the father of wari-bashi は島本忠雄を指す。忠雄の箸がきっかけで，割り箸の生産が始まったことから判断する。　respect for ～「～に対する敬意」

問8＜適語選択＞大量の木材を使う割り箸をなくそうとしているのは「環境上の」理由からと考えるのが自然。

問9＜内容真偽＞ア.「日本の箸は中国の箸と全く同じだ」…×　第4段落第3，5，6文参照。　イ.「使い捨ての箸は菜食主義者である孔子によって初めてつくられた」…×　第7段落第1文参照。　ウ.「2人の貧しい農夫は箸の文化を広めるために多くの村に行った」…×　第2段落第2，3文参照。箸の文化を広めるためではない。　エ.「日本では，男性と女性は異なる長さの箸を使う」…○　第4段落最終文に一致する。　オ.「孔子は中国人に食べ物を細かく切るために箸を使うように言った」…×　第3段落参照。　カ.「自分の箸をレストランへ持ち運ぶことは日本で一般的になりつつある」…○　最終段落終わりから2文目に一致する。increasing numbers of ～ で「ますます多くの～」。　キ.「島本忠雄は販売用の使い捨て箸を初めてつくった」…×　第7段落終わりから2文目参照。島本忠雄が割り箸を売ったかはわからない。

数学解答

1 (1)　1　　(2)　$-4x^2+16y^2-24y+9$

(3)　$(a-b-5)(a-b+2)$

(4)　3，4，5

2 (1)　22通り　　(2)　$a=23$，$b=1$

(3)　$5\sqrt{5}$cm　　(4)　$\frac{5}{2}\pi-3\sqrt{3}$cm²

(5)　$\left(\frac{1}{2},\ \frac{5}{2}\right)$　　(6)　6 km

3 (1)　12cm　　(2)　9 cm

4 (1)　$\frac{3}{2}a^2$　　(2)　$\left(\frac{10}{3},\ \frac{25}{18}\right)$

5 27人

6 (1)　$\frac{9}{25}$　　(2)　80

1 〔独立小問集合題〕

(1)＜平方根の計算＞与式$=\frac{(\sqrt{10}-2)(\sqrt{10}+2)}{\sqrt{6}\times\sqrt{3}}-\sqrt{2}-(\sqrt{2}+\sqrt{3})(\sqrt{2}-\sqrt{3})=\frac{10-4}{3\sqrt{2}}-\sqrt{2}-(2-3)=\frac{6}{3\sqrt{2}}-\sqrt{2}-(-1)=\frac{2}{\sqrt{2}}-\sqrt{2}+1=\frac{2\times\sqrt{2}}{\sqrt{2}\times\sqrt{2}}-\sqrt{2}+1=\frac{2\sqrt{2}}{2}-\sqrt{2}+1=\sqrt{2}-\sqrt{2}+1=1$

(2)＜式の計算＞$-4y+3=A$とおくと，与式$=(-2x+A)(2x+A)=-(2x-A)(2x+A)=-(4x^2-A^2)=-4x^2+A^2$となる。$A$をもとに戻して，与式$=-4x^2+(-4y+3)^2=-4x^2+16y^2-24y+9$となる。

(3)＜因数分解＞与式$=a^2-2ab+b^2-3a+3b-10=(a-b)^2-3(a-b)-10$として，$a-b=A$とおくと，与式$=A^2-3A-10=(A-5)(A+2)$となる。$A$をもとに戻して，与式$=(a-b-5)(a-b+2)$である。

(4)＜数の性質＞$5<\sqrt{9a}<7$より，$\sqrt{25}<\sqrt{9a}<\sqrt{49}$，$25<9a<49$となる。$a$は整数なので，$9\times2=18$，$9\times3=27$，$9\times5=45$，$9\times6=54$より，$a=3$，4，5である。

2 〔独立小問集合題〕

(1)＜場合の数＞3つの整数の積が-24になるので，3つの整数の絶対値の組は，1と1と24，1と2と12，1と3と8，1と4と6，2と2と6，2と3と4である。3つの整数の積が負になることから，3つの整数は，全てが負の数か，1つが負の数である。1と1と24のとき，$(-1,\ -1,\ -24)$，$(-1,\ 1,\ 24)$，$(1,\ 1,\ -24)$の3通りあり，2と2と6のときも同様に，3通りある。1と2と12のとき，$(-1,\ -2,\ -12)$，$(-1,\ 2,\ 12)$，$(1,\ -2,\ 12)$，$(1,\ 2,\ -12)$の4通りあり，1と3と8，1と4と6，2と3と4のときも同様に，それぞれ4通りある。よって，求める3つの整数の組は，$3\times2+4\times4=22$(通り)ある。

(2)＜連立方程式の応用＞$6x-5y=3$……①，$4x-y=a$……②，$4x-3y=12$……③，$bx+2y=25$……④とする。①，②の連立方程式の解を$x=m$，$y=n$とすると，①より，$6m-5n=3$……⑤である。また，③，④の連立方程式の解は$x=n$，$y=m$となるから，③より，$4n-3m=12$，$-3m+4n=12$……⑥となる。⑤，⑥を連立方程式として解くと，⑤＋⑥×2より，$-5n+8n=3+24$，$3n=27$，$n=9$となり，これを⑤に代入して，$6m-45=3$，$6m=48$，$m=8$となる。よって，①，②の連立方程式の解は$x=8$，$y=9$となるので，②より，$32-9=a$，$a=23$となる。③，④の連立方程式の解は$x=9$，$y=8$となるので，④より，$9b+16=25$，$9b=9$，$b=1$となる。

図1

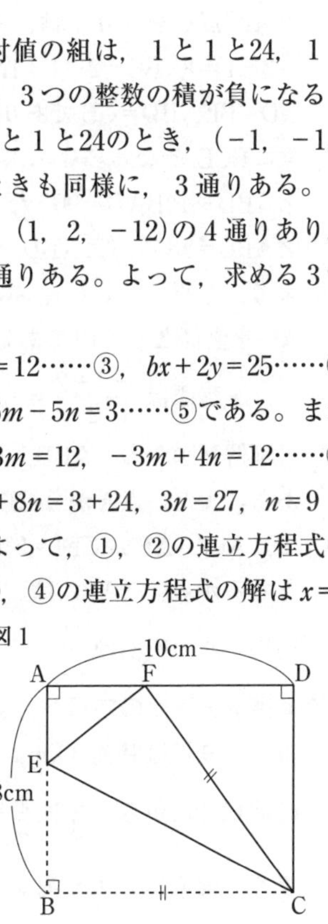

(3)＜図形―長さ＞右図1で，折っていることより，FC＝BC＝10だから，△CDFで三平方の定理より，$\mathrm{DF}=\sqrt{\mathrm{FC}^2-\mathrm{CD}^2}=\sqrt{10^2-8^2}=\sqrt{36}=6$となり，AF＝AD－DF＝10－6＝4である。BE＝x(cm)とすると，FE＝BE＝x，AE＝AB－BE＝$8-x$となる。△AEFで三平方の定理$\mathrm{AE}^2+\mathrm{AF}^2=\mathrm{FE}^2$より，$(8-x)^2+4^2=x^2$が成り立ち，

$64-16x+x^2+16=x^2$ より，$-16x=-80$，$x=5$ となる。よって，△BCE で三平方の定理より，CE $=\sqrt{\mathrm{BE}^2+\mathrm{BC}^2}=\sqrt{5^2+10^2}=\sqrt{125}=5\sqrt{5}$ (cm)である。

図2

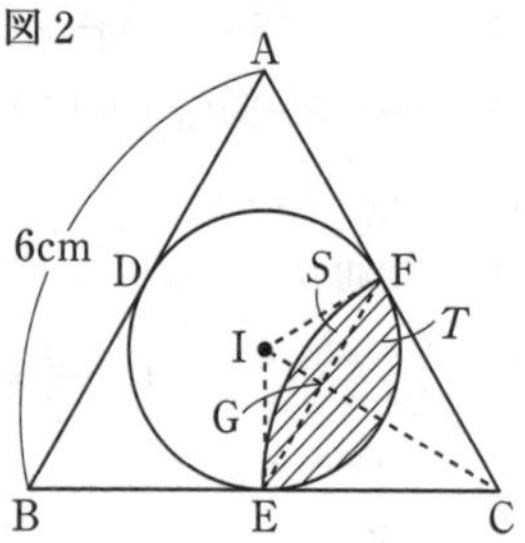

(4)＜**図形—面積**＞右図2で，斜線部分の図形を線分 EF で2つの図形に分け，おうぎ形 CEF の $\overset{\frown}{\mathrm{EF}}$ と線分 EF で囲まれた図形の面積を S，円 I の周上の $\overset{\frown}{\mathrm{EF}}$ と線分 EF で囲まれた図形の面積を T とする。図形の対称性から，2点 E，F はそれぞれ2辺 BC，CA の中点となるので，CE $=$ CF $=6\times\dfrac{1}{2}=3$ となる。$\angle$ECF $=60^\circ$ より，△CEF は1辺が 3 cm の正三角形となる。点 I と3点 C，E，F を結ぶと，△ICF ≡ △ICE となるから，IC⊥EF となる。IC と EF の交点を G とすると，△CFG は3辺の比が $1:2:\sqrt{3}$ となり，CG $=\dfrac{\sqrt{3}}{2}$CF $=\dfrac{\sqrt{3}}{2}\times3=\dfrac{3\sqrt{3}}{2}$ となる。よって，$S=$〔おうぎ形 CEF〕$-$△CEF $=\pi\times3^2\times\dfrac{60^\circ}{360^\circ}-\dfrac{1}{2}\times3\times\dfrac{3\sqrt{3}}{2}=\dfrac{3}{2}\pi-\dfrac{9\sqrt{3}}{4}$ である。一方，$\angle$ICF $=30^\circ$，$\angle$IFC $=90^\circ$ より，△ICF も3辺の比が $1:2:\sqrt{3}$ の直角三角形だから，IF $=\dfrac{1}{\sqrt{3}}$CF $=\dfrac{1}{\sqrt{3}}\times3=\sqrt{3}$，IC $=2$IF $=2\sqrt{3}$ となり，IG $=$ IC $-$ CG $=2\sqrt{3}-\dfrac{3\sqrt{3}}{2}=\dfrac{\sqrt{3}}{2}$ である。また，$\angle$CIF $=60^\circ$ だから，$\angle$EIF $=2\angle$CIF $=2\times60^\circ=120^\circ$ である。よって，$T=$〔おうぎ形 IEF〕$-$△IEF $=\pi\times(\sqrt{3})^2\times\dfrac{120^\circ}{360^\circ}-\dfrac{1}{2}\times3\times\dfrac{\sqrt{3}}{2}=\pi-\dfrac{3\sqrt{3}}{4}$ となる。以上より，斜線部分の面積は，$S+T=\left(\dfrac{3}{2}\pi-\dfrac{9\sqrt{3}}{4}\right)+\left(\pi-\dfrac{3\sqrt{3}}{4}\right)=\dfrac{5}{2}\pi-3\sqrt{3}$ (cm²)である。

図3

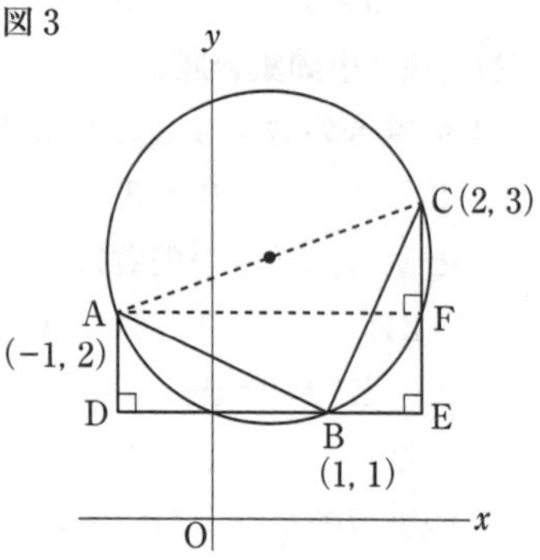

(5)＜**関数—座標**＞右図3のように，点 B を通り x 軸に平行な直線と，点 A，点 C を通り y 軸に平行な直線の交点を D，E とする。AD $=2-1=1$，BE $=2-1=1$，BD $=1-(-1)=2$，CE $=3-1=2$ より，AD $=$ BE，BD $=$ CE であり，$\angle$ADB $=\angle$BEC $=90^\circ$ だから，△ABD ≡ △BCE となる。よって，$\angle$BAD $=\angle$CBE となる。△ABD で，$\angle$ABD $+\angle$BAD $=90^\circ$ だから，$\angle$ABD $+\angle$CBE $=90^\circ$ となり，$\angle$ABC $=180^\circ-(\angle$ABD $+\angle$CBE$)=180^\circ-90^\circ=90^\circ$ となる。これより，2点 A，C を結ぶと，3点 A，B，C を通る円は，線分 AC を直径とする円である。この円の中心は線分 AC の中点だから，x 座標は $\dfrac{-1+2}{2}=\dfrac{1}{2}$，$y$ 座標は $\dfrac{2+3}{2}=\dfrac{5}{2}$ となり，円の中心の座標は $\left(\dfrac{1}{2},\ \dfrac{5}{2}\right)$ である。

≪別解≫図3の△ABD，△CBE で，AB² $=$ AD² $+$ BD² $=1^2+2^2=5$，BC² $=$ BE² $+$ CE² $=1^2+2^2=5$ である。また，点 A から CE に垂線 AF を引くと，AF $=2-(-1)=3$，CF $=3-2=1$ だから，△AFC で，AC² $=$ AF² $+$ CF² $=3^2+1^2=10$ となる。よって，AB² $+$ BC² $=5+5=10$ より，AB² $+$ BC² $=$ AC² となるから，△ABC は $\angle$ABC $=90^\circ$ の直角三角形である。したがって，線分 AC が円の直径だから，円の中心の座標は $\left(\dfrac{1}{2},\ \dfrac{5}{2}\right)$ である。

(6)＜**連立方程式の応用**＞行きの上り坂を x km，下り坂を y km とすると，平地は $12-x-y$ km と表せる。上り坂は時速 3 km，下り坂は時速 5 km，平地は時速 4 km で歩き，行きにかかった時間は3時間14分だから，$\dfrac{x}{3}+\dfrac{y}{5}+\dfrac{12-x-y}{4}=3+\dfrac{14}{60}$ が成り立つ。これより，$5x-3y=14$……①となる。また，帰りは，上り坂が y km，下り坂が x km になり，かかった時間は2時間58分だから，$\dfrac{y}{3}+$

$\frac{x}{5}+\frac{12-x-y}{4}=2+\frac{58}{60}$ が成り立ち，$-3x+5y=-2$……②となる。①，②を連立方程式として解くと，$x=4$，$y=2$ となるから，平地は，$12-x-y=12-4-2=6$(km)である。

3 〔空間図形—球，正四角錐〕

(1)<**長さ—三平方の定理**>右図1で，底面の正方形 ABCD の対角線 AC，BD の交点をHとし，点Pと点Hを結ぶと，PH⊥〔面 ABCD〕となるから，線分 PH が正四角錐 P-ABCD の高さとなる。△ABC は AB＝BC＝12 の直角二等辺三角形なので，$AC=\sqrt{2}AB=\sqrt{2}\times12=12\sqrt{2}$ となり，$AH=\frac{1}{2}AC=\frac{1}{2}\times12\sqrt{2}=6\sqrt{2}$ となる。よって，△PAH で三平方の定理より，$PH=\sqrt{PA^2-AH^2}=\sqrt{(6\sqrt{6})^2-(6\sqrt{2})^2}=\sqrt{144}=12$(cm)となる。

図1

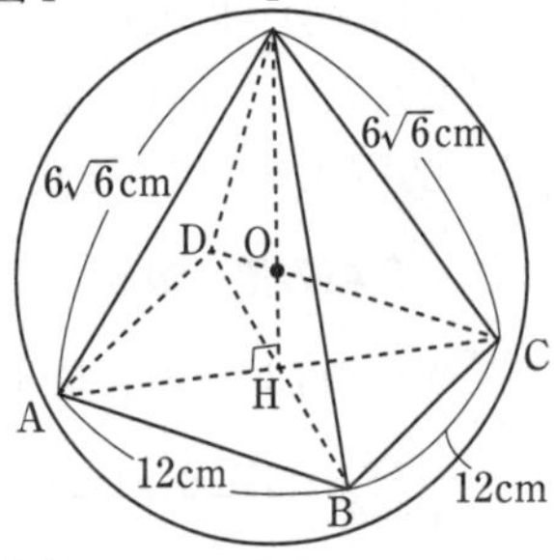

(2)<**長さ—三平方の定理**>球Oと正四角錐 P-ABCD を3点P，A，Cを通る平面で切断すると，その断面は右図2のようになる。OP＝OA＝r(cm)とすると，$OH=PH-OP=12-r$ となる。△AOH で三平方の定理 $OA^2=AH^2+OH^2$ より，$r^2=(6\sqrt{2})^2+(12-r)^2$ が成り立つ。これを解くと，$r^2=72+144-24r+r^2$，$24r=216$，$r=9$ となる。よって，球Oの半径は 9 cm である。

≪別解≫図2で，点Oから AP に垂線 OI を引く。△POI∽△PAH となるから，OP：AP＝PI：PH である。$PI=\frac{1}{2}PA=\frac{1}{2}\times6\sqrt{6}=3\sqrt{6}$ だから，$r:6\sqrt{6}=3\sqrt{6}:12$ が成り立ち，$r\times12=6\sqrt{6}\times3\sqrt{6}$，$r=9$(cm)となる。

図2

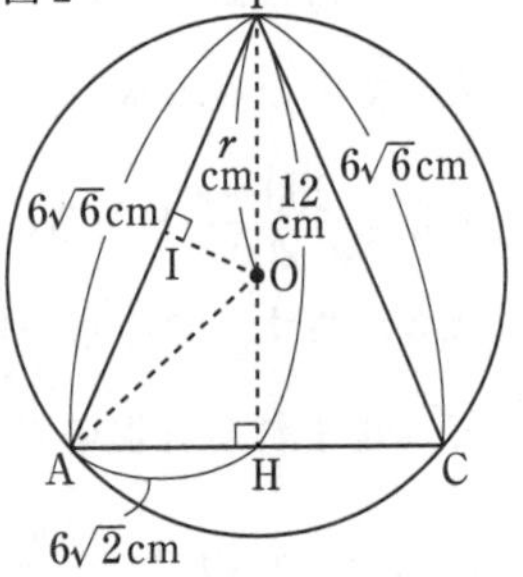

4 〔関数—関数 $y=ax^2$ と直線〕

≪**基本方針の決定**≫(1)　2点A，Bの y 座標の差である。　(2)　BC の長さを a を用いて表す。

(1)<**長さ**>右図で，点Aは放物線 $y=2x^2$ 上にあり，x 座標が a なので，$y=2a^2$ となり，A$(a,\ 2a^2)$である。点Bは放物線 $y=\frac{1}{2}x^2$ 上にあり，x 座標が a なので，$y=\frac{1}{2}a^2$ となり，B$\left(a,\ \frac{1}{2}a^2\right)$である。よって，$AB=2a^2-\frac{1}{2}a^2=\frac{3}{2}a^2$ となる。

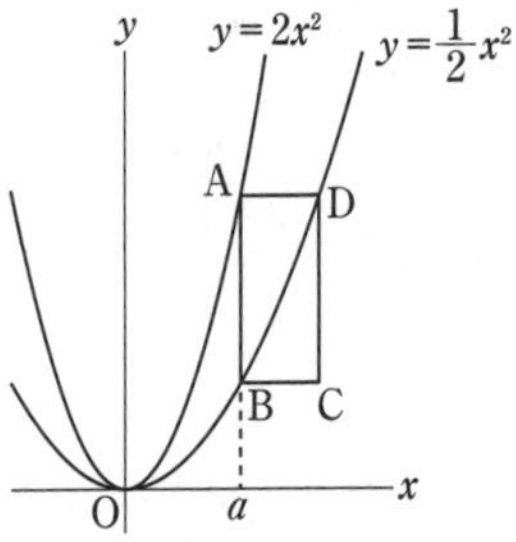

(2)<**座標**>右図で，点Dの y 座標は点Aの y 座標と等しく $2a^2$ である。点Dは放物線 $y=\frac{1}{2}x^2$ 上にあるので，$2a^2=\frac{1}{2}x^2$ より，$x^2=4a^2$，$x=\pm2a$ となる。点Dの x 座標は正であり，$a>0$ だから，$x=2a$ となる。これより，D$(2a,\ 2a^2)$となり，C$\left(2a,\ \frac{1}{2}a^2\right)$である。よって，$BC=2a-a=a$ だから，AB：BC＝5：2 より，$\frac{3}{2}a^2:a=5:2$ が成り立つ。これを解くと，$\frac{3}{2}a^2\times2=a\times5$ より，$3a^2-5a=0$，$a(3a-5)=0$　$\therefore a=0,\ \frac{5}{3}$　$a>0$ より，$a=\frac{5}{3}$ である。したがって，$2a=2\times\frac{5}{3}=\frac{10}{3}$，$\frac{1}{2}a^2=\frac{1}{2}\times\left(\frac{5}{3}\right)^2=\frac{25}{18}$ より，C$\left(\frac{10}{3},\ \frac{25}{18}\right)$となる。

5 〔資料の活用—度数分布表〕

≪**基本方針の決定**≫得点が5点の人の中には，1と2を正解した人と3のみを正解した人がいる。

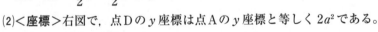

＜解説＞[1]が２点，[2]が３点，[3]が５点なので，得点が２点の人は[1]のみ正解，３点の人は[2]のみ正解，５点の人は[1]と[2]，または[3]のみ正解，７点の人は[1]と[3]を正解，８点の人は[2]と[3]を正解，10点の人は[1]と[2]と[3]を正解した人となる。[1]を正解した人の得点は２点，５点，７点，10点であり，２点，７点，10点の人数はそれぞれ３人，14人，３人だから，得点が５点で[1]を正解した人は $26-(3+14+3)=6$(人)となる。これより，得点が５点で[3]を正解した人は $10-6=4$(人)となる。[3]を正解した人は，５点の４人と，７点，８点，10点の人だから，$4+14+6+3=27$(人)である。

[6]〔**方程式―二次方程式の応用**〕

(1)**＜食塩の量＞**最初の12％の食塩水400g に含まれる食塩の量は $400\times\frac{12}{100}=48$(g)であり，２回の操作後の4.32％の食塩水の量は $400-2x+2x-2x+2x=400$(g)だから，含まれる食塩の量は $400\times\frac{432}{10000}=17.28$(g)となる。よって，食塩の量は $17.28\div48=\frac{9}{25}$(倍)になる。

(2)**＜二次方程式の応用＞**400g の食塩水から $2x$g の食塩水を取り出すと，残った食塩水の量は最初に入っていた食塩水の量の $\frac{400-2x}{400}=\frac{200-x}{200}$ である。このことから，残った食塩水に含まれる食塩の量も $\frac{200-x}{200}$ となるので，$40\times\frac{200-x}{200}$g と表せる。ここに水を $2x$g 加えると，含まれる食塩の量は変わらず，食塩水の量は $400-2x+2x=400$(g)となる。この操作をもう１度行うと，同様に考えて，含まれる食塩の量は，$40\times\frac{200-x}{200}\times\frac{200-x}{200}$g と表される。(1)より，含まれる食塩の量は $\frac{9}{25}$ 倍になったので，$\frac{200-x}{200}\times\frac{200-x}{200}=\frac{9}{25}$ が成り立つ。これを解くと，$\frac{200-x}{200}=\pm\frac{3}{5}$，$200-x=\pm120$，$-x=-200\pm120$ となるので，$-x=-200+120$ より，$x=80$ となり，$-x=-200-120$ より，$x=320$ となる。$0<2x<400$ だから，$x=80$ である。

2020年度／明治大学付属中野高等学校

国語解答

一　問一　(イ)　問二　固有種

問三　パーム油をとるために熱帯雨林を伐採して大規模農園にしたこと。(30字)

問四　(d)

問五　健康にいい[点と]値段が安い[点。]

問六　A…(ア)　B…(ウ)

問七　**環境破壊の問題**
生物多様性が損なわれること。
社会的な問題
不法移民や児童を働かせること。

問八　理由　問九　(エ)

問十　「植物油」「植物油脂」

問十一　認証油を使った製品

問十二　(イ)

問十三　[マレーシア政府が]ゴムや木材に代わってアブラヤシの栽培を奨励したこと。(26字)

問十四　ボルネオゾウのレスキューセンター

問十五　農園開発で熱帯雨林が失われ，野生動物が生存の危機に直面していること。(34字)

問十六　日本は

問十七　人間の暮らしをよりよくする[こと。]

問十八　野次馬　問十九　緑の砂漠

問二十　(エ)

二　①　(イ)　②　(ウ)　③　(エ)　④　(ア)
⑤　(イ)

三　①　蛇足　②　登竜門
③　大器晩成　④　助長
⑤　五里霧中

四　①　矯正　②　閑散　③　憂慮
④　網羅　⑤　触媒
⑥　煩雑〔繁雑〕　⑦　沸騰
⑧　じゅんしゅ　⑨　ちゅうぞう
⑩　そぞう

一〔**論説文の読解―自然科学的分野―環境**〕出典；元村有希子『カガク力を強くする！』「これから生きていくあなたに」。

≪本文の概要≫私は，ボルネオゾウの現状を取材するためにボルネオ島を訪れた。ボルネオ島にはボルネオゾウやオランウータンなど多くの野生動物がいるが，それらは熱帯雨林の伐採によって生存の危機に直面している。熱帯雨林の伐採で増えているのは，パーム油をとるためのアブラヤシの農園である。マレーシア政府は一九六八年，国の産業を育てるためにゴムや木材に代わってアブラヤシの栽培を奨励するようになった。アブラヤシは手っ取り早くお金になるが，その一方で，熱帯雨林が失われたことにより生物多様性は損なわれた。マレーシアは今，国の経済発展のために産業を育てることと，野生生物を保護することという，相反する課題に直面している。これは，パーム油を消費している私たち一人ひとりに突きつけられた問題である。この問題を解決するために，消費者が，「持続可能なパーム油のための円卓会議(RSPO)」の定めたルールを守ってつくられた認証パーム油を使った商品だけを選べば，事態の悪化を防げるかもしれない。野生生物保護のための寄付も大切である。熱帯雨林の現状を，私たちは知る必要がある。人間の暮らしをよりよくするための行動が環境を壊していることを，私たちはまず知ることから始めなければならない。

問一＜文章内容＞①「ボートの上で息を殺して」いたとき，「大きな枝を踏み折るような，耳慣れない音」が聞こえ，「獣の匂い」を風が運んできたため，「私たち」は，ボルネオゾウが来たのではないかと気を張りつめた。　③「期待通りにゾウの群れに出会うことができた」ので，「私」の感情が高まった。

問二＜文章内容＞ボルネオ島では，「海に囲まれ，隔絶された環境」で生物が「独自の進化」を遂げた。その結果，この島にしか生息しない「固有種」がたくさんいる。

問三＜文章内容＞ボルネオ島では，「熱帯雨林の伐採」が進み，熱帯雨林のあちこちにプランテーション(大規模農園)がつくられている。この農園は，パーム油をとるためのアブラヤシの農園である。

問四＜品詞＞「三番目に大きい島で」と「というもので」の「で」は，断定の助動詞「だ」の連用形。「隔絶された環境で」「ジャングルで」「取り組んで」の「で」は，助詞。

問五＜文章内容＞アブラヤシからとれるパーム油は，植物油なので「健康にいい」として注目された。また，パーム油は，「値段が安い」ということで人気を集めた。

問六＜接続語＞A.「地元の人々にとってアブラヤシは，手っ取り早くお金になる『金の卵』」ではあるけれども，「その一方で，環境破壊の問題と社会的な問題が同時に起きて」いる。　B.「パーム油の生産」が「野生動物を二重の意味で脅かして」いることの「一つ」は，「農園開発によって熱帯雨林が減っていること」であり，これに加え，農園に入り込んでアブラヤシを食い荒らすボルネオゾウを人々が「『害獣』として嫌うように」なったということがある。

問七＜文章内容＞アブラヤシ農園をつくってパーム油をとるようになると，「熱帯雨林が失われた」ことによって「貴重な野生生物やジャングルが守っていた生物多様性」が損なわれ，しかもその「熱帯雨林の再生」はきわめて難しくなった。また，「国境を越えてやってきた貧しい移民の人たち」が農園で働き始め，「不法移民を低賃金で」働かせることや，「児童労働」が見過ごされるようになった。

問八＜語句＞「ゆえん」は，「所以」と書き，わけ，理由のこと。

問九＜文章内容＞「先進国の人々が，パーム油を使った商品を買わないようにする」という案は，「あまりにも多くの加工食品にパーム油が使われている」という現実に対応していない。

問十＜文章内容＞加工食品にパーム油が使われていても，使われている油がパーム油であるとは表示されていない。「お菓子やカップラーメンの袋の裏側に印刷されている『原材料』の欄」には「植物油」「植物油脂」などと書かれているが，これらの多くはパーム油である。

問十一＜指示語＞「RSPO」の認証を受けた農園でとれたパーム油(「認証油」)を使った製品には，「専用のシール」を貼れる。このシールの貼られた製品の価格は，「そうでない商品より割高」ではあるが，許容できる値段ならば，消費者がこのシールの貼られた製品の方を選ぶことによって，「環境破壊の問題と社会的な問題」の悪化を避けられるかもしれない。

問十二＜文章内容＞アブラヤシのプランテーションを増やしてパーム油の生産を進めることにより，熱帯雨林が失われて島の生物多様性が損なわれた(ア・ウ…○)。また，貧しい移民たちがその農園で働き始め，その人たちが不法移民であるために戸籍を持たない子どもが増えたり，児童労働が見過ごされたりするようになった(エ…○)。これらの問題に対して，例えば認証油を使った製品にシールを貼って，それが消費者に選ばれるようにするなどの手を打たなければ，これらの問題はさらに進んでしまう可能性がある(イ…×)。

問十三＜文章内容＞マレーシア政府は，「国として発展するために産業を育てる」ことを考えて「ゴムや木材に代わってアブラヤシの栽培を奨励するように」なった。

問十四＜指示語＞ボルネオ島サバ州では，ボルネオゾウのレスキューセンターをつくりボルネオゾウが一時的に保護されているため，観光客がゾウを見ることができる。

問十五＜文章内容＞オランウータンの「ふるさと」は，ボルネオ島の熱帯雨林である。今，ボルネオ島では，アブラヤシ農園開発によってその熱帯雨林が失われ，生物多様性が損なわれ，野生動物は「生存の危機に直面して」いる。

問十六＜文の組み立て＞日本は，「昔から，家を建てるための木材や，自動車のタイヤの原料になるゴムをボルネオから輸入して」きて，「今はパーム油という恩恵」を受けている。

問十七＜文章内容＞「人間だけの都合で自然を壊して」いくということは，経済発展のために熱帯雨林を伐採して農園をつくるというようなことである。これは，「人間の暮らしをよりよくする」ために，自然を破壊する行動である。

問十八＜語句＞「私」は，旭山動物園の園長が「恩返しプロジェクト」の一環としてボルネオ島へ行くと知って，「野次馬として同行」した。「野次馬」は，自分とは無関係なことについて興味本位で騒ぎ立てる人のこと。

問十九＜文章内容＞ボルネオ島の熱帯雨林の野生生物を脅かしているのは，アブラヤシのプランテーションである。これは，一見すると木々が立ち並ぶ空間ではあるが，実際は「野生生物が生きていけない『緑の砂漠』」である。

問二十＜主題＞「私」は，「実態を勉強し，問題意識を持ってボルネオ島を実際に訪ね，人々の話を聞いて」初めて「事態の深刻さ」を知った。環境破壊問題について，「まずは知ることからしか始まりません。『無関心は最大の敵』なのです」と，「私」は述べている。

二〔国語の知識〕

①**＜語句＞**「赤の他人」は，全く縁のない人のこと。「青田買い」は，企業が優秀な人材を確保しようとして，決められた採用試験期間よりも前に学生の採用を約束すること。「白羽の矢が立つ」は，大勢の中から特にこの人と選び定められること。「黒幕」は，陰で画策したり指図したりする人物のこと。　②**＜慣用句＞**「きびすを接する」は，大勢の人が続いて来ること。「一目置く」は，相手の能力や力量に敬意を払うこと。「折り紙を付ける」は，価値が確かであると保証すること。「お鉢が回る」は，順番が回ってくること。　③**＜慣用句＞**「足が出る」は，出費が予算を超えること。「鼻につく」は，いやみに感じられること。「爪に火をともす」は，非常に倹約すること。「目から火が出る」は，頭や顔を強く打ったときの感覚を表現する言葉。　④**＜語句＞**「没交渉」は，関わり合いがないこと。「真骨頂」は，その人の真価を示す姿のこと。「硬骨漢」は，意志が強く，自分の主義をまげない男のこと。「野放図」は，ずうずうしく横柄であるさま。　⑤**＜四字熟語＞**「一日千秋」は，非常に待ち遠しいこと。「付和雷同」は，自分に定まった意見がなく，他人の意見にわけもなく賛同すること。「我田引水」は，物事を自分の都合のよいように引きつけて言ったりしたりすること。「朝令暮改」は，命令や方針が絶えず変更されてあてにならないこと。

三〔国語の知識〕

①**＜故事成語＞**あっても益にならない，よけいな物事のことを，「蛇足」という。　②**＜故事成語＞**獲得したり突破したりするのは難しいが，それができれば立身出世ができる関門のことを，「登竜門（登龍門）」という。　③**＜四字熟語＞**大人物は，才能が表れるのは遅いが，ゆっくりと時間をかけて立派になる，ということを，「大器晩成」という。　④**＜故事成語＞**物事が発展・成長するように外から力を添えることを，「助長」という。　⑤**＜四字熟語＞**現状がわからず，見通しや方針が立たない状態のことを，「五里霧中」という。

四〔漢字〕

①正しくない状態を直して正しい状態にすること。　②ひっそりとしていること。　③心配して考えること。　④残らず全部集めること。　⑤化学反応の速度を変化させるはたらきをし，それ自身は化学変化しない物質のこと。　⑥ごたごたしてわずらわしいこと。事柄が多くてごたごたしている，という意味なら「繁雑」。　⑦煮え立つこと。　⑧決まりに従い，よく守ること。　⑨金属を溶かして鋳型に流し込んで成形すること。　⑩粘土でつくった像のこと。

Memo

2019年度 明治大学付属中野高等学校

【英　語】（50分）〈満点：100点〉

I　次の英文の(　)に最も適するものを選び，記号で答えなさい。

1．In many cultures, couples exchange rings, usually (　　) of gold or silver, during the marriage ceremony.
ア．make　イ．made　ウ．have made　エ．making

2．Something must be (　　) with this engine.　It doesn't work!
ア．wrong　イ．bad　ウ．strange　エ．curious

3．I spent the evening (　　) swimming matches on TV with my family.
ア．watch　イ．watched　ウ．to watch　エ．watching

4．The traffic was (　　) than usual and I arrived here early this morning.
ア．lighter　イ．weaker　ウ．busier　エ．heavier

5．A：Do you think it will rain tomorrow?
B：I hope (　　).
ア．no　イ．not　ウ．never　エ．none

6．A：I have been to Paris several times.
B：(　　　　) I.
ア．Either have　イ．Neither have　ウ．So have　エ．Both have

II　(　)に指定された文字で始まる語を入れ，英文を完成させなさい。その際に[　]内の定義を参考にすること。

1．Do you want dressing for this (s　　)?
[a dish of uncooked and mixed vegetables]

2．He is one of the greatest (a　　) in Japan.
[someone whose job is to perform in plays and films]

3．I actually asked her why her (t　　) were as white as snow.
[hard things in our mouth for biting and chewing]

4．You should be more (c　　) when you walk alone at night.
[giving a lot of attention to safety]

5．He (s　　) in business when he was young.
[to do well in school, in your career, or in some other activity]

III　次の日本語の内容になるよう[　]内の語句を並べかえ，英文を完成させなさい。解答は(A)(B)(C)に入るものを書きなさい。

1．この学校に来たことは，今までした中で最高の決断でした。
It was (　　)(A)(　　)(B)(　　)(　　)(C) to come to this school.
[made / that / ever / decision / I / the best / have]

2．このスーツケースを運ぶのを手伝ってくれませんか。
Would you (　　)(　　)(A)(　　)(B)(　　)(C)?

[hand / a / me / suitcase / this / with / give]

3．そのお祭りについて私たちに知ってほしいことは何かありますか。

Is there (A) ( ) ( ) (B) ( ) (C) ( ) about the festival?

[us / know / you / like / to / anything / would]

4．美術の勉強をするために，どの国に彼女は行くと思いますか。

( ) (A) ( ) ( ) (B) ( ) (C) ( ) to study art?

[she / you / which / do / visit / will / think / country]

5．両親とも車の運転の仕方を知らない。

(A) ( ) ( ) (B) ( ) (C) ( ) drive.

[how / knows / parents / of / neither / my / to]

6．世界の飢餓を終わらせるためには，いったいどれくらいの食料が必要なのだろう。

I wonder ( ) (A) ( ) (B) ( ) (C) ( ) world hunger.

[needed / much / end / how / is / to / food]

Ⅳ　次の英文を読んで，あとの問いに答えなさい。

The pyramids were built on the west bank of the Nile River. The Egyptians chose the west bank as the "land of the dead" because that was where the dying sun disappeared each evening.

The building of the pyramids was generally started during the dry season of May and June. (1) The crops of the year before had been harvested. The ground was now dry under a baking sun. The farmers had no work to do in the fields.

The farmers became pyramid builders. They were paid for their labor in food and clothing. The workers were provided with tools. (2) Many of the farmers probably worked on the pyramids of their own free will rather than as forced labor. The work was a way of adding to their livelihood.

Once the Nile flood began, boats were able to bring stones down the river from the distant quarries. The stones could be unloaded close to the building sites at the desert's edge. But most of the stone used in the pyramids came from the surrounding desert itself. On land, the stones were transported on sleds with wide wooden runners. (3) They would have sunk at once into the sand.

Every step of the work was done with human labor. (4) Tools of copper were used. The Egyptians had no iron. The stones were lifted and pulled onto the sleds with the help of wooden wedges. Strong wooden bars were used as levers. The sleds themselves were not pulled by animals but by teams of men. The oxen and donkeys that the Egyptians used for fieldwork could not have been fed and watered in the desert.

As the pyramid grew taller, the blocks of stone were pulled uphill on ramps of rocks, sand, and mud. Logs, laid on the ramps, were embedded in the mud every few feet. (5) Any interior rooms or passages had to be finished before the upper part of the pyramid was completed.

Altogether about eighty pyramids were built as burying places for the kings of Egypt.

(注) harvest 収穫する　labor 労働　will 意思　flood 洪水　quarry 採石場
sled そり　copper 銅　wedge くさび　ramp 坂　embed 埋め込む

問　(1)～(5)に適するものをそれぞれ選び，記号で答えなさい。

ア. They worked as stoppers to keep the heavy loads from slipping backward.
イ. Wheels would probably have been useless.
ウ. The huge blocks of stone were cut and shaped by hand.
エ. That was when the Nile River was at its lowest level.
オ. There were no coins or other types of money used in Egypt at that time.

V 次の英文を読んで，あとの問いに記号で答えなさい。

It was a perfect summer morning on the beach in Rio de Janeiro. A man set up his umbrella and chair near the water. There was hardly anyone else around, and he was looking forward to reading his book. Just then, when he looked toward the sea, he noticed a small shape that emerged from the water. It slowly made its way out onto the sand and began to flap its wings. It seemed very weak and tired.

When the creature was just a few feet away, the man couldn't believe his eyes. A penguin? On a beach in Rio? Penguins don't belong in Rio. The man was amazed. He looked around to see if there was anyone else to witness this strange sight.

A jogger soon appeared, followed by another. They stopped and stared. It was clear that the penguin was having trouble breathing. The first jogger looked at the sea and said, "Poor fellow, so far away from home."

The penguin fell to its side. It had swum 2,000 miles, trying to find the tiny anchovies that penguins like to eat. Why did the penguin need to travel so far? Perhaps it was confused by shifting ocean currents and temperatures — common effects of global warming. The penguin needed help. It would not survive on the hot sand.

One of the joggers phoned for help, and soon some firemen arrived. The man was relieved that the penguin would soon be safe, although he felt a little sad, too. That weak, helpless creature suddenly made him understand the impact of humans on the planet.

This event on the beach at Rio happened some time ago. It was only the beginning of penguin migration to Brazil. Since that time, hundreds of penguins have appeared on the coasts of Brazil. They come all the way from Patagonia and the Straits of Magellan, southern parts of South America. They land on the sands exhausted and starving. People often rush to help them, but they don't know what to do, and many of the penguins die. Some are shipped or flown back to colder waters farther south.

Perhaps the experience of the penguins will help us better understand the serious effect of human activity on climate change and on the condition of our planet.

1. Why did the man go to the beach?
ア. He wanted to swim.
イ. He wanted to relax.
ウ. He wanted to take a walk.
エ. He wanted to see a penguin.

2. Why were the people at the beach surprised?
ア. The penguin looked weak and tired.
イ. The penguin fell to its side.
ウ. The penguin was having trouble breathing.

エ. The penguin was far away from home.

3. Why did the penguin travel so far from its home?

ア. It was looking for food.

イ. It was interested in the joggers.

ウ. It loved the warm water near the beach in Rio.

エ. There were anchovies in the water near the beach in Rio.

4. Was this the only time a penguin appeared on the Brazilian coast?

ア. Yes, people on the beach got surprised.

イ. Yes, but whales and dolphins were often seen on the Brazilian coast.

ウ. No, it was the first of many times that it happened.

エ. No, Brazilian people had a long history of feeding penguins.

5. Why was the man a little sad?

ア. He was never going to see the penguin again.

イ. The penguin was so tired that it fell to its side.

ウ. He wanted to have the penguin as one of his pets.

エ. He was thinking about the bad effects of human activity on Earth.

Ⅵ 次の英文を読んで，あとの問いに答えなさい。

A few hours after Joy Fisher's birth, her parents took pictures of her. Joy's mother put a pink headband around Joy's head, so that everyone who saw the pictures would know that the new baby was a girl. Even before she was born, Joy's parents knew that she was going to be female. When Joy's mother was six months pregnant, she got a ①sonogram. When the doctor said, "I'm sure you have a little lady in there," Joy's parents told all their relatives and friends that their baby was a girl. Gifts soon arrived, including pink dresses and dolls. Joy's parents decorated her room in pink and white.

A few years later, Joy's brother, Tommy, was born. His room was painted blue, and he received books and a football as gifts. Joy enjoyed helping her mother take care of the new baby. She also enjoyed playing with other girls at school. Now, Tommy has also entered school, where he plays with other boys. The games Joy and Tommy play are quite different. Joy loves jumping rope with her two best friends. Tommy likes to play ball with a large group of boys. Sometimes when they play a game, he is the captain. He enjoys telling the other boys what to do. Joy, on the other hand, doesn't like it when new girls join her friends and try to change the way they jump rope. She thinks that some of these girls are too bossy.

Both Joy and Tommy are growing up in the culture of the United States. [A] Their sex at birth, female and male, is now becoming a gender — a way of thinking, speaking, and behaving that is regarded as feminine or masculine. Each culture has its own way of defining gender, and very early in life gender becomes a basic part of a person's identity. According to Deborah Tannen, a professor at Georgetown University, gender differences are even reflected in the ways that men and women use language. Tannen and others who study communication believe that these differences begin early in life.

For example, in the United States and Canada, boys and girls usually play in same-sex groups. Boys might play in large groups in which every boy knows his place. Some are leaders; others are followers. Boys compete with one another for leadership. Many boys like to get attention by boasting, or talking about how well they can do things. [B]

Girls, in contrast, usually play in smaller groups. Sometimes they play with only one or two "best friends." Most girls want other girls to like them, and this is more important to them than winning. [C] For example, when girls jump rope together, two girls hold the rope while others jump. Then the rope-holders take their turn jumping.

Tannen has found that these differences are reflected in the ways that children use (②) while they play. Boys often use commands when they talk to each other. For example, when Tommy is captain he might say, "You go first. Don't wait for me." As the leader of the other boys, he tells them exactly what to do. But when Joy wants to influence her friends, she uses different forms of language. (③) using commands, she will say, "Let's try it this way. Let's do this." This is how she tries to direct the other girls without sounding bossy. By using the form "let's," she also emphasizes the fact that the girls all belong to the same group.

As Joy and Tommy grow up, they will continue to speak differently. In junior high school, Joy's status will depend on her circle of friends. If her friends are popular, then Joy may enjoy high status at school. For this reason, ④<u>Joy and many other girls are interested in gossip.</u> If Joy has some information to share about a popular girl at school, this proves that she has a friendship with this girl. In this way Joy can use gossip to gain more status in her school.

Tommy, on the other hand, may be less interested in gossip. His status does not depend on who his friends are at school. Tommy gains status through his own ability to play sports well or earn high grades. Later in life, Joy may continue to be interested in talking about other people and their lives. Tommy will be less interested in personal talk and more concerned with discussions of sports and news. These give him ⑤<u>[status / to / showing / by / gain / others / a chance]</u> his knowledge.

Different ways of speaking are part of gender. As adults, men and women sometimes face difficulties in their communication with each other. Studies of communication show that if a woman tells her husband about a problem, she will expect him to listen and offer sympathy. She may be annoyed when he simply tells her how to solve the problem. Similarly, a husband may be annoyed when ⑥<u>[ask / his wife / for / to / a stranger / wants]</u> directions to a park or restaurant. Unlike his wife, he would rather use a map and find his way by himself.

Language is also part of the different ways that men and women think about friendship. Most North American men believe that friendship means doing things together such as camping or playing tennis. Talking is not an important part of friendship for most of them. American women, on the other hand, usually identify their best friend as someone with whom they talk frequently. Tannen believes that for women, talking with friends and agreeing with them is very important. Tannen has found that women, in contrast to men, often use tag questions. For example, a woman might say, "This is a great restaurant, isn't it?" By adding a tag question to her speech, she is showing that she wants other people to agree with her. Likewise, many women use more polite forms — "Can you close the door?" "Could you help me?" "Would you come here?" (⑦), men often speak more directly, giving direct commands — "Close the door." "Help me." "Come here."

These differences seem to be part of growing up in the culture of the United States and following its rules of gender. If men and women can understand that many of their differences are cultural, not personal, they may be able to improve their relationships. They may begin to understand that because of gender differences in language, there is more than one way to communicate.

(注) pregnant 妊娠した feminine 女性らしい masculine 男性らしい
define 定義づける compete 競う boast 自慢する emphasize 強調する
sympathy 共感 annoy いらいらさせる would rather むしろ～したい
identify A as B AをBと考える

問1．下線部①の本文中の意味として，最も適切なものを選び，記号で答えなさい。

ア．請求書　イ．処方箋　ウ．電報　エ．画像

問2．[A]－[B]－[C]に入る文の組み合わせとして最もふさわしいものを選び，記号で答えなさい。

1．They may be interested in playing fairly and taking turns.
2．The games that they play often have complicated rules, and each one tries hard to win.
3．They are learning what it means to be a girl and a boy in this culture.

ア．1－2－3　イ．1－3－2　ウ．2－1－3
エ．2－3－1　オ．3－1－2　カ．3－2－1

問3．(②)に適するものを選び，記号で答えなさい。

ア．ability　イ．language　ウ．gossip　エ．status

問4．(③)に適するものを選び，記号で答えなさい。

ア．By　イ．While　ウ．Instead of　エ．In case of

問5．下線部④の理由として，最も適するものを選び，記号で答えなさい。

ア．Gossip brings them good rank.
イ．Gossip teaches them how they should behave.
ウ．Gossip makes their friendship strong.
エ．Gossip allows them to use commands.

問6．下線部⑤の[　]内の語句を正しく並べかえなさい。

問7．下線部⑥の[　]内の語句を正しく並べかえなさい。

問8．(⑦)に適するものを選び，記号で答えなさい。

ア．As a result　イ．In addition　ウ．However　エ．In other words

問9．本文の内容に合うよう，英文の空所に適するものを選び，記号で答えなさい。

Joy's friendships are probably ＿＿＿＿＿ than Tommy's.

ア．more boring　イ．longer lasting
ウ．less communicative　エ．less competitive

問10．次の英文が本文の要旨となるよう，(A)(B)に適する語をそれぞれ選び，記号で答えなさい。

Boys and girls learn different ways of behaving, talking, and thinking. These different behaviors reflect differences in gender. In America, boys learn to compete with each other in games. On the other hand, girls try to be (A) when they play. Language reflects the gender of children. Boys usually give commands, while girls often make suggestions. Language and gender are both so closely related to (B).

A：ア．bossy　イ．equal　ウ．cute　エ．popular
B：ア．culture　イ．leadership　ウ．friendship　エ．communication

【数　学】（50分）〈満点：100点〉

1　次の問いに答えなさい。

(1)　$\dfrac{(x-y)^2}{2}-\dfrac{x^2-y^2}{3}+(x-y)y$ を計算しなさい。

(2)　$\dfrac{3}{\sqrt{2}}+3\sqrt{72}-\dfrac{6}{\sqrt{8}}+3\sqrt{18}-4\sqrt{50}$ を計算しなさい。

(3)　$(x^2+6x)(x^2+6x+4)-32$ を因数分解しなさい。

(4)　x についての２次方程式 $x^2-(2k+1)x+4=0$ の１つの解が $x=k$ のとき，k の値を求めなさい。

2　次の問いに答えなさい。

(1)　連立方程式 $\begin{cases} ax+2y=-b \\ 2ay=-8x+b \end{cases}$ の解は，$x=1$，$y=3$ です。このとき，a，b の値を求めなさい。

(2)　$2\sqrt{5}$ の小数部分を a とするとき，a^2+8a の値を求めなさい。

(3)　$\boxed{1}$，$\boxed{1}$，$\boxed{2}$，$\boxed{2}$，$\boxed{3}$，$\boxed{3}$ の６枚のカードをよくきって，同時に２枚のカードを取りだすとき，書かれている数の和が５になる確率を求めなさい。

(4)　ある美術館の入場料は小学生250円，中学生400円，高校生600円です。ある日の小学生，中学生，高校生の入場者の合計は114人で，入場料の合計は42300円でした。小学生の人数は高校生の人数の $\dfrac{9}{4}$ 倍のとき，小学生，中学生，高校生それぞれの人数を求めなさい。

3　右の図のように，放物線 $y=3x^2$ と直線 l が２点A，Bで交わっていてA，Bの x 座標はそれぞれ-1，３です。このとき，次の問いに答えなさい。**この問題は途中式や考え方を書きなさい。**

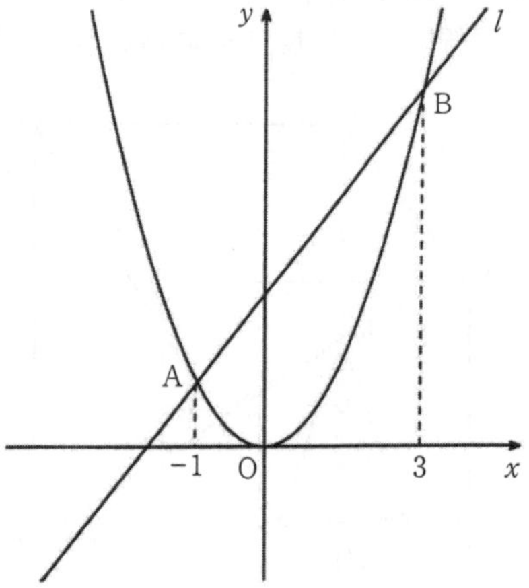

(1)　放物線上でOB間に，△ABC＝△AOBとなるように点Cをとります。Cの座標を求めなさい。

(2)　放物線上に点Pを△AOBの面積と△APBの面積の比が３：５になるようにとります。このような点Pは２つあり，x 座標が正の方を点P′，負の方を点P″とします。このとき四角形ABP′P″の面積を求めなさい。

4　下の図のような直角三角形ABCがあります。このとき，次の問いに答えなさい。

(1)　図１のように，円O_1が△ABCの３辺と接しているとき，円の半径を求めなさい。

(2)　図２のように，半径が等しい円O_2，O_3が接していて，それぞれの円は△ABCの２辺と接しています。この円の半径を求めなさい。

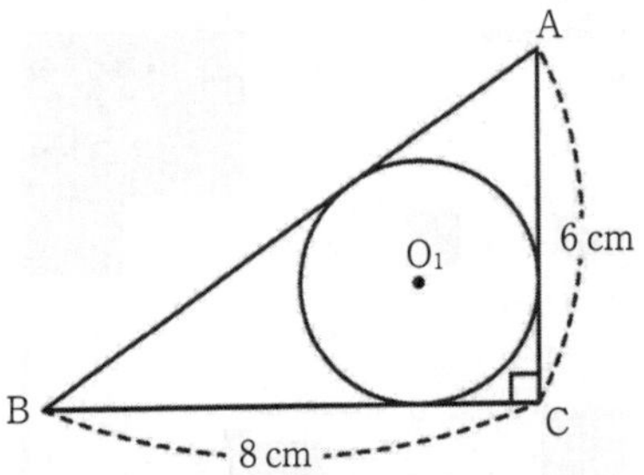

図１

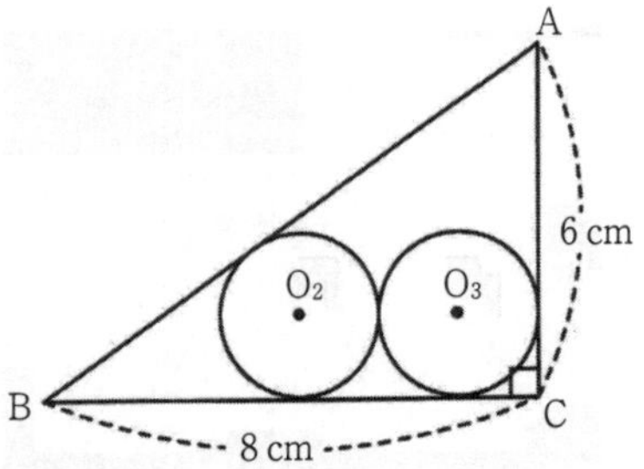

図２

5　下の図のように，円Oの周上に四角形ABCDの４つの頂点があります。対角線ACは∠BADの二等分線，∠BAD＝90°，AB＝５cm，AD＝12cmです。また，BG，DHは対角線ACとそれぞれ点E，Fで垂直に交わっています。このとき次の問いに答えなさい。

(1)　四角形ABCDの面積を求めなさい。

(2)　AE：EF：FCを最も簡単な整数の比で表しなさい。

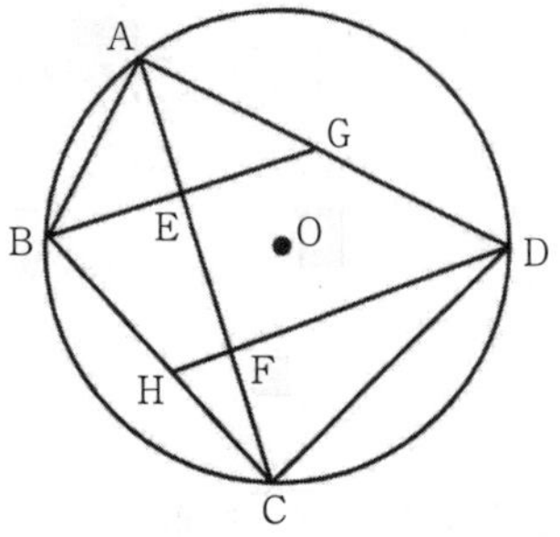

6　下の図のようなAB＝BC＝３cm，AE＝６cmの直方体があります。辺DHの中点をMとし，線分ME，EGの中点をそれぞれＩ，Ｊとします。点PはGIとMJの交点です。このとき，次の問いに答えなさい。

(1)　△MEGの面積を求めなさい。

(2)　線分CPの長さを求めなさい。

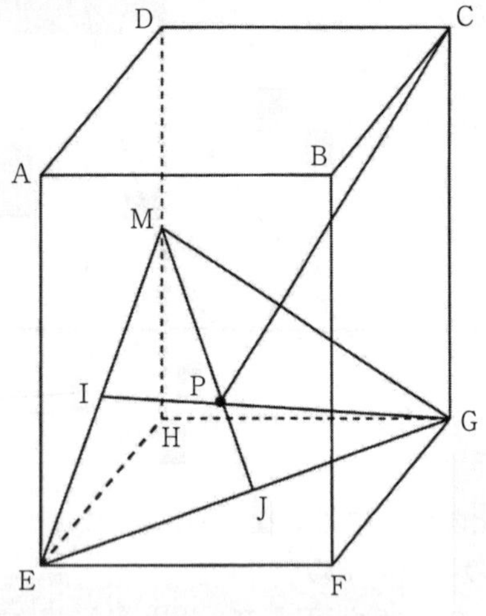

四　次の①～⑦の――線部を漢字に改め、⑧～⑩の――線部の読みをひらがなで答えなさい。

① 不当な要求をキョヒした。

② 遠い昔をカイコして本にまとめた。

③ 人間にはザセツの経験も必要だ。

④ 新しい先生が隣の県からフニンしてきた。

⑤ この地域はセンイ工業が盛んだ。

⑥ 芸術家の思いがギョウシュクした作品。

⑦ この広い森林は国がカンカツしている。

⑧ 市井の人々の感覚を取り入れて行政を行う。

⑨ 契約を誠実に履行する。

⑩ 古い習慣がすっかり廃れてしまった。

の強さ」の具体的な例として最も適切なものを、次の(ア)～(エ)の中から選び、記号で答えなさい。

(ア) 将来何の役に立つかわからないが、多くの友人が大学に進学するのを見て自分も大学に進学することにした。

(イ) 今後の景気の動向には不安を感じたが、これまでに得た知識と経験から会社の設備投資を行うことにした。

(ウ) 会議でたくさんの異なる意見が出て迷ったが、最も高い地位にいる先輩の意見に従うことにした。

(エ) コンピューターについては何の知識もないが、お店の人に勧められるままにパソコンを購入することにした。

問二十、筆者はこの文章の中で、「知恵」の三つの側面について述べていますが、「知恵の深さ」について述べている部分の最初の形式段落はどこですか。その段落の最初の五字を抜き出して答えなさい。

問二十一、本文の内容と合うものを、次の(ア)～(エ)の中から一つ選び、記号で答えなさい。

(ア) 人間の頭脳には、一生懸命に覚えたことでも時間の経過によって完全に忘れ去ってしまうという特徴が存在する。

(イ) 人間には、まったく根拠がない場合であっても、必要に迫られれば決断をしなければならない瞬間が存在する。

(ウ) 人間の「知恵」には、大きく食い違った複数の考え方を結びつけて、一つの解決法を導き出す力が存在する。

(エ) 人間の頭脳には、「知恵」という、実体ははっきりとしないが、生きていく上で非常に大切なものが存在する。

二

次の①～⑤はカタカナ語とその意味が書かれたものです。例を参考にして、①～⑤の〈意味〉の□□に、（ ）内の指示に従って、それぞれ適語を補いなさい。

〈例〉 リアル＝〈意味〉 芸術作品などが□□的であること。
（「し」から始まる二字熟語）

〈答え〉 写実

① テーマ ＝〈意味〉 文学作品などの□□。
（「し」から始まる二字熟語）

② バーチャル＝〈意味〉 現実ではなく□□的なこと。
（「か」から始まる二字熟語）

③ モダン ＝〈意味〉 建物などが□□的なこと。
（「げ」から始まる二字熟語）

④ シナリオ ＝〈意味〉 映画などの□□。
（「き」から始まる二字熟語）

⑤ タブー ＝〈意味〉 習俗上□□とされるものごと。
（「き」から始まる二字熟語）

三

次の□にふさわしい漢字を補って四字熟語を完成させなさい。また、その意味として最も適切なものを、後の(ア)～(コ)の中からそれぞれ選び、記号で答えなさい。

① □態依□

② 暗□□索

③ 危□存□

④ □行無□

⑤ □耳□風

(ア) 自分に都合の良い言動をすること。

(イ) 生きるか滅びるかの大事な時期、状態。

(ウ) 策略をめぐらし、秘術を尽くして渡り合うこと。

(エ) 味方がすべて敵に寝返り、孤立していること。

(オ) 方法や手掛かりがつかめず、いろいろと探ってみること。

(カ) 当事者より第三者のほうが物事の是非が分かること。

(キ) 昔のままで全く進歩のない様子。

(ク) 人の意見や批判などを気にかけないこと。

(ケ) この世の物事は、すべてはかないこと。

(コ) ばらばらで、筋道が立たない様子。

(ア) あるいは
(イ) それゆえ
(ウ) そして
(エ) むしろ
(オ) ところが

問八、――線⑨「ちょっとした手間ときっかけ」とありますが、この具体的な例が含まれている一文を本文中から抜き出し、その最初の五字を答えなさい。

問九、――線⑩「『ゆとり』」とはここではどのようなことですか。本文中の言葉を用いてわかりやすく答えなさい。

問十、⑪ に当てはまる漢字一字を、本文中から抜き出して答えなさい。

問十一、――線⑫「寛容性」として**当てはまらないもの**を、次の(ア)～(エ)の中から一つ選び、記号で答えなさい。
(ア) 映像などの刺激に対する反応の余韻を残す能力
(イ) 脳で蓄積した知識をわずかな手間で取り出せる能力
(ウ) 多人数から出た異なる意見の共通点を発見する能力
(エ) 異なる図形や文字の間に共通点を読みとる能力

問十二、――線⑬「連想の習慣」として最も適切なものを、次の(ア)～(エ)の中から選び、記号で答えなさい。
(ア) 物事に対する新たな見方を受け入れやすくするために、日々の学習内容について、絶えず振り返りながら整理しようとしていくこと。
(イ) 物事に対する見る目や感性を高めていくために、身のまわりの出来事について、絶えず注意を払いながら生活を送ろうとしていくこと。
(ウ) 物事に対する新しい発見や本質の理解に近づくために、固定観念にとらわれることなく、絶えず別の角度から物事を見ようとしていくこと。
(エ) 物事に対する的確な判断能力を養うために、疑問が生じた物事から目をそらすことなく、絶えず解決する方法を探ろうとしていくこと。

問十三、A ～ D に当てはまる言葉の組み合わせとして最も適切なものを、次の(ア)～(エ)の中から選び、記号で答えなさい。
(ア) A 三角形　B コの字　C 円　D 8の字
(イ) A コの字　B 8の字　C 円　D 三角形
(ウ) A 8の字　B 円　C コの字　D 三角形
(エ) A 円　B 三角形　C コの字　D 8の字

問十四、⑭ に当てはまる言葉を、本文中から十字以内で抜き出して答えなさい。

問十五、――線⑮「知恵には『広さ』があり」とありますが、「知恵の広さ」とはどのようなものだと考えられますか。次の(ア)～(エ)の中から最も適切なものを選び、記号で答えなさい。
(ア)「知恵の広さ」とは、忘れることの長所を指していう言葉である。
(イ)「知恵の広さ」とは、蓄えた知識の量に比例して存在するものである。
(ウ)「知恵の広さ」とは、忘れても絶えず学び続ける行為そのものである。
(エ)「知恵の広さ」とは、学んでは忘れることを繰り返すこと自体を指す言葉である。

問十六、⑯ に当てはまる二字熟語を、本文中から抜き出して答えなさい。

問十七、――線⑰「到底真の解決に至らない難問ばかりである」とありますが、この「難問」をより良く「解決」するために、どのような態度が重要であると述べていますか。本文中の言葉を用いて三十五字以内で答えなさい。

問十八、――線⑱「それ」の指示内容を、本文中から抜き出して答えなさい。

問十九、――線⑲「知恵のそういう『強さ』」とありますが、「知恵意見の共通点を発見する能力は大変有用である。
　このように、人がものを考える時は幅をもった考え方をするものであり、またそれでこそ、思考は発展性をもって深まっていくのだ。
　私は、人生には深くものを考えなければならない時期があり、その深い［⑭］も勉強の目的の一つだ、と前にいった。これはいいかえれば、勉強してこそつくられる「知恵の深さ」である。勉強しない人の頭脳は、人間特有の幅をもった思考のレッスンをしないから深くものを考える力、つまり「知恵の深さ」が身につかないのだ。
　⑮知恵には「広さ」があり、「深さ」があり、また「強さ」というものがある。「知恵の強さ」とは、すなわち［⑯］力である。
　私たちが人生で当面する問題には、クイズやテストのようにあらかじめ答えが用意されているものはない。クイズの問題は解答を見つけるだけの問題だが、人生の問題は、相当の時間をかけなければ問題そのものの真意もつかめないし、⑰到底真の解決に至らない難問ばかりである。だから、長い年月をかけて、すべてを知らなければ何の行動も起こせないという姿勢にだけ固執していては、この世は渡っていけない。
　医者が、現在の医学の水準ではある病気について数パーセントしか解明されていなくても、目の前で苦しんでいる患者に何らかの診断をくださなければならない時があるように、⑱それがいかに未解決の難問であろうと、どこかで決断しなければならないのである。飛躍しなければならないのである。
　人間の頭脳は、不連続のものから連続したものを導き出す寛容性をもっている、と私はいった。いいかえれば、実は飛躍であることを飛躍でないととらえられるのが、人間の頭脳である。だから、人間は飛躍ができる。コンピューターやロボットには、それができない。
　決断できる力、どこかでエイッと飛躍できる力。⑲知恵のそういう「強さ」も、人生とは直接かかわらないように見える勉強を積み上げていく中で、身についていくものなのだ。
　知恵には、以上私が述べたほかにもいくつかの側面があるはずだ。いずれにせよ私は、「人はなぜ学ばなければならないか」の答えがあるとすれば、「それは知恵を身につけるためだ」と、答えるほかないのである。

（広中平祐『学問の発見』による）

※　瑣末＝重要ではない、ほんのちょっとしたことであるさま。

問一、――線①「いつも答える言葉がある」とありますが、「いつも答える言葉」を、本文中から抜き出して答えなさい。

問二、――線②「この能力」とはどのような「能力」ですか。それを言い表した二字の熟語を、本文中から抜き出して答えなさい。

問三、〰〰線ⓐ～ⓔの中で、一つだけ品詞の異なるものを選び、記号で答えなさい。

問四、――線③「実はそれは正確ないい方ではないのである」とありますが、「正確ないい方」をしている部分を、本文中から二十五字以内で抜き出し、その最初と最後の五字を答えなさい。

問五、――線④「自由自在」の類義語を、次の㋐～㋓の中から一つ選び、記号で答えなさい。

㋐　臨機応変
㋑　適材適所
㋒　縦横無尽
㋓　徹頭徹尾

問六、――線⑤「厳然」の意味として正しいものを、次の㋐～㋓の中から一つ選び、記号で答えなさい。

㋐　おごそかで動かし難いさま。
㋑　人を威圧するように大げさなさま。
㋒　確かめるまでもなく明らかなさま。
㋓　深く調べなければ判断できないさま。

問七、［⑥］・［⑦］・［⑧］に当てはまる言葉を、次の㋐～㋔の中からそれぞれ選び、記号で答えなさい。

の脳は、記憶したことをほんのわずかしか取り出すことができない、という相違にすぎない。ともあれ、脳に無数の情報を蓄積しているのは⑤厳然とした事実なのである。つまり人間は「忘れる」のではなく、「脳に蓄積し取り出せない状態にする」能力をもつといったほうが正確な表現といえる。

私はこれを、コンピューターなどにはない、人間の脳のみが有する「ゆとり」だと思う。私がこの場合に使った「ゆとり」は数学的な意味での「ゆとり」である。すなわち、わずかしかない「いつでもすぐ取り出せる」情報に対比して、実は膨大な量の情報が「すぐ取り出せない」形で脳に蓄積されているという、後者の前者に対する比率の大きさを「ゆとり」ということにしている。

人間の頭脳にあるこの「ゆとり」が、実は知恵というものをつくる要素の一つなのだ。

ここで一つの例をあげる。今かりに、ある文科系の大学生が卒業論文を書く上で、どうしても高校生の頃に習った数学の因数分解を用いなければならない必要が生じたとする。[⑥]、彼は文科系の学問ばかりしてきたために、いつのまにかすっかり数学の因数分解を忘れてしまっている。どうするか。彼はおそらく図書館に直行して調べるか、理科系の友人にたずねてみるか、何らかの手段を講じるに違いない。[⑦]、そのようにちょっとした労をとった彼は、すぐに「ああ、なるほど」とうなずくことができるに違いない。なぜかというと、彼の頭の中には高校時代に習った因数分解の基礎的な知識が蓄積され眠っているからだ。[⑧]、一度も数学を勉強したことのない人ならば理解するのに長い時間と労力を要するところを、彼は短時間でさほど苦労せずに理解できるのである。

このように、頭脳に蓄積され取り出せない状態にされていた知識は、永遠に取り出せないものではなく、⑨ちょっとした手間ときっかけをつくれば、容易に取り出すことができるのだ。人間の頭脳に⑩「ゆとり」があるからこそ、それが可能なのである。

知恵とは、一つはこのような側面をもったものだと思う。私はこれを「知恵の広さ」と呼ぶことにしている。この「知恵の広さ」は勉強しては忘れ、また勉強しては忘れているうちに、自然と脳の中につちかわれていくのである。

知恵がつくられる場所である人間の頭脳は、また、コンピューターなどと違って、物事を[⑪]をもってみつめ、考えることができるようにできている。つまり寛容な思考態度をとることが人間にはできるのだ。

例えば、コンピューターに映画を見させても、彼は鑑賞することができない。なぜなら、一つ一つのコマがバラバラな画面に見え、そこにある連続した動きがコンピューターには見えないからだ。ところが人間は、一つのコマを見てイメージをはっきり残し、次のコマへ移るまでのきわめて短い間を無視し、前のコマのイメージを持続させて次のコマのイメージと重ねることができる。これは人間の脳がある時は敏感に働き、ある時は鈍感に働き、また刺激に対する反応の余韻を残すという特性をもっているからだが、ともかくも、人間はそのような不連続なものから連続したものを読みとる能力をもっているのだ。

人間の頭脳にあるこの⑫寛容性は、ものを考える上でも発揮される。その一つは連想である。

文章、特に詩とか格言のようなものを読む時、その中の言葉から連想される異なった言葉を、思いつくまま列記しておくとする。列記された言葉のいくつかを組み合わせて新しい文章をつくってみる。こうしたあとで、もう一度、元の文章を読み直すと、意味の理解が深みと新鮮さをもつものだ。連想は、言葉の意味と感じに幅をもたせてみるという脳の寛容性から生まれる。

また⑬連想の習慣は、いくつかの異なるものの間に共通点を読みとる脳の働きにもつながる。数学の簡単な例でいうと、[A]と[B]の共通点は、平面を内側と外側の二つに分割するという性質である。[C]には、この性質はない。[D]は、平面を三つに分割する。実際生活でも、議論をまとめる時に、異なった

二〇一九年度 明治大学付属中野高等学校

【国　語】（五〇分）〈満点：一〇〇点〉

一　次の文章を読んで、後の問いに答えなさい。（字数指定がある問いでは、句読点・記号なども一字として数えます。）

「人間は考える葦《あし》である」と、パスカル（一六二三～一六六二。フランスの数学者、物理学者、思想家）はいった。考えない人間はいないのである。だが、ここ一番という時に、より深く考える力、素養を身につけておくことは、親の手を離れる前に是非ともやっておくべきことだと思う。

実は、私たちが勉強する目的の一つは、この思考力をつちかうことにあるのだ。

人は、なぜ勉強しなければならないのか。一つは思考力をつちかうためにと私は今いったが、実は、この問いに対する答えは私にもわからない。わからないなりに勉強してきたというのが本音である。だが、学生諸君からそんな質問を受けるたびに、①いつも答える言葉がある。私はここで、それに触れておきたい。

人間の頭脳は、過去の出来事だけではなく、過去に得た知識をも、きれいさっぱり忘れてしまうようにできている。ものを忘れる能力、これはコンピューターやロボットにはない人間の長所、あるいは短所といえるだろう。

忘却という人間特有のこの能力が、長所となって現れる場合はずいぶんある。例えば、日常生活を営んでいく上で何ら支障をきたさない※瑣末《さまつ》なことが記憶から去らなかったり、いやな出来事、腹立たしいことなどが忘れられなかったら、人はまず確実に神経がまいってしまう。してみれば、ものを忘れることができるという人間の能力は、この点ではまことに尊い能力だといえるわけである。

では、②この能力が短所となって現れる場合は、どういう場合だろうか。例えば、高校で勉強して得た知識を、大学入試に合格すると間もなく忘れてしまう。また、大学で学んだことを、めでたく就職すると忘れたり、あるいは国家試験に向けて汗水流して覚え込んだ知識を、ライセンスを取得するとどこかへやってしまう。このようなことは、一見、人間の忘れる能力が短所となって現れる例といえそうである。

そこで問題は、勉強してもどうせ忘れてしまうものをⓐなぜ苦労して勉強しなければならないか、ということになる。

私は、学生からこうたずねられると、「それは知恵を身につけるためではないか」と答えることにしているのだ。つまり、学ぶことの中には知恵という、目に見えないが生きていく上に非常に大切なものがつくられていくと思うのである。この知恵がつくられる限り、学んだことを忘れることは人間の非とならない。学ぶことは、結果として無駄にはならないのだ。ⓑだから大いに学び、大いに忘れ、ⓒまた学びなさい、と私は答えることにしている。

では、ⓓいったい「知恵」とは何だろうか。それはきわめてあいまいなもので容易に分析し難いものだが、ただし、人間の中のどこにそれがつくられるかは、はっきりしている。

頭脳である。してみれば、知恵は人間の頭脳の仕組みと何らかの関係をもつものではないか、こんな推論ができそうな気がする。

人間の頭脳の特性を明らかにするには、猿などの動物のそれと比べるより、ⓔやはり頭脳をもった機械、コンピューターやロボットと比較するのが、一番てっとり早いと思う。

まず私は、ものを忘れることはコンピューターやロボットなどにはない人間特有の能力だ、と前に述べた。だが、③実はそれは正確ないい方ではないのである。人間の頭脳には百四十億の神経細胞があって、出来事や知識を無数に蓄積できるようになっているし、事実、蓄積されているのだ。ただコンピューターは記憶したことを④自由自在に百パーセント取り出すことができるのに対して、人間

2019年度／明治大学付属中野高等学校

英語解答

Ⅰ 1 イ　2 ア　3 エ　4 ア
5 イ　6 ウ

Ⅱ 1 salad　2 actors　3 teeth
4 careful　5 succeeded

Ⅲ 1 A…decision　B…I　C…made
2 A…a　B…with　C…suitcase
3 A…anything　B…like　C…to
4 A…country　B…think　C…will
5 A…Neither　B…parents
C…how
6 A…much　B…is　C…to

Ⅳ 1 エ　2 オ　3 イ　4 ウ
5 ア

Ⅴ 1 イ　2 エ　3 ア　4 ウ
5 エ

Ⅵ 問1 エ　問2 カ　問3 イ
問4 ウ　問5 ア
問6 a chance to gain status by showing others
問7 his wife wants to ask a stranger for
問8 ウ　問9 エ
問10 A…イ　B…ア

Ⅰ〔適語(句)選択・語形変化〕

1．made of ～で「～でつくられた」。この made は rings を修飾する過去分詞の形容詞的用法。「多くの文化では，結婚式でカップルが金または銀でつくられた指輪を交換する」

2. Something is wrong with ～で「～の具合が悪い，～が故障している」(≒There is something wrong with ～)。　「このエンジンはどこか故障しているに違いない。動かない！」

3．‘spend＋時(間)＋～ing’で「～して〈時(間)〉を過ごす」。　「私はその夜を家族と一緒にテレビで水泳の試合を見て過ごした」

4．traffic「交通量」の「多い」「少ない」は，形容詞の heavy，light で表せる。and 以下の内容から，交通量が少なかったことがわかる。　「交通量がふだんより少なく，私は今朝早くここに着いた」

5．A：明日雨が降ると思いますか？／B：降らなければいいのですが。／／相手の発言を受けて「そうでないことを望む」と答える場合は I hope not. と言う。ここでは I hope it will not rain. の略と考えられる。

6．A：私はパリに何度か行ったことがあります。／B：私もです。／／肯定文を受けて「(主語)も～だ」と言う場合，‘So＋助動詞/be動詞＋主語.’の形で表せる。本問では‘助動詞’が have となる。なお，否定文を受けて「(主語)も～ない」と言う場合は‘Neither＋助動詞/be動詞＋主語.’の形で表せる。　(例)I'm not a student. — Neither am I.「私は学生ではありません」—「私も違います」

Ⅱ〔単語の定義—適語補充〕

1．「非加熱の野菜が混ぜられた料理」—「サラダ」　「このサラダにドレッシングが欲しいですか」

2．「仕事が演劇や映画で演じることである人」—「俳優」　本問では主語が He なので actress ではなく actor を使う。　「彼は日本で最も偉大な俳優の１人である」

3．「かみ切ったりかんだりするための，口の中にある硬いもの」—「歯」　本問では were で受けているので複数形 teeth とする。　「私は実際，彼女にどうして雪のように歯が白いのか尋ねた」

4.「安全に多くの注意を払うこと」―「注意深い」　「夜1人で歩くときはもっと気をつけるべきだ」

5.「学校や職業や他の活動でうまくやること」―「成功する」　succeed in ～で「～に成功する」。本問では過去形にするのを忘れないこと。　「彼は若いときに商売で成功した」

Ⅲ〔整序結合〕

1.'It is ～ to …'「…することは～だ」の形式主語構文にする。真の主語はto come以下の「この学校に来たこと」。'～'に当たる「今までした中で最高の決断」は，'the＋最上級＋名詞(＋that)＋主語＋have/has ever＋過去分詞'「今までに…した中で最も～な―」の形で表せる。　make a decision「決断する」　It was the best decision that I have ever made to come to this school.

2.「運ぶ」に当たるcarryがないので，「私のこのスーツケースを手伝ってくれませんか」と読み換えて'help＋人＋with ～'の形を考える。しかしhelpもないので，その代わりとなる'give＋人＋a hand'「〈人〉に手を貸す」を用いて組み立てる。　Would you give me a hand with this suitcase?

3．Is there anything「何かありますか」で始め，anythingを修飾する「(あなたが)私たちに知ってほしい」を後ろに続ける。「〈人〉に～してほしい」は'would like＋人＋to ～'で表せる。　Is there anything you would like us to know about the festival?

4.「どの国に彼女は行くと思いますか」のようなYes/Noで答えられない疑問文は疑問詞から始め，'疑問詞＋do you think＋(主語＋)動詞…'という語順になる。　Which country do you think she will visit to study art?

5.「(2人のうち)どちらも～ない」は'Neither of＋複数名詞 ～'で表せる。なお，'Neither of＋複数名詞'は原則，単数として扱う。　Neither of my parents knows how to drive.

6．wonderの目的語として「どれくらいの食料が必要なのか」という意味の間接疑問をつくる。語群にisとneededがあるので，「どれくらいの食料が必要とされるのだろう」という受け身形にする。間接疑問は'疑問詞＋主語＋動詞…'の語順になるが，ここでは疑問詞how much foodが主語になるのでこの後に動詞is neededを続ける。「終わらせる」は動詞endで表す。　I wonder how much food is needed to end world hunger.

Ⅳ〔長文読解―適文選択―説明文〕

≪全訳≫❶ピラミッドはナイル川の西岸につくられた。エジプト人が西岸を「死者の土地」として選んだのは，そこが毎日死にゆく太陽が沈む場所だったからだ。❷ピラミッドの建設は一般的に5月と6月の乾季に開始された。1それはナイル川の水位が最も低い時期だった。前年の作物の収穫は終わっていた。地面は焼けつくような太陽の下で乾いていた。農民たちには畑でする仕事がなかった。❸農民たちがピラミッドの建設者になった。彼らには労働の対価が食料と衣服の形で支払われた。労働者たちには道具が支給された。2当時のエジプトには硬貨も他の形のお金も存在しなかったのだ。農民の多くはおそらく，強制労働というよりは自らの自由意志でピラミッド建設に従事したのだろう。その仕事は彼らの生計の一助だった。❹ナイル川の洪水が始まると，船は遠い採石場から川を下って石を運んでくることができた。その石は砂漠の端の建設現場近くで船から下ろすことができた。しかし，ピラミッドに使われた石の多くは周囲の砂漠そのものからきた。地上では，石は幅の広い木製の滑走部がついたそりに乗せて運ばれた。3車輪はおそらく役に立たなかっただろう。すぐに砂に沈んでしまっただろうから。❺作業のどの段階も人の労働によって行われた。4巨大な石のブロックは手で切り出され形づくられた。銅の道具が使われた。エジプト人は鉄を持っていなかった。石は木のくさびの助けを借りて持ち上げられ，そりに乗せられた。強い木の棒がてことして使われた。そのそりを引いたのも動物ではなく男たちの一団だった。エジプト人が農作業に使った牛やロバは，砂漠ではエサや水を得られなかったのだろう。❻ピラミッドが高くなるにつれ，石の塊は岩や砂，泥でできた坂をのぼって上に引っ張られた。丸太が坂に敷かれ，数フィートごとに泥に埋め込まれていた。5 それらは，重い荷が後ろに滑ることを防ぐストッパーとしてはたらいた。内部の部屋や通路はどれもピラミッドの上部が完成する前にでき上がっている必要があった。❼全部で約80のピラミッドがエジプトの王たちの墓所として建設された。

1．この段落ではピラミッドの建設が開始される乾季がどういう時期かについて述べている。エの That was when ～「それは～するときだった」の That が直前の May and June を指している。
2．空所の前に，労働者には食料や衣服，道具が与えられたと書かれており，これは当時お金が存在しなかったからだと考えられる。　3．砂の上での石の運搬方法について述べた部分。実際に使われた「幅の広い木製の滑走部がついたそり」に対して，車輪ではどうだったかを述べるイが適切。続く文の They はイの Wheels を指し，これが役に立たなかったと考えられる理由を述べている。この2つの文の‘would have＋過去分詞’は「(もし…していたら)～だっただろう」という意味を表す。
4．この段落では具体的な作業工程について述べている。直前の「どの作業も人が行った」という内容から，石が人力で整形されたというウが適切。　5．直前の文にある，坂に埋め込まれた丸太の役割について述べるアが適切。　‘keep … from ～ing’「…が～するのを妨げる」

V〔長文読解─英問英答─説明文〕

≪全訳≫❶リオデジャネイロのビーチの完璧な夏の朝のことだった。1人の男がパラソルと椅子を水際にセットした。周囲には他にほとんど誰もおらず，彼は本を読むのを楽しみにしていた。ちょうどそのとき，海の方に目をやると，水中から浮かび上がってくる小さな影に気づいた。それは砂の上にゆっくりと上がってきて，羽をぱたぱたやり始めた。それはとても弱って疲れているように見えた。❷その生き物がほんの数フィート先に来たとき，男は自分の目が信じられなかった。ペンギン？　リオのビーチに？　ペンギンはリオにいるものじゃない。男は驚いた。彼は，この不思議な光景の証人になってくれる人が誰かいないかと辺りを見回した。❸まもなくジョギングをしている人が1人現れ，もう1人が続いた。彼らは立ち止まり，目を見張った。明らかにペンギンの息は苦しそうだった。ジョギングをしていた最初の1人は海を見て言った。「かわいそうに，家からこんな遠い所で」❹ペンギンは横向けに倒れた。それはペンギンの好物である小イワシを探して2000マイルを泳いできたのだった。どうしてこのペンギンはこんな遠くまで来なければならなかったのだろうか。もしかすると地球温暖化によってよく起こる海流と気温の変化で混乱したのかもしれない。ペンギンは助けを必要としていた。それは熱い砂の上では生き延びられない。❺ジョギングをしていた1人が電話で助けを求め，まもなく何人かの消防士が到着した。ペンギンはもう大丈夫だろうと男はほっとしたが，少し悲しくもあった。その弱々しく無力な生き物のおかげで，彼は人間がこの惑星に与える影響を理解したのだった。❻リオデジャネイロのビーチのこの出来事はしばらく前に起こったことだ。それはブラジルへのペンギンの回遊の始まりにすぎなかった。それ以来，何百頭ものペンギンがブラジルの海岸に現れている。彼らはパタゴニアやマゼラン海峡といった南アメリカの南部からはるばるやってくる。彼らは疲れ果て，飢えて砂の上に上陸する。人々はしばしば彼らを救おうと駆けつけるがどうすればよいかわからず，ペンギンの多くが死んでしまう。中には船や飛行機でずっと南の冷たい海に戻されるものもいる。❼ペンギンたちのその経験によって，私たちは，人間の活動が気候変動や私たちの惑星の状態に及ぼす深刻な影響をより理解できるかもしれない。

1.「どうして男はビーチに行ったか」―イ.「リラックスしたかった」　第1段落第2，3文参照。　2.「ビーチにいた人々はどうして驚いたか」―エ.「ペンギンは生息地から遠く離れた所にいた」　第2段落第4文および第3段落最終文参照。リオのビーチは本来ペンギンが来るはずのない場所である。　3.「どうしてペンギンは生息地からそんなに離れた所まで来たか」―ア.「食べ物を探していた」　第4段落第2文参照。penguins like to eat は tiny anchovies を修飾する。anchovy はカタクチイワシのこと。　4.「ブラジルの海岸にペンギンが現れたのはこのときだけだったか」―ウ.「いや，それは何度もあったことの最初だった」　第6段落第2，3文参照。

5.「どうして男は少し悲しかったか」―エ.「彼は人間の活動が地球に及ぼす悪影響のことを思っていた」　第5段落最終文参照。　'impact of ～ on …'「～の…への〔～が…に及ぼす〕影響」

Ⅵ〔長文読解総合―説明文〕

≪全訳≫❶ジョイ・フィッシャーが生まれて数時間後に，彼女の両親は彼女の写真を撮った。ジョイの母はジョイの頭にピンクのヘアバンドを巻き，そのおかげで写真を見る誰もが生まれた赤ちゃんは女の子だとわかった。生まれる前からジョイの両親は彼女が女の子だと知っていた。妊娠6か月のとき，ジョイの母は超音波検査による画像をもらった。医師が「絶対ここに小さなレディがいるよ」と言ったとき，ジョイの両親は親戚や友達みんなに自分たちの赤ちゃんは女の子だと話した。すぐにピンクの服や人形などの贈り物が届き始めた。ジョイの両親は彼女の部屋をピンクと白で飾った。❷数年後，ジョイの弟のトミーが生まれた。彼の部屋は青く塗られ，彼は贈り物として本やサッカーボールをもらった。ジョイは母が生まれた赤ちゃんの世話をするのを喜んで手伝った。彼女は学校で他の女の子たちと遊ぶのも好きだった。今ではトミーも学校に入学し，そこで彼は他の男の子たちと遊んでいる。ジョイとトミーがするゲームは全く違う。ジョイは2人の親友と縄跳びをするのが大好きだ。トミーは大勢の男の子たちと球技をするのが好きだ。試合をするとき，トミーはときどきキャプテンになる。彼は他の男の子たちに何をするか指図するのが好きだ。一方，ジョイは新しい女の子たちが自分の友達の中に入ってきて縄跳びのやり方を変えようとすると，それが気に食わない。これらの子たちの何人かは偉そうにしすぎると彼女は思うのだ。❸ジョイとトミーは2人ともアメリカの文化の中で育っている。A2人はこの文化の中で，女の子であることや男の子であることが何を意味するかを学んでいる。2人が生まれたときの女と男という性は，今やジェンダー，すなわち女性らしいあるいは男性らしいと見なされる考え方，話し方，振る舞い方になりつつある。どの文化にもジェンダーを規定する独自のやり方があり，人生の非常に早い段階においてジェンダーは人間のアイデンティティの基本的な部分になる。ジョージタウン大学教授のデボラ・タネンによれば，ジェンダーの違いは男性や女性の言葉の使い方にも反映されている。コミュニケーションを研究するタネンらは，これらの違いは人生の早い時期から始まっていると考えている。❹例えば，アメリカやカナダでは，男の子と女の子はたいてい同性のグループで遊ぶ。男の子たちは大きいグループで遊び，その中ではどの子も自分の場所を心得ている。一部はリーダーで，他は従う人間だ。男の子たちはリーダーの座をめぐって互いに競争する。自慢することで，つまり自分がどんなにうまくやれるかを話すことで注目を集めたがる男の子は多い。B彼らがするゲームには，多くの場合複雑なルールがあり，一人ひとりが懸命に勝とうとする。❺対照的に，女の子たちはたいてい小さいグループで遊ぶ。ときにはたった1人か2人の「親友」と遊ぶこともある。多くの女の子は他の女の子から好かれることを望み，これは彼女たちにとって勝つことより大事だ。C彼女たちは公平に遊ぶことと交代することに関心を払うだろう。例えば，女の子たちが一緒に縄跳びをする場合，他の子たちが跳んでいる間，２人が縄を持つ。縄を持っていた子は，次は跳ぶ番になるのだ。❻タネンは，これらの違いが遊んでいるときの子どもたちの言葉遣いに反映されることを発見した。男の子たちは互いに話しているときによく命令を使う。例えば，トミーがキャプテンのとき彼はこう言うだろう，「君が最初に行け。僕を待つな」。他の男の子たちのリーダーとして，彼は彼らに何をすべきかを正確に伝えるのだ。しかし，ジョイが自分の友達を動かしたいとき，彼女は別の形の言葉を使う。命令を使う代わりに彼女はこう言う。「こんなふうにやってみよう。これをやろう」　このようにして彼女は偉そうに聞こえることなく他の女の子たちをまとめようとする。また，「～しよう」という形を使うことで，彼女は女の子たちがみんな同じグループに所属しているという事実を強調もしている。❼ジョイとトミーは成長に応じて，異なる話し方を続けるだろう。中学校では，ジョイの地位は仲間の友達に左右される。もし彼女の友達が人気者なら，ジョイは学校で高い地位を得られるだろう。この理由から，ジョイや他の多くの女の子たちはうわさ話に興味を持つ。もしジョイが，学校で人気のある女の子について人に教えられる情報を持っていれば，それは彼女がその子と仲良くしている証拠になる。こんなふうに，ジョイは学校でより高い地位を得るためにうわさ話を使うことができる。❽他方，トミーはうわさ話にさほど興味を持たないだろう。彼の地位は，学校で誰が友達かということに関係がない。トミーは，スポーツがうまくできる，あるいはいい成績をとるといった自分自身の能力を通じて地位を得るのだ。その後の人生で，ジョイは他人やその生活について話すことに興味を持ち続けるかもしれない。トミーは個人的な話にそれほど興味を持たず，スポーツやニュースの議論に関心を払うだろう。これらは彼に，自分の知識を他人に見せることによって地位を得るチャンスを与える。❾異なる話し方はジェンダーの一部である。大人になると，男性と女性は互いのコミュニケーションの難しさに直面することがある。コミュニケーションの研究によると，女性が夫にある問題について話す場合，彼女は夫が聞いてくれて共感を表してくれることを期待する。夫が単にその問題の解決法を言うだけの場合には，彼女は気分を害するだろう。同様に，夫は，妻が知らない人に公園やレストランへの道をききたがるといらいらするかもしれない。妻とは違い，彼は地図を使って自分で道を見つける方がいいと思うだろう。❿言葉はまた，男性と女性の友情についての考え方の違いの一部でもある。北アメリカの男性はたいてい，友達づきあいとはキャンプやテニスといったことを一緒にすることだと考えている。話すことはほとんどの男性にとって交友の重要な部分ではない。一方，アメリカの女性は普通，しょっちゅう話す相手のことを一番の友達だと考えている。女性にとって友達と話すこと，意見が一致することは非常に重要だとタネンは考えている。タネンは，女性が男性とは対照的に付加疑問をよく使うことを発見した。例えば，女性はこう言うだろう。「これはすごくいいレストランよね？」　発言に付加疑問を加えることで，彼女は他の人々が自分に同意してくれることを求めているのだ。同様に，多くの女性は，「Can you close the door?(ドアを閉めてくれる？)」「Could you help me?(手伝ってもらえる？)」「Would you come here?(こっちに来てくれる？)」のように，よりていねいな形を使う。しかし，男性はより直接的に話し，「Close the door.(ドアを閉めろ)」「Help me.(手伝え)」「Come here.(こっちに来い)」というふうにストレートに命令することが多い。⓫これらの違いは，アメリカの文化の中で成長し，アメリカ文化のジェンダーのルールに従うことの一部であるように思える。もし男性と女性が，双方の違いの多くは個人的なものではなく文化的なものであると理解できれば，関係を改善することができるかもしれない。言葉遣いにジェンダーの違いがあるおかげでコミュニケーションに複数のやり方があるのだということを，彼らはわかってくるだろう。

問１＜語句解釈＞下線部①の後の医師の言葉に着目。「ここに小さなレディがいる」は，母に渡した画像を見ながら言っていると考えられる。sonogramは超音波検査によって得られる診断画像のこと。

問２＜適文選択＞本文第３～５段落では，男の子と女の子の遊び方の傾向の違いを一般化して述べている。Aには，直前の文のthe culture of the United Statesをthis cultureで受けて，女の子らしさや男の子らしさは文化の中で学んでいくと述べる３が入る。男の子の遊び方についての記述に続くBには，各自が勝とうとするという２，女の子の遊び方についての記述に続くCには，競争より公平さを好むという１が適切。

問３＜適語選択＞the ways that children use (　)は「子どもたちが～を使うやり方」という意味。この後，男の子と女の子の遊びの場面での言葉の違いについて述べている。

問４＜適語(句)選択＞男の子の使う命令と対照させて女の子の使う話し方を紹介しようとしている箇所。前に述べたことを受けて「～する代わりに，～しないで」という意味を表すInstead of ～が適切。　in case of ～「～の場合には」

問５＜文脈把握＞下線部④の直前For this reason「この理由から」のthis reasonが指すものが答えになる。このthis reasonはその前の文の内容を受けているので，それと同様の内容のア.「うわさ話は彼女たちに高い地位をもたらす」が適切。status「地位，身分」がrank「地位，階級」に言い換えられている。

問６＜整序結合＞a chance to ～「～するチャンス」，gain status「地位を得る」，by ～ing「～することによって」など，結びつく可能性のあるかたまりをつくりながら，意味を考えて組み立てる。give himの後ろにa chance to gain status「地位を得るチャンス」と続け，その後にby showing others (his knowledge)「(自分の知識)を他人に見せることによって」を続けると文が成立する。

問７＜整序結合＞whenの後ろの‘主語＋動詞...’を組み立てる。主語になるのはhis wifeかa stranger，どちらにしても動詞は３人称単数のwantsなのでwants to askとし，後を‘ask＋人＋for ～’「〈人〉に～を求める」の形にまとめる。「～への道順を求める」とは「～への道順を尋ねる」ということ。後の文から，道をきく‘主語’はhis wifeだとわかる。

問８＜適語(句)選択＞空所⑦の前後では対照的な言葉遣いについて述べられているので，‘逆接’を表すHowever「しかし」が適切。

問９＜内容一致＞「ジョイの友達づき合いはおそらくトミーのほど(　　)」―エ.「競争的ではない」　ジョイの友達との関係はトミーのそれと比べてどうであるかを答える。本文では遊び方や言葉遣いに関して，男の子は競争好きで命令型，女の子は協調的で同意を求めると述べており，これに合うのは「競争的でない」の意味のless competitive。

問10＜要約文完成＞≪全訳≫男の子と女の子は異なる振る舞い方や話し方，考え方を身につける。これらの異なる振る舞いはジェンダーの違いを反映している。アメリカでは，男の子たちはゲームで互いに競争することを学ぶ。一方，女の子たちは遊ぶときに平等であろうとする。言葉遣いは子どもたちのジェンダーを反映する。男の子はたいてい命令するが，女の子はよく提案する。言葉とジェンダーは両方ともとても緊密に文化と関わり合っている。

＜解説＞A．On the other hand「一方」の後には，前とは対照的な内容が続く。competitive「競争好きな」と相反する意味の「平等であろうとする」となるイが適切。　B．be related to ～で「～に関連している」。本文第３段落および最終段落参照。ジェンダーによる言葉遣いや行動の差異は文化によって規定されると述べられている。

数学解答

1 (1) $\dfrac{x^2-y^2}{6}$　(2) $7\sqrt{2}$

(3) $(x+2)(x+4)(x^2+6x-4)$

(4) $\dfrac{-1\pm\sqrt{17}}{2}$

2 (1) $a=-2$, $b=-4$　(2) 4

(3) $\dfrac{4}{15}$

(4) 小学生…54人　中学生…36人

高校生…24人

3 (1) (2, 12)　(2) 75

4 (1) 2cm　(2) $\dfrac{4}{3}$cm

5 (1) $\dfrac{289}{4}$cm^2　(2) 5：7：5

6 (1) $\dfrac{9\sqrt{3}}{2}$cm^2　(2) $\sqrt{30}$cm

1〔独立小問集合題〕

(1)＜式の計算＞与式$=\dfrac{3(x-y)^2-2(x^2-y^2)+6y(x-y)}{6}=\dfrac{3(x^2-2xy+y^2)-2x^2+2y^2+6xy-6y^2}{6}=\dfrac{3x^2-6xy+3y^2-2x^2+2y^2+6xy-6y^2}{6}=\dfrac{x^2-y^2}{6}$

(2)＜平方根の計算＞与式$=\dfrac{3\times\sqrt{2}}{\sqrt{2}\times\sqrt{2}}+3\times6\sqrt{2}-\dfrac{6}{2\sqrt{2}}+3\times3\sqrt{2}-4\times5\sqrt{2}=\dfrac{3\sqrt{2}}{2}+18\sqrt{2}-\dfrac{3\times\sqrt{2}}{\sqrt{2}\times\sqrt{2}}+9\sqrt{2}-20\sqrt{2}=\dfrac{3\sqrt{2}}{2}+18\sqrt{2}-\dfrac{3\sqrt{2}}{2}+9\sqrt{2}-20\sqrt{2}=7\sqrt{2}$

(3)＜因数分解＞$x^2+6x=X$とすると，与式$=X(X+4)-32=X^2+4X-32=(X+8)(X-4)=(x^2+6x+8)(x^2+6x-4)=(x+2)(x+4)(x^2+6x-4)$となる。

(4)＜二次方程式の応用＞二次方程式$x^2-(2k+1)x+4=0$の1つの解が$x=k$だから，解を方程式に代入すると，$k^2-(2k+1)k+4=0$，$k^2-2k^2-k+4=0$，$-k^2-k+4=0$，$k^2+k-4=0$となる。解の公式より，$k=\dfrac{-1\pm\sqrt{1^2-4\times1\times(-4)}}{2\times1}=\dfrac{-1\pm\sqrt{17}}{2}$となる。

2〔独立小問集合題〕

(1)＜連立方程式の応用＞$ax+2y=-b$……①，$2ay=-8x+b$……②とする。①，②の連立方程式の解が$x=1$，$y=3$だから，①に代入すると，$a\times1+2\times3=-b$，$a+b=-6$……③となり，②に代入すると，$2a\times3=-8\times1+b$，$6a-b=-8$……④となる。③，④を連立方程式として解くと，③＋④より，$a+6a=-6+(-8)$，$7a=-14$，$a=-2$となり，これを③に代入して，$-2+b=-6$，$b=-4$となる。

(2)＜式の値＞$2\sqrt{5}=\sqrt{20}$だから，$\sqrt{16}<\sqrt{20}<\sqrt{25}$より，$4<2\sqrt{5}<5$である。よって，$2\sqrt{5}$の整数部分は4だから，小数部分$a$は$a=2\sqrt{5}-4$となる。したがって，与式$=a(a+8)=(2\sqrt{5}-4)(2\sqrt{5}-4+8)=(2\sqrt{5}-4)(2\sqrt{5}+4)=(2\sqrt{5})^2-4^2=20-16=4$となる。

(3)＜確率—カード＞2枚ずつある1のカード，2のカード，3のカードを，それぞれ，1a，1b，2a，2b，3a，3bとして同じ数字を区別する。この中から同時に2枚のカードを取り出すとき，取り出し方は，(1a，1b)，(1a，2a)，(1a，2b)，(1a，3a)，(1a，3b)，(1b，2a)，(1b，2b)，(1b，3a)，(1b，3b)，(2a，2b)，(2a，3a)，(2a，3b)，(2b，3a)，(2b，3b)，(3a，3b)の15通りある。このうち，和が5になる組は，(2a，3a)，(2a，3b)，(2b，3a)，(2b，3b)の4通りある。よって，求める確率は$\dfrac{4}{15}$である。

(4)＜連立方程式の応用＞中学生の人数をx人，高校生の人数をy人とすると，小学生は高校生の$\dfrac{9}{4}$倍なので，$\dfrac{9}{4}y$人と表せる。人数の合計が114人より，$\dfrac{9}{4}y+x+y=114$が成り立ち，$4x+13y=456$……

①となる。また，入場料は，小学生が250円，中学生が400円，高校生が600円で，入場料の合計が42300円だから，$250\times\frac{9}{4}y+400x+600y=42300$ が成り立ち，$32x+93y=3384$……②となる。①，②を連立方程式として解くと，①×8－②より，$104y-93y=3648-3384$，$11y=264$，$y=24$ となり，これを①に代入して，$4x+312=456$，$4x=144$，$x=36$ となるから，小学生は $\frac{9}{4}y=\frac{9}{4}\times24=54$(人)，中学生は36人，高校生は24人である。

3 〔関数—関数 $y=ax^2$ と直線〕

≪基本方針の決定≫(1)　等積変形を利用する。

(1)＜座標—等積変形＞右図1で，△ABC，△AOBの底辺をABとすると，△ABC＝△AOBより，高さは等しくなる。これより，AB∥OCである。2点A，Bは放物線 $y=3x^2$ 上にあり，それぞれの x 座標は -1，3なので，点Aの y 座標は $y=3\times(-1)^2=3$，点Bの y 座標は $y=3\times3^2=27$ となり，A$(-1,\ 3)$，B$(3,\ 27)$である。よって，直線ABの傾きは $\frac{27-3}{3-(-1)}=\frac{24}{4}=6$ となるので，直線OCの傾きも6となり，直線OCの式は $y=6x$ となる。点Cは放物線 $y=3x^2$ と直線 $y=6x$ の交点だから，$3x^2=6x$，$x^2-2x=0$，$x(x-2)=0$ より，$x=0$，2となり，点Cの x 座標は2である。y 座標は $y=3\times2^2=12$ となるので，C$(2,\ 12)$となる。

図1

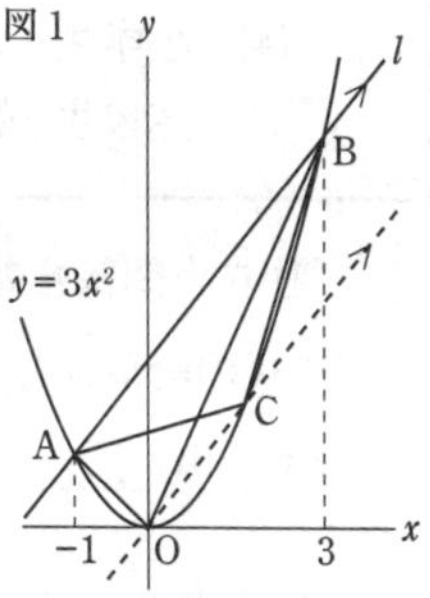

(2)＜面積—等積変形＞右図2で，(1)より直線ABの傾きは6だから，その式を $y=6x+b$ とすると，A$(-1,\ 3)$を通るから，$3=6\times(-1)+b$，$b=9$ となる。よって，直線ABと y 軸との交点をDとすると，切片が9より，D$(0,\ 9)$となり，OD＝9となる。ODを底辺と見ると，△AODの高さは1，△BODの高さは3だから，△AOB＝△AOD＋△BOD＝$\frac{1}{2}\times9\times1+\frac{1}{2}\times9\times3=18$ となる。次に，△AOB：△AEB＝3：5となる点Eを y 軸上の点Dより上側にとる。このとき，△AEB＝$\frac{5}{3}$△AOB＝$\frac{5}{3}\times18=30$ となる。また，△AOB：△AP′B＝△AOB：△AP″B＝3：5より，△AEB＝△AP′B＝△AP″Bとなるから，3点P′，E，P″は一直線上にあり，P″P′∥ABとなる。直線ABの傾きは6だから，直線P″P′の傾きも6となる。E$(0,\ t)$とおくと，ED＝$t-9$ となり，EDを底辺と見ると，△AEDの高さは1，△BEDの高さは3だから，△AEB＝△AED＋△BED＝$\frac{1}{2}\times(t-9)\times1+\frac{1}{2}\times(t-9)\times3=2t-18$ と表せる。よって，$2t-18=30$ が成り立ち，$2t=48$，$t=24$ となるから，直線P″P′の式は $y=6x+24$ である。2点P′，P″は放物線 $y=3x^2$ と直線 $y=6x+24$ の交点だから，$3x^2=6x+24$，$x^2-2x-8=0$，$(x-4)(x+2)=0$ より，$x=4$，-2 となり，点P′の x 座標は4，点P″の x 座標は -2 である。ここで，〔四角形ABP′P″〕＝△AP′B＋△P′AP″と考える。4点A，B，P′，P″から x 軸に垂線AA′，BB′，P′Q，P″Rを引くと，P″P′∥AB，P″R∥AA′∥BB′∥P′Qだから，△AP′B：△P′AP″＝AB：P″P′＝A′B′：RQ＝$\{3-(-1)\}:\{4-(-2)\}=2:3$ となる。△AP′B＝△AEB＝30だから，△P′AP″＝$\frac{3}{2}$△AP′B＝$\frac{3}{2}\times30=45$ であり，〔四角形ABP′P″〕＝30＋45＝75となる。

図2

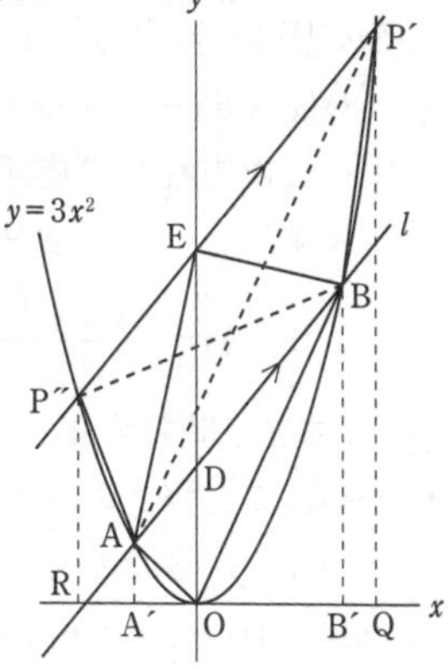

4 〔平面図形—円と三角形〕

≪基本方針の決定≫円の半径を文字でおき，三角形の面積について方程式をつくる。

(1)＜長さ＞次ページの図1において，△ABCは∠ACB＝90°の直角三角形だから，三平方の定理より，

$AB=\sqrt{BC^2+AC^2}=\sqrt{8^2+6^2}=\sqrt{100}=10$ となる。また，円 O_1 と辺 BC，AC，AB の接点をそれぞれ D，E，F とすると，$O_1D\perp BC$，$O_1E\perp AC$，$O_1F\perp AB$ となる。そこで，$O_1D=O_1E=O_1F=r$ とすると，$\triangle O_1BC=\frac{1}{2}\times BC\times O_1D=\frac{1}{2}\times 8\times r=4r$，$\triangle O_1AC=\frac{1}{2}\times AC\times O_1E=\frac{1}{2}\times 6\times r=3r$，$\triangle O_1AB=\frac{1}{2}\times AB\times O_1F=\frac{1}{2}\times 10\times r=5r$ と表され，$\triangle ABC=\triangle O_1BC+\triangle O_1AC+\triangle O_1AB=4r+3r+5r=12r$ と表せる。

図1

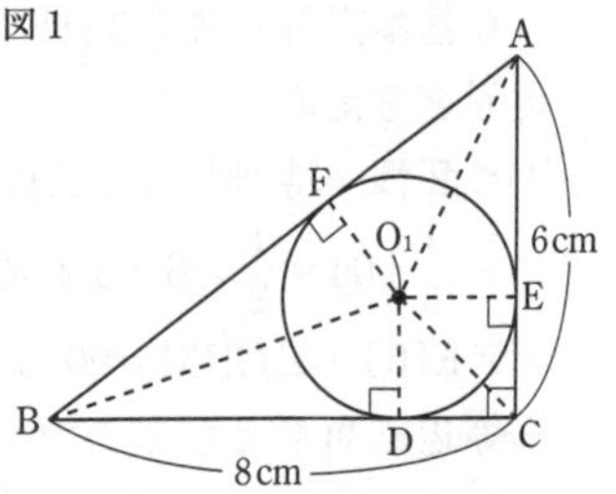

一方，$\triangle ABC=\frac{1}{2}\times BC\times AC=\frac{1}{2}\times 8\times 6=24$ となるので，$12r=24$ が成り立ち，$r=2$(cm)となる。

(2)＜長さ＞右図2のように，円 O_2，O_3 と $\triangle ABC$ の辺との接点を P，Q，R とし，円 O_2 と円 O_3 の接点を S とする。円 O_2，O_3 の半径を x とすると，$O_2P=O_2R=x$ であり，4点 O_2，S，O_3，Q は一直線上の点となるから，$O_2S=O_3S=O_3Q=x$ より，$O_2Q=3x$ となる。$\triangle O_2BC=\frac{1}{2}\times BC\times O_2P=\frac{1}{2}\times 8\times x=4x$，$\triangle O_2AC=\frac{1}{2}\times AC\times O_2Q=\frac{1}{2}\times 6\times 3x=9x$，$\triangle O_2AB=\frac{1}{2}\times AB\times O_2R=\frac{1}{2}\times 10\times x=5x$ だから，$\triangle ABC=\triangle O_2BC+\triangle O_2AC+\triangle O_2AB=4x+9x+5x=18x$ と表せる。よって，$18x=24$ が成り立ち，$x=\frac{4}{3}$(cm)となる。

図2

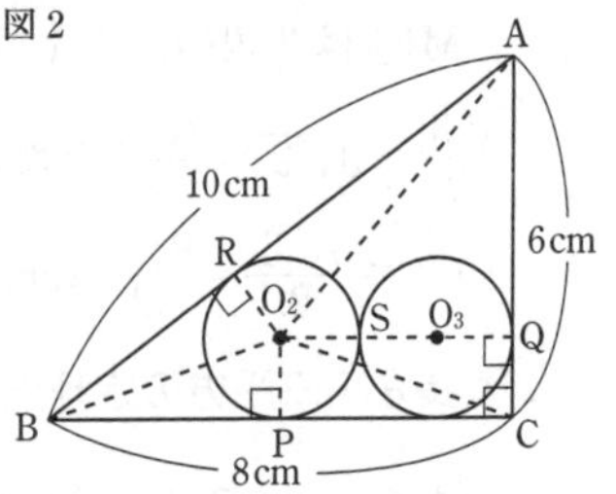

5〔平面図形―円と相似〕

≪基本方針の決定≫(1)　BD で2つの三角形に分ける。　(2)　それぞれの線分の長さを求める。

(1)＜面積―三平方の定理＞右図で，$\angle BAD=90^\circ$ より，$\triangle ABD=\frac{1}{2}\times AB\times AD=\frac{1}{2}\times 5\times 12=30$ となる。また，線分 BD は円 O の直径となる。$\triangle ABD$ で三平方の定理を用いると，$BD=\sqrt{AB^2+AD^2}=\sqrt{5^2+12^2}=\sqrt{169}=13$ となる。対角線 AC は $\angle BAD$ の二等分線なので，$\angle BAC=\angle DAC=\frac{1}{2}\angle BAD=\frac{1}{2}\times 90^\circ=45^\circ$ となり，円周角の定理より，$\angle BDC=\angle BAC=45^\circ$，$\angle DBC=\angle DAC=45^\circ$ となる。よって，$\triangle BCD$ は $CB=CD$ の直角二等辺三角形であるから，$CB=CD=\frac{1}{\sqrt{2}}BD=\frac{1}{\sqrt{2}}\times 13=\frac{13\sqrt{2}}{2}$ となり，$\triangle BCD=\frac{1}{2}\times CB\times CD=\frac{1}{2}\times\frac{13\sqrt{2}}{2}\times\frac{13\sqrt{2}}{2}=\frac{169}{4}$ となる。したがって，〔四角形 ABCD〕$=\triangle ABD+\triangle BCD=30+\frac{169}{4}=\frac{289}{4}$($cm^2$)となる。

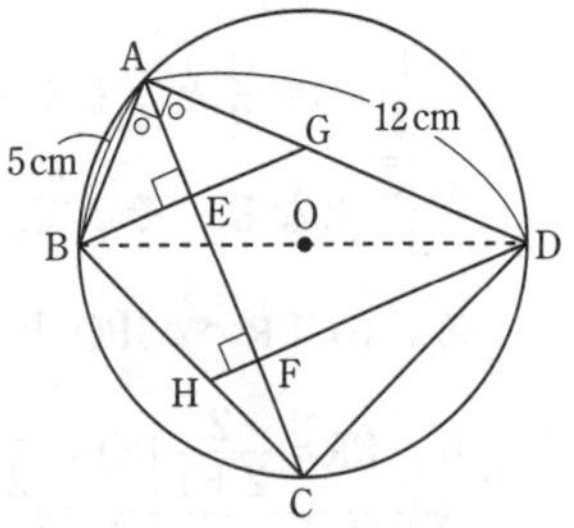

(2)＜長さの比―三平方の定理＞右上図で，$BG\perp AC$，$\angle BAC=45^\circ$ より，$\triangle ABE$ は直角二等辺三角形だから，$AE=\frac{1}{\sqrt{2}}AB=\frac{1}{\sqrt{2}}\times 5=\frac{5\sqrt{2}}{2}$ である。また，$DH\perp AC$，$\angle DAC=45^\circ$ より，$\triangle ADF$ も直角二等辺三角形だから，$AF=\frac{1}{\sqrt{2}}AD=\frac{1}{\sqrt{2}}\times 12=6\sqrt{2}$ となり，$EF=AF-AE=6\sqrt{2}-\frac{5\sqrt{2}}{2}=\frac{7\sqrt{2}}{2}$ となる。さらに，$BE=AE=\frac{5\sqrt{2}}{2}$，$CB=\frac{13\sqrt{2}}{2}$ だから，$\triangle BCE$ で三平方の定理より，$CE=\sqrt{CB^2-BE^2}=\sqrt{\left(\frac{13\sqrt{2}}{2}\right)^2-\left(\frac{5\sqrt{2}}{2}\right)^2}=\sqrt{72}=6\sqrt{2}$ となり，$FC=CE-EF=6\sqrt{2}-\frac{7\sqrt{2}}{2}=\frac{5\sqrt{2}}{2}$ である。よって，$AE:EF:FC=\frac{5\sqrt{2}}{2}:\frac{7\sqrt{2}}{2}:\frac{5\sqrt{2}}{2}=5:7:5$ である。

6〔空間図形―直方体〕

≪基本方針の決定≫(1)　正三角形であることに気づきたい。　(2)　線分CPが斜辺となる直角三角形を考える。

(1)＜面積—特別な直角三角形＞右図で，点Mは辺DHの中点なので，$MH=\frac{1}{2}DH=\frac{1}{2}\times 6=3$となる。よって，$MH=EH=GH=3$，$\angle MHE=\angle EHG=\angle GHM=90^\circ$より，△MEH，△EGH，△GMHは合同な直角二等辺三角形となるので，$ME=EG=GM$となり，△MEGは正三角形となる。$ME=\sqrt{2}MH=\sqrt{2}\times 3=3\sqrt{2}$より，正三角形MEGの1辺の長さは$3\sqrt{2}$cmである。点Jが線分EGの中点より，$MJ\perp EG$であり，△MEJは3辺の比が$1:2:\sqrt{3}$の直角三角形だから，$MJ=\frac{\sqrt{3}}{2}ME=\frac{\sqrt{3}}{2}\times 3\sqrt{2}=\frac{3\sqrt{6}}{2}$となる。したがって，$\triangle MEG=\frac{1}{2}\times EG\times MJ=\frac{1}{2}\times 3\sqrt{2}\times\frac{3\sqrt{6}}{2}=\frac{9\sqrt{3}}{2}$($cm^2$)となる。

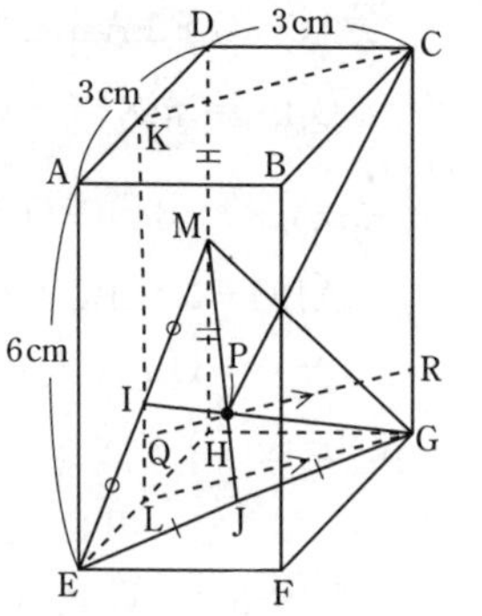

(2)＜長さ—三平方の定理＞右上図で，点Iが線分MEの中点より，$\angle PGJ=\frac{1}{2}\angle MGE=\frac{1}{2}\times 60^\circ=30^\circ$だから，△GPJは3辺の比が$1:2:\sqrt{3}$の直角三角形となり，$GJ=EJ=\frac{1}{2}EG=\frac{1}{2}\times 3\sqrt{2}=\frac{3\sqrt{2}}{2}$より，$GP=\frac{2}{\sqrt{3}}GJ=\frac{2}{\sqrt{3}}\times\frac{3\sqrt{2}}{2}=\sqrt{6}$となる。$GI=MJ=\frac{3\sqrt{6}}{2}$だから，$IP=GI-GP=\frac{3\sqrt{6}}{2}-\sqrt{6}=\frac{\sqrt{6}}{2}$となる。次に，3点C，G，Iを含む平面が辺AD，EHと交わる点をそれぞれK，Lとする。$DH/\!/CG$より，$DH/\!/KL/\!/AE$となるから，$MI=EI$より，$DK=AK$となる。よって，$DK=\frac{1}{2}AD=\frac{1}{2}\times 3=\frac{3}{2}$となるから，△KCDで三平方の定理より，$CK=\sqrt{DK^2+CD^2}=\sqrt{\left(\frac{3}{2}\right)^2+3^2}=\sqrt{\frac{45}{4}}=\frac{3\sqrt{5}}{2}$となる。そこで，点Pを通り，辺LGに平行な直線とKL，CGの交点をそれぞれQ，Rとする。$\triangle GPR\backsim\triangle IPQ$となるから，$PR:PQ=GP:IP=\sqrt{6}:\frac{\sqrt{6}}{2}=2:1$となり，$RQ=CK=\frac{3\sqrt{5}}{2}$より，$PR=\frac{2}{2+1}RQ=\frac{2}{3}\times\frac{3\sqrt{5}}{2}=\sqrt{5}$である。△GPRで三平方の定理より，$RG=\sqrt{GP^2-PR^2}=\sqrt{(\sqrt{6})^2-(\sqrt{5})^2}=1$だから，$CR=CG-RG=6-1=5$となり，△PCRで三平方の定理より，$CP=\sqrt{PR^2+CR^2}=\sqrt{(\sqrt{5})^2+5^2}=\sqrt{30}$(cm)となる。

国語解答

一 問一 「それは知恵を身につけるためではないか」〔「それは知恵を身につけるためだ」〕

問二 忘却　問三 ⓑ

問四 「脳に蓄積～能力をもつ

問五 (ウ)　問六 (ア)

問七 ⑥…(オ)　⑦…(ウ)　⑧…(イ)

問八 彼はおそら

問九 「いつでもすぐ取り出せる」情報に対し，「すぐ取り出せない」がちょっとした手間ときっかけで容易に取り出せる情報の比率が大きいこと。

問十 幅　問十一 (イ)　問十二 (ウ)

問十三 (エ)

問十四 思考力をつちかうこと

問十五 (イ)　問十六 決断

問十七 いかに未解決の難問であっても，どこかで決断し，飛躍しようとする態度。(34字)

問十八 人生の問題〔人生で当面する問題〕

問十九 (イ)　問二十 知恵がつく

問二十一 (エ)

二 ① 主題　② 仮想　③ 現代
④ 脚本　⑤ 禁忌

三 ① 旧・然，(キ)　② 中・模，(オ)
③ 急・亡，(イ)　④ 諸・常，(ケ)
⑤ 馬・東，(ク)

四 ① 拒否　② 回顧　③ 挫折
④ 赴任　⑤ 繊維　⑥ 凝縮
⑦ 管轄　⑧ しせい　⑨ りこう
⑩ すた

一〔論説文の読解─哲学的分野─人間〕出典；広中平祐『学問の発見』「生きること学ぶこと」。

≪本文の概要≫勉強する目的の一つは，ここ一番というときにより深く考える思考力をつちかうことにある。なぜ勉強しなければならないかといえば，知恵を身につけるためである。知恵には，「広さ」「深さ」「強さ」がある。人間には，無数の情報を脳に蓄積して，すぐに取り出せない状態にする能力があり，この能力は，わずかしかない「いつでもすぐ取り出せる」情報に対して，「すぐ取り出せない」形で蓄積されている膨大な量の情報という比率の大きさの意味での「ゆとり」である。知恵にはこうした一面があり，これが「知恵の広さ」である。人間は，不連続なものに連続性を感じたり，異なるものの間に共通点を読み取ったりと物事を幅をもって考えるという，寛容な思考態度をとる。これにより，思考は深まっていく。人生には深くものを考えなければならない時期があり，その深い思考力は，勉強してこそつくられる「知恵の深さ」である。「知恵の強さ」とは，未解決の難問を前にして，どこかで決断し，飛躍する力である。脳には他にもいくつかの側面があるはずであるが，いずれにせよ，「人はなぜ学ばなければならないか」の答えがあるとすれば，「それは知恵を身につけるためだ」といえる。

問一＜文章内容＞人間の頭脳は得た知識も忘れてしまうようにできているので，問題は「勉強してもどうせ忘れてしまうものをなぜ苦労して勉強しなければならないか」ということになる。「私」は学生からそう尋ねられると，「それは知恵を身につけるためではないか」と答えることにしている。

問二＜指示語＞「ものを忘れる能力」は，「コンピューターやロボットにはない人間の長所，あるいは短所」といえる。この「忘却という人間特有のこの能力」が短所となって現れるのは，例えば「高校で勉強して得た知識を，大学入試に合格すると間もなく忘れてしまう」といった場合である。

問三＜品詞＞「なぜ」「また」「いったい」「やはり」は，副詞。「だから」は，接続詞。

問四＜文章内容＞人間の脳は，「出来事や知識を無数に蓄積できるようになっているし，事実，蓄積されている」が，コンピューターとは違って「記憶したことをほんのわずかしか取り出すことができない」のである。そのため，人間は「『脳に蓄積し取り出せない状態にする』能力をもつ」といった方が，「正確な表現」といえる。

問五＜四字熟語＞「自由自在」は，思いのままであること。「縦横無尽」は，思う存分，という意味。「臨機応変」は，その時々の状況に応じて適切に対応すること。「適材適所」は，その人の能力が生かせる地位や役につけること。「徹頭徹尾」は，最初から最後まで，という意味。

問六＜語句＞「厳然」は，おごそかで，いかめしいさま。動かしがたいさま。

問七＜接続語＞⑥因数分解を用いなければならなくなったのに，「彼」は習った因数分解を忘れてしまっている。　⑦「彼」は，図書館で調べるか，友人に尋ねてみるか，何らかの手段を講じて，すぐに「ああ，なるほど」とうなずく。　⑧「彼の頭の中には高校時代に習った因数分解の基礎的な知識が蓄積され眠っている」ので，「彼は短時間でさほど苦労せずに理解できる」のである。

問八＜文章内容＞「頭脳に蓄積され取り出せない状態にされていた知識」を，「ちょっとした手間ときっかけ」をつくることで「容易に取り出すことができる」ことの具体例として，因数分解を忘れていた「彼」が，「図書館に直行して調べるか，理科系の友人にたずねてみるか，何らかの手段を講じる」ことですぐに「ああ，なるほど」とうなずくことができるということが挙げられている。

問九＜文章内容＞人間の脳に蓄積されている情報には，「いつでもすぐ取り出せる」ものと「すぐ取り出せない」けれども「ちょっとした手間ときっかけをつくれば，容易に取り出すことができる」形になっているものがある。後者の前者に対する比率の大きさが，「ゆとり」である。

問十＜文章内容＞「ものを考える上」で発揮される「連想」は，「言葉の意味と感じに幅をもたせてみるという脳の寛容性」から生まれる。この「寛容性」とは，映画を見るときに，「前のコマのイメージを持続させて次のコマのイメージと重ねる」というように「不連続なものから連続したものを読みとる」場合の「寛容な思考態度」と同じものである。

問十一＜文章内容＞「寛容性」を持つ人間の脳には，「刺激に対する反応の余韻を残すという特性」がある((ア)…○)。この寛容性は，連想でも発揮され，異なる図形に「平面を内側と外側の二つに分割する」などの共通する性質を読み取ることができ((エ)…○)，また，「議論をまとめる時に，異なった意見の共通点を発見する」ことも可能にする((ウ)…○)。蓄積した知識を取り出す能力は「ゆとり」によるものである((イ)…×)。

問十二＜文章内容＞「連想の習慣」は，異なる図形を平面の分割の仕方という観点から見て共通する性質を見出すというように，一つの物事を決まった一つの観点からとらえるのではなく，異なった視点からとらえ直そうとすることである。

問十三＜文章内容＞A・B.「平面を内側と外側の二つに分割する」のは，三角形や円など，閉じた図形である。　C.「コ」の字の形など，開いた図形は，平面を分割することはない。　D.「8」の形のように閉じた部分が二つある図形は，「平面を三つに分割する」ことになる。

問十四＜文章内容＞「私たちが勉強する目的の一つ」は，「より深く考える」ことができるように「思考力をつちかうこと」にある。

問十五＜文章内容＞「知恵の広さ」は，「勉強しては忘れ，また勉強しては忘れているうちに，自然と脳の中につちかわれていく」ものであり，「頭脳に蓄積され取り出せない状態にされていた知識」を「ちょっとした手間ときっかけ」で「容易に取り出すことができる」ための「ゆとり」という側面を持つ。この「ゆとり」は，「すぐ取り出せない」形で脳に蓄積されている情報が多いということであるから，勉強して多くの知識・情報を蓄えればそれだけ「知恵の広さ」も増大することになる。

問十六＜文章内容＞「知恵の強さ」とは，「未解決の難問」であってもどこかで「決断」して行動を起こすというような，「決断できる力」である。

問十七＜文章内容＞「人生の問題」は，「到底真の解決に至らない難問ばかり」であるため，「長い年月をかけて，すべてを知らなければ何の行動も起こせないという姿勢にだけ固執していては，この世は渡っていけない」ことになる。そこで，「いかに未解決の難問であろうと，どこかで決断しなければならない」，言い換えれば，どこかで「飛躍しなければならない」のである。

問十八＜指示語＞「私たちが人生で当面する問題」，つまり「人生の問題」は難問ばかりで，「長い年月をかけて，すべてを知らなければ何の行動も起こせない」のでは，「この世は渡っていけない」ことになる。そこで，医者が，まだわずかしか解明されていない病気でも何らかの診断を下さなければならないときがあるように，「私たち」も，「人生の問題」について，「いかに未解決の難問であろうと，どこかで決断しなければならない」のである。

問十九＜文章内容＞「知恵の強さ」とは，人生の問題に直面したとき，わからないからいつまでも行動を起こさないというのではなく，未解決で不安があっても，その時点で得ている知識や情報をもとに「決断」し「飛躍」する力のことである。

問二十＜段落関係＞人間の「知恵」には「広さ」があるが，「知恵がつくられる場所である人間の頭脳は，また，コンピューターなどと違って，物事を幅をもってみつめ，考えることができる」ようにできている。人間の頭脳には「寛容性」があり，「幅をもった考え方をする」ことで深くものを考えることが，「知恵の深さ」である。

問二十一＜要旨＞「なぜ勉強しなければならないのか」といえば，「知恵を身につけるため」であり，学ぶことの中で「知恵という，目に見えないが生きていく上に非常に大切なもの」がつくられていく((エ)…○)。人間は，勉強して得た知識を忘れるわけではなく，「無数の情報」を「脳に蓄積し取り出せない状態にする」のである((ア)…×)。そして，「いつでもすぐ取り出せる」情報と比べて「すぐ取り出せない」形で脳に蓄積されている膨大な量の情報があるという意味で，「知恵」は「広さ」を持ち，問題の「解決」まではできなくても議論をまとめるときに「異なった意見の共通点を発見する」ことはできる((ウ)…×)。また，人間は，人生において未解決の難問でも決断しなければならないときには，「知恵の強さ」によって「決断」し「飛躍」することができる((イ)…×)。

二〔語句〕

①主題・題目のこと。　②仮想的であること。　③現代的，または，近代的であること。　④俳優のせりふや動作を記したもののこと。　⑤社会的に厳しく禁じられている言葉や事柄のこと。

三〔四字熟語〕

①「旧態」は，昔の状態のこと。「依然」は，もとのままの様子のこと。　②暗がりで手さぐりで探すように，手がかりや方法がない物事を探し求めること。　③危険が迫って，生きるか亡びるかの瀬戸際のこと。　④全ての物事は常に変化して，少しの間も同じ状態にとどまらないこと。　⑤人の意見や批評を聞き流して気にとめないこと。

四〔漢字〕

①断ること。はねつけること。　②過去のことを思い返すこと。　③くじけてだめになること。　④任地へ向かっていくこと。　⑤織物や紙の原料になる糸状の物質のこと。　⑥こり固まってちぢむこと。　⑦権限を持って支配・管理すること。　⑧人が集まって住んでいる所のこと。　⑨言葉どおりに実際に行うこと。　⑩音読みは「廃止」などの「ハイ」。

Memo

2018年度 明治大学付属中野高等学校

【英　語】（50分）〈満点：100点〉

Ⅰ　次の英文の(　)に最も適するものを選び，記号で答えなさい。

1．There was a great king (　　) Scorpion in Egypt.
　ア．name　　イ．named　　ウ．naming　　エ．whose name

2．My mother was away from the store (　　) I visited it.
　ア．where　　イ．if　　ウ．which　　エ．when

3．You have been working very hard since this morning.　You (　　) be very tired.
　ア．must　　イ．won't　　ウ．can't　　エ．had better

4．My teammates wanted coffee, so I made (　　　　).
　ア．it them　　イ．some it　　ウ．some them　　エ．them some

5．I think he won't come to the meeting, (　　　　)?
　ア．do I　　イ．don't I　　ウ．will he　　エ．won't he

6．Jack saw an old friend of (　　) on his way back home last night.
　ア．my　　イ．me　　ウ．his　　エ．him

Ⅱ　(　)に指定された文字で始まる語を入れ，英文を完成させなさい。その際に[　]内の定義を参考にすること。

1．Nothing is (i　　) for him.
　[not able to happen or to be done]

2．Autumn (l　　) were beginning to fall.
　[a usually flat and green part of a plant or a tree]

3．We practiced the song which was (c　　) for the music festival.
　[to decide which one you want]

4．This school (u　　) is famous for its unique design.
　[the special clothing worn by children attending certain schools]

5．My sister wants to be a (n　　) like Nightingale.
　[someone who looks after sick or injured people in the hospital]

Ⅲ　次の日本語の内容になるよう[　]内の語句を並べかえ，英文を完成させなさい。解答は(A)(B)(C)に入るものを書きなさい。

1．太陽の体積は地球のよりもはるかに大きい。
　The volume of the sun is (　　)(A)(　　)(B)(C)(　　).
　[that / the earth / much / than / greater / of]

2．近年，多くの交通事故は携帯電話を使用している運転手によるものである。
　These days, (　　)(　　)(A)(B)(　　)(C)(　　) mobile phones.
　[drivers / caused / traffic accidents / by / using / are / many]

3．私たちは若い人たちに留学するチャンスを与える必要がある。
　We need to (　　)(　　)(A)(B)(　　)(C)(　　).

[a / young people / study / chance / to / abroad / give]

4．自分のことは自分でできる年頃だよ。

You're (A) ( ) ( ) (B) ( ) ( ) ( ) (C) ( ) yourself.

[care / to / to / of / enough / able / old / take / be]

5．私が楽しみにしていた試合は雨のため延期になった。

The game ( ) (A) ( ) ( ) (B) ( ) (C) ( ) because of the rain.

[off / to / was / was / put / forward / I / looking]

6．頭に花をつけたあの女の子が，今朝私が話しかけた女の子です。

The girl ( ) ( ) (A) ( ) (B) ( ) (C) talked to this morning.

[on / the one / flowers / is / her head / I / with]

Ⅳ　次の英文を読んで，あとの問いに答えなさい。

Space is full of garbage, but not the type of garbage you generally think of, like old food or boxes. (1) There are things like very big pieces of metal and also very small pieces of paint. This is bad because the garbage is traveling at very fast speeds. Different countries are sending astronauts into space all the time, and these pieces of garbage can be very dangerous if the astronauts get hit by them. This is why flights into space have to be controlled carefully. (2) They are safe places for astronauts to pass through.

There are well over one million pieces of space garbage going around the Earth. The problem is that there is no place this garbage can go. It just continues to go around the Earth. (3) When it does, it becomes very hot and burns up completely in the atmosphere before it reaches the surface of the Earth. Sometimes you can see this burning garbage because it looks like a bright light flying across the sky. However, not much garbage has burned up in our atmosphere so far. (4) It could take thousands of years before this garbage falls into the Earth's atmosphere.

(5) Any garbage smaller than an apple is quite difficult to see in space. The only thing we can do is to watch the big pieces of garbage carefully and tell the people who are in space to move out of their way.

問　(1)～(5)に適するものをそれぞれ選び，記号で答えなさい。

ア．Some garbage comes back to Earth.

イ．There is no way for us to go and get all the garbage.

ウ．The garbage in space is mostly metal or different pieces from the things humans have sent into space, like rockets.

エ．There are some parts of space where there is very little garbage.

オ．Most of the garbage is too far away from Earth.

Ⅴ　次の英文を読んで，あとの問いに答えなさい。

In 1991, Mt. Pinatubo in the Philippines surprised the world. On June 15, it erupted after standing silent for 500 years. Mt. Pinatubo is a volcano, but the people living near it never expected it to wake up. It was the second most powerful eruption of the 20th century. More than a million people had to run away, and between 700 and 900 people were killed. Surprisingly, only a few years later, life was back to normal on the island of Luzon, and people were once again building homes and working in the shadow of the volcano.

Why do people live near volcanoes? They might live there because the volcano is beautiful or because a large city already exists there. In many countries, people move to cities to find jobs. They don't worry about volcanoes; they are trying to feed their families. Some people also live near volcanoes because the land near a volcano is good for farming. Volcanoes release ash from the Earth, and the ash is good for growing plants. Whatever the reason, most people who live around a volcano probably do not realize that the volcano is dangerous.

"Volcanoes and their surrounding environment are beautiful places to live and work and recreate, and the number of people moving into volcanic hazard zones is increasing in developed, as well as developing, countries," said C. Dan Miller, chief of the US Geological Survey's Volcano Disaster Assistance Program. Miller offered southern Italy as an example. "Mt. Vesuvius is right on the edge of Naples, and it has a 2,000-year history of eruptions," said Miller, "yet there are 3.75 million people living within thirty kilometers of the mountain. What would these people do if Vesuvius erupted again? No one can imagine running away from a city, the size of Naples," said Miller.

One of the world's most legendary volcanoes is Mt. Etna in Sicily. Sicily is an island in the Mediterranean Sea with more than 5 million people who are generally proud to be living near such a famous volcano. Mt. Etna has been very active over recent years, with eruptions nearly every year, but the eruptions are very calm so countless tourists go to see the "safe" active volcano. These eruptions are beautiful to watch, and the tourists are rarely hurt. Sicilians call Etna a "good mountain." They think of the volcano as a mother because it has given them such a good life. In fact, many people who live near Etna call themselves "Etneans."

Scientists say there are no "good" volcanoes. All volcanoes can be dangerous, but people won't stop moving to areas near volcanoes. So, if there's a mountain near your town, take a good look. Is it just a pile of rock? Or is it a sleeping dragon?

問　本文の内容に合うよう，質問の答えとして適するものを選び，記号で答えなさい。

1. How did the eruption of Mt. Pinatubo change life on Luzon?
   ア. Everyone moved away and didn't come back.
   イ. Life was back to normal after a few short years.
   ウ. Agriculture was destroyed.
   エ. The eruption changed nothing.
2. Which is NOT given as a reason why people want to live near volcanoes?
   ア. Low-priced housing　　イ. Good farming areas
   ウ. Beautiful scenery　　エ. Plenty of jobs
3. Which is true about people living near volcanoes?
   ア. Only people in developing countries live near volcanoes.
   イ. People in developed countries don't like living in cities near volcanoes.
   ウ. All the people are starting to move their homes away from volcanoes.
   エ. People living near volcanoes don't usually worry about the danger of eruption.
4. Which of the following is true?
   ア. Sicily is an island in the Mediterranean Sea with no volcanoes.
   イ. Mt. Etna erupts almost every year and people can't visit it.

ウ. Though Mt. Etna has been very active, it is loved by many tourists.
エ. Scientists think of Etna as a "good" volcano.

5. What does the writer want to say most?
ア. You should stop living near volcanoes.
イ. You cannot be too careful when visiting Mt. Etna.
ウ. Every volcano is like a mother to tourists.
エ. You need to see whether the mountain near your town is safe.

Ⅵ　次の英文を読んで，あとの問いに答えなさい。

The British were not the first Europeans to arrive in Australia. Dutch, Spanish, and Portuguese explorers had passed through the vast continent before them without giving it much notice. When an Englishman, Dampier, landed in Australia, he said that the land was barren and useless. Then the British explorer Captain James Cook found Dampier was wrong. He landed in Australia in 1770, and with his botanist, Joseph Banks, he found that the eastern shores were rich and fertile. Although Captain Cook gave an excellent report on all the land he had seen in Australia, the British government made no effort to form a settlement there for several years.

[A] There, as punishment, these convicts had to work on big farms until they had served out their sentences, and they were then set free. This policy of sending criminals abroad was called "transportation."

[B] In 1776, they declared their independence from Britain. When they became the United States of America, the British government had to stop sending convicts there. The government was in a difficult position. People were still being sentenced to transportation, but there was no place to send them. Soon, the jails were overcrowded.

[C] "The soil is good there," he said, "and soon they will grow all their own food." Lord Sydney — after whom one of the biggest cities in Australia is named — had the task of looking after the British colonies. He decided to try Banks' plan. He selected Captain Arthur Phillip to take control of the new settlement.

In May 1787, the First Fleet of eleven ships left England for Australia. On board were about 1,400 people, of whom 780 were (D). The rest were mainly (E) to guard the convicts and (F) to work on the ships. About 20 percent of the convicts were women; the oldest convict was eighty-two, and the youngest one was about ten years old. The journey to Australia was very slow. It took eight months; six of these were spent at sea, and two were spent in ports to get food and water. The fleet finally arrived in Australia in 1788. Two more convict fleets arrived in 1790 and 1791, and ships continued to come to Australia for over seventy years.

A major problem of the convict system was the ①<u>severity</u> of its punishments. Among the convicts on the First Fleet was a woman who was transported for stealing a coat. The British also transported a man who had received a sentence of fourteen years for killing his master's rabbit. Others were transported only because they supported different political opinions. There were many real criminals who were transported as well, but by today's standards many of the convicts would not be considered criminals.

Conditions on the ships were ②<u>deplorable</u>. Ship owners were paid "per (③)," or for each person they transported. To make as much money as possible, the owners overcrowded the ships. The convicts were chained below deck, where there was no sunlight or fresh air. They suffered a lot, and many died on the way. Because so many died on the ships, later the government paid a bonus to ship owners whose passengers had arrived safe at the end of the journey.

For convicts who made it to Australia, conditions were a little better. Those who were well-behaved were sent to settlers as workers or servants, and if they worked for good people, they served out their sentences under better conditions. Other convicts worked in groups for the (④). They did various kinds of jobs, such as clearing land, making roads and bridges, and constructing public buildings. Those convicts who refused to work or tried to escape were severely punished.

Convicts were not the only settlers in the country ; free settlers had been coming from Britain and starting farms since 1793. In the beginning, the convicts were a great help to the new settlers. But later, when the number of free settlers grew, they objected to the transportation of convicts. They thought it was unfair that their new land was filled with criminals. By 1840, objection ⑤[that / convicts / more / strong / no / so / were / was] transported to the mainland. Instead, they were sent from there to Tasmania, an island south of Australia.

Convicts had never been sent to western Australia, but in the middle of the nineteenth century, the colony there suddenly asked for them. There was a shortage of labor in the area, and the colony could only progress with convict labor. Britain supplied the colony with convicts starting in 1850 and ending in 1868, and the convicts helped build it up by constructing roads, bridges, and public buildings.

A total of 162,000 men and women — transported on 806 ships — came as convicts to Australia. By the time the British policy of transportation ended, the population of Australia had increased to over a million. Without the convicts' hard work, first as servants and later as settlers, it wouldn't have been easy for the government and the free settlers to create a nation. The transportation of convicts is an essential part of Australia's history. Today, many Australians respect their convict ancestors and are thankful for all the effort they put into the country.

（注） Portuguese ポルトガルの　explorer 探検家　barren 不毛の　botanist 植物学者
fertile 肥沃な　settlement 居住地　convict 受刑者　sentence 刑(を宣告する)
criminal 犯罪者　declare 宣言する　jail 刑務所　colony 植民地　fleet 船団
deck 甲板　well-behaved 行儀のよい　settler 入植者　object 反対する
shortage 不足　labor 労働力　essential 不可欠な

問１．A ― B ― C に入る文の組み合わせとして最もふさわしいものを選び，記号で答えなさい。

1．However, all this changed with the loss of the American colonies.

2．Joseph Banks, Captain Cook's botanist, suggested Australia as a good place for a convict settlement.

3．For many years it was the policy of the British government to send convicts to America.

ア．1－2－3　イ．1－3－2　ウ．2－1－3
エ．2－3－1　オ．3－1－2　カ．3－2－1

問２．(D)～(F)に入る語の順番として最もふさわしいものを選び，記号で答えなさい。

ア. seamen—convicts—soldiers　　イ. seamen—soldiers—convicts
ウ. convicts—soldiers—seamen　　エ. convicts—seamen—soldiers
オ. soldiers—convicts—seamen　　カ. soldiers—seamen—convicts

問3. 下線部①の意味に最も近いものを選び，記号で答えなさい。
ア. seriousness　　イ. pleasure　　ウ. atmosphere　　エ. popularity

問4. 下線部②の意味に最も近いものを選び，記号で答えなさい。
ア. interesting　　イ. reasonable　　ウ. economical　　エ. terrible

問5. (③)に適するものを選び，記号で答えなさい。
ア. finger　　イ. head　　ウ. eye　　エ. ear

問6. (④)に適するものを選び，記号で答えなさい。
ア. government　　イ. soldiers　　ウ. passengers　　エ. ship owners

問7. 下線部⑤の[　]内の語句を正しく並べかえなさい。

問8. 本文の内容に合うものを2つ選び，記号で答えなさい。
ア. The British government didn't make any effort to settle Australia because they didn't know how good the land was.
イ. The British government has never sent criminals to America in history.
ウ. One of the largest cities in Australia was named after Joseph Banks, the British explorer Captain James Cook's botanist.
エ. Only the convicts who killed people or stole money were on the First Fleet.
オ. As the ships were overcrowded and the convicts on board were badly treated, many of them lost their lives during the journey.
カ. A lot of free settlers from Britain had already started farms in Australia before the First Fleet arrived in 1788.
キ. The colony in western Australia needed lots of help of convicts to develop.
ク. The population of Australia reached over a million after the British government stopped sending convicts.

問9. この文章のタイトルとして最もふさわしいものを選び，記号で答えなさい。
ア.『イギリスにおける司法制度の歴史』　　イ.『イギリスの植民地計画』
ウ.『オーストラリアの労働者問題』　　エ.『オーストラリア建国の背景』

【数　学】（50分）〈満点：100点〉

1　次の問いに答えなさい。

(1)　$(x^2+5x)^2+2(x^2+5x)-24$ を因数分解しなさい。

(2)　2次方程式 $2(x-5)^2=(x-6)(x-7)+26$ を解きなさい。

(3)　$(\sqrt{27}-2)(3\sqrt{3}+4)-\dfrac{6\sqrt{72}-\sqrt{6}}{\sqrt{24}}$ を計算しなさい。

(4)　2つの関数 $y=ax^2$ と $y=4x+3$ について，x の値が3から7まで増加したときの変化の割合が等しいとき，a の値を求めなさい。

2　次の問いに答えなさい。

(1)　右の図のように，5点A，B，C，D，Eは1つの円周上にあります。このとき，∠BCDの大きさを求めなさい。

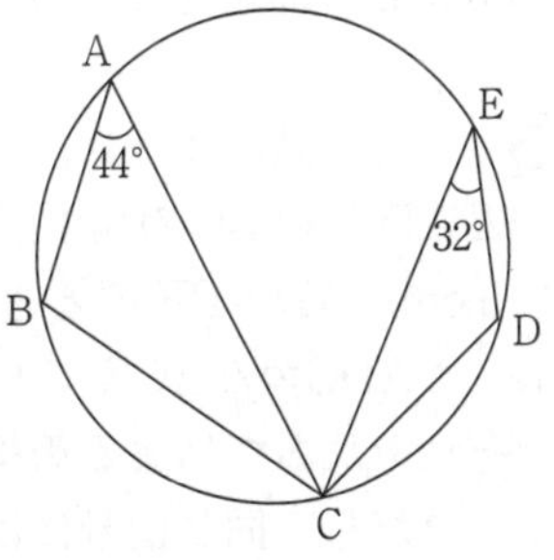

(2)　x％の食塩水300gと y％の食塩水200gを混ぜると，9％の食塩水になりました。また，$2x$％の食塩水300gと9％の食塩水200gを混ぜると，y％の食塩水となりました。このとき，x，y の値を求めなさい。

(3)　3辺の長さが $x+3$，$x+5$，$x+6$ の直角三角形があります。このとき，x の値を求めなさい。

(4)　下の図のように，円周上に等しい間隔で1から6までの番号が順に並んでいます。大，中，小3つのさいころをふって出た目の番号を結ぶとき，直角三角形ができる確率を求めなさい。

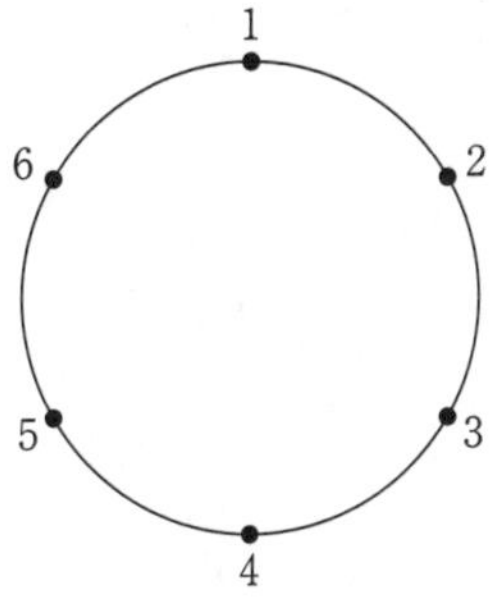

(5)　$x=\dfrac{3-\sqrt{5}}{2}$，$y=\dfrac{3+\sqrt{5}}{2}$ のとき，$x^9y^7+x^5y^7-2x^5y^5$ の値を求めなさい。

(6)　右の図のように，正三角形ABCの各頂点が半径6cmの円Oの周上にあります。辺BCを直径とする円をかいたとき，斜線部分の面積を求めなさい。
　ただし，円周率は π とします。

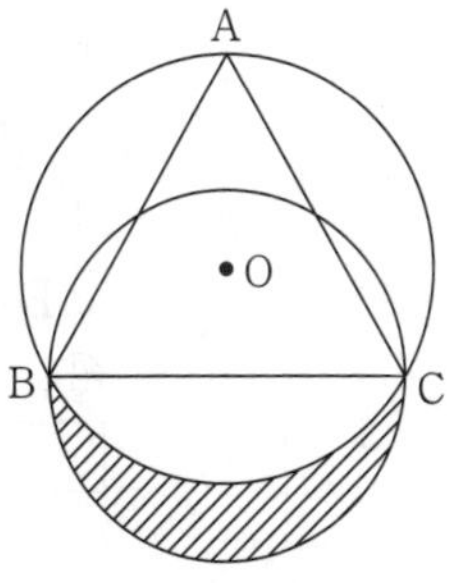

3　2次方程式 $x^2-8x+6=0$ の2つの解を a，b とするとき，

$(2a^2-16a+9)(3b^2-24b-2)$

の値を求めなさい。<u>この問題は，途中式や考え方も書きなさい。</u>

4　右の図のように，放物線 $y=\frac{1}{2}x^2$ 上に3点A，B，Cがあります。

直線OA，AB，BCの傾きがそれぞれ1，$-\frac{1}{2}$，1のとき，次の問いに答えなさい。

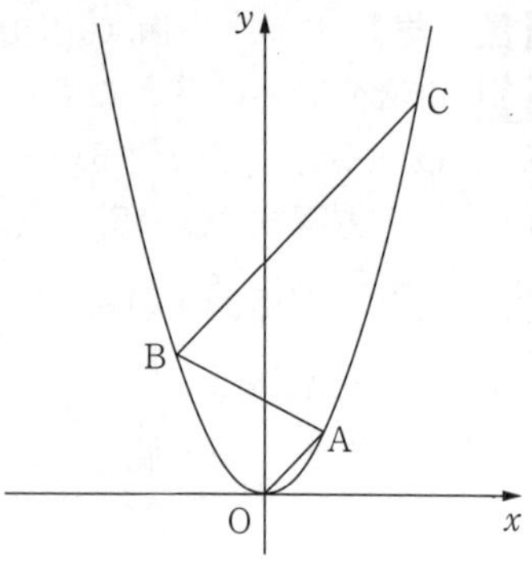

(1)　点Cの座標を求めなさい。

(2)　△OABと△ABCの面積の比を，最も簡単な整数の比で表しなさい。

(3)　直線BCと y 軸との交点をDとします。点Dを通り，四角形OACBの面積を2等分する直線の式を求めなさい。

5　右の図のように，四角形ABCDの各頂点が円Oの周上にあります。辺ADと辺BCの延長上の交点をEとします。AB＝AC＝6 cm，BC＝5 cm，AD＝DEのとき，次の問いに答えなさい。

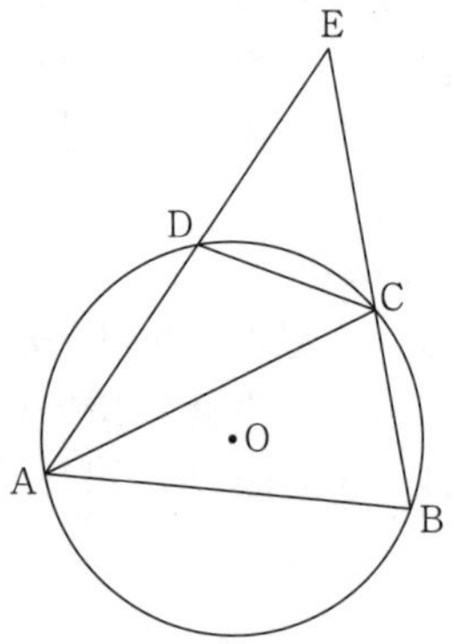

(1)　△ADC∽△ACEであることを次のように証明しました。アからオに，それぞれあてはまる適切なことがらを書き入れなさい。

ただし，同じ記号には，同じことがらが入ります。

［証明］　△ADCと△ACEにおいて

円周角の定理から

$\angle ABC=\frac{1}{2}\angle AOC$　……①

$\angle ADC=\frac{1}{2}$（［　ア　］）……②

①，②より

∠ABC＋∠ADC＝［　イ　］　……③

また

AB＝ACより

∠ABC＝［　ウ　］　……④

さらに

［　ウ　］＋［　エ　］＝180°　……⑤

③，④，⑤より

∠ADC＝［　エ　］　……⑥

また，共通な角だから

∠DAC＝∠CAE　……⑦

⑥，⑦より

［　オ　］から

△ADC∽△ACE

(2)　AEの長さを求めなさい。

(3)　CDの長さを求めなさい。

問二十一、⑲に当てはまる言葉として最も適切なものを次の(ア)～(エ)の中から選び、記号で答えなさい。

(ア) 検証という手続きを経て実証しない
(イ) 実験という手続きを経て検証しない
(ウ) 実証という手続きを経て検証しない
(エ) 理論という手続きを経て実証しない

二

次の①～⑤の――線部の敬語の用法には誤りがあります。正しい表現として最も適切なものを後の(ア)～(エ)の中からそれぞれ選び、記号で答えなさい。

① 私はその話をお聞きになっております。
(ア) お知りになって　(イ) 存じて
(ウ) 参上して　(エ) お承りになって

② 父が八時にこちらにいらっしゃいます。
(ア) おいでになり　(イ) お越しになり
(ウ) 伺い　(エ) 召し上がり

③ 先生が生徒に大切なことをおっしゃられました。
(ア) 申し　(イ) おっしゃい
(ウ) お話しになられ　(エ) お話しいたし

④ お客様が新製品を拝見しました。
(ア) 御覧になり　(イ) お目にかかり
(ウ) お目にとまり　(エ) 拝聴し

⑤ あなたのお母様からくださった桃はとてもおいしかった。
(ア) もらわれた　(イ) 頂戴なさった
(ウ) 差し上げた　(エ) いただいた

三

次の①～⑤の――線部のカタカナをそれぞれ異なる漢字に改め、そのうちの二字を組み合わせて熟語を完成させなさい。

① (ア) 彼の表情はカタい。
(イ) 外出をカタく禁ずる。
(ウ) カシの木はカタい。

② (ア) 兄の友人に便宜をハカる。
(イ) 家から駅までの時間をハカる。
(ウ) 空港で手荷物の重さをハカる。

③ (ア) 母に頼まれて祝電をウつ。
(イ) 猟銃でキジをウつ。
(ウ) 敵をウつ芝居を見た。

④ (ア) 親の言い付けをキく。
(イ) 先生の講演をキく。
(ウ) この薬はよくキく。

⑤ (ア) 問題の解決にツトめる。
(イ) 応援団長をツトめる。
(ウ) 銀行にツトめる。

四

次の①～⑦の――線部を漢字に改め、⑧～⑩の――線部の読みをひらがなで答えなさい。

① 事実をシサイに調べる。
② 兄はジキに帰ってくるでしょう。
③ センプウを巻き起こす。
④ 条約にショメイする。
⑤ ジュミョウの短い電池。
⑥ とっておきの話をヒロウする。
⑦ 不意の来客にアワてる。
⑧ 彼のプレーは神業だ。
⑨ パンを一斤買いに行く。
⑩ 古くは役人を官吏と言った。

上に向かっていくのだ。⑰そういうふうに理論を立てたのです。
現代の眼からは⑱ヘンテコな理論に見えますが、それは私たちが重力や万有引力の法則を知っているからでしょう。

紀元前四世紀の段階で、アリストテレスはさまざまな自然現象を分析して、仮説を立てました。そのなかには音速と光速の関係のように、今から見ても正しい仮説がある一方、物体の運動については、勝手な決めつけをしてしまったのです。

ただ、そのどちらもまだ「実証」という手続きには至っていません。観察をすれば、仮説はいろいろ立てられます。でも、その仮説は、さきほど説明したような［⑲］と、勝手な決めつけになってしまうということです。

（池上　彰『はじめてのサイエンス』による）

問一、――線①「科学の法則や理論」とはどんなものだと筆者は捉えていますか。本文中から十字以内で抜き出して答えなさい。

問二、――線②「絶対的な真理ではない」とありますが、その理由を解答欄の「から。」に続くように本文中から十五字以内で抜き出して答えなさい。

問三、――線③の［A］・［B］にそれぞれ漢字一字を当てはめ、四字熟語を完成させなさい。

問四、――線④「限られた認識の手段」とありますが、「手段」にあたるものを本文中から抜き出して答えなさい。

問五、――線⑤「科学的な態度」とはどんなことですか。本文中から抜き出して答えなさい。

問六、［⑥］に当てはまる言葉をひらがな三字で答えなさい。

問七、――線⑦「立てます」の主語を本文中から一文節で抜き出して答えなさい。

問八、――線⑧「当然」が直接かかっていく部分を本文中の〰〰線A～Dの中から選び、記号で答えなさい。

問九、［a］～［c］に当てはまる最も適切な言葉を次の(ア)～(エ)の中からそれぞれ選び、記号で答えなさい。

(ア) しかし　(イ) もちろん
(ウ) ただし　(エ) たとえば

問十、――線⑨「抽象とは、具体的な物事から共通する要素を抜き出すことをいいます」とありますが、本文中に挙げられている「共通する要素」を抜き出して答えなさい。

問十一、――線⑩「枝葉」の対義語を答えなさい。

問十二、――線⑪「具体的な物事」として示されている例を答えなさい。

問十三、――線⑫「後世」とありますが、「世」の読み方が同じ熟語を次の(ア)～(エ)の中から選び、記号で答えなさい。

(ア) 隔世　(イ) 出世
(ウ) 来世　(エ) 世襲

問十四、――線⑬「私たちがよくやりがちな失敗」とありますが、「私たち」はなぜ「失敗」するのですか。答えなさい。

問十五、――線⑭「相関関係とは、二つのものごとが単にかかわり合う関係」とありますが、本文中に挙げられているこの「関係」の具体例を記した次の［X］・［Y］に当てはまる言葉をそれぞれ五字以内で抜き出して答えなさい。

［X］こと　と　［Y］こと

問十六、本文中の［　］の中の(ア)～(オ)を適切な順序に並べ替えなさい。

問十七、［⑮］に当てはまる一文を考えて答えなさい。

問十八、――線⑯「それ」の指示内容を十字前後で答えなさい。

問十九、――線⑰「そういうふうに理論を立てたのです」とありますが、その「理論」をどういうふうに理論を表現していますか。本文中から二つ抜き出して答えなさい。

問二十、――線⑱「ヘンテコな理論」とありますが、この場合の「理論」を三十字前後で答えなさい。

本当に因果関係と言えるのでしょうか。
朝食を毎朝きちんと食べているということは、規則正しい生活を送っているということです。深夜遅くまでダラダラと起きていれば、朝、ギリギリに起きて、朝食を食べる間もなく学校に行ってしまうでしょう。

> (ア)そういう親は、朝食をきちんと食べさせるだけではないでしょう。(イ)そうなると、親のしつけと学力という因果関係も考える必要が出てきます。(ウ)では、規則正しい生活をしているのはどういう子どもでしょうか。(エ)それ以外に、「勉強しなさい」と言ったり塾に通わせたり、子どもの学習に積極的にかかわる親も多いかもしれない。(オ)おそらく、そういう子どもには、規則正しい生活をさせている親がいるのではないでしょうか。

あるいは、学校の先生が「きちんと朝食を食べましょう」と、生徒に指導をしていたら、どうでしょうか。こういう先生は、子どもの指導に熱心だから、勉強も熱心に教えるのではないでしょうか。この場合、先生の熱意と学力との間に因果関係がある可能性もあるわけです。
つまり、「朝食を食べること」と「学力が高い」の間には、相関関係があるとは言えるかもしれません。しかし、「朝食を食べるから学力が上がる」という因果関係があるとまでは言いきれないということです。
同じような例で、OECD（経済協力開発機構）が実施しているPISAというテストがあります。このテストは、三年に一度、世界の国々の一五歳の子どもたちが受けています。その分析から、新聞を読んでいる子ほど学力が高いという結果が出ました。
新聞社は大喜びです。喜ぶのはいいけれど、勢いあまって「新聞を読むと、子どもの学力が上がります」と言ったら、これは科学的な態度として失格でしょう。つまり、これも相関関係を因果関係と取り違えているということです。
たしかに新聞を読んでいれば、学力が上がるのかもしれない。でも、逆の解釈もできるでしょう。つまり、［　⑮　］というわけです。
統計的に「学力の高い子は、ニュースへの関心が高い」ことがわかっただけでは、「ニュースに関心を持つと、学力が高くなる」という因果関係は導けないのです。
相関関係と因果関係の取り違えからもわかるように、見た目だけにとらわれると、私たちは間違った仮説を持ちやすいのです。それは古代ギリシャの偉大な哲学者であるアリストテレスも同じでした。
紀元前四世紀にアリストテレスは、音は光よりもスピードが遅いことに気づきました。どうして、そのことがわかったのでしょうか。
たとえば、稲妻が光ってから雷鳴がとどろくまで、時間差がある。ピカッと光ったのに、ゴロゴロという音が届くまでには時間がかかりますね。あるいは、遠くで船を漕《こ》いでいるオールが水をバシャッと叩《たた》いた。⑯それは瞬時に見えるけれども、そのオールが水を叩く音が自分のところで聞こえるまでには時間がかかります。
こうしたことを観察して、アリストテレスは、音速は光速よりもずっと遅いと考えたわけです。
当時は、光速を測るような機器はありませんから、光の具体的なスピードはわかりません。でも、観察から導いたアリストテレスのこの仮説が正しいことを私たちは知っています。
しかし、観察するだけでは誤ることもあります。アリストテレスは、なぜ物が落ちるのだろうかと疑問を持ちました。考えた結果、きっとその物体にはもともと下に向かって落ちていく性質があると考えました。
たとえば、土を落とすと地面に落ちていくのは、土は本来、下にあるのが自然な状況であり、その自然な場所に行こうとしているんだと分析したのですね。その逆のケースもあります。火花が空に向かっていく。すると、火花はそもそも空にあるのが自然であるから、先に挙げた「万有引力の法則」にしても、一七世紀にニュートンが発見して以来、長い間「真理」として認められてきましたが、二〇世紀初頭になると、アインシュタインが提唱した重力理論に取って代わられました。アインシュタインは誰もが正しいと思っていた万有引力の法則を疑うことで、科学をさらに前進させたのです。真理とは絶対的なものではなく、「とりあえずの真理」なのです。

では、科学者はどのように仮説を立てるのでしょうか。仮説を立てるうえで重要なのが、物事を抽象化することです。

⑨抽象とは、具体的な物事から共通する要素を抜き出すことをいいます。共通する要素を抜き出すためには、よけいな⑩枝葉は切り捨てていく必要がある。つまり科学者が物事を観察するときは、よけいな要素を切り捨てて、仮説になるような要素を抽象化していくわけです。

［c］、リンゴの実が木からポトンと落ちた。ふつうの人なら「リンゴの実が落ちるのは当たり前だ」ということで、わざわざ立ち止まって考えないでしょう。でもニュートンのような科学者は、リンゴが落ちるのを見て、「なぜ物は上から下に落ちるんだろう?」と疑問を持って、ここから物が落ちる理由について仮説を立てるわけです。

このとき科学者は、リンゴが落ちるという運動に注目しています。ですから、リンゴの色や香りという枝葉は捨てていることになります。そうやってさまざまな物が落ちる運動に着目し、その理由を考える。あるいは、月は落ちてこないので、その理由も考えてみる。こうして⑪具体的な物事を抽象化することで、万有引力の法則に行き着いたのです。

このように、ニュートンはリンゴが落ちるのを見て、万有引力の法則を発見したと言われています。でも、このエピソードは本当でしょうか。検証していくと、じつは相当あやふやなことになってきました。

ニュートンが教えていたケンブリッジ大学トリニティカレッジの入り口のところには、万有引力の法則を発見したときに落ちてきたリンゴの子孫の木が植えられています。観光名所にもなっていますが、これを見ると、ますます先のエピソードが真実味を帯びてきますね。

ところが調べてみると、「私はリンゴの実が落ちるのを見て万有引力の法則を発見した」と、ニュートン本人から直接聞いた人はいません。じつは、ニュートンの姪《めい》の話を聞いた人が情報元なのです。ニュートンが本当にそう言ったかどうかは確実とは言えません。⑫後世の人が面白く物語にしただけかもしれないのです。

このように、科学的な態度とは、疑問や問いを持って物事を見るということです。そして、観察した物事を抽象化して仮説を立てることが、科学という営みの最初のプロセスです。

しかし、この仮説を立てるときに、⑬私たちがよくやりがちな失敗があります。それは、相関関係と因果関係を取り違えてしまうということ。⑭相関関係とは、二つのものごとが単にかかわり合う関係、因果関係とは、二つのものごとが原因・結果でつながる関係です。

二〇〇三年に、国立教育政策研究所が、毎日朝食をきちんと食べている子どもは成績がいいという研究結果を発表しました。なぜ、そんなことがわかるのでしょうか。

毎年、文部科学省は全国学力テストを実施していて、テストと同時にアンケートも取っています。テストの結果とアンケートを照らし合わせてみると、成績のいい子どもの多くが、毎日きちんと朝食を食べていることがわかりました。この結果から、「朝食を食べると、子どもの学力が上がる」と主張する人が出てきたのです。

そういう人は、朝食を食べるときちんとした栄養が体内に入って、脳にエネルギーが送られ、それによって午前中からしっかりと勉強に集中することができるから、学力が高くなると考える。つまり、朝食と学力の間に因果関係があると考えたわけです。

たしかに、朝食を食べたほうがいいに決まっていますが、これを

二〇一八年度 明治大学付属中野高等学校

【国 語】（五〇分）〈満点：一〇〇点〉

一　次の文章を読んで、後の問いに答えなさい。（字数指定がある問いでは、句読点・記号なども一字として数えます。）

そもそも科学とは何でしょうか。

科学というと「法則」や「理論」、たとえば学校で習った「万有引力の法則」や「相対性理論」を思い出す人もいるかもしれません。私たちは法則や理論を「一〇〇パーセント正しい」と思いこんでしまいがちです。ところが、①科学の法則や理論はそのような②絶対的な真理ではないのです。

テレビ番組では「驚きの真実が明らかに！」という言い方をよく使います。こういう言い方をすると、視聴者は一〇〇パーセント正しい絶対的な真実があるように思ってしまいますから、私が担当する番組では「そういう言い方はしないでほしい」とお願いしています。人間の物の見方は完璧ではないのですから、一〇〇パーセント正しい真実を把握することはできません。そんなことができるのは、③全[A]全[B]の神様だけでしょう。

科学も同様です。「真実は、もしかしたらあるかもしれない。ならば、少しでもそこに近づきたい」。科学とはこのように、④限られた認識の手段を使って、少しずつ真理に近づいていこうとする営みだと思います。

では、科学はどのようにして真理に近づいていくのでしょうか。

その第一歩は、「疑うこと」から始まります。

「みんなはAだと考えているけど、本当かな？」

「なぜ、こんなことが起こるのだろう？」

自然科学であれ社会科学であれ、⑤科学的な態度を持つ人は、まわりの意見を[⑥]にせず、それが本当かどうかと疑い、「なぜだろう？」「どうしてだろう？」と問いを発します。

問いを発したら、次にそれの解答（回答）のための仮説を⑦立てます。科学という営みでは、それぞれの学者が仮説を立て、それを検討していきます。仮説というのは、文字どおり「仮につくりあげた説明」なので、それが正しいかどうかを確かめなければなりません。つまり、「検証」しなければなりません。

検証にはさまざまな方法があります。わかりやすいのは実験することです。実験をしてみて、仮説が裏づけられれば、その仮説は真理に近い説明だということができるでしょう。それでも、⑧当然、仮説とはA異なるB実験結果がC出てくることもDあります。

仮説どおりの実験結果が出ない場合は、仮説を修正しなければなりません。そして、修正した仮説が正しいかどうか、再び検証をしてみる。このように、仮説と検証を繰り返して、真理に少しでも近づこうとすることが科学という営みなのです。

[a]、仮説を検証する段階では、一人だけが実験に成功しても、その仮説は認められません。逆に言えば、誰でも同じ手順にもとづいて実験をすれば、同じ結果が出なければいけないのです。ですから「STAP細胞はあります」と言っても、世界中の学者が実験してみて再現できなかったら、その仮説は間違っているということです。

[b]最初の実験は、一人で行うことが多いでしょう。その実験に成功したら、実験の条件や手続きを明らかにして、誰でも再現実験をできるようにする。再現実験でも、同じような結果が出た。そうなれば仮説は、とりあえずの真理として成立するということです。これが科学的な理論や法則ということになります。

教科書に載っている「法則」「理論」にしても、最初から一〇〇パーセント正しいものと認められていたわけではありません。多くの人がチェックを重ねるなかで、徐々に「正しい」と認められるようになっていったのです。

2018年度／明治大学付属中野高等学校

英語解答

Ⅰ 1　イ　2　エ　3　ア　4　エ
5　ウ　6　ウ

Ⅱ 1　impossible　2　leaves
3　chosen　4　uniform
5　nurse

Ⅲ 1　A…greater　B…that　C…of
2　A…are　B…caused　C…drivers
3　A…a　B…chance　C…study
4　A…old　B…be　C…care
5　A…was　B…to　C…put
6　A…on　B…is　C…I

Ⅳ 1　ウ　2　エ　3　ア　4　オ
5　イ

Ⅴ 1　イ　2　ア　3　エ　4　ウ
5　エ

Ⅵ 問1　オ　問2　ウ　問3　ア
問4　エ　問5　イ　問6　ア
問7　was so strong that no more convicts were
問8　オ，キ　問9　エ

Ⅰ〔適語(句)選択〕

1．「スコルピオンと名づけられた」となる‘過去分詞＋語句’の形が適切(過去分詞の形容詞的用法)。「エジプトにはスコルピオンという名の偉大な王がいた」

2．「私がその店を訪れたとき，母はそこにいなかった」となる，接続詞 when「〜するとき」が適切。

3．働きすぎで疲れているに違いないと考え，‘強い推量’を表す助動詞として must を選ぶ。　「君は今朝からとても一生懸命働いている。とても疲れているに違いない」

4．‘make＋人＋物’「〈人〉に〈物〉をつくってあげる」(＝‘make＋物＋for＋人’)の形。ここでの some は「いくらか(のコーヒー)」を指す代名詞。　「私のチームメイトたちがコーヒーを欲しがっていたので，私は彼らにいくらかつくってあげた」

5．I think (that) …. の文の付加疑問は，従属節(ここでは he won't 以下)が対象となる。否定文に付く付加疑問は‘肯定形＋主語を受ける代名詞？’の形にする。　「彼はミーティングには来ないですよね」

6．名詞の前に a/an と所有格は並べて置けないので，‘a/an＋名詞＋of＋所有代名詞’の形にする。「ジャックは昨夜家に帰る途中で彼の古い友達に会った」

Ⅱ〔単語の定義〕

1．「発生しえない，あるいは行われえない」―「不可能な(impossible)」　「彼に不可能はない」

2．「通常は平らで緑色である，木や植物の一部」―「葉(leaf)」　動詞が were なので複数形の leaves とする(f で終わる名詞の複数形は通例 f を v に変えて es を付ける)。　「紅葉が落ち始めている」

3．「どれが欲しいか決める」―「選ぶ(choose)」　「私たちは音楽祭のために選ばれた歌を練習した」という意味になるように受け身形にする(choose－chose－chosen)。

4．「特定の学校に通う子どもたちによって着用される特別な服」―「制服(uniform)」　「この学校の制服は独特のデザインで有名だ」

5．「病院で病人や怪我をした人の世話をする人」―「看護師(nurse)」　「私の姉〔妹〕はナイチンゲールのような看護師になりたがっている」

Ⅲ〔整序結合〕

1．「～よりもはるかに大きい」は‘比較級＋than ～’の形を副詞のmuchで修飾する。比較の対象である「地球の(体積)」はthe volumeの繰り返しを避けてthat of the earthとする。 The volume of the sun is much greater than that of the earth.

2．「～によるものである」は「～によって引き起こされている」と読み換えれば，are caused by ～で表せる。「携帯電話を使用している運転手」は‘現在分詞＋語句’のusing mobile phonesでdriversを後ろから修飾する(現在分詞の形容詞的用法)。 These days, many traffic accidents are caused by drivers using mobile phones.

3．「〈人〉に〈物事〉を与える」は‘give＋人＋物事’の形で表せる。ここで‘物事’に相当する「留学するチャンス」はa chance to ～「～する機会」の形とし，「留学」は「海外で学ぶ」と考えstudy abroadとする。 We need to give young people a chance to study abroad.

4．「～できる年頃だよ」は「～できるくらい十分に年を取った」と読み換え，‘形容詞〔副詞〕＋enough to ～’「～できるほど〔～するほど〕十分…」の形にする。「自分のことは自分でできる」は「自分の面倒を自分で見られる」と考え，be able to ～「～できる」の後にtake care of ～「～の世話をする」を続ける。 You're old enough to be able to take care of yourself.

5．「私が楽しみにしていた試合」はThe gameを関係詞節で修飾すると考え，Iの後にwas looking forward toを続ける(目的格の関係代名詞は省略)。「延期になる」はput off ～〔put ～ off〕「～を延期する」を受け身形にして表せる。 The game I was looking forward to was put off because of the rain.

6．「頭に花をつけた」はwithを‘所有’の前置詞として用いたwith flowersに，その場所を表すon her headを続ければよい。「私が話しかけた女の子」は，「女の子」を指すthe oneを関係詞節のI talked toで修飾する(目的格の関係代名詞は省略)。 The girl with flowers on her head is the one I talked to this morning.

Ⅳ〔長文読解―適文選択―説明文〕

≪全訳≫❶宇宙はゴミであふれている。とはいえ，古い食べ物や箱のような，一般的に想像する種類のゴミではない。1宇宙ゴミはほとんどが金属や，ロケットのような人々が宇宙に送り込んだもののさまざまなかけらだ。非常に大きい金属のかけらや，また非常に小さい塗料の断片のようなものがある。これが良くないのは，そのゴミがとても速い速度で移動するからだ。さまざまな国が常に宇宙飛行士を宇宙に送り込んでいて，これらのゴミは，宇宙飛行士たちがそれらにぶつかった場合，とても危険なものになりうる。そのため，宇宙への飛行は注意深く管理される必要がある。2宇宙にはゴミがほとんどないところもある。それらは宇宙飛行士が通過しても安全な場所だ。❷ゆうに100万個を超える宇宙ゴミが地球の周りを回っている。問題は，このゴミが行ける場所がないことだ。それはひたすら地球の周りを回り続ける。❸3地球に戻ってくるゴミもある。そうなった場合，それは地球の表面に達する前に，とても熱くなって大気圏で完全に燃え尽きてしまう。この燃えているゴミをしばしば見ることができる。なぜなら空を横切る明るい光のように見えるからだ。しかし今のところ，大気圏で燃え尽きてしまうゴミは多くはない。4ほとんどのゴミは地球から非常に遠くにある。このゴミが地球の大気圏に落ちてくるまで数千年かかるだろう。❹5我々にゴミを全て取りにいく手段はない。宇宙ではリンゴより小さいゴミを見つけることはかなり難しい。私たちにできることは，大きなゴミを注意深く観察し，宇宙にいる人々にそれをよけるように伝えることだけだ。

1．次の文で宇宙ゴミは金属や塗料だと述べているので，宇宙ゴミは人間が送り込んだものから生じているというウが適切。　2．次の文にそこは安全な場所だとあるので，ゴミがほとんどない場所があると述べたエが入る。その場所では宇宙飛行士にゴミがぶつかる危険性(2つ前の文)が低い。直後のThey はsome parts を受けている。　3．次の文にゴミが地球の大気圏で燃え尽きるという記述があるので，地球に戻ってくるゴミがあるというアが適切。直後のWhen it does は，When some garbage comes back ということ。　4．次の文でゴミは地球に落ちてくるまで長い年月がかかると述べている。その理由となるのが，ゴミは地球から遠くにあるというオ。　5．全てのゴミを取り除くのは不可能というイを入れると，小さいゴミは宇宙では見つけにくいという次の文がその理由となって，文がうまくつながる。

V〔長文読解総合―説明文〕

≪全訳≫❶1991年，フィリピンのピナツボ山が世界を驚かせた。6月15日，500年の沈黙の後にそれは噴火した。ピナツボ山は火山だが，その近くに住んでいた人々はそれが目を覚ますとは予想していなかった。それは20世紀で2番目に大きな噴火だった。100万人を超える人々が避難しなくてはならず，700から900人が亡くなった。驚いたことに，たった数年後にはルソン島の生活は通常に戻り，人々は再びその火山の陰で家を建てたり働いたりしていた。❷人々はなぜ火山の近くに住むのだろうか。その火山が美しいから，あるいは大きな町がすでにそこにあるから，彼らはそこに住むのかもしれない。多くの国で人々は仕事を見つけに都市に移る。彼らは火山の心配をしない。彼らは家族を養おうとしているのだ。火山の近くの土地が農業に適しているから火山の近くに住む，という人々もいる。火山は地球から灰を放出するが，その灰が植物を育てるのに適しているのだ。理由はどうあれ，火山の近くに住んでいるほとんどの人々は，火山が危険であることをおそらく認識していないだろう。❸「火山とその周りの自然環境は，住んだり働いたり気晴らしをしたりするのにとても良い場所です。そして噴火の危険がある地域に移ってくる人々の数は，発展途上国だけでなく先進国でも増えています」と，アメリカ地質調査所の火山災害支援プログラム主任であるC・ダン・ミラーは言う。ミラーは例として南イタリアを挙げた。「ヴェスヴィオ山はちょうどナポリの端にあり，2000年にわたる噴火の歴史を持っています」とミラーは言う。「それでも，375万人の人々がその山から30キロ以内に住んでいます。もしヴェスヴィオ山がまた噴火したら，これらの人たちはどうするのでしょうか？　ナポリほどの大きさの町から逃げ出すことなんて誰も想像できません」❹世界で最も伝説的な火山の1つが，シチリア島のエトナ山だ。シチリア島は地中海の島で，500万以上の人が住んでおり，彼らはたいていそのような有名な火山の近くに住んでいることを誇りに思っている。エトナ山は近年活発に活動していて，毎年のように噴火している。しかしその噴火はとても静かなので，数えきれないほどの旅行者たちが「安全な」活火山を見に行く。これらの噴火はとても美しく見え，旅行者たちが負傷することはめったにない。シチリア島の人々はエトナ山を「良き山」と呼ぶ。彼らはその火山を母と考えている。なぜなら彼らに良い暮らしをさせてくれるからだ。実際，エトナ山の近くに住む人々は自分たちのことを「エトナ人」と呼ぶ。❺科学者たちは「良き」火山などないと言う。全ての火山には危険性がある。しかし人々は火山の近くの地域に移ることをやめない。だから，もしあなたの町の近くに山があったらよく見るといい。それは単なる岩の重なりなのか。それとも眠っている竜なのか。

1＜英問英答＞「ピナツボ山の噴火はルソン島での生活をどのように変えたか」―イ．「数年という短い時間の後，生活はもとに戻った」　第1段落最終文参照。

2＜英問英答＞「人々が火山の近くに住みたがる理由として挙げられていないものはどれか」―ア．「低い価格の住宅」　第2段落参照。イ．「良質な農地」は最後から3文目，ウ．「美しい景色」は第２文，エ.「多くの仕事」は第３文にある。

３＜英問英答・内容真偽＞「火山の近くに住む人々について正しいのはどれか」─エ.「火山の近くに住んでいる人たちは，ふつう噴火の危険について心配していない」…○　第２段落最終文参照。　ア.「発展途上国の人々だけが火山の近くに住む」…×　第３段落第１文参照。'*A* as well as *B*'「*B*だけでなく*A*も」　イ.「先進国の人々は火山の近くの町に住むことを好まない」…×　第３段落第１文参照。　ウ.「人々は皆，家を火山から離れた所に移し始めている」…×　第３段落第１文参照。

４＜英問英答・内容真偽＞「正しいのは次のどれか」─ウ.「エトナ山は活発に活動しているにもかかわらず，多くの旅行者に愛されている」…○　第４段落第３文参照。　ア.「シチリアは地中海にある，火山のない島だ」…×　第４段落第１文参照。　イ.「エトナ山はほぼ毎年噴火しており，人々がそこを訪れることはできない」…×　第４段落第３文参照。　エ.「科学者たちはエトナ山を『良き』火山だと考えている」…×　第５段落第１文参照。

５＜英問英答─主題＞「筆者が最も言いたいことは何か」─エ.「自分の町の近くの山が安全かどうか調べることが必要だ」　筆者は第１～４段落で具体的な火山を挙げて，人々の生活に火山が密着していることを説明する一方，随所でその危険性を述べている（第１段落第５文や第３段落最後の２文）。その上で最終段落後半で，自分の町の近くの山が安全な「岩の重なり」に過ぎないのか，噴火の危険性のある「眠っている竜」かを確かめることを勧めている。

Ⅵ〔長文読解総合─説明文〕

≪全訳≫❶イギリス人は，オーストラリアに達した最初のヨーロッパ人ではない。オランダ人，スペイン人，ポルトガル人の探検家たちがその眼前の巨大な大陸を，たいして気に留めずに通り過ぎていた。イングランド人のダンピアがオーストラリアに上陸したとき，その土地はやせて使いようがなかったと述べている。その後イギリスの探検家ジェームズ・クック船長が，ダンピアは間違っていたことに気がついた。彼はオーストラリアに1770年に上陸し，彼に同行した植物学者のジョセフ・バンクスとともに，東岸の土地が豊かで肥沃であることを発見した。クック船長はオーストラリアで見た全ての土地について優れた報告をしたものの，イギリス政府がそこに居住地をつくろうと努めることは，数年間はなかった。❷$_{\mathrm{A}}$受刑者はアメリカに送るのが，長年にわたってイギリス政府の政策だった。そこでは罰として，受刑者たちは刑期を務めあげるまで大農場で働かなくてはならず，その後で彼らは解放された。犯罪者を海外に送るという政策は「流刑」と呼ばれた。❸$_{\mathrm{B}}$しかし，アメリカ大陸の植民地を失ったのに伴い，これは全て変わった。1776年に，植民地はイギリスからの独立を宣言した。植民地がアメリカ合衆国となったとき，イギリス政府はそこに受刑者を送ることをやめなくてはならなかった。政府は難しい立場に立たされていた。人々はいまだに流刑の宣告を受けていたが，彼らを送る場所がないのだ。まもなく，刑務所が受刑者であふれた。❹$_{\mathrm{C}}$クック船長に同行した植物学者のジョセフ・バンクスは，オーストラリアを受刑者の居留地に適した場所だと勧めた。「そこは土が良質だ」と彼は言った。「だからすぐに彼らは自分たちの食べ物を全部育てるようになるだろう」　シドニー卿─その名にちなんでオーストラリア最大の都市の１つが名づけられた─はイギリスの植民地の管理を担当していた。彼はバンクスの案を試してみることにした。彼はアーサー・フィリップ船長を選んで新しい居留地を管理させた。❺1787年５月，11隻からなる第１船団がイングランドからオーストラリアに向けて出発した。乗っていたのは約1400人で，そのうち780人は受刑者だった。残りは主に受刑者を監視する兵士と船の上で働く船員だった。受刑者の約20パーセントは女性で，最年長の受刑者は82歳，最年少は10歳くらいだった。オーストラリアへの旅はとてもゆっくりしたものだった。それは8か月かかり，そのうち6か月は海上で，2か月は食料と水を得るために港で費やされた。船団は1788年，ついにオーストラリアに到着した。もう2つの船団が1790年と1791年に到着し，それから70年以上にわたって船がオーストラリアに到来し続けた。❻この受刑者の制度の大きな問題は，刑罰の厳しさだった。第1船団の受刑者には，1着のコートを盗んだために流刑にされた女性がいた。イギリス人たちはまた，主人のウサギを殺したために14年の刑期を宣告された男性も流刑にした。他には異なった政治的意見を支持したというだけで追放された人々もいた。同じように流刑にされた真正な犯罪者たちも多くいたが，現在の基準でいえば受刑者の多くは犯罪者とは見なされないだろう。❼船内の状況はひどいものだった。船の所有者は「人頭当たり」，つまり運んだおのおのの人について支払われた。できるだけ多くの金を稼ぐために，所有者たちは船の中に人を過剰に詰め込んだ。受刑者たちは甲板の下で鎖につながれたが，そこには太陽の光も新鮮な空気もなかった。彼らは大変苦しみ，途中で多くが死んだ。あまりにたくさん死んだので，後に政府は，乗船者たちが旅の終着点まで無事にたどり着いたら船の所有者にボーナスを支払った。❽オーストラリアにたどり着いた受刑者たちにとっては，状況は多少ましだった。行いの良い者は入植者たちに労働者や召使として送られ，もし寛大な人たちのもとで働ければ，より良い条件で刑期を務めることができた。他の受刑者たちの中には集団で政府のために働く者たちもいた。彼らは，土地を開墾したり，道路や橋をつくったり，公共の建物を建設したりといったさまざまな仕事をした。働くことを拒否したり，逃げ出そうとしたりした受刑者たちは厳しく罰せられた。❾受刑者がその国の唯一の入植者だったわけではない。自由入植者が1793年以降イギリスからやってきて，農場を営み始めていた。初めのうち，受刑者たちは新しい入植者たちにとって大きな助けとなった。しかし後に自由入植者の数が増えると，彼らは受刑者の移送に反対した。彼らの新しい土地が犯罪者であふれるのは不当だと考えたのだ。1840年までに，反対意見がとても強くなっていたので受刑者たちはもうオーストラリア本土に移送されることはなくなった。その代わり，彼らはそこからオーストラリアの南にある島のタスマニアに送られた。❿受刑者たちがオーストラリア西部に送られたことはなかったが，19世紀の半ば，そこにあった植民地が急に受刑者を求めてきた。その地域では労働力が不足しており，受刑者の労働力によってしか発展することができなかったのだ。イギリスは1850年から1868年まで，その植民地に受刑者を供給し，受刑者たちは道路，橋，公共の建物を建ててその植民地の建設に役立った。⓫全部で16万2000人の男女―806隻の船で運ばれた―が受刑者としてオーストラリアに来た。イギリスの流刑政策が終わったときには，オーストラリアの人口は100万を超えていた。当初は使用人としての，後には入植者としての受刑者たちの懸命な働きがなければ，政府や自由入植者たちが国家をつくるのは容易でなかったであろう。受刑者たちの移送はオーストラリアの歴史の本質的な部分だ。今日，多くのオーストラリア人は受刑者であったその先祖たちを尊敬し，彼らが国に対して注いだあらゆる努力に感謝している。

問1＜適文選択＞A．第2段落はイギリスの流刑制度の具体的な説明なので，その導入としてイギリス政府のアメリカへの流刑政策を述べた3を入れる。これはオーストラリアに入植地をつくろうとしなかったこと（前文）の背景の説明でもある。　B．第3段落はアメリカ独立の過程とその影響の説明なので，その導入としてアメリカにあった植民地の喪失と流刑政策の変更を述べた1が適切。　C．アメリカが流刑地として使えなくなったこと（前段落）を受けて，オーストラリアを新しい流刑地とする提案である2を入れると，良質な土と作物のつくりやすさを述べた次の2文がその理由となり，文がうまくつながる。

問2＜適語選択＞DにはどのA語句も入りうるので，EとFから考える。まずEは受刑者たちを見張る役なので soldiers「兵士たち」が適切。Fは船上で働く人々なので seamen「船員たち」となる。よって残りのDは convicts「受刑者たち」となる。

問3＜語句解釈＞同じ段落から，コートを盗んだことやウサギを殺したこと，あるいは現代では犯罪でないような小さな悪事のために，はるか遠くのオーストラリアへ流される受刑者がいたとわかる。つまり刑罰には severity「厳しさ」があり，これと最も近いのはアの seriousness「深刻さ」。

問4＜語句解釈＞同じ段落から，オーストラリアへの移送船には人が過剰に詰め込まれ，日当たりや空気も悪く，たくさんの人が死んだとわかる。よって船の状況は deplorable「悲惨な」もので，これに最も近いのはエの terrible「ひどく悪い」。

問5＜適語選択＞同じ文の for はここでは「～につき」という‘交換’を表す前置詞。この for each person they transported が per（　）の言い換えになっている。間にある or は「つまり」という意味。つまり移送料は1人につきいくらという形で支払われた(そこで船主はなるべく多くの受刑者を詰め込んだ)。よって per head「一人当たり」という表現にする。

問6＜適語選択＞下線部④を含む文の主語の Other convicts「他の受刑者たち」は，土地を開墾したり，道路や橋をつくったり，公共の建物を建設したりした(次の文)。それらは公共性が強い作業であることから，アの government「政府」のためと考えられる。

問7＜整序結合＞まず主語の objection「反対」を受ける動詞に was を置く。また，語群から‘so ～ that …’「とても～なので…」の構文を考える。まず‘～’は形容詞の strong とする。さらに that 節の主語が‘no more＋名詞’「もうそれ以上の～はない」の形と気づけば，‘名詞’に convicts「受刑者たち」が入り，残りは were transported「移送された」とまとまる。

問8＜内容真偽＞ア.「イギリス政府は，オーストラリアの土地がどれほど良質か知らなかったので，そこに入植しようと努力することは全くなかった」…×　第4段落参照。　イ.「イギリス政府は歴史上アメリカに犯罪者たちを送り込んだことはない」…×　第2段落参照。　ウ.「オーストラリア最大の都市の1つは，イギリスの探検家であるクック船長に同行した植物学者のジョセフ・バンクスにちなんで名づけられた」…×　第4段落第3文参照。　エ.「人を殺したり金を盗んだりした受刑者たちだけが第1船団にいた」…×　第6段落第2～最終文参照。　オ.「船が過剰に混雑し乗っていた受刑者たちがひどい扱いを受けたので，そのうちの多くが移送中に命を落とした」…○　第7段落参照。　カ.「1788年に第1船団が到着する前に，多くのイギリスからの自由入植者たちがすでにオーストラリアで農場を営み始めていた」…×　第9段落第1文参照。　キ.「オーストラリア西部の植民地は，発展するために受刑者たちの多くの協力を必要とした」…○　第10段落参照。　ク.「オーストラリアの人口が100万人を超えたのは，イギリス政府が受刑者を送るのをやめた後だ」…×　第11段落第2文参照。受刑者を送るのをやめる前である。

問9＜表題選択＞未開の地だったオーストラリアの発展に受刑者たちが大きな役割を果たしたこと(第8，10，11段落)，および彼らがオーストラリアに送り込まれた背景(第1～7段落)について書かれた文章なのでエが適切。

数学解答

1 (1) $(x+2)(x+3)(x^2+5x-4)$

(2) $x=-2,\ 9$ (3) $\frac{39}{2}$ (4) $\frac{2}{5}$

2 (1) $104°$ (2) $x=7,\ y=12$

(3) $-2+\sqrt{6}$ (4) $\frac{1}{3}$ (5) 5

(6) $9\sqrt{3}+\frac{3}{2}\pi\mathrm{cm}^2$

3 60

4 (1) $\left(5,\ \frac{25}{2}\right)$ (2) 1：4

(3) $y=-\frac{11}{4}x+\frac{15}{2}$

5 (1) ア…$360°-\angle\mathrm{AOC}$ イ…$180°$

ウ…$\angle\mathrm{ACB}$ エ…$\angle\mathrm{ACE}$

オ…2組の角がそれぞれ等しい

(2) $6\sqrt{2}\,\mathrm{cm}$ (3) $2\sqrt{2}\,\mathrm{cm}$

1 〔独立小問集合題〕

(1)＜因数分解＞$x^2+5x=X$とすると，与式$=X^2+2X-24=(X+6)(X-4)=(x^2+5x+6)(x^2+5x-4)=(x+2)(x+3)(x^2+5x-4)$となる。

(2)＜二次方程式＞$2(x^2-10x+25)=x^2-13x+42+26$，$2x^2-20x+50=x^2-13x+68$，$x^2-7x-18=0$，$(x+2)(x-9)=0$ $\therefore x=-2,\ 9$

(3)＜平方根の計算＞与式$=(3\sqrt{3}-2)(3\sqrt{3}+4)-\left(\frac{6\sqrt{72}}{\sqrt{24}}-\frac{\sqrt{6}}{\sqrt{24}}\right)=(3\sqrt{3})^2+(-2+4)\times3\sqrt{3}-2\times4-6\sqrt{3}+\frac{\sqrt{1}}{\sqrt{4}}=27+6\sqrt{3}-8-6\sqrt{3}+\frac{1}{2}=\frac{39}{2}$

(4)＜関数―比例定数＞関数$y=ax^2$で，$x=3$のとき$y=a\times3^2=9a$，$x=7$のとき$y=a\times7^2=49a$だから，xの値が3から7まで増加したときの変化の割合は，$\frac{49a-9a}{7-3}=10a$となる。一次関数$y=4x+3$の変化の割合は常に4だから，$10a=4$が成り立ち，$a=\frac{2}{5}$となる。

2 〔独立小問集合題〕

(1)＜図形―角度＞右図1で，2点B，Dを結ぶ。$\overset{\frown}{\mathrm{CD}}$に対する円周角より，$\angle\mathrm{CBD}=\angle\mathrm{CED}=32°$となり，$\overset{\frown}{\mathrm{BC}}$に対する円周角より，$\angle\mathrm{BDC}=\angle\mathrm{BAC}=44°$となるから，$\triangle\mathrm{BCD}$で，$\angle\mathrm{BCD}=180°-\angle\mathrm{CBD}-\angle\mathrm{BDC}=180°-32°-44°=104°$である。

図1

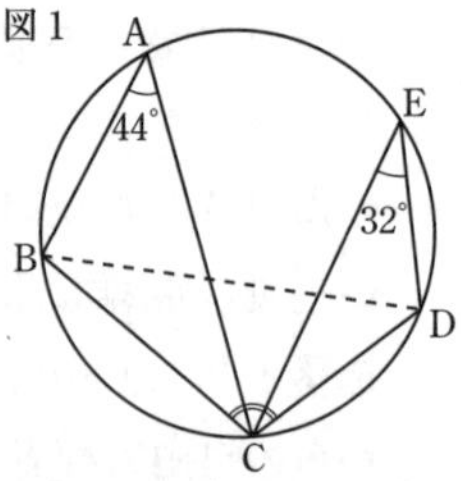

(2)＜連立方程式の応用＞x%の食塩水300gとy%の食塩水200gを混ぜて，9%の食塩水が$300+200=500$(g)できるので，x%の食塩水300gに含まれる食塩の量とy%の食塩水200gに含まれる食塩の量の合計は，9%の食塩水500gに含まれる食塩の量となる。よって，$300\times\frac{x}{100}+200\times\frac{y}{100}=500\times\frac{9}{100}$が成り立ち，$3x+2y=45$……①となる。同様にして，$2x$%の食塩水300gと9%の食塩水200gを混ぜて，y%の食塩水が$300+200=500$(g)できるので，$300\times\frac{2x}{100}+200\times\frac{9}{100}=500\times\frac{y}{100}$が成り立ち，$6x+18=5y$，$6x-5y=-18$……②となる。①，②を連立方程式として解くと，$x=7$，$y=12$となる。

(3)＜二次方程式の応用＞直角三角形は斜辺の長さが最も長いので，長さが$x+6$の辺が斜辺である。よって，三平方の定理より，$(x+3)^2+(x+5)^2=(x+6)^2$が成り立ち，これを解くと，$x^2+6x+9+x^2+10x+25=x^2+12x+36$，$x^2+4x-2=0$より，$x=\frac{-4\pm\sqrt{4^2-4\times1\times(-2)}}{2\times1}=\frac{-4\pm\sqrt{24}}{2}=\frac{-4\pm2\sqrt{6}}{2}=-2\pm\sqrt{6}$となる。$x+3>0$より$x>-3$だから，$x=-2+\sqrt{6}$である。

(4)＜確率―さいころ＞3つのさいころの出る目の組は，全部で$6\times6\times6=216$(通り)ある。直角三角形ができるとき，1辺が円の直径となる。次ページの図2で，1と4を結んだ直径が斜辺となる直角三角形は，1と2と4，1と3と4，1と4と5，1と4と6を結んでできる三角形で，4通りある。1と2と4の目が出る場合は(大，中，小)＝(1，2，4)，(1，4，2)，(2，1，4)，(2，4，1)，(4，1，2)，(4，2，1)の6通りあり，1と3と4，1と4と5，1と4と6の目が出る場合もそれぞれ6通りあるので，1と4を結んだ直径が斜辺となる場合は6×4＝24(通り)ある。2と5，3と6を結んだ直径が斜辺となる場合もそれぞれ24(通り)あるから，直角三角形となる場合は24×3＝72(通り)ある。よって，求める確率は$\frac{72}{216}=\frac{1}{3}$である。

図2

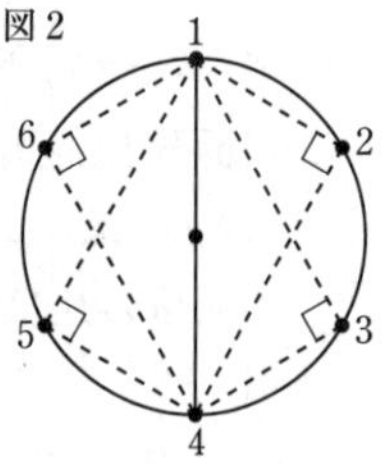

(5)＜式の値＞与式＝$x^7y^7\times x^2+x^5y^5\times y^2-2\times x^5y^5=(xy)^7\times x^2+(xy)^5\times y^2-2\times(xy)^5$と変形する。$xy=\frac{3-\sqrt{5}}{2}\times\frac{3+\sqrt{5}}{2}=\frac{9-5}{4}=1$だから，与式＝$1^7\times\left(\frac{3-\sqrt{5}}{2}\right)^2+1^5\times\left(\frac{3+\sqrt{5}}{2}\right)^2-2\times1^5=1\times\frac{9-6\sqrt{5}+5}{4}+1\times\frac{9+6\sqrt{5}+5}{4}-2\times1=\frac{7-3\sqrt{5}}{2}+\frac{7+3\sqrt{5}}{2}-2=5$となる。

(6)＜図形―面積＞右図3で，点Oと2点B，Cを結び，辺BCを直径とする円の中心をMとする。斜線部分の面積は，辺BCを直径とする半円と△OBCの面積の和から，おうぎ形OBCの面積をひいて求められる。円Oの$\overset{\frown}{\mathrm{BC}}$に対する円周角と中心角の関係より，$\angle\mathrm{BOC}=2\angle\mathrm{BAC}=2\times60^\circ=120^\circ$だから，点Oと点Mを結ぶと，$\angle\mathrm{BOM}=\angle\mathrm{COM}=\frac{1}{2}\angle\mathrm{BOC}=\frac{1}{2}\times120^\circ=60^\circ$となる。これより，△OBMは3辺の比が$1:2:\sqrt{3}$の直角三角形だから，$\mathrm{OM}=\frac{1}{2}\mathrm{OB}=\frac{1}{2}\times6=3$，$\mathrm{BM}=\sqrt{3}\mathrm{OM}=\sqrt{3}\times3=3\sqrt{3}$となり，$\mathrm{BC}=2\mathrm{BM}=2\times3\sqrt{3}=6\sqrt{3}$となる。よって，斜線部分の面積は，$\pi\times(3\sqrt{3})^2\times\frac{1}{2}+\frac{1}{2}\times6\sqrt{3}\times3-\pi\times6^2\times\frac{120^\circ}{360^\circ}=9\sqrt{3}+\frac{3}{2}\pi\,(\mathrm{cm}^2)$となる。

図3

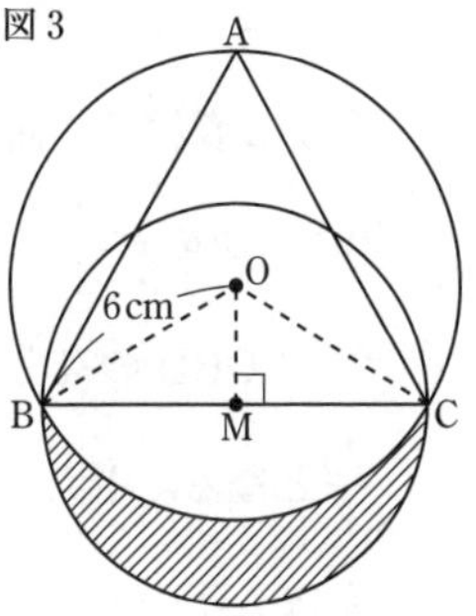

3〔数と式―式の値―方程式の解〕

二次方程式$x^2-8x+6=0$の2つの解が$x=a$，bであることから，$a^2-8a+6=0$，$b^2-8b+6=0$が成り立つ。これより，$a^2-8a=-6$，$b^2-8b=-6$となるから，$(2a^2-16a+9)(3b^2-24b-2)=\{2(a^2-8a)+9\}\{3(b^2-8b)-2\}=\{2\times(-6)+9\}\times\{3\times(-6)-2\}=-3\times(-20)=60$となる。

4〔関数―関数$y=ax^2$と直線〕

(1)＜座標＞右図で，直線OAは原点Oを通る傾き1の直線なので，その式は$y=x$となる。点Aは直線OAと放物線$y=\frac{1}{2}x^2$の交点だから，$\frac{1}{2}x^2=x$より，$x^2-2x=0$，$x(x-2)=0$　$\therefore x=0,\ 2$　よって，点Aのx座標は2であり，$y=2$だから，A(2，2)となる。次に，直線ABは傾きが$-\frac{1}{2}$なので，その式は$y=-\frac{1}{2}x+b$とおけ，点Aを通るから，$2=-\frac{1}{2}\times2+b$，$b=3$となる。よって，直線ABの式は$y=-\frac{1}{2}x+3$となる。点Bは直線ABと放物線$y=\frac{1}{2}x^2$の交点だから，$\frac{1}{2}x^2=-\frac{1}{2}x+3$より，$x^2+x-6=0$，$(x+3)(x-2)=0$　$\therefore x=-3,\ 2$　点Bのx座標は-3であり，$y=\frac{1}{2}\times(-3)^2=\frac{9}{2}$となるので，$\mathrm{B}\left(-3,\ \frac{9}{2}\right)$である。同様にして，直線BCの傾きが1，$\mathrm{B}\left(-3,\ \frac{9}{2}\right)$より，直線BCの式は$y=x+\frac{15}{2}$となる。点Cは直線BCと放物線$y=\frac{1}{2}x^2$の交点だから，$\frac{1}{2}x^2=x+\frac{15}{2}$より，$x=-3,\ 5$となり，点Cの$x$座標は5と

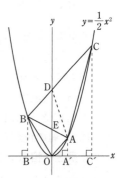

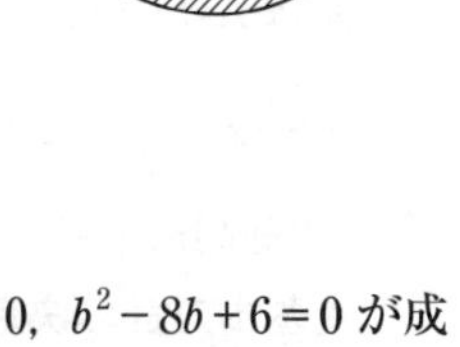

なる。$y=\frac{1}{2}\times5^2=\frac{25}{2}$だから，C$\left(5,\ \frac{25}{2}\right)$である。

(2)＜面積比＞前ページの図で，直線OA，BCの傾きがともに1より，OA∥BCなので，△OABと△ABCは，底辺をそれぞれ辺OA，辺BCとしたときの高さが等しい。よって，△OABと△ABCの面積の比は底辺の比OA：BCとなる。3点A，B，Cからx軸にそれぞれ垂線AA′，BB′，CC′を引くと，(1)より，A′(2，0)，B′(−3，0)，C′(5，0)となり，OA′=2，B′C′=5−(−3)=8だから，OA：BC=OA′：B′C′=2：8=1：4となる。したがって，△OAB：△ABC=1：4である。

(3)＜直線の式＞前ページの図で，直線ABとy軸の交点をEとすると，直線ABの切片が3より，E(0，3)だから，OE=3となる。OEを底辺とすると，△OAEの高さはOA′=2，△OBEの高さはOB′=3だから，△OAB=△OAE+△OBE=$\frac{1}{2}\times3\times2+\frac{1}{2}\times3\times3=\frac{15}{2}$となる。(2)より△OAB：△ABC=1：4だから，△ABC=4△OAB=$4\times\frac{15}{2}=30$となり，四角形OACBの面積は，△OAB+△ABC=$\frac{15}{2}+30=\frac{75}{2}$である。よって，$\frac{1}{2}\times\frac{75}{2}=\frac{75}{4}$より，点Dを通り四角形OACBの面積を2等分する直線は，面積が$\frac{75}{4}$である2つの図形に分ける直線である。そこで，2点A，Dを結ぶ。直線BCの切片が$\frac{15}{2}$より，D$\left(0,\ \frac{15}{2}\right)$だから，OD=$\frac{15}{2}$である。これを底辺とすると，△OADの高さは2，△OBDの高さは3より，四角形OADBの面積は△OAD+△OBD=$\frac{1}{2}\times\frac{15}{2}\times2+\frac{1}{2}\times\frac{15}{2}\times3=\frac{75}{4}$となる。したがって，直線ADが四角形OACBの面積を2等分する直線である。A(2，2)だから，直線ADの傾きは$\left(2-\frac{15}{2}\right)\div(2-0)=-\frac{11}{4}$であり，切片は$\frac{15}{2}$だから，求める直線の式は，$y=-\frac{11}{4}x+\frac{15}{2}$となる。

5〔平面図形—円〕

≪基本方針の決定≫(2)　△ADC∽△ACEを利用する。

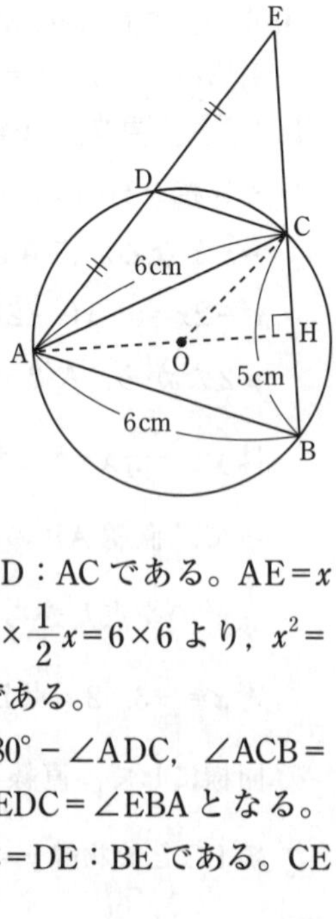

(1)＜論証＞右図で，証明の②は，円周角の定理から導いているので，点Bを含む方の$\overset{\frown}{AC}$に対する円周角と中心角の関係より，∠ADC=$\frac{1}{2}$(360°−∠AOC)となる。①の∠ABC=$\frac{1}{2}$∠AOC，②の∠ADC=$\frac{1}{2}$(360°−∠AOC)より，∠ABC+∠ADC=$\frac{1}{2}$∠AOC+$\frac{1}{2}$(360°−∠AOC)=180°となるから，③は，∠ABC+∠ADC=180°である。AB=ACだから，④は，∠ABC=∠ACBとなる。3点B，C，Eが一直線上に並んでいることから，⑤は，∠ACB+∠ACE=180°となり，⑥は，∠ADC=∠ACEとなる。△ADCと△ACEにおいて，⑥の∠ADC=∠ACE，⑦の∠DAC=∠CAEは，2組の角がそれぞれ等しいことを示している。

(2)＜長さ—相似＞右上図で，(1)より，△ADC∽△ACEだから，AC：AE=AD：ACである。AE=x(cm)とすると，AD=$\frac{1}{2}$AE=$\frac{1}{2}x$となるから，$6:x=\frac{1}{2}x:6$が成り立ち，$x\times\frac{1}{2}x=6\times6$より，$x^2=72$　∴$x=\pm6\sqrt{2}$　よって，$x>0$より，$x=6\sqrt{2}$だから，AE=$6\sqrt{2}$(cm)である。

(3)＜長さ—相似＞右上図で，(1)より，∠ADC=∠ACEなので，∠EDC=180°−∠ADC，∠ACB=180°−∠ACEより，∠EDC=∠ACBであり，∠ACB=∠EBAだから，∠EDC=∠EBAとなる。また，∠CED=∠AEBだから，△CDE∽△ABEである。よって，CE：AE=DE：BEである。CE

$=y$(cm)とすると，$DE=\frac{1}{2}AE=\frac{1}{2}\times 6\sqrt{2}=3\sqrt{2}$，$BE=CE+BC=y+5$ より，$y:6\sqrt{2}=3\sqrt{2}:(y+5)$ が成り立ち，$y(y+5)=6\sqrt{2}\times 3\sqrt{2}$ より，$y^2+5y-36=0$，$(y+9)(y-4)=0$　$\therefore y=-9, 4$　$y>0$ だから，$y=4$ となる。したがって，$CD:AB=CE:AE=4:6\sqrt{2}=2:3\sqrt{2}$ だから，$CD=\frac{2}{3\sqrt{2}}AB=\frac{2}{3\sqrt{2}}\times 6=2\sqrt{2}$(cm)となる。

≪別解≫前ページの図で，点Aから線分BCに垂線AHを引くと，AB＝ACより，$BH=CH=\frac{1}{2}BC=\frac{1}{2}\times 5=\frac{5}{2}$ だから，△AHCで三平方の定理より，$AH^2=AC^2-CH^2=6^2-\left(\frac{5}{2}\right)^2=\frac{119}{4}$ となり，△AHEで，$EH=\sqrt{AE^2-AH^2}=\sqrt{(6\sqrt{2})^2-\frac{119}{4}}=\sqrt{\frac{169}{4}}=\frac{13}{2}$ となる。よって，$CE=EH-CH=\frac{13}{2}-\frac{5}{2}=4$ である。$\triangle ADC \backsim \triangle ACE$ より，$CD:EC=AD:AC$ だから，$CD:4=3\sqrt{2}:6$ が成り立ち，$CD\times 6=4\times 3\sqrt{2}$ より，$CD=2\sqrt{2}$(cm)となる。

2018年度／明治大学付属中野高等学校

国語解答

一 問一　とりあえずの真理
問二　人間の物の見方は完璧ではない［から。］
問三　A　知　B　能
問四　仮説と検証
問五　疑問や問いを持って物事を見るということ
問六　うのみ　　問七　人は
問八　D
問九　a…(ウ)　b…(イ)　c…(エ)
問十　物が落ちる運動
問十一　(根)幹
問十二　リンゴの実が木から落ちること。
問十三　(ア)
問十四　見た目だけにとらわれるから。
問十五　X　新聞を読む
　　　　Y　学力が高い
問十六　(ウ)→(オ)→(ア)→(エ)→(イ)
問十七　学力が高い子が，ニュースや新聞に関心を持つ
問十八　オールが水を叩いたこと。
問十九　ヘンテコな理論／勝手な決めつけ
問二十　物体には，それがあるのが自然な場所に行こうとする性質がある［という理論。］(29字)
問二十一　(ア)

二 ①　(イ)　②　(ウ)　③　(イ)　④　(ア)
⑤　(エ)

三 ①　堅固　②　計量　③　打撃
④　聴聞　⑤　勤務

四 ①　子細　②　直　③　旋風
④　署名　⑤　寿命　⑥　披露
⑦　慌　⑧　かみわざ
⑨　いっきん　⑩　かんり

一〔論説文の読解―自然科学的分野―技術〕出典；池上彰『はじめてのサイエンス』「科学は『疑うこと』から始まります――現代のサイエンス六科目」。

≪本文の概要≫科学の法則や理論は，絶対的な真理ではない。科学は，疑うことから始まり，問いを発し，それの解答(回答)のための仮説を立て，その仮説が正しいかどうかを検証する。検証の方法としてわかりやすいのは実験することであり，実験をしてみて仮説が裏づけられ，しかも誰でも同じ手順で実験すれば同じ結果が出るとなって初めて，その仮説はとりあえずの真理として成立する。科学者は，仮説を立てるとき，ニュートンが，リンゴの実が落ちることからさまざまな物が落ちる運動に注目し，万有引力の法則に行き着いたように，物事を抽象化していく。このように，科学的な態度とは，疑問や問いを持って物事を見るということであり，観察した物事を抽象化して仮説を立てることが，科学の営みの最初のプロセスである。しかし，この仮説を立てるとき，私たちは，相関関係と因果関係を取り違えてしまうことがよくある。見た目だけにとらわれると，相関関係と因果関係を取り違えて，間違った仮説を持ちやすいのである。それは，アリストテレスでも同じだった。彼の立てた仮説には，今から見ても正しい仮説がある一方，勝手な決めつけもあった。仮説は，検証という手続きを経て実証しないと，勝手な決めつけになってしまうのである。

問一＜文章内容＞「万有引力の法則」は，長い間「真理」として認められてきたが，アインシュタインが提唱した重力理論に取って代わられた。そのように，「真理とは絶対的なものではなく，『とりあえずの真理』」である。

問二＜文章内容＞人間は，「一〇〇パーセント正しい真実を把握すること」はできない。それは，「人間の物の見方は完璧ではない」からである。

問三＜四字熟語＞完全無欠の知恵と能力のことを，「全知全能」という。

問四＜文章内容＞科学は，真理に近づくために，まず「疑うこと」から始まる。疑いを持って問いを立てたら，その問いに対する解答(回答)のための仮説を立て，その仮説を検証する。このように科学とは，「限られた認識の手段を使って，少しでも真理に近づいていこうとする営み」，すなわち，「仮説と検証を繰り返して，真理に少しでも近づこうとすることが科学という営み」なのである。

問五＜文章内容＞ニュートンは，リンゴが落ちるのを見て，なぜ物は上から下に落ちるのかと疑問を持った。ここから彼は，物が落ちる理由について仮説を立て，やがて万有引力の法則に行き着いた。このように「科学的な態度」とは，「疑問や問いを持って物事を見るということ」である。

問六＜慣用句＞人の言うことを理解が不十分なまま採り入れることを，「うのみにする」という。

問七＜文の組み立て＞この文に主語がないのは，前の文の主語と同じだからである。「科学的な態度を持つ人」は，疑い，問いを発し，仮説を立てる。主語を「一文節」で示せば，「人は」となる。

問八＜文の組み立て＞「仮説とは異なる実験結果が出てくることも」，「当然」ある。

問九＜接続語＞ａ．「仮説と検証を繰り返して，真理に少しでも近づこうとすることが科学という営み」であるとはいえ，「仮説を検証する段階」では，「一人だけが実験に成功」しても，その仮説は認められない。　ｂ．「最初の実験は，一人で行うことが多い」ことはいうまでもない。　ｃ．「物が落ちる理由について仮説を立てる」にあたって，「リンゴが落ちるという運動に注目」して「リンゴの色や香りという枝葉は捨てている」ことは，「科学者が物事を観察するとき」に「よけいな要素を切り捨てて，仮説になるような要素を抽象化していく」ことの例である。

問十＜文章内容＞ニュートンは，「リンゴが落ちるという運動」に注目し，そこから「さまざまな物が落ちる運動に着目」した。

問十一＜語句＞「枝葉」は，物事の主要でない部分のこと。主要な部分のことは，「幹」あるいは「根幹」という。

問十二＜文章内容＞ニュートンは，物事が落ちる運動に関して万有引力の法則に行き着いた。この場合，リンゴの実が木から落ちるという具体的なことに対する疑問があり，そこから抽象化を行うことで，この法則に行き着いたのである。

問十三＜漢字＞「後世」は，「こうせい」と読む。「隔世」は「かくせい」，「出世」は「しゅっせ」，「来世」は「らいせ」，「世襲」は「せしゅう」と読む。

問十四＜文章内容＞「仮説を立てるときに，私たちがよくやりがちな失敗」とは，「相関関係と因果関係を取り違えてしまう」ということである。このことからわかるように，「見た目だけにとらわれると，私たちは間違った仮説を持ちやすい」のである。

問十五＜文章内容＞「相関関係」は，「朝食を食べる」ことと「学力が高い」こととの間や，「新聞を読む」ことと「学力が高い」こととの間に見られる。

問十六＜文脈＞「朝食を毎朝きちんと食べているということ」は，「規則正しい生活を送っているということ」である。「規則正しい生活をしている」のは「どういう子ども」かといえば(…(ウ))，「そういう子どもには，規則正しい生活をさせている親がいる」のではないかと考えられる(…(オ))。そして，「規則正しい生活をさせている親」は，「朝食をきちんと食べさせるだけ」ではなく(…(ア))，「それ以外に，『勉強しなさい』と言ったり塾に通わせたり，子どもの学習に積極的に関わる親も多い」かもしれない(…(エ))。そうなると，「親のしつけと学力という因果関係も考える必要」が出てくる(…(イ))。

問十七＜文章内容＞「新聞を読んでいる子ほど学力が高い」ということについて，「新聞を読むと，子どもの学力が上がります」と解釈することは可能である。しかし，「学力が高い子」が「ニュースや新聞に関心を持つ」と解釈することもできる。

問十八＜指示語＞「遠くで船を漕いでいるオールが水をバシャッと叩いた」とき，その「オールが水をバシャッと叩いた」ことは，瞬時に見える。

問十九＜文章内容＞アリストテレスは，物が落ちることについて，「きっとその物体にはもともと下に向かって落ちていく性質がある」と考え，逆に，「火花が空に向かっていく」ことについては，「火花はそもそも空にあるのが自然であるから，上に向かっていくのだ」と考えた。これらの理論は，「現代の眼」からは「ヘンテコな理論」に見える。アリストテレスには「今から見ても正しい仮説がある」一方，彼は，「物体の運動」については「勝手な決めつけ」をしてしまったのである。なお，この「勝手な決めつけ」を仮説の意味にとると，「間違った仮説」も解答になりうる。

問二十＜文章内容＞アリストテレスは，物が落ちるのは「その物体にはもともと下に向かって落ちていく性質がある」からであり，「火花が空に向かっていく」のは「火花はそもそも空にあるのが自然であるから」であると考えた。彼は，物体の上下運動について，物にはそれがあるのが自然な場所へ行こうとする性質があるという理論を立てたのである。

問二十一＜文章内容＞「仮説」に対しては，「それが正しいかどうか」を確かめる「検証」をしなければならない。検証の方法としてわかりやすいのは「実験すること」であり，「誰でも同じ手順にもとづいて実験をすれば」同じ結果が出るとなったときに，その仮説は実証され，とりあえずの真理として成立する。

二〔敬語〕

①「お聞きになって」は，尊敬語。自分のことをいうには，謙譲語を用いる。「参上する」は，謙譲語であるが，相手のところへ行く，という意味。　②「いらっしゃる」は，尊敬語。自分の「父」の行動については，謙譲語を用いる。　③「おっしゃる」は，尊敬語であるため，これ一語で尊敬表現になる。　④「拝見する」は，謙譲語。「お客様」の行動については，尊敬語の「御覧になる」を用いる。　⑤自分が「あなたのお母様から」もらったということを，へりくだって表現するには，「あなたのお母様がくださった」または「あなたのお母様からいただいた」とする。

三〔漢字〕

①アは「硬」，イは「固」，ウは「堅」と書く。物がしっかりしてかたいことや，心がしっかりと定まっていて動じないことを，「堅固」という。　②アは「図」，イは「計」，ウは「量」と書く。物の長さや重さをはかることを，「計量」という。ただし，「測定」という語があるように，「時間」や「重さ」は，「測る」と書くことも可能である。そうすると，「計測」「測量」という熟語をつくることもできる。　③アは「打」，イは「撃」，ウは「討」と書く。激しくうつことを，「打撃」という。　④アは「聞」，イは「聴」，ウは「効」と書く。聞き取ること，また，行政機関が権限を行使する前に関係者の意見を聞く手続きのことを，「聴聞」という。　⑤アは「努」，イは「務」，ウは「勤」と書く。職務に従事することを，「勤務」という。

四〔漢字〕

①詳しいこと。　②すぐ，ということ。　③突然社会に与える動揺のこと。　④自分の姓名を書き記す，という意味。　⑤命のある期間の長さのこと。また，物の使用可能な期間のこと。　⑥告げ知らせて広める，という意味。　⑦音読みは「恐慌」などの「コウ」。　⑧神にしかできないような非常に優れた技術のこと。　⑨「斤」は重量の単位で，食パンは，多くの場合，一斤で売られている。　⑩明治憲法のもとで，国家によって選任された役人のこと。

Memo

Memo

平成29年度 明治大学付属中野高等学校

【英　語】（50分）〈満点：100点〉

Ⅰ　次の英文の(　)に最も適するものを選び，記号で答えなさい。

1．I will never forget (　　) Hawaii as a child.
　ア．to visit　　イ．visiting　　ウ．visit　　エ．visited

2．I am interested in reading (　　) books such as Harry Potter.
　ア．excite　　イ．excited　　ウ．exciting　　エ．excitingly

3．I learned how to drive (　　) I was in the U.S.
　ア．if　　イ．during　　ウ．while　　エ．whether

4．A：Don't buy the expensive bananas ; get the cheaper (　　).
　B：But this tastes a lot better !
　ア．ones　　イ．it　　ウ．another　　エ．those

5．A：Have I kept you (　　) long ?
　B：Not at all.　I've just come here.
　ア．wait　　イ．waiting　　ウ．waited　　エ．have waited

6．A：Look.　This is the T-shirt you gave me the other day.
　B：Oh, you're wearing it back to (　　) !
　ア．forward　　イ．inside　　ウ．top　　エ．front

Ⅱ　[　]内の定義に当てはまる英語1語を，指定された文字で始め，意味の通る文になるよう(　)に入れなさい。

1．He (d　　) Mt. Fuji on his notebook yesterday.
　[to make a picture of something with a pencil or pen]

2．Our cat likes sleeping on the (r　　) on sunny days.
　[the top outer part of a building]

3．She really worked hard as a (v　　) after the earthquake.
　[a person who does a job without being paid for it]

4．For young people, staying in a foreign country is great (e　　).
　[knowledge or skill from doing, seeing, or feeling things]

5．The movie was so (b　　) that I fell asleep.
　[not interesting or fun]

Ⅲ　次の日本語の内容になるよう[　]内の語句を並べかえ，英文を完成させなさい。解答は(A)(B)(C)に入るものを書きなさい。

1．昨夜，彼はなんて不思議なメールを私に送ってきたのだろう。
　(　　)(A)(　　)(B)(　　)(　　)(C) last night !
　[e-mail / sent / mysterious / me / what / he / a]

2. 大雪のため私たちは学校から家へ帰れなかった。
(　　)(　　)(A)(　　)(B)(　　)(C)(　　).
[home / from / the heavy snow / from / us / school / going / kept]
3. ニューイングランドで夏を過ごすクジラにとって，最も大きな危険のひとつは通過する船舶だ。
One of (　　)(　　)(A)(　　)(B)(C)(　　) in New England is passing ships.
[their summers / biggest / whales / to / the / spending / dangers]
4. オリンピックのチケット購入はできるだけ簡単にすべきだ。
It (　　)(　　)(A)(　　)(　　)(B)(　　)(　　)(C) to get the Olympic tickets.
[people / possible / be / for / easy / made / as / as / should]
5. なぜ子どもは大人よりもずっとよく笑うのだろうか。
Why do (　　)(　　)(　　)(A)(B)(　　)(C) do?
[more / children / much / adults / than / laugh / often]
6. トムはハロウィンパーティーで着るものを母親にねだった。
Tom (　　)(　　)(A)(B)(　　)(　　)(C) for the Halloween party.
[put / for / to / asked / on / his mother / something]

Ⅳ　次の英文を読んで，あとの問いに答えなさい。

In Istanbul, Yesim Yilmaz is getting ready for class. Her mother brings her some breakfast, which Yesim eats while looking at her e-mail on her phone. She has forgotten to read a chapter for her science class. No problem — she opens up her computer and downloads a chapter from her online textbook to read on the train.

On Sunday afternoon next to his apartment complex in Seoul, Min-ho Kim is waiting for the bus. At lightning speed, he types a text message to let his friend know he's on his way. Min-ho is never without his phone. In fact, he's already bought a ticket on his phone for a movie he and his friends will see this afternoon. Min-ho laughs as he checks some funny photos his friend Jae-sung has just put online. His bus soon arrives. Min-ho gets on, sits down, opens a game application on his phone, and puts his earphones in his ears. Most of the other people on the bus who are Min-ho's age are doing exactly the same thing.

Yesim and Min-ho are members of Generation Z. (　1　) In fact, many have never seen a video cassette recorder or a telephone with a dial. Members of Gen-Z are people born between the mid-1990s and the early 2000s. They are also sometimes called Generation C. The *C* stands for *content*, *community*, or *creative*.

Their parents spent most of their teenage years listening to cassette players, watching video tapes, playing early video games, and calling friends on their families' telephones. (　2　) Recent study shows that young people in Asia spend an average of 9.5 hours per day online. And marketing companies know this.

Every time they open their page on a social networking site, Gen-Z members don't see only friends' updates and photos. (　3　) Marketing companies work with social media sites to find out where their customers live, what movies, books, and music they like, and who their friends are. The companies use this information to show their customers the advertisements they want them to see.

What does this generation think about marketing companies knowing so much about them?

Are they worried about losing their privacy? Not many seem to be very worried about companies knowing how to sell things to them. (4) For example, Valerie Chen in Kaohsiung is upset because her parents want to watch everything she does online. But her parents' eyes are not enough to make her stop using social media. Valerie knows how to limit what her parents can see about her on the social networking sites she uses.

However, keeping information private from parents may not be the only challenge. (5) In fact, some studies show that more than 70% of companies reject people who are looking for jobs because of the information they can see about them online. Because they grew up using social media, maybe Generation Z will be better at protecting their personal information online than the generation before them. Only time will tell.

問 (1)～(5)に適するものをそれぞれ選び，記号で答えなさい。

ア. Many people are now finding out that putting funny pictures on the Web can be a problem when they finish school and start looking for a job.

イ. They also see advertisements for products they might want to buy.

ウ. Generation Z, however, is connected to its music, videos, games, and friends online all day, every day.

エ. Many Gen-Z members are more careful about keeping their private information from their parents.

オ. They are sometimes called "digital natives" because they have grown up with the Internet, mobile phones, and social media since they were children.

V 次の英文を読んで，あとの問いに答えなさい。

The stars in the night sky remain in a fixed position. They do not move from one point to another, but sometimes we see a star that moves very fast, leaving a trail of light behind it like airplane smoke. Actually, this is not a star. It is a meteor burning up as it falls through the Earth's atmosphere. Small meteors burn up completely in the atmosphere. However, larger rocks from space do not burn up completely. Instead, they hit the Earth! Space rocks that hit the Earth are called meteorites.

When a meteorite hits the Earth, it can make a kind of hole, called a crater. Scientists have found more than 170 craters around the world made by meteorites. One of these craters can be seen in the desert of Arizona in the southwestern US. This crater is named Barringer Crater, but most people just call it Meteor Crater. Barringer Crater is not the largest crater in the world, but it is still important. One man who studied this crater helped scientists learn a lot about meteorites and craters formed by meteorites.

In the early 1900s, Daniel Barringer learned about the huge crater in the Arizona desert. He thought the crater must have been formed by a huge meteorite. He also thought that the meteorite probably had a lot of iron in it, and it might be possible to dig up that iron and get rich! Barringer formed a company and started digging. As he searched for iron in and around the crater, Barringer studied the rocks and the shape of the crater. He explained many of the things he found to other scientists. In this way, our knowledge about meteorites and craters increased a lot. That was good news for everyone.

However, there was bad news for Barringer. He never found the iron he was looking for.

He lost a lot of money searching for the huge missing meteorite that created the crater in Arizona. Today, scientists think they know why Barringer could not find the meteorite. Barringer was looking for a huge meteorite, but actually, the meteorite that formed the crater was much smaller than Barringer guessed. It was most likely about 25 to 30 meters across. Because any pieces underground would be small, nobody wants to dig for the meteorite anymore. Scientists believe that only a small piece of the meteorite remains underground at the bottom of the crater.

問　本文の内容に合うよう，英文の空所に適するものを選び，記号で答えなさい。

1．The writer says that ＿＿＿＿＿.

ア．meteors are large rocks on the moon

イ．meteors are the stars in a fixed position in the night sky

ウ．meteorites are larger than meteors

エ．meteorites burn and disappear in the Earth's atmosphere

2．The passage explains that Daniel Barringer ＿＿＿＿＿.

ア．was helped by scientists who worked in the early 1900s

イ．thought a meteorite could make him rich

ウ．found a meteorite that hit the Earth near his home

エ．was the first person who found a lot of iron in the crater

3．Thanks to Barringer, ＿＿＿＿＿.

ア．people learned that no meteorites remain underground in the crater

イ．a good source of iron was found in the Arizona desert

ウ．people were able to visit Meteor Crater more easily

エ．scientists learned new things about meteorites and craters

4．The writer says that ＿＿＿＿＿.

ア．there is still a meteorite under Barringer Crater

イ．the huge meteorite was found in Arizona

ウ．scientists today know Barringer guessed the correct size of the meteorite

エ．it is impossible to dig out the meteorite with a lot of iron in it

5．The reading is about ＿＿＿＿＿.

ア．a meteorite that hit the Earth

イ．a meteorite that scientists are trying to find

ウ．a meteorite that came close to the Earth but didn't hit it

エ．a meteorite that made Barringer rich

VI　次の英文を読んで，あとの問いに答えなさい。

Something about the old bicycle at the garage sale caught ten-year-old Justin Lebo's eye. It was a BMX bike with a twenty-inch frame. Justin talked the owner down to $6.50 and asked his mother, Diane, to help load the bike into the back of their car. When he got it home, he wheeled the bike into the garage and showed it proudly to his father.

Justin and his father cleared out a work space in the garage and put the old bike up on a rack. They rubbed the frame until the old paint began to come off and painted it a bright color. They replaced the broken pedal, tightened down a new seat, and restored the grips. In about a week, it looked brand new.

①Soon he forgot about the bike. But the very next week, he bought another bike at a garage sale and fixed it up, too. After a while it bothered him that he wasn't really using either bike. Then he realized that he didn't really like riding the old bikes : he liked the challenge of making something new and useful out of something old and broken.

Justin wondered what he should do with them. They were just taking up space in the garage. He remembered that when he was younger, he used to live near a large brick building called the Kilbarchan Home for Boys. It was a place ②[whose / couldn't / boys / look / for / parents / after] them for one reason or another.

He found "Kilbarchan" in the phone book and called the director, who said the boys would be excited to get two bicycles. The next day when Justin and his mother unloaded the bikes at the home, two boys raced out to greet them. They jumped on the bikes and started riding around the semicircular driveway, doing wheelies, laughing and shouting.

The Lebos watched them for a while, then started to climb into their car to go back home. The boys cried after them, "Wait a minute! [③]" Justin explained that the bikes were for them to keep. "They were so happy." Justin remembers. "It was like they couldn't believe it. It made me feel good just to see them happy."

On the way home, Justin was (④). His mother assumed he was lost in a feeling of satisfaction. But he was thinking about what would happen when those bikes got carried inside and everybody saw them. How could all those kids decide who got the bikes? Two bikes could cause more trouble than they would solve. Actually they hadn't been that hard to build. It was fun. Maybe he could do more . . .

"Mom," Justin said as they turned onto their street, "I've got an idea. I'm going to make a bike for every boy at Kilbarchan for Christmas." Diane Lebo looked at Justin out of the corner of her eye. She had never seen him so determined.

When they got home, Justin called Kilbarchan to find out how many boys lived there. There were twenty-one. It was already late June. He had (A) months to make (B) bikes. That was almost a bike a (C). Justin called the home back to tell them of his plan. "I could tell they didn't think I could do it," Justin remembers. "I knew I could."

Justin knew his best chance to build bikes was almost the way GM or Ford builds cars : in an assembly line. He figured it would take three or four old bikes to produce enough parts to make one good bike. That meant sixty to eighty bikes. Where would he get them?

Garage sales seemed to be the only hope. It was June, and there would be garage sales all summer long. But even if he could find that many bikes, how could he ever pay for them? That was hundreds of dollars.

He went to his parents with a proposal. "When Justin was younger," says his mother, "he used to give away some of his allowance to help others in need. His father and I would donate a dollar for every dollar Justin donated. So he asked us if it could be like the old days, if we'd match every dollar he put into buying old bikes. We said yes."

Justin and his mother spent most of June and July hunting for cheap bikes at garage sales and thrift shops. They would carry the bikes home, and Justin would start stripping them down in the yard.

But by the beginning of August, he had managed to make only ten bikes. Summer vacation was almost over, and school and homework would soon cut into his time. Garage sales would dry up when it got colder, and Justin was out of money. Still he was determined to find a way.

[D] A neighbor wrote a letter to the local newspaper describing Justin's project, and an editor thought it would make a good story. In her admiring article about a boy who was devoting his summer to help kids he didn't even know, she said Justin needed bikes and money, and she printed his home phone number.

[E] "There must have been a hundred calls," Justin says. "People would call me up and ask me to come over and pick up their old bikes. Or I'd be working in the garage, and a station wagon would pull up. The driver would leave a couple of bikes by the curb. It just snowballed."

[F] Once again, the boys raced out of the home and jumped on the bikes, tearing around in the snow.

And once again, their joy inspired Justin. They ⑤*[bikes / him / how / were / reminded / important]* to him. Wheels meant freedom. He thought about how much more the freedom to ride must mean to boys like these who had so little freedom in their lives. He decided to keep on building.

"First I made eleven bikes for the children in a foster home my mother told me about. Then I made ten little bikes and tricycles for children with AIDS. Then I made twenty-three bikes for the Paterson Housing Coalition."

In the four years since he started, Justin Lebo has made between 150 and 200 bikes and given them all away. He has been careful to leave time for his homework, his friends, his coin collection, his new interest in marine biology, and of course, his own bikes.

Reporters and interviewers have asked Justin Lebo the same question over and over: "[⑥]" The question seems to make him uncomfortable. It's as if they want him to say what a great person he is. Their stories always make him seem like a saint, which he knows he isn't. "Sure it's nice of me to make the bikes," he says, "because I don't have to. But I want to. In part, I do it for myself. I don't think you can ever really do anything to help anybody else if it doesn't make you happy."

"Once I overheard a kid who got one of my bikes say, 'A bike is like a book; it opens up a whole new world.' That's how I feel, too. It made me happy to know that kid felt that way. That's why I do it."

（注） BMX モトクロス用の　load 積む　bother 悩ませる　semicircular 半円の
assume 思う　satisfaction 満足（感）　determined 決意が固い
GM or Ford ゼネラル・モーターズやフォード（アメリカ合衆国の自動車会社）
assembly line 組み立てライン　figure 計算する　allowance 小遣い　thrift shop 中古品屋
strip ～ down ～を分解する　editor 編集者　admiring 賞賛した　devote 捧げる
curb （道路の）縁石　tricycle 三輪車　marine biology 海洋生物学　saint 聖者
overhear 偶然耳にする

問1．下線部①の理由として最も適切なものを選び，記号で答えなさい。

ア．He finished the challenge of building the bike.

イ．He bought another broken bike at a yard sale.

ウ．He liked cycling better than fixing an old bike up.

エ．The bike looked brand new from the beginning.

問2．下線部②の[　]内の語句を正しく並べかえなさい。

問3．[③]に適するものを選び，記号で答えなさい。

ア．Thank you so much!　　イ．Don't go without us!

ウ．You forgot your bikes!　　エ．Why don't you fix our bikes up?

問4．(④)に適するものを選び，記号で答えなさい。

ア．free　イ．happy　ウ．angry　エ．silent

問5．(A)～(C)に適するものをそれぞれ選び，記号で答えなさい。

A	ア．four	イ．six	ウ．eight	エ．ten
B	ア．two	イ．three or four	ウ．nineteen	エ．twenty-one
C	ア．day	イ．week	ウ．month	エ．year

問6．[D]－[E]－[F]に入る文の組み合わせとして適切なものを選び，記号で答えなさい。

1．Overnight, everything changed.

2．The week before Christmas Justin delivered the last of the twenty-one bikes to Kilbarchan.

3．At the end of August, Justin got a break.

ア．1－2－3　イ．1－3－2　ウ．2－1－3

エ．2－3－1　オ．3－1－2　カ．3－2－1

問7．下線部⑤の[　]内の語句を正しく並べかえなさい。

問8．[⑥]に適するものを選び，記号で答えなさい。

ア．What is your next plan?　　イ．How did you do it?

ウ．Who told you to do it?　　エ．Why do you do it?

問9．本文の内容に合うものを2つ選び，記号で答えなさい。

ア．Justin liked saving the bikes from being thrown away.

イ．Justin was happy that the boys at the Kilbarchan Home enjoyed the bikes so much.

ウ．Justin was fond of the challenge of collecting bicycles.

エ．Justin decided to continue building bikes because he knew how much he could earn.

オ．Justin loved the satisfaction of doing things for other people.

カ．Justin spent his time not only repairing bikes but also doing many other things.

キ．Justin decided to help others as his parents told him to.

【数　学】（50分）〈満点：100点〉

1　次の問いに答えなさい。

(1)　$16x^2-24xy+9y^2-16x+12y-12$ を因数分解しなさい。

(2)　$\left(-\frac{1}{6}x^3y\right)^3\div\left(\frac{3}{4}xy^2\right)^4\times\left(-\frac{3y}{2x}\right)^5$ を計算しなさい。

(3)　$\{(\sqrt{15}+3)^2-(\sqrt{15}-3)^2\}\div\sqrt{48}$ を計算しなさい。

(4)　$\sqrt{\frac{504}{n}}$ が整数となるような正の整数 n は何個あるか求めなさい。

2　次の問いに答えなさい。

(1)　2次方程式 $4x^2+ax+b=0$ の解が $\frac{1}{2}$ と -3 のとき，a，b の値を求めなさい。

(2)　下の図の平行四辺形ABCDの面積を求めなさい。

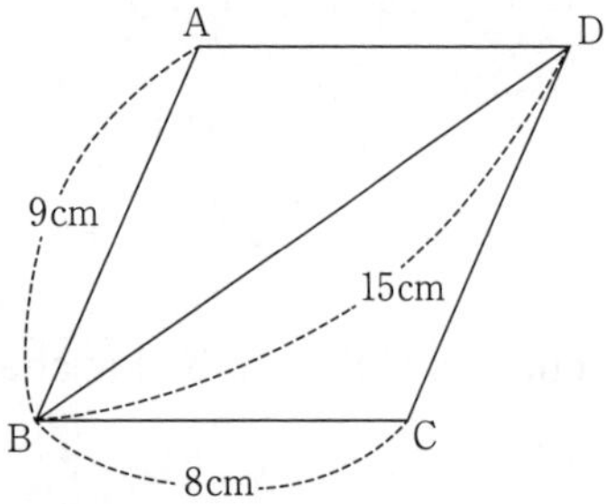

(3)　赤色のカードが3枚，黄色のカードが2枚，青色のカードが3枚あります。カードをよくきって2枚同時にひくとき，カードの色が異なる確率を求めなさい。

(4)　$\sqrt{11}$ の小数部分と $7-\sqrt{11}$ の小数部分との積を求めなさい。

(5)　右の図の $\angle x$ の大きさを求めなさい。

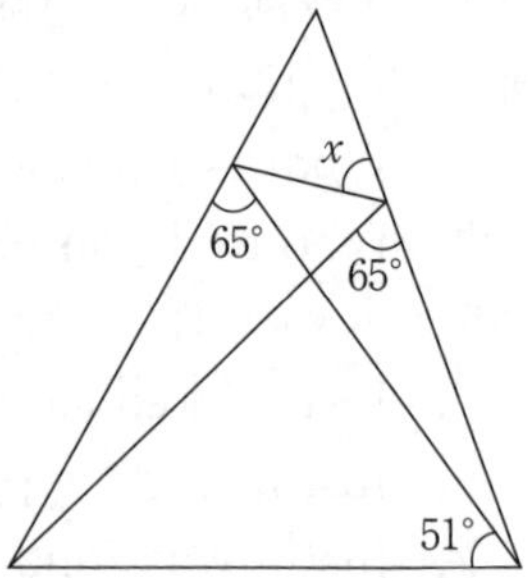

(6)　2つの関数 $y=3x+a$，$y=bx^2$ において，x の変域を $-2\leqq x\leqq c$ とすると，ともに y の変域は $0\leqq y\leqq 18$ となりました。このとき，$a+b+c$ の値を求めなさい。

3　次の問いに答えなさい。<u>この問題は答えだけではなく，途中式や考え方も書きなさい。</u>

(1)　連立方程式 $\begin{cases}-x+5y=28\\ ax-3y=-21\end{cases}$ の解の x，y の値を入れかえると $\begin{cases}5x+by=13\\ 2x-7y=31\end{cases}$ の解となります。このとき，定数 a，b の値を求めなさい。

(2)　2つの遊園地A，Bがあり，2月の入園者数は同じでした。遊園地Aは3月の入園者数が2月に比べ50％増加し，4月は3月に比べ4％減少しました。また，遊園地Bは2月から毎月 x ％ずつ入園者数が増加し，2つの遊園地の4月の入園者数が再び同じになりました。このとき，x の値を求めなさい。

4　下の図のように，直線 l と x 軸の交点をA，放物線 $y=ax^2$ の交点をB，Cとします。点Cの座標が(4，8)で，AB：BC＝1：3のとき，次の問いに答えなさい。

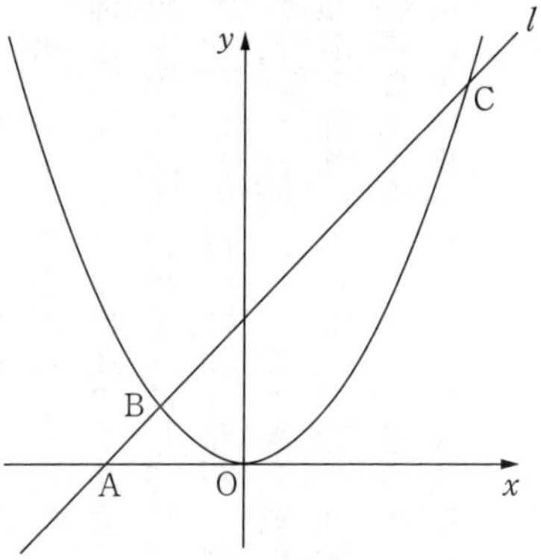

(1)　直線 l の式を求めなさい。

(2)　放物線上を動く点をPとします。△OCB＝△PCBとなる点Pの x 座標をすべて求めなさい。ただし，点Pと点Oが一致する場合は除きます。

5　右の図のように，点Pを中心とする円があります。直線 l は円と点A(3，4)で接する接線で，直線 m は y 軸に平行で円と点Cで接する接線です。また，点B(19，−8)は，直線 l と直線 m の交点です。このとき，次の問いに答えなさい。

(1)　点Cの座標を求めなさい。

(2)　点Pの座標を求めなさい。

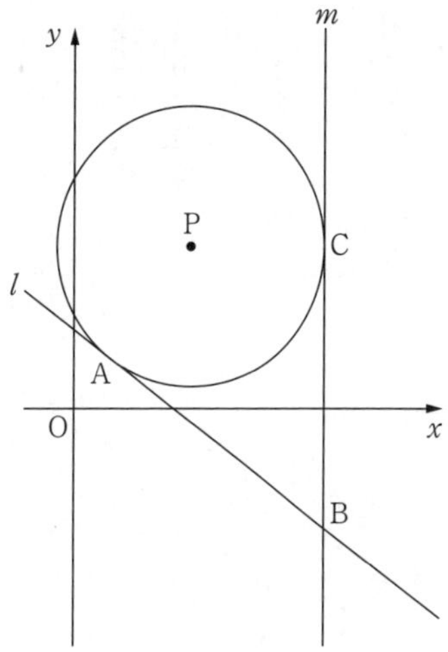

6　下の図のように，1辺の長さが6 cmの正三角形ABCがあります。辺BC上に点Dをとり，3点A，D，Cを通る円の直径をDEとします。BD＝2 cmとするとき，下の問いに答えなさい。

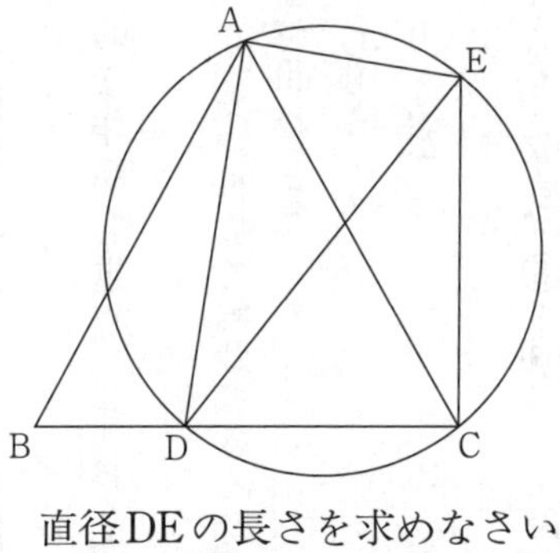

(1)　直径DEの長さを求めなさい。

(2)　四角形ABCEの面積を求めなさい。

問二十、本文中に書かれている「大工の考え方や姿勢」と異なるものを、次の(ア)～(キ)の中から全て選び、記号で答えなさい。

(ア) 神様に従うように自然のありように慎重に従う。
(イ) 数学的な関係や科学を通して物事や自然を考えていく。
(ウ) 木や石などの自然に触れながら勘と技を磨く。
(エ) 天という自然のもとで生きる知恵を大切にしていく。
(オ) 知識と計算にもとづいて勘や技術を身につけていく。
(カ) 物事にはできることとできないことがあることを知っている。
(キ) 人間は科学技術によって無限の可能性を広げていく。

二

①～⑤が（　）の中の意味を表す慣用句になるように、□に当てはまる漢字一字をそれぞれ答えなさい。

① 取り付く□もない
（態度が冷たく話にもならない）
② □が浮く
（軽はずみな言動に対して不快に思う）
③ □が知らせる
（何となく予感がする）
④ やぶから□
（突然物事を行うこと）
⑤ □から出たさび
（自分の悪い行いのために自分が苦しむこと）

三

次の①～⑤の□には同じ文中にある語の対義語が入ります。当てはまる言葉を、後の語群から組み合わせて作り、漢字に改めて答えなさい。

① 複雑で具体的な内容を分かりやすく説明するには、多くの事例を□化することが必要だ。
② 質素な生活を目標にしているが、煩雑な日常の中で□に陥りがちである。
③ 浪費を慎み、収入に見合った消費生活をし、できる限りの□を心掛けている。
④ 内容重視の採点で、創造的な作品を重視しており、他の□は認めない。
⑤ 空想を膨らますのもよいが、現実の世界で実践できるか否かが重要で、その□の真価が問われる。

【語群　しょう・けん・ほう・ちゅう・
やく・ろん・か・も・り・び】

四

次の①～⑦の——線部を漢字に改め、⑧～⑩の——線部の読みをひらがなで答えなさい。

① 砂上のロウカク。
② 販売員をヤトう。
③ 病気の進行をソシする。
④ 期待と不安がコウサクする。
⑤ 何のゴラクもない。
⑥ シュショウな心がけ。
⑦ ヒレツな手段。
⑧ 会議に諮って決める。
⑨ 義務を怠る。
⑩ 赦免を請う。

内で抜き出して答えなさい。

問二、――線②「自分が何をすればいいか、だれも言ってくれなかった」とありますが、「親方」たちが何も言わなかった理由を、本文中から一文で抜き出し、その最初の五字を答えなさい。

問三、――線③「一人前」とありますが、「親方」が「高橋さん」を「一人前」と認めたのは、「えらく腕を上げていた」ことの他にも理由があると考えられます。その理由の説明になるように、次の文の［　］に当てはまる言葉を本文中から十五字以内で抜き出して答えなさい。

【［　　　　］ものを身につけたから。】

問四、――線④「その」と同じ品詞のものを、〰〰線ⓐ～ⓓの中から一つ選び、記号で答えなさい。

問五、［Ａ］～［Ｃ］に当てはまる言葉を、次の(ア)～(オ)の中からそれぞれ選び、記号で答えなさい。

(ア) ところで　(イ) ところが　(ウ) だから
(エ) むしろ　(オ) それから

問六、――線⑤「独自に身につける」とありますが、「身につける」方法を、本文中から七字以内で抜き出して答えなさい。

問七、――線⑥「木を読む」とはどのようなことですか。本文中の言葉を用いて答えなさい。

問八、――線⑦「近代以降」がかかっている部分を、次の(ア)～(エ)の中から一つ選び、記号で答えなさい。

(ア) 自然を相手に　(イ) 身につけてきた
(ウ) 大切な技は　(エ) 失われてきた

問九、［⑧］に当てはまる言葉を、本文中から五字で抜き出して答えなさい。

問十、――線⑨「木の命に入りこみ、木に協力してもらう」とありますが、このような自然に対する接し方と対照的な接し方を述べたところを、本文中から二十字以内で抜き出して答えなさい。

問十一、［⑩］に共通して当てはまる言葉を、本文中から抜き出して答えなさい。

問十二、――線⑪「これ」の指示内容を答えなさい。

問十三、――線⑫「できないことは、そのうち科学技術の進歩で可能になる」とありますが、これと対照的な考え方を述べた一文を本文中から抜き出し、その最初の五字を答えなさい。

問十四、――線⑬「ごくあたりまえのこと」の内容を、本文中の言葉を用いて答えなさい。

問十五、――線⑭「教員の知識に振り回されるな」とありますが、「新入生」はどうすべきだと言っていますか。本文中から四十五字以内で抜き出し、その最初と最後の五字を答えなさい。

問十六、［⑮］に当てはまる言葉を、本文中から十字前後で抜き出して答えなさい。

問十七、――線⑯「世界が消えてしまった」とありますが、「私」のどのような状態を表現していますか。次の説明文の［　］に当てはまる言葉を答えなさい。

【読書に［　　］している状態。】

問十八、――線⑰「何をか懼れん」とありますが、その意味することを次の(ア)～(エ)の中から一つ選び、記号で答えなさい。

(ア) 何かを恐れている
(イ) 何かが恐ろしいだろう
(ウ) 何も恐れることはない
(エ) 恐れるものがあるべきだ

問十九、次の段落は本文中から抜いたものです。どこへ入れるのが適切ですか。その直後の五字を答えなさい。

　このことを、二宮尊徳は「水車」の喩《たと》え話でとてもうまく語っている。水車は水の流れに沿って回っている。それが回るのは、半分は水が落ちる力によるが、あとの半分は水を押し上げて上って来る水車の働きによる。人が自然の助力を得るのは、こんなふうにしてである。

ことは、学問が可能になるための大切な条件である。我が身を離れた空想はいくらでもできる。が、それは空想でしかない。学問はしっかりとした対象を持たなくてはならない。その対象の性質にうまく、深く入り込まなくてはならない。身ひとつ、心ひとつで入り込む。その中でできることがどんなにわずかなことか、ほんとうの学問で苦労した人は、皆知っている。社会に出て担う仕事も、多くはそうなのではないだろうか。ただ、科学技術の発達に目を奪われて、たくさんの人がこの⑬ごくあたりまえのことを忘れているように思う。

私は大学で教員をやっているが、まず新入生に言うことは、⑭教員の知識に振り回されるなということである。教員は専門的な知識をたくさん持っている。そればっかりやっているのだから、当然である。そしてそういうものは、すぐに古くなる。君たちが教員から学ぶべきなのは専門知識ではなく、彼らがものを考えるときの身ぶりや型なのだ。そこにその人のほんとうの力が現われている。もし、君たちが「ちょっといいな」と思う先生に出会うとする。そこで君たちが惹《ひ》かれているのは、そういう身ぶりや型だ。それは先生自身がはっきり取り出して教えられるもんじゃない。学ぶ側の人が、見抜いて型を盗む。それしかできない。やっぱり独学になる。

大工の高橋さんも、親方からそういう型を盗んだ。盗ませる以外に教える方法がないことを、親方もよく知っていた。だから、十代の高橋さんは成長できた。勉強でもそれは同じで、目標とする人が学問に身ひとつで取り組み考えるときの型を見て、それを自分でもやってみるといい。いやでも、それは自分だけのものになる。体と同じで、人の心の性質はみな違うから。またそんなふうに身につけた型は、古くならない。使うたびに、深くなり、いきいきとし、自分を新しくしていく。

もう一つ、私が新入生に勧めることは、大学生の間に、自分が⑮古典に出会えということだ。それは一冊でもいい。

私は大学生のある日、フランスのアンリ・ベルクソンという哲学者が書いた「心と体」という短いエッセイに出くわした。それはほんとうにばったりと出くわしたのである。JR中野駅から東京駅に行く電車の中で、偶然それを読みはじめた。数ページ読んだところから⑯世界が消えてしまった。時間にして二〇分ほど。とても読みとおせる量じゃない。でも読んでしまった。ページをめくった記憶などない。それから今日まで、ベルクソンの全集は読んで、読んで、読み終わることのない本になっている。この人の本を読むことは、私の最大の幸福であり、生きがいである。君たちも、そういう本に出会ったらいい。古典の愛読は、君たちめいめいの気質をかけてなされる一生の事業だと言ってもいいくらいだ。

最後にこういう話をしよう。孔子の教えを記録した『論語』には、こんな話がある。あるとき、弟子が孔子に「君子の持つべき心境とは、どのようなものでしょうか」と尋ねた。君子というのは、智慧《ちえ》のある正々堂々とした人のことだ。これに対して孔子は言った。「君子は憂えず懼《おそ》れず」であると。弟子には意外な答えだった。そんな人、ばかじゃないかと思ったのだろう。一体どうしてですかと、もう一度訊《き》くと、孔子は「身に省みて恥じることなくば、何をか憂えん、⑰何をか懼れん」と言った。

いい言葉じゃないか。人間はこれでいいのだ。恥じるのは、身ひとつの自分の力を偽っているからだろう。わかりもしないことを、わかったように見せかけたりして。するといろんなことが心配で、怖くてたまらなくなる。そこでまた嘘《うそ》をつく。「身を省みる」とは、身ひとつの自分にいつも誠実に素直に帰ってみるということだろう。だから、君子の学問は、いつも独学なのである。

（前田英樹の文章による『何のために「学ぶ」のか』所収）

※金次郎＝二宮金次郎（尊徳）。江戸時代末期の農政家。本文の前に、金次郎が不運な境遇にも不平を言わずに学問と農業に励んだことが書かれている。

問一、――線①「大工」とありますが、筆者は「大工」をどのような人として捉えていますか。――線①より後の部分から十五字以人ならだれでも知っていることだろう。[A]各々が⑤独自に身につける必要がある。自分なりにあれこれと取り組んでみて、わかる以外にはない。[B]大工というものは、自分の扱う木がどう育ってきて、これからどういうふうに変化するか、どう反って、どう縮むか、木を持っただけでじかに感じられるようになる。でないと、生きたいくつもの木をどう組み合わせたらいいかはわからない。[C]、電気鉋しか使わない現代の大工さんは、もうそうした感覚を失っている。感覚なしでも、機械が全部やってくれるから。それから無垢《むく》の木を扱うことがほとんどなくなった。工業製品の合板は、死んでいて、変化しない。部品として組み立てるだけでいい。これじゃ、⑥木を読むなんて技が育つわけがない。鉋をかける技もなく、木を読むことのできない大工は、高橋さんのような職人からするともう大工とは言えない。建設会社の社員である。

もちろん、これは大工の世界に限らない。⑦近代以降、人間が自然を相手に身につけてきた大切な技はどんどん失われてきた。私たちは、機械の便利さに慣れきって、身ひとつの「勘」でしか磨かれない技を持てなくなってきている。[⑧]は、ここでも失われてしまった。

話は変わるけれども、昔の儒学では「天を敬する」ということが一番重んじられた。「天」は神さまのことだと言ってもいい。最も深い意味での「自然」のことだと言ってもいい。身ひとつで独学する心は、おのずと「天」に通じている。「天」が助けてくれなければ、独学は実を結ばない。

人は自然に逆らっては何もできない。大工の高橋さんにしても、すべては生きた木との相談ずくでしか仕事はできない。⑨木の命に入りこみ、木に協力してもらうのだ。これは学問でも同じである。対象への愛情がないところに学問というものは育たないと私は思う。対象を愛する気持ちは、結局は「天を敬する」気持ちから来る。神さまに従うように自然のありように慎重に従う。

西洋の近代とは、自然を科学の力でねじ伏せようとしてきた時代ではないか。むろん、そんなことはできないのだが、できる気になってしまっている。

科学は、あらゆるものを数の関係に置き換えて、〈物に有用に働きかける〉ことを目的にしている。つまり、自分の都合に合わせて、自然を利用するわけだ。だから、物にも自然にも、おのずと[⑩]や敬意を持たなくなる。口では持っているようなことも言うが、物とつき合う体も技も欠いているのだから、[⑩]は育ちようがない。

建築もそうで、工業生産品を組み立ててつくる建物は、全部数学的な関係をあてはめて考えられたものだ。それを考える人を建築士というのだが、建築士は図面を引くだけで、木にも石にもじかに触れるということがない。触れたって、そこから何かを掴《つか》む技を持っていない。何でも数のうえの計算で済ませる。この計算がどんなに高いビルをどれほど建てたかはだれでも知っている。でも、そういうやり方に、人間が自然の中で、言い換えると天のもとで生きる知恵というものがあるだろうか。これがないと人類は大変なことになってしまう。

⑪これは、高橋さんに聞いた話だが、大工と建築士の間では、柱一本立てるのにもたびたび意見が食い違う。知識と計算で物事を考える人と、身ひとつの勘と技で仕事をする人とではそうなるだろう。それから、高橋さんはこんなことも言う。「仕事にはできることとできねえことがある。素人はそこんところがわからねえから困るんだ」と。できないことがあるのは、自然が与える物の性質に従っているからである。もし、できないことがなくなったら、仕事は成り立たなくなる。水のないプールでは泳げないようなものだ。建築士はそうは考えない。⑫できないことは、そのうち科学技術の進歩で可能になる、できないことを放っておくのは恥だと思っている。私たち素人もだいたいそういう考えでいる。これじゃ、人間に大事なことが、何もわからなくなるのではないか。

学問でもほんとうは同じである。考えられないことがあるという

平成二十九年度　明治大学付属中野高等学校

【国　語】（五〇分）〈満点：一〇〇点〉

一　次の文章を読んで、後の問いに答えなさい。（字数指定がある問いでは、句読点・記号なども一字として数えます。）

　生涯愛読して悔いのない本を持ち、生涯尊敬して悔いのない古人を心に持つ。これほど強いことはないのではないかと、私などは思っている。こういうものは、独学によってでなければ得られない。これを持つことのできない人は、どんなにたくさんのことを知っていたってつまらない。独学の覚悟がない人は、つまらない。

　皆さんがこれから社会に出て、どのような仕事に就くのかはわからないが、そこで必要なこともやっぱり独学する心ではないか。そういう心を持った人は、どこにいても、何をしても強い。愚痴を言ったり、恨んだり、不運を嘆いたりはしない。※金次郎が子どものときにしたことを見れば、それはわかる。

　独学する心は、学問や読書にだけあるのではもちろんない。およそ人が生きるために学ぶ行為の中では、いつも必要とされているものではないだろうか。例えば、私が去年知り合った大工さんは独学の権化のような人だ。自分の家を改築したときに、この人に来てもらった。歳は当時六五歳だった。名前は高橋茂さん、①大工としての腕もとびきりだが、生きる姿もすばらしい。

　高橋さんが子どもだった頃は集団就職の全盛期。この人は中学卒業後に埼玉へ出て、大工の親方に弟子入りをした。ⓐそこで一番つらかったのは、「②自分が何をすればいいか、だれも言ってくれなかったこと」だったそうだ。作業現場に行っても、指示がこない。親方の仕事を後ろから見ていると「仕事の邪魔だ」とか「ぼーっとしているな」などと怒鳴られる。棒で殴られたこともあったそうだ。働きに出て、何をしたらいいかわからないほどつらいことはない。中学を出て親元から離れたばかりの子どもだから、さぞつらかっただろう。

　でも、現場にしばらく通っていくうちに、自分が何をすればいいのかが段々とわかってきた。そうすると、親方と自分の差というものが、おのずと見えてくる。親方の鉋《かんな》から出る削り屑《くず》を見て、びっくりする。「どうやったらこんな具合に削れるんだろうか」と考える。夜、皆の仕事が終わり、後片付けもすませてから、一人で鉋を手に取って不用な木材を削ってみる。見よう見まねだ。そうするうちに仕事がだんだんとおもしろくなってきたという。奉公に入ってから一年くらいでⓑそうなった。大した進歩、大した教育じゃないか。

　大工の奉公働きには、給料なんかない。もらえるのは、何百円かのこづかいだけ。まだ見習いだから、とにかく仕事以外にすることがない。気がついたら、えらく腕を上げていた。働きはじめて五年目に、親方がいきなり「お前はもう③一人前だから給料を出す」と言った。一人前の職人に払う給料をいきなりくれたそうだ。年功序列なんかじゃない。これもまた、ため息の出るほどすばらしいシステムである。

　ここで君たちに考えてもらいたいのは、なぜ、親方は高橋さんに何も教えなかったのか？　ということである。もちろん、意地悪をしているのでも、技術を隠しているわけでもない。口で教えることで死んでしまう技が大工の技だからだ。言葉で教えられたものは、すぐに忘れてしまう。ⓒそれはただの知識だから。自分の体を使って発見したものは忘れない。ⓓそういうものは知識じゃなく、身についた自分の技になっている。

　人間の体は、手も足も一人ひとり違う。大工が木を削るにしても、④そのときの感覚、高橋さんの言葉では「勘」は、人によって異なる。木と体と鉋、この三つの間にできる関係は、一〇〇人いたら一〇〇とおりある。これを口先で教える方法は絶対にない。これは職

平成29年度／明治大学付属中野高等学校

英語解答

Ⅰ 1 イ　2 ウ　3 ウ　4 ア
5 イ　6 エ

Ⅱ 1 drew　2 roof
3 volunteer　4 experience
5 boring

Ⅲ 1 A…a　B…e-mail　C…me
2 A…us　B…going　C…from
3 A…dangers　B…whales
C…spending
4 A…made　B…as　C…people
5 A…more　B…often　C…adults
6 A…for　B…something　C…on

Ⅳ 1 オ　2 ウ　3 イ　4 エ
5 ア

Ⅴ 1 ウ　2 イ　3 エ　4 エ
5 ア

Ⅵ 問1 ア
問2 for boys whose parents couldn't look after
問3 ウ　問4 エ
問5 A…イ　B…ウ　C…イ
問6 オ
問7 reminded him how important bikes were
問8 エ　問9 イ，カ

Ⅰ〔適語(句)選択〕

1．ここでの as a child は「子どもの頃に」の意味なので，「子どもの頃にハワイに行ったことを決して忘れない」という文になるよう，'forget＋動名詞(～ing)'「～したことを忘れる」の形を用いるのが適切。 *cf.* 'forget＋to不定詞'「～するのを忘れる」

2．excited は「(人が)興奮している」，exciting は「(物事が人を)興奮させるような」の意味。ここでは後者を用いて「ハリー・ポッターのようなわくわくする本を読むことに興味がある」とする。

3．「アメリカにいる間に，車の運転の仕方を習った」という文になるよう，'while＋主語＋動詞'「～する間に」の形にする。なお during ～「～の間に」は後ろに名詞しかとらないのでここでは不適切。

4．A：その高いバナナを買ってはだめよ。安い方にしなさい。／B：でもこの方がずっとおいしいよ。∥前出の複数名詞 bananas「バナナ」を受ける，不特定のものを指す代名詞として ones を選ぶ。

5．A：長い間お待たせしましたか？／B：いいえ，全然。私は今来たばかりです。∥'keep＋目的語＋～ing'「…を～している状態に保つ」の形の 'keep＋人＋waiting'「〈人〉を待たせる」とするのが適切。

6．A：見て。これは君がこの間僕にくれたTシャツだよ。／B：あれ，後ろ前に着ているよ！∥服の着方が「後ろ前に」は back to front で表せる。

Ⅱ〔単語の定義〕

1．「鉛筆やペンを使って何かの絵を描くこと」―「描く(draw)」　yesterday「昨日」とあるので，過去形の drew にする(draw－drew－drawn)。　「昨日，彼はノートに富士山を描いた」

2．「建物の頂上の外側の部分」→「屋根(roof)」　「私たちの猫は晴れた日に屋根の上で寝るのが好きだ」

3．「お金を受け取ることなしに仕事をする人」―「ボランティア(volunteer)」　「その地震の後，彼女はボランティアとして本当に一生懸命働いた」

4．「物事を行ったり，見たり，感じたりすることによる知識や技術」―「経験(experience)」「若い人たちにとって，外国に滞在することはすばらしい経験だ」

5．「興味深くも愉快でもない」―「退屈な(boring)」　「その映画はとても退屈だったので，私は眠ってしまった」

Ⅲ〔整序結合〕

1．‘What (a/an)＋形容詞＋名詞＋主語＋動詞… !’の形の感嘆文を予想する。ここで‘形容詞＋名詞’の部分に当たる「不思議なメール」は mysterious e-mail で，‘主語＋動詞…’の部分の「彼は … 私に送ってきた」は he sent me で表せる。　What a mysterious e-mail he sent me last night !

2．与えられた文を「大雪が私たちを学校から家へ帰らせないようにした」と the heavy snow「大雪」を主語とした文に読み換えれば，動詞の部分には‘keep＋人＋from ～ing’「〈人〉に～させないようにする」の形が使える。ここで‘～ing’に当たる「学校から家へ帰る」は，going home from school とまとまる。　The heavy snow kept us from going home from school.

3．「最も大きな危険のひとつ」は‘one of the＋最上級＋複数名詞’「最も～な…の１つ〔１人〕」の形を用いた One of the biggest dangers で表せる。これに「クジラにとって」を表す to whales が続く。whales を修飾する「ニューイングランドで夏を過ごす」は‘現在分詞＋語句’の spending their summers in New England を後置することで表せる(現在分詞の形容詞的用法)。　One of the biggest dangers to whales spending their summers in New England is passing ships.

4．形式目的語を用いた‘make it＋形容詞＋for ～ to …’「～が…することを―にする」の形を受け身形にした‘It is made＋形容詞＋for ～ to …’「～が…することは―にされる」が文の骨組みとなる。ここで本文の「～にすべきだ」という‘義務・当然’の意味は is を should be に変えることで表せる。また‘形容詞’の部分に入る「できるだけ簡単に」は‘as＋原級＋as possible’「できるだけ～」の形が使える。残りはチケットを購入する主体として「人々が」を補うと考えると，for people とまとまる。　It should be made as easy as possible for people to get the Olympic tickets.

5．まず「なぜ子どもは…笑うのだろうか」の部分は Why do children laugh で表せる。さらに「ずっとよく」を「ずっと頻繁に」と考えて much more often と表せると気づけば，残りの「大人(が笑う)よりも」は than adults do とまとまる(この do は動詞 laugh の繰り返しを避けるための表現)。　Why do children laugh much more often than adults do ?

6．「母親にねだった」は‘ask＋人＋for＋物’「〈人〉に〈物〉をくれと頼む」の形が使える。ここで‘物’にあたる「着るもの」は，「～を着る」が put on ～ で表せるので，「もの」を表す something に「着るための」を表す to put on を続ければよい(to不定詞の形容詞的用法)。　Tom asked his mother for something to put on for the Halloween party.

Ⅳ〔長文読解―適文選択―説明文〕

≪全訳≫❶イスタンブールで，イエシム・イルマズは授業に出るために用意をしている。母が朝食を運んできてくれて，イエシムは携帯電話の電子メールを見ながらそれを食べる。彼女は理科の授業に備えて１つの章を読んでおくのを忘れていた。大丈夫―彼女はコンピュータを立ち上げて，インターネット上の教科書から１つの章をダウンロードし，電車の中で読む。❷日曜の午後，キム・ミンホはソウルの彼のアパートの近くでバスを待っている。今向かっていると友人に知らせるために電光石火の速さでメッセージ文を入力する。ミンホはいつも携帯電話を離さない。実は，彼はすでに彼と友人が今日の午後見る映画のチケットを携帯電話で買ってあるのだ。友人のジェソンがインターネット上に投稿したばかりの愉快な写真を見て，ミンホは笑う。彼が乗るバスはまもなく到着する。ミンホはバスに乗り込み，席に座り，携帯電話でゲームのアプリを開き，耳にイヤホンを差し込む。バスに乗っているミンホと同じ年頃のほとんどが，全く同じことをしている。❸イエシムとミンホはZ世代の一員だ。1彼らはインターネット，携帯電話，ソーシャルメディアとともに子どもの頃から育ってきたので，「デジタルネイティブ」と呼ばれることもある。実際，多くはビデオカセットの録画機やダイヤルのついた電話を見たことがない。Z世代の人々は1990年代の半ばから2000年代の初期にかけて生まれた。彼らはまたC世代と呼ばれることもある。そのCとはコンテンツ(内容)，コミュニティ(共同体)，そしてクリエイティブ(創造的な)を表したものだ。❹彼らの両親はその10代のほとんどを，カセットプレーヤーを聴き，ビデオテープを見て，初期のテレビゲームで遊び，家庭の電話で友人に電話をかけることに費やした。2しかしZ世代は，音楽，動画，ゲームそして友人たちと，インターネット上で毎日，一日中つながっている。最近の研究では，アジアの若者たちは平均して1日で9.5時間をインターネット上で過ごしている。そしてマーケティング会社はそれを知っている。❺Z世代の人々がソーシャルネットワークのウェブサイトにある自分のページを開くときはいつも，友人たちの新しい情報や写真を見ているだけではない。3彼らには自分が買いたくなるかもしれない製品の広告も目に入っている。マーケティング会社は，顧客がどこに住んでいるか，どんな映画，本，音楽を好むのか，そして彼らの友人が誰なのかを知るために，ソーシャルメディアのウェブサイトと協力している。会社はその情報を使って，見てほしい広告を顧客に見せる。❻この世代は，マーケティング会社が彼らのことをよく知っていることについてどう思っているのだろうか。プライバシーを失うことを心配しているのだろうか。企業がどのようにして彼らに物を売るかを知っていることについて，とても心配しているという人は多くはないようだ。4Z世代の多くは，両親から自分のプライベートな情報を守ることにより注意を払っている。例えば，(台湾の)高雄市に住むヴァレリー・チェンは，彼女がインターネット上で行っていることの全てを両親が監視したがっているので，いらいらしている。しかし彼女の両親の監視の目は，彼女がソーシャルメディアを使うことを止めさせるには十分ではない。ヴァレリーは自分の使っているソーシャルネットワーキングのウェブサイトで，両親が見ることのできるものを制限する方法を知っているのだ。❼しかし，情報を両親の目につかないようにすることが唯一の課題だとはいえないかもしれない。5ふざけた写真をインターネット上に投稿することが，学校を卒業して仕事を探し始めるときに問題になる可能性があると，今では多くの人が知っている。事実，70パーセント以上の会社が，インターネット上で見ることのできるその人に関する情報を理由に求職者を不採用としていることを示す研究もある。ソーシャルメディアを使って育ったので，Z世代はそれ以前の世代よりもインターネット上にある自分たちの個人情報を守るのが上手になるかもしれない。それは時がたてばわかるだろう。

1．Z世代に馴染みのない機器を挙げている次の文との対比となる，Z世代がよく使うデジタル機器を挙げてその世代の特徴を説明したオが文脈に沿う。　2．前の文で親の世代がどのようにして音楽やゲームを楽しんだり，友人と連絡を取ったりしたかが書かれていることとの対比として，Z世代はそれらをインターネット上で行うというウが適切。　3．前の文ではZ世代がウェブサイトで見るのは友人の情報や写真のみではないとあるので，他にも目に入るものとして商品の広告があることを述べたイが適切。　4．次の文では具体例として，娘のインターネット上での行動を知りたがる親にいらだつ少女の様子が記されているので，Z世代の若者が自分の情報を親に内緒にしようとすることを述べたエが適切。　5．次の文では，自らに関するインターネット上での情報が将来の就職活動に響く可能性を述べていることに注目し，ふざけた写真をインターネット上に載せることが将来の不利益になることを人々が意識しているというアが適切。

Ｖ〔長文読解―内容一致―説明文〕

≪全訳≫❶夜空にある星は決まった位置にある。星は１つの場所から別の場所に動いたりはしないが，飛行機雲のように光跡を残して瞬く間に移動する星を見ることがある。実はこれは星ではない。これは地球の大気を通過して落下していく間に燃え上がっている流星なのだ。小さな流星は大気中で完全に燃え尽きてしまう。しかし，宇宙から飛んできた大きな岩石は大気中で完全に燃え尽きることはない。そうではなく，地球に衝突するのだ！　地球に衝突する宇宙からの岩石は隕石と呼ばれる。❷隕石が地球にぶつかるとき，クレーターと呼ばれる一種の穴をつくることがある。科学者たちは隕石によってつくられた170を超える数のクレーターを世界中で見つけている。それらのクレーターの１つをアメリカ南西部のアリゾナの砂漠で見ることができる。このクレーターはバーリンジャークレーターと名づけられているが，ほとんどの人はそれを単に隕石クレーターと呼ぶ。バーリンジャークレーターは世界最大のクレーターというわけではないが，それでも重要なものだ。このクレーターを調査した１人の男性のおかげで，科学者たちは隕石と隕石がつくるクレーターについて多くのことを知った。❸1900年代の初めに，ダニエル・バーリンジャーはアリゾナの砂漠にある大きなクレーターのことを知った。彼はそのクレーターが巨大な隕石によって形成されたに違いないと考えた。彼はまた，その隕石がおそらく多くの鉄をその中に含んでおり，その鉄を掘り出せば金持ちになれるかもしれないと考えた。バーリンジャーは会社をつくり，発掘を始めた。クレーターの内部や周囲で鉄を探す間に，バーリンジャーは岩石とクレーターの形状について調べた。彼は自分の発見の多くを他の科学者たちに説明した。このようにして，隕石とクレーターに関する私たちの知識は大きく増えた。それは皆にとって良い話だった。❹しかし，バーリンジャーにとっては悪い話があった。彼は探していた鉄を見つけることはなかった。彼はアリゾナのクレーターを形成した，まだ見つかっていない大きな隕石を探し求めて，多額の金を失った。今日では，バーリンジャーがその隕石を見つけることができなかった理由はわかっていると科学者たちは考えている。バーリンジャーは大きな隕石を探していた。しかし実際には，そのクレーターを形成した隕石はバーリンジャーが思っていたものよりずっと小さかった。それは直径25～30メートルほどであった可能性が最も高い。地下に埋まっているかけらはどれも小さいであろうから，隕石を掘り出したいと思う人はもはやいない。隕石の小さな１つのかけらだけがそのクレーターの底部の地下に残っていると，科学者たちは考えている。

１．「筆者は(　　)と述べている」―ウ．「隕石は流星より大きい」　第１段落最後の３文参照。
２．「この文章は，ダニエル・バーリンジャーが(　　)，と述べている」―イ．「隕石のおかげで金持ちになれると考えた」　第３段落第３文参照。　３．「バーリンジャーのおかげで，(　　)」―エ．「科学者たちは隕石とクレーターについて新しいことを学んだ」　第２段落最終文，および第３段落最後から２，３文目参照。　４．「筆者は(　　)と述べている」―エ．「多くの鉄を含んだ隕石を掘り出すのは不可能である」　最終段落の後半から，隕石は予想以上に小さく，またバラバラであることがわかる。　５．「この読み物は(　　)に関するものである」―ア．「地球に衝突した隕石」　第２段落から最終段落まで，地球に衝突した隕石とそれがつくったバーリンジャークレーターについて述べられている。

Ⅵ〔長文読解総合―物語〕

≪全訳≫❶そのガレージセールで，古い自転車の何かが10歳のジャスティン・リーボの目を捉えた。それは20インチのフレームを持つモトクロス用の自転車だった。ジャスティンは持ち主と話して6.5ドルまで安くしてもらい，車の後ろにその自転車を積むのを手伝ってくれるよう母のダイアンに頼んだ。彼はそれを家に持って帰ると，ガレージまで押していき，誇らしげに父に見せた。❷ジャスティンと父はガレージの作業用スペースを片づけ，その古い自転車を台に載せた。彼らは古い塗料が落ちるまでフレームをこすり，明るい色を塗った。壊れたペダルを取り換え，新しいサドルをしっかり据えつけ，グリップを修理した。約１週間で，それはピカピカの新品に見えるようになった。❸彼はすぐにその自転車のことを忘れた。しかしそのまさに次の週，彼はガレージセールで別の自転車を買い，それも修理した。しばらくして，彼はどちらの自転車も実際には使っていないことが気になった。そして彼は古い自転車に乗ることが特に好きだというわけではないことに気がついた。彼は，古くて壊れたものから新しくて使えるものをつくりだすという挑戦が好きだったのだ。❹ジャスティンは２台の自転車をどうするべきか考えた。それらはガレージの中で場所を取っているだけだった。彼はもっと小さな頃，少年たちのためのキルバーチャンホームと呼ばれる大きなレンガ造りの建物の近くに住んでいたことを思い出した。そこは何らかの理由で両親がその面倒を見られない少年たちのための場所だった。❺彼が「キルバーチャン」を電話帳で見つけて，所長に電話をかけると，所長は２台の自転車が手に入れば少年たちは喜ぶだろうと言った。次の日にジャスティンと母がホームで自転車を降ろすと，２人の少年が飛び出してきて彼らを迎えた。彼らは自転車に飛び乗ると，(敷地内にある)半円形の車道を走り回り，後輪走行をしたり，笑ったり叫んだりした。❻リーボ家の２人は，しばらくの間彼らのことを見守ってから，家に帰るために車に乗り込んだ。少年たちは彼らに向かって後ろから叫んだ。「ちょっと待って！　③自転車を忘れてるよ！」　その自転車は彼らが持っていていいのだと，ジャスティンは言った。「彼らはとてもうれしそうだった」とジャスティンは思い出す。「彼らは信じられないようだった。彼らが喜ぶのを見るだけでとても気分が良かったよ」❼帰り道，ジャスティンは黙り込んでいた。彼の母は彼が満足感に浸っているのだと思った。しかし彼は，その自転車が中に運び込まれて皆がそれを目にしたときに，何が起きるだろうかと考えていた。誰が自転車をもらうのかを，その子どもたち皆でどうやって決められるのだろうか。２台の自転車は彼らが手に負えないトラブルを引き起こすかもしれない。実際にはつくるのがそんなに大変な自転車ではなかった。それは楽しかった。きっと彼にはもっとできる…。❽自宅のある通りに入っていくときに，「お母さん」とジャスティンは言った。「考えがあるんだ。クリスマス用にキルバーチャンの男の子みんなに自転車をつくってあげるのさ」　ダイアン・リーボは横目でちらっとジャスティンを見た。彼女は彼がそれほど固い決心をしているのを見たことがなかった。❾家に着くと，ジャスティンは何人の子どもたちがそこで暮らしているかを知るために，キルバーチャンに電話をした。21人だった。すでに６月の後半だった。19台の自転車をつくるのに６か月。１週間で約１台の計算だ。ジャスティンはホームに再び電話をして，その計画を彼らに伝えた。「僕にそんなことができると彼らが思っていないのはわかっていたよ」とジャスティンは思い出す。「でも僕にはできるとわかっていた」❿ジャスティンは，自転車をつくるために最も成算があるのはGMやフォードが車をつくる方法にほぼ近いもの，つまり組み立てラインのやり方だとわかっていた。１台のまともな自転車をつくるのに十分な部品を取り出すには，３，４台の古い自転車が必要だと彼は見積もった。それは60台から80台の自転車を意味していた。彼はそれをどこで手に入れるのだろう？⓫ガレージセールが唯一の望みであるように思えた。６月だったので，夏の間中ガレージセールはあるだろう。しかしたとえ彼がそれだけ多くの自転車を見つけることができても，そのお金をどうやって払えるだろう？　何百ドルもだ。⓬彼はある提案を持って両親のもとへ行った。「ジャスティンがもっと小さかった頃」と彼の母は言う。「お小遣いのいくらかを困っている人たちを助けるためにあげていました。彼が１ドルを寄付するごとに彼の父親と私は１ドルを寄付したものでした。そこで彼は私たちに昔のようにやってもらえるか，彼が古い自転車を買うのに１ドル使うごとに，私たちも同じだけのお金を出せるか尋ねたのです。私たちはいいよと言いました」[13]ジャスティンと彼の母は，６月と７月のほとんどをガレージセールや中古品店で安い自転車を探すことに費やした。彼らはそれらの自転車を家に運び，ジャスティンが庭で分解し始めるのだった。[14]しかし，８月の初めまでに彼がつくることができた自転車は10台だけだった。夏休みはもうほとんど終わりで，もうすぐ学校と宿題に時間が取られるようになる。寒くなってくると，ガレージセールはなくなるし，ジャスティンはお金がなくなった。それでも彼はやりとげる方法を見つけようと決心していた。[15] D 8月の終わりに，ジャスティンにツキが回ってきた。近所の人が地元の新聞にジャスティンの計画について手紙を書くと，編集者はそれがすばらしい記事になると考えたのだ。顔も知らない子どもたちを助けようと夏休みを捧げている少年に感嘆する記事の中で，編集者はジャスティンが自転車とお金を必要としていることを書き，彼の自宅の電話番号を載せた。[16] E 一晩で全てが変わった。「100本は電話がかかってきたと思います」とジャスティンは言う。「みんなが僕に電話をくれては，古い自転車を取りに家まで来てくれと頼んできました。それに僕がガレージで作業をしていると，ステーションワゴンが停車するのです。運転していた人が縁石のそばに自転車を２台置いていってくれるのでした。そんなことが急に増えました」[17] F クリスマスの前の週に，ジャスティンは最後の21台目の自転車をキルバーチャンに届けた。再び，少年たちはホームから飛び出してきて自転車に飛び乗り，雪の中を駆け回った。[18]そして再び，彼らの喜びでジャスティンの心は突き動かされた。彼らのおかげで，自転車が自分にとってどんなに大切なのかを，思い起こしたのだ。自転車は自由を意味した。暮らしに自由がほとんどないこの子どもたちにとって，自転車に乗る自由はさらにどのくらい大きな意味があるに違いないのか，彼は考えた。彼は自転車をつくり続けることを決意した。[19]「最初，母が教えてくれた児童保護施設の子どもたちのために，11台の自転車をつくりました。それから10台の小さな自転車と三輪車を，エイズにかかった子どもたちのためにつくりました。その後にパターソン居住連盟のために23台の自転車をつくったのです」[20]始めてから４年の間に，ジャスティン・リーボは150台から200台の自転車をつくり，全てを寄付した。彼は宿題，友人たち，コイン収集，海洋生物学への新しい関心，そしてもちろん自分自身の自転車のために，時間を残しておくように気をつけた。[21]記者やインタビュアーたちは，ジャスティン・リーボに同じ質問を何度も何度もする。「⑥どうしてそうするのですか？」　その質問は彼にとって気分のいいものではないようだ。それはまるで彼にどれだけ彼がすばらしい人間であるかを言わせたいかのようだ。彼らの話ではいつも彼が聖人のように見えてしまうが，彼は自分がそうではないとわかっている。「確かに，自転車をつくるなんて，僕は親切ですよ」とジャスティンは言う。「だってそうしなくたっていいのですから。でも僕はそうしたいのです。自分のためにやっているところがあります。自分が楽しめることでなければ，誰か他の人を助けるために実際に何かをするなんて決してできないと思います」[22]「かつて，僕の自転車をもらった子どもが『自転車は本みたいなものだ。まるっきり新しい世界を開いてくれる』と言ったのを耳にしました。それは僕が感じていることでもあるのです。その子がそう感じていると知ってうれしかったです。だから僕はこれをやっているのです」

問１＜文脈把握＞下線部①は「彼はすぐにその自転車のことを忘れた」という文。前の段落で彼が古い自転車を熱心に修理して新品同様にする様子が描かれていること，また，第３段落最終文の，自転車に乗るのが好きなわけではなく，古いものから新しいものをつくり出すことが好きだったという内容から，ア．「彼は自転車を組み立てるという課題を終わらせた」ので，そこですっかり満足してしまったのだと考えられる。

問２＜整序結合＞前の文からそのホームが少年たちのためのものとわかるので，まず a place for

boys とする。さらに whose を boys を先行詞とする所有格の関係代名詞として用いて whose parents とすると，それに対する述部として couldn't look after (them)とまとまり，「そこは何らかの理由で両親がその面倒を見られない少年たちのための場所だった」という文になる。

問3＜適文選択＞ウ．「自転車を忘れてるよ！」を入れると，自転車をジャスティンに返さなくてはいけないと思っていた少年たちが，自転車を持っていていいとジャスティンに言われて喜ぶ(次の2つの文)という流れになって，文がうまくつながる。

問4＜適語選択＞2つ後の文以降でジャスティンは，自転車は2台では足りず，もっとたくさんつくるべきではないかと考えている。すでに喜びは過ぎ去って次の展開を考え始めた状態を表すにはエ．「黙り込んでいた」が適切。

問5＜適語選択＞A．すぐ前の第8段落に，クリスマス(12月終わり頃)のために自転車をつくるとあり，前の文に今は6月後半とあるので，あと約6か月ある。　**B**．2つ前の文から，ホームに少年は21人いる。すでに2台は渡したので，残りは19台となる。　**C**．直前の a は「～当たり」の意味。19台の自転車を約6か月，つまり約24週間でつくると考えると，1週間当たりは19÷24≒0.8となってほぼ1台となる。

問6＜適文選択＞第15段落では近所の人のおかげでジャスティンの活動が新聞で取り上げられたので，Dには幸運を得たという内容の3が入る。また第16段落では新聞への掲載をきっかけに足りなくて困っていた自転車が集まったことが描かれているので，Eには一気に状況が変わったという1が入る。その結果必要な自転車を全てホームに届けることができたという2がFに入り，少年たちが喜ぶ様子を描いた文が続く。

問7＜整序結合＞主語の They(＝少年たち)に続く動詞として 'remind＋人'「〈人〉に思い起こさせる」の形の reminded him「彼(＝ジャスティン)に思い起こさせた」を置く。さらに思い起こしたことの内容として，疑問詞の how があることに注目し「どんなに～であるか」を表す間接感嘆文として 'how＋形容詞〔副詞〕＋主語＋動詞…' の形で how important bikes were to him とまとめる。

問8＜適文選択＞記者たちの発した質問を選ぶ問題。その質問に対するジャスティンの答えは第21，22段落にあるが，一番最後に「だから僕はこれをやっているのです」と答えていることから，自転車を組み立てて寄付するという行動の理由を尋ねたエが適切。

問9＜内容真偽＞ア．「ジャスティンは自転車が捨てられないようにするのを好んでいた」…×　そのような記述はない。　イ．「ジャスティンはキルバーチャンホームの少年たちが自転車をとても楽しんでくれたのでうれしかった」…○　第6段落最終文参照。　ウ．「ジャスティンは自転車を集めることに挑戦するのが好きだった」…×　第3段落最終文参照。　エ．「ジャスティンが自転車をつくり続けると決めたのは，どれだけお金を稼げるかを知っていたからだ」…×　第20段落第1文に，つくった自転車は全て寄付したとある。　オ．「ジャスティンは他の人たちのために何かをすることによる満足感を好んでいた」…×　第21段落最後から2文目参照。それをすることを自分自身が楽しむことが第一だと考えている。　カ．「ジャスティンは彼の時間を，自転車を直すことだけでなく，他の多くのことをするのにも使った」…○　第20段落最終文参照。
キ．「ジャスティンが他の人々を助けようと決めたのは，両親がそうするように彼に言ったからだ」…×　両親に言われたためという記述はない。

平成29年度／明治大学付属中野高等学校

数学解答

1 (1) $(4x-3y-6)(4x-3y+2)$

(2) $\dfrac{1}{9}$　(3) $3\sqrt{5}$　(4) 4個

2 (1) $a=10,\ b=-6$　(2) $16\sqrt{14}\,\text{cm}^2$

(3) $\dfrac{3}{4}$　(4) $7\sqrt{11}-23$　(5) $64°$

(6) $\dfrac{89}{8}$

3 (1) $a=2,\ b=4$　(2) 20

4 (1) $y=x+4$　(2) 2，$1\pm\sqrt{17}$

5 (1) (19, 12)　(2) (9, 12)

6 (1) $\dfrac{4\sqrt{21}}{3}$cm　(2) $13\sqrt{3}\,\text{cm}^2$

1〔独立小問集合題〕

(1)＜因数分解＞与式$=\{(4x)^2-2\times4x\times3y+(3y)^2\}-4(4x-3y)-12=(4x-3y)^2-4(4x-3y)-12$とし，$4x-3y=A$とおくと，与式$=A^2-4A-12=(A-6)(A+2)=(4x-3y-6)(4x-3y+2)$である。

(2)＜式の計算＞与式$=-\dfrac{x^9y^3}{6^3}\div\dfrac{3^4x^4y^8}{4^4}\times\left(-\dfrac{3^5y^5}{2^5x^5}\right)=-\dfrac{x^9y^3}{2^3\times3^3}\times\dfrac{2^8}{3^4x^4y^8}\times\left(-\dfrac{3^5y^5}{2^5x^5}\right)=\dfrac{x^9y^3\times2^8\times3^5y^5}{2^3\times3^3\times3^4x^4y^8\times2^5x^5}=\dfrac{1}{3^2}=\dfrac{1}{9}$

(3)＜平方根の計算＞与式$=\{(15+6\sqrt{15}+9)-(15-6\sqrt{15}+9)\}\div\sqrt{4^2\times3}=(24+6\sqrt{15}-24+6\sqrt{15})\div4\sqrt{3}=12\sqrt{15}\div4\sqrt{3}=3\sqrt{5}$

(4)＜数の性質＞$\sqrt{\dfrac{504}{n}}=\sqrt{\dfrac{2^3\times3^2\times7}{n}}$だから，これが整数となるとき，$\dfrac{504}{n}=1,\ 2^2,\ 3^2,\ 2^2\times3^2$である。このとき，$n=2^3\times3^2\times7=504,\ 2\times3^2\times7=126,\ 2^3\times7=56,\ 2\times7=14$である。よって，$n$は14，56，126，504の4個ある。

2〔独立小問集合題〕

(1)＜二次方程式の応用＞二次方程式$4x^2+ax+b=0$の解が$\dfrac{1}{2}$と-3なので，$x=\dfrac{1}{2}$を代入して，$4\times\left(\dfrac{1}{2}\right)^2+a\times\dfrac{1}{2}+b=0$より，$a+2b=-2$……①となり，$x=-3$を代入して，$4\times(-3)^2+a\times(-3)+b=0$より，$3a-b=36$……②となる。①，②を連立方程式として解くと，$a=10,\ b=-6$となる。

≪別解≫ $x=\dfrac{1}{2}$，-3を解とする二次方程式は，$\left(x-\dfrac{1}{2}\right)(x+3)=0$である。これより，$x^2+\dfrac{5}{2}x-\dfrac{3}{2}=0$，$2x^2+5x-3=0$である。この両辺を2倍して$x^2$の係数を4にすると，$4x^2+10x-6=0$となる。これと$4x^2+ax+b=0$が同じになればよいから，$a=10,\ b=-6$である。

(2)＜図形—面積—三平方の定理＞右図1のように，点Dから直線BCに垂線DHを引き，$\text{CH}=x$(cm)とする。$\text{DC}=\text{AB}=9$だから，△DCHで三平方の定理より，$\text{DH}^2=\text{DC}^2-\text{CH}^2=9^2-x^2$となる。また，$\text{BH}=\text{BC}+\text{CH}=8+x$だから，△DBHで三平方の定理より，$\text{DH}^2=\text{DB}^2-\text{BH}^2=15^2-(8+x)^2$となる。よって，$9^2-x^2=15^2-(8+x)^2$が成り立ち，これを解くと，$81-x^2=225-64-16x-x^2$，$16x=80$，$x=5$となるから，$\text{DH}=\sqrt{9^2-5^2}=\sqrt{56}=2\sqrt{14}$となる。よって，▱ABCD$=\text{BC}\times\text{DH}=8\times2\sqrt{14}=16\sqrt{14}$(cm²)である。

図1

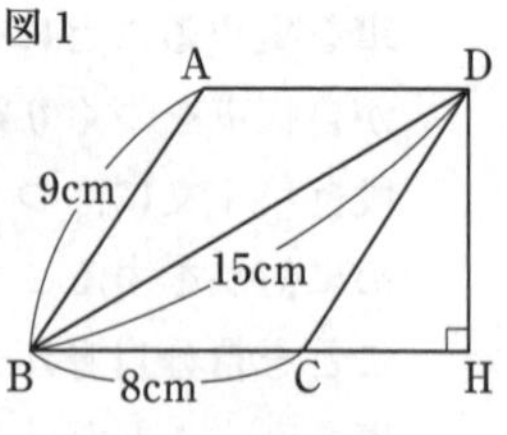

(3)＜確率—色のカード＞カードは8枚あるので，この中から2枚のカードを順番に引くとすると，1枚目が8通り，2枚目が7通りより，引き方は全部で$8\times7=56$(通り)ある。同時に2枚のカードを引く場合は，1枚目と2枚目が入れかわったものは同じ引き方となるので，同じ引き方が2通り

ずつあることになり，同時に2枚引くときの引き方は，$56\div2=28$(通り)となる。ここで，3枚の赤色のカードを赤$_1$，赤$_2$，赤$_3$，2枚の黄色のカードを黄$_1$，黄$_2$，3枚の青色のカードを青$_1$，青$_2$，青$_3$とする。引いた2枚のカードが同じ色になる場合は，(赤$_1$，赤$_2$)，(赤$_1$，赤$_3$)，(赤$_2$，赤$_3$)，(黄$_1$，黄$_2$)，(青$_1$，青$_2$)，(青$_1$，青$_3$)，(青$_2$，青$_3$)の7通りある。よって，カードの色が異なる場合は$28-7=21$(通り)だから，求める確率は$\dfrac{21}{28}=\dfrac{3}{4}$である。

(4)＜**数の計算**＞$9<11<16$より，$\sqrt{9}<\sqrt{11}<\sqrt{16}$，$3<\sqrt{11}<4$だから，$\sqrt{11}$の整数部分は3であり，小数部分は$\sqrt{11}-3$である。また，$-4<-\sqrt{11}<-3$だから，$7-4<7-\sqrt{11}<7-3$より，$3<7-\sqrt{11}<4$となり，$7-\sqrt{11}$の整数部分は3であり，小数部分は$7-\sqrt{11}-3=4-\sqrt{11}$である。よって，$\sqrt{11}$の小数部分と$7-\sqrt{11}$の小数部分の積は，$(\sqrt{11}-3)(4-\sqrt{11})=4\sqrt{11}-11-12+3\sqrt{11}=7\sqrt{11}-23$となる。

(5)＜**図形—角度**＞右図2のように，4点A，B，C，Dを定める。$\angle BAC=\angle BDC=65°$だから，4点A，B，C，Dは1つの円周上にある。$\overset{\frown}{AB}$に対する円周角より，$\angle ADB=\angle ACB=51°$だから，$\angle x=180°-\angle ADB-\angle BDC=180°-51°-65°=64°$である。

図2

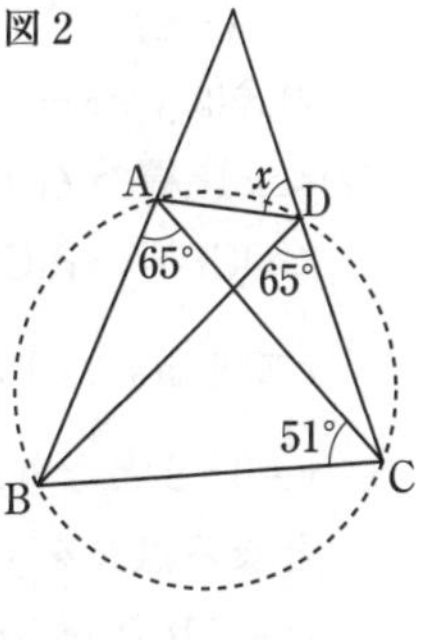

(6)＜**関数—$a+b+c$の値**＞関数$y=3x+a$は，xの係数が正だから，xの値が増加するとyの値も増加する。また，xの変域が$-2\leqq x\leqq c$のとき，yの変域は$0\leqq y\leqq18$だから，関数$y=3x+a$は，$x=-2$のとき最小で$y=0$，$x=c$のとき最大で$y=18$となる。$x=-2$，$y=0$を代入すると，$0=-6+a$より，$a=6$となり，この関数は$y=3x+6$となる。これに$x=c$，$y=18$を代入すると，$18=3c+6$より，$3c=12$，$c=4$となる。よって，関数$y=bx^2$は，xの変域が$-2\leqq x\leqq4$のとき，yの変域が$0\leqq y\leqq18$となる。yが0以上の値をとるので，$b>0$である。これより，$x=4$のときyは最大で，$y=18$となるから，$18=b\times4^2$より，$b=\dfrac{9}{8}$である。以上より，$a+b+c=6+\dfrac{9}{8}+4=\dfrac{89}{8}$となる。

3〔**独立小問集合題**〕

(1)＜**連立方程式の応用**＞$-x+5y=28$……①，$ax-3y=-21$……②，$5x+by=13$……③，$2x-7y=31$……④とする。①，②の連立方程式の解のx，yの値を入れかえると，③，④の連立方程式の解となるので，①，②の連立方程式の解を$x=m$，$y=n$とすると，③，④の連立方程式の解は$x=n$，$y=m$となる。よって，①，②に$x=m$，$y=n$を代入して，$-m+5n=28$……⑤，$am-3n=-21$……⑥が成り立ち，③，④に$x=n$，$y=m$を代入して，$5n+bm=13$……⑦，$2n-7m=31$……⑧が成り立つ。⑤，⑧を連立方程式として解くと，$m=-3$，$n=5$となる。これを⑥に代入すると，$-3a-15=-21$より，$a=2$となり，⑦に代入すると，$25-3b=13$より，$b=4$となる。

(2)＜**二次方程式の応用**＞2月の入園者数をa人とすると，遊園地Aの3月の入園者は2月に比べ50%増加したから，$a\times\left(1+\dfrac{50}{100}\right)=\dfrac{3}{2}a$(人)となり，さらに，4月の入園者数は3月に比べ4%減少したから，$\dfrac{3}{2}a\times\left(1-\dfrac{4}{100}\right)=\dfrac{36}{25}a$(人)と表せる。また，遊園地Bは2月から毎月$x$%ずつ増加したから，4月の入園者数は，$a\times\left(1+\dfrac{x}{100}\right)\times\left(1+\dfrac{x}{100}\right)=a\left(1+\dfrac{x}{100}\right)^2$人と表せる。したがって，4月の入園者数は同じだから，$a\left(1+\dfrac{x}{100}\right)^2=\dfrac{36}{25}a$が成り立ち，$\left(1+\dfrac{x}{100}\right)^2=\dfrac{36}{25}$，$1+\dfrac{x}{100}=\pm\dfrac{6}{5}$，$\dfrac{x}{100}=\pm\dfrac{6}{5}-1$より，$\dfrac{x}{100}=\dfrac{1}{5}$，$-\dfrac{11}{5}$となるので，$x=20$，$-220$である。$x>0$だから，$x=20$である。

4〔関数─関数 $y=ax^2$ と直線〕

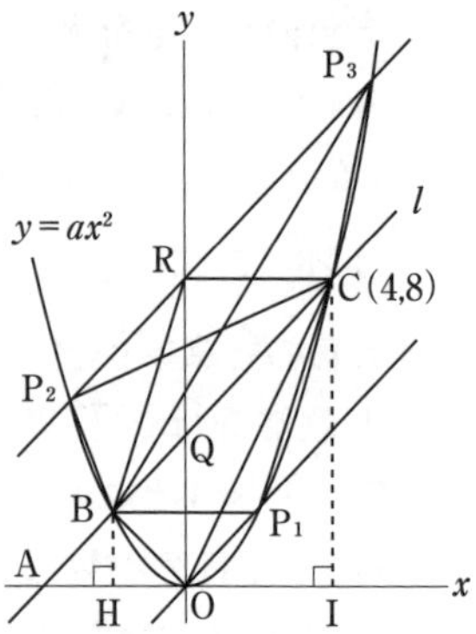

(1)＜直線の式＞右図で，放物線 $y=ax^2$ は C(4, 8) を通るから，$8=a\times4^2$ より，$a=\frac{1}{2}$ となり，放物線の式は $y=\frac{1}{2}x^2$ である。また，AB：BC＝1：3 だから，2 点 B，C から x 軸にそれぞれ垂線 BH，CI を引くと，△ABH∽△ACI より，BH：CI＝AB：AC＝1：(1＋3)＝1：4 となり，$\mathrm{BH}=\frac{1}{4}\mathrm{CI}=\frac{1}{4}\times8=2$ となる。これより，点 B の y 座標は 2 である。点 B は放物線 $y=\frac{1}{2}x^2$ 上にあるから，$2=\frac{1}{2}x^2$，$x^2=4$，$x=\pm2$ より，B(−2, 2) である。よって，2 点 B，C の座標より，直線 l は，傾きが $\frac{8-2}{4-(-2)}=1$ となるから，その式は $y=x+k$ とおけ，$2=-2+k$ より，$k=4$ となるから，直線 l の式は $y=x+4$ である。

(2)＜x 座標＞右上図で，△OCB＝△PCB となる放物線上の点 P は，P_1，P_2，P_3 の 3 個ある。まず，△OCB＝△P_1CB だから，BC∥OP_1 である。(1)より直線 l の傾きは 1 だから，直線 OP_1 の式は $y=x$ である。点 P_1 はこの直線と放物線 $y=\frac{1}{2}x^2$ の交点だから，$\frac{1}{2}x^2=x$，$x^2-2x=0$，$x(x-2)=0$ より，$x=0$，2 となり，点 P_1 の x 座標は 2 である。次に，直線 l と y 軸の交点を Q とし，△OCB＝△RCB となる点 R を y 軸上の点 Q より上側にとる。△OCB＝△P_2CB＝△P_3CB より，△RCB＝△P_2CB＝△P_3CB となるから，3 点 P_2，P_3，R は一直線上にあり，P_2P_3∥BC となる。直線 l の傾きが 1 より，直線 P_2P_3 の傾きは 1 である。さらに，RQ＝OQ＝4 となるから，OR＝OQ＋RQ＝4＋4＝8 より，点 R の y 座標は 8 となる。つまり，直線 P_2P_3 の切片が 8 だから，直線 P_2P_3 の式は $y=x+8$ である。点 P_2，P_3 はこの直線と放物線 $y=\frac{1}{2}x^2$ の交点だから，$\frac{1}{2}x^2=x+8$，$x^2-2x-16=0$ より，$x=\frac{-(-2)\pm\sqrt{(-2)^2-4\times1\times(-16)}}{2\times1}=\frac{2\pm\sqrt{68}}{2}=\frac{2\pm2\sqrt{17}}{2}=1\pm\sqrt{17}$ となり，2 点 P_2，P_3 の x 座標は $1\pm\sqrt{17}$ である。以上より，求める点 P の x 座標は，2，$1\pm\sqrt{17}$ である。

5〔関数─関数と図形〕

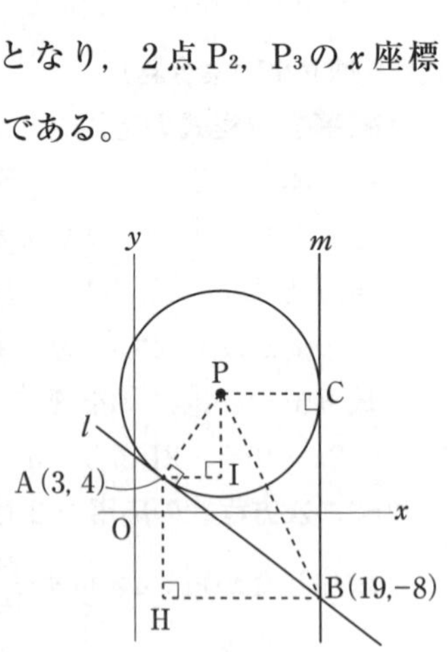

(1)＜点の座標＞右図で，直線 m は y 軸に平行だから，点 C の x 座標は点 B の x 座標に等しく，19 である。また，点 P と 3 点 A，B，C を結ぶと，△PAB≡△PCB となるから，AB＝CB となる。点 A を通り y 軸に平行な直線と点 B を通り x 軸に平行な直線の交点を H とすると，A(3, 4)，B(19, −8)より，AH＝4−(−8)＝12，HB＝19−3＝16 となるから，△AHB で三平方の定理より，$\mathrm{AB}=\sqrt{\mathrm{AH}^2+\mathrm{HB}^2}=\sqrt{12^2+16^2}=\sqrt{400}=20$ である。よって，CB＝AB＝20 となるから，点 C の y 座標は $-8+20=12$ となり，C(19, 12)である。

(2)＜点の座標＞右上図で，直線 m は y 軸に平行だから，線分 PC は x 軸に平行である。よって，点 P の y 座標は点 C の y 座標に等しく 12 である。P(p, 12) とし，点 P を通り y 軸に平行な直線と点 A を通り x 軸に平行な直線の交点を I とする。PI＝12−4＝8，AI＝$p-3$ だから，△PAI で三平方の定理より，$\mathrm{PA}^2=\mathrm{PI}^2+\mathrm{AI}^2=8^2+(p-3)^2=p^2-6p+73$ と表せる。また，PC＝$19-p$ である。ここで，円の半径より，PA＝PC だから，$\mathrm{PA}^2=\mathrm{PC}^2$ である。したがって，$p^2-6p+73=(19-p)^2$ が成り立ち，

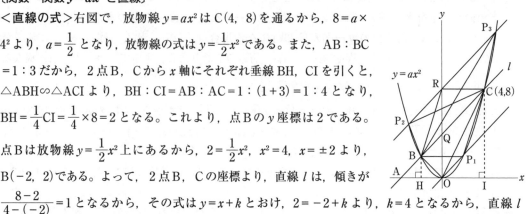

$p^2-6p+73=361-38p+p^2$ より，$p=9$ となるので，P(9, 12)である。

6 〔平面図形―円と正三角形〕

(1)<長さ―三平方の定理>右図で，線分DEは円の直径だから，$\angle DAE=90°$ である。また，△ABCは正三角形であり，$\overset{\frown}{AD}$ に対する円周角は等しいから，$\angle AED=\angle ACD=60°$ である。よって，△ADEは3辺の比が $1:2:\sqrt{3}$ の直角三角形になる。点Aから辺BCに垂線AHを引くと，△ABCが正三角形より，△ABHは3辺の比が $1:2:\sqrt{3}$ の直角三角形だから，$AH=\frac{\sqrt{3}}{2}AB=\frac{\sqrt{3}}{2}\times6=3\sqrt{3}$ となる。$BH=\frac{1}{2}BC=\frac{1}{2}\times6=3$ だから，$DH=BH-BD=3-2=1$ となり，△ADHで三平方の定理より，$AD=\sqrt{AH^2+DH^2}=\sqrt{(3\sqrt{3})^2+1^2}=\sqrt{28}=2\sqrt{7}$ となる。したがって，$DE=\frac{2}{\sqrt{3}}AD=\frac{2}{\sqrt{3}}\times2\sqrt{7}=\frac{4\sqrt{21}}{3}$(cm)である。

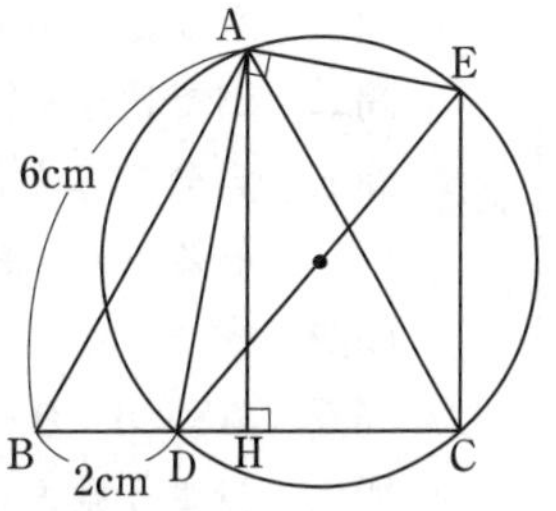

(2)<面積―三平方の定理>右上図で，(1)より，$\triangle ABD=\frac{1}{2}\times BD\times AH=\frac{1}{2}\times2\times3\sqrt{3}=3\sqrt{3}$ である。また，$AE=\frac{1}{2}DE=\frac{1}{2}\times\frac{4\sqrt{21}}{3}=\frac{2\sqrt{21}}{3}$ となり，$\angle DAE=90°$ だから，$\triangle ADE=\frac{1}{2}\times AD\times AE=\frac{1}{2}\times2\sqrt{7}\times\frac{2\sqrt{21}}{3}=\frac{14\sqrt{3}}{3}$ である。さらに，線分DEが円の直径より，$\angle DCE=90°$ であり，$DC=6-2=4$ だから，△CDEで三平方の定理より，$EC=\sqrt{DE^2-DC^2}=\sqrt{\left(\frac{4\sqrt{21}}{3}\right)^2-4^2}=\sqrt{\frac{192}{9}}=\frac{8\sqrt{3}}{3}$ である。これより，$\triangle CDE=\frac{1}{2}\times DC\times EC=\frac{1}{2}\times4\times\frac{8\sqrt{3}}{3}=\frac{16\sqrt{3}}{3}$ である。よって，四角形ABCEの面積は，$\triangle ABD+\triangle ADE+\triangle CDE=3\sqrt{3}+\frac{14\sqrt{3}}{3}+\frac{16\sqrt{3}}{3}=13\sqrt{3}$ (cm²)となる。

平成29年度／明治大学付属中野高等学校

国語解答

一　問一　身ひとつの勘と技で仕事をする人
問二　口で教える〔盗ませる以〕
問三　自分の体を使って発見した〔盗ませる以外に教える方法がない〕
問四　ⓓ
問五　A…(ウ)　B…(オ)　C…(イ)
問六　見よう見まね
問七　自分の扱う木がどう反って，どう縮むか，じかに感じること。
問八　(エ)　　問九　独学する心
問十　自分の都合に合わせて，自然を利用する
問十一　愛情
問十二　大工と建築士の間では，柱一本立てるのにもたびたび意見が食い違う，ということ。
問十三　仕事にはで
問十四　仕事においても学問においても，できないことがある，ということ。
問十五　目標とする～やってみる
問十六　生涯愛読して悔いのない
問十七　没頭　　問十八　(ウ)
問十九　西洋の近代
問二十　(イ)，(オ)，(キ)

二　①　島　②　歯　③　虫　④　棒　⑤　身

三　①　抽象　②　華美　③　倹約　④　模倣　⑤　理論

四　①　楼閣　②　雇　③　阻止　④　交錯　⑤　娯楽　⑥　殊勝　⑦　卑劣　⑧　はか　⑨　おこた　⑩　しゃめん

一〔論説文の読解―哲学的分野―人生〕出典；前田英樹「独学する心」（『何のために「学ぶ」のか』所収）。

≪本文の概要≫独学する心は，生きるために学ぶ行為の中では，常に必要である。大工の高橋さんは，弟子入りした当初は何も教えてもらえず，見よう見まねでかんなを使ううちに腕を上げた。親方が何も教えなかったのは，自分の体を使って発見したものこそが，身についた自分の技になるからである。仕事に必要な「勘」は，おのおのが自分なりに取り組んでみてわかる以外にはない。また，大工には，木を読む技があるが，機械に頼る現代の大工は，そういう感覚を失っている。近代以降，私たちは，機械の便利さに慣れきって，身一つの「勘」でしか磨かれない技を持てなくなり，独学する心は，失われてしまった。人は，自然のありように従わなければ，何もできない。神様に従うように，自然のありように慎重に従うことで，対象に対する愛情や敬意が生まれる。私たちは，自然を科学の力でねじ伏せようとしてきた西洋の近代の影響で，できないことも科学技術の進歩で可能になると考えがちである。自然が与える物の性質に従うなら，仕事にはできないことがあるとわかるが，多くの人が，科学技術の発達に目を奪われて，そのことを忘れている。大学の新入生は，目標とする人が学問に身一つで取り組み考えるときの型を見て，それを自分でもやってみるとよい。また，彼らには，自分が生涯読み続ける古典に出会うように勧める。孔子は，身を省みることを重視した。君子の学問は，いつも独学なのである。

問一＜文章内容＞大工は，木を削るときの「勘」と「木を読む」という「技」を持って仕事をしている。建築士が「知識と計算で物事を考える人」であるのに対し，大工は「身ひとつの勘と技で仕事をする人」なのである。

問二＜文章内容＞「なぜ，親方は高橋さんに何も教えなかったのか？」といえば，それは「意地悪をしている」のでも「技術を隠している」わけでもなく，「口で教えることで死んでしまう技が大工

の技だから」である。そして，そのような技は，「盗ませる以外に教える方法がない」ことを「親方もよく知っていた」のである。

問三＜文章内容＞高橋さんは，「皆の仕事が終わり，後片付けもすませてから，一人で鉋を手に取って不用な木材を削って」みるうちに，「仕事がだんだんとおもしろくなって」きた。高橋さんには，「言葉で教えられたもの」ではなく，「自分の体を使って発見したもの」があったのであり，「自分の体を使って発見したもの」は，「忘れない」で「自分の技」として身につく。それを身につけたということは，「盗ませる以外に教える方法がない」ことを身につけたということでもある。

問四＜品詞＞「その」は，活用のない自立語で，常に体言にかかる連体詞。「そこ」と「それ」は，代名詞。「そう」は，副詞。

問五＜接続語＞A．「木と体と鉋，この三つの間にできる関係」は，「口先で教える方法は絶対にない」ので，「各々が独自に身につける必要がある」のである。　B．大工は，「木と体と鉋」の三つの間にできる関係を，「自分なりにあれこれと取り組んでみて，わかる」ほかなく，また，大工は，「自分の扱う木がどう育ってきて，これからどういうふうに変化するか，どう反って，どう縮むか，木を持っただけでじかに感じられるようになる」のである。　C．「大工というものは，自分の扱う木がどう育ってきて，これからどういうふうに変化するか，どう反って，どう縮むか，木を持っただけでじかに感じられるようになる」けれども，「電気鉋しか使わない現代の大工さん」は，「もうそうした感覚を失って」いる。

問六＜文章内容＞「口先で教える方法は絶対にない」ので，おのおのは「自分の体」を使い，「自分なりにあれこれと取り組んで」みる他ない。それは，高橋さんが初めの頃にしたように，「見よう見まね」で行うことである。

問七＜文章内容＞「木を読む」という技は，自分の体を使って自分なりにあれこれと取り組んでみることでこそ身につくもので，「自分の扱う木がどう育ってきて，これからどういうふうに変化するか，どう反って，どう縮むか」をじかに感じる技である。

問八＜文の組み立て＞「近代以降」，「人間が自然を相手に身につけてきた大切な技」が失われてきた。

問九＜文章内容＞大工の世界では，電気かんなが使われるようになり，扱うものも工業製品の合板になったために，「自分なりにあれこれと取り組んでみて，わかる」ようになるということがなくなってきた。大工の世界に限らず，私たちは，「機械の便利さに慣れきって，身ひとつの『勘』でしか磨かれない技」を持とうとはしなくなった。私たちは，「独学する心」を失ったのである。

問十＜文章内容＞「木の命に入りこみ，木に協力してもらう」というのは，機械に頼らない大工が自然に接する際の接し方である。自然への接し方としてこれと対照的なのは，西洋の近代の「自然を科学の力でねじ伏せよう」とし「自分の都合に合わせて，自然を利用する」という接し方である。

問十一＜文章内容＞「あらゆるものを数の関係に置き換えて，〈物に有用に働きかける〉ことを目的に」する「科学」は，「自分の都合に合わせて，自然を利用する」ことしか考えない。「対象への愛情」があれば，木を扱うにしても「木の命に入りこみ，木に協力してもらう」という考え方になるが，「科学」には，そのような対象への「愛情」も「敬意」もない。

問十二＜指示語＞「大工と建築士の間では，柱一本立てるのにもたびたび意見が食い違う」という話を，高橋さんから聞いた。

問十三＜文章内容＞「できないことは，そのうち科学技術の進歩で可能になる」という考え方は，仕事に「できないこと」などないという考え方である。これと対照的なのは，大工の高橋さんが言う「仕事にはできることとできねえこととがある」という考え方である。

問十四＜文章内容＞仕事でも学問でも，対象に「身ひとつ，心ひとつで入り込む」と，「その中でできること」が「わずか」であるとわかる。私たちは，科学技術の発達に目を奪われて，「できないことは，そのうち科学技術の進歩で可能になる」と思ってしまいがちであるが，人間には「できない」こともあるのが，当然である。

問十五＜文章内容＞新入生が教員から学ぶべきなのは「専門知識ではなく，彼らがものを考えるときの身ぶりや型」である。それは，「学ぶ側の人が，見抜いて型を盗む」ことでしか学べない。そこで，新入生は，「目標とする人が学問に身ひとつで取り組み考えるときの型を見て，それを自分でもやってみる」とよい。

問十六＜文章内容＞「私」にとって，偶然出くわしたベルクソンの本は，「読んで，読んで，読み終わることのない本」になっている。「私」は，そういう自分の経験から，「君たち」も，そういう本に出会うようにと願っている。

問十七＜文章内容＞「私」は，ベルクソンの本を「ページをめくった記憶などない」ほど夢中になって読んだ。「私」は，周りの状況など視野に入らなくなり，本を読むことに「没頭」していた。

問十八＜表現＞「何をか懼れん」は反語表現で，何を恐れることがあろうか，いや，何も恐れることはない，ということ。

問十九＜文脈＞人は，自然に逆らっては何もできない。大工の高橋さんにしても，全ては生きた木との相談ずくでしか仕事はできず，木の命に入り込み，木に協力してもらう。人間は，「神さまに従うように自然のありように慎重に従う」ことで，初めて仕事ができるのである。それはちょうど，水車が，半分は水が落ちる自然の力によって回るようなものである。

問二十＜要旨＞大工は，木を削るときの「勘」を自分なりにあれこれ取り組むことで身につけ(…(ウ))，「木を読む」という「技」を持っている。また，「生きた木との相談ずく」で仕事をして，「神さまに従うように自然のありように慎重に」従い(…(ア))，「天のもとで生きる知恵」を持っていて(…(エ))，仕事には「できないこと」があることを承知している(…(カ))。一方，建築士は，「数学的な関係をあてはめて考え」て建物をつくり(…(イ)・(オ))，「図面を引くだけで，木にも石にもじかに触れるということがない」人である。建築士は，「知識と計算で物事を考える人」なのであり，「できないこと」も「科学技術の進歩で可能になる」と思っている(…(キ))。

二〔慣用句〕

①「取り付く島も(島が)ない」は，頼りとしてすがる手がかりがないこと，また，無愛想で話しかけるきっかけがないこと。　②「歯が浮く」は，きざで軽薄な言動に不快になる，という意味。　③「虫が知らせる」は，何となく予感がする，という意味。　④「やぶから棒」は，だしぬけであること。　⑤「身から出たさび」は，自分がした悪行のせいで自分が受ける苦しみのこと。

三〔語句〕

①「具体」は，形を持った個別の事物のこと。「抽象」は，個別のものから共通の性質を抜き出して一つの考えをつくること。　②「質素」は，おごらずつつましいこと。「華美」は，ぜいたくなこと。　③「浪費」は，お金や時間などを無駄に使ってしまうこと。「倹約」は，無駄使いしないこと。　④「創造」は，新たにつくること。「模倣」は，すでにあるものをまねること。　⑤「実践」は，実際に行うこと。「理論」は，知識や原理によって組み立てた考えや論のこと。

四〔漢字〕

①幾重にも重なっている建物のこと。　②音読みは「雇用」などの「コ」。　③はばんで止めること。　④複数のものが入り交じること。　⑤心を楽しませるもののこと。　⑥けなげで感心なこと。　⑦いやしくて下劣であること。　⑧「諮」の音読みは「諮問」などの「シ」。　⑨もう一つの訓読みは「なま(ける)」，音読みは「怠慢」などの「タイ」。　⑩罪や過ちをゆるすこと。

Memo

Memo

高校を受験する生徒とご父母のための…

2025年度用 高校合格資料集

■首都圏有名書店にて今秋発売予定！

※表紙は昨年のものです。

内容目次

1. まず試験日はいつ？
推薦ワクは？競争率は？
2. この学校のことは
どこに行けば分かるの？
3. かけもち受験のテクニックは？
4. 合格するために大事なことが二つ！
5. もしもだよ！
試験に落ちたらどうしよう？
6. 勉強しても成績があがらない
7. 最後の試験は面接だよ！

定価1430円（税込）

当社発行物の無断使用は固くお断りいたします。御使用の前はまずご相談ください。

当社発行物には500点余の首都圏中・高過去問をはじめ、6点の学校案内、そのほかいくつかの情報誌などがございます。その多くが年度版で、限られたスタッフが来るべき受験シーズン前に余裕を持って受験生へ届けられるよう、日夜作業にあたり出版を重ねております。

最近、通塾生ご父母や塾内部からの告発によって、いくつかの塾が許諾なしに当社過去問を複写（コピー）し生徒に配布、授業等にも使用していることが発覚し、その一部が紛争、係争に至っております。過去問には原著作者や管理団体、代行出版等のほか、当社に著作権がございます。当社としましては、著作権侵害の発覚に対しては著作権を有するこれらの著作権関係者にその事実を開示して、マスコミにリリースする場合や法的な措置を取る場合がございます。その事例としましては、毎年当社過去問の発行を待って自由にシステム化使用していたＡ塾、個別教室でコピーを生徒に解かせ指導していたＢ塾、冊子化していたＣ社、生徒の希望によって書籍の過去問代わりにコピーを配布していたＤ塾などがあります。

当社発行物の全部もしくは一部を無断使用することは固くお断りいたします。

当社コンテンツの中にはリーズナブルな設定で紙面の利用を許諾している塾もたくさんございますので、ご希望の方は、お気軽にご相談くださいますようお願いします。同時に、当社発行物を無断で使用している会社などにつきましての情報もお寄せいただければ幸いです。

株式会社 声の教育社

スーパー過去問の **解説執筆・解答作成スタッフ（在宅）募集！** ※募集要項の詳細は、10月に弊社ホームページ上に掲載します。

2025年度用
高校スーパー過去問

■編集人 声の教育社・編集部
■発行所 株式会社 声の教育社
〒162-0814 東京都新宿区新小川町8-15
☎03-5261-5061㈹ FAX03-5261-5062
https://www.koenokyoikusha.co.jp

※本書の内容についての一切の責任は当社にあります。内容・解説・解答その他の質問等は文書にて当社に御郵送くださるようお願いいたします。

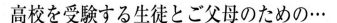

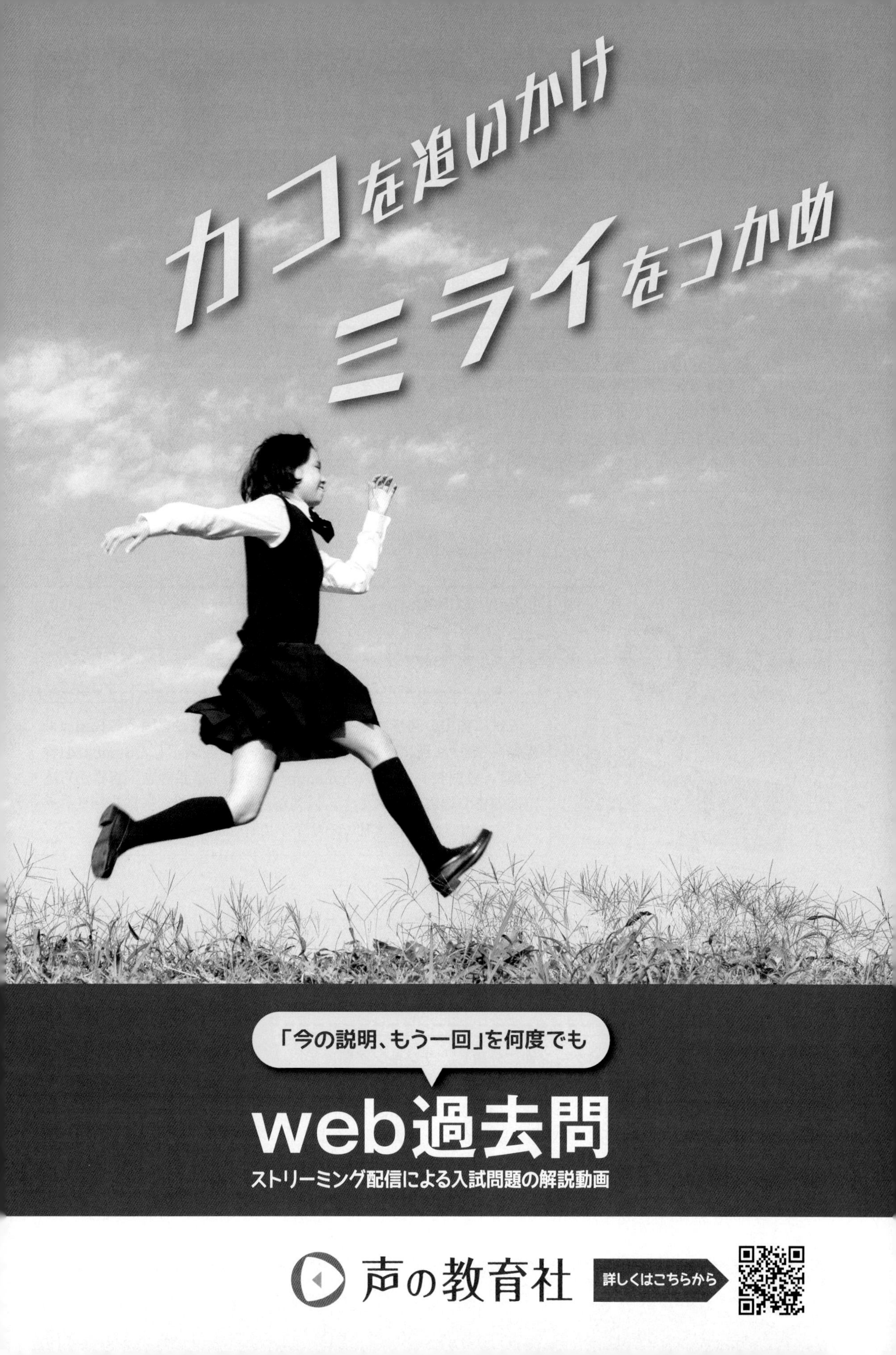
カコを追いかけ
ミライをつかめ
「今の説明、もう一回」を何度でも
web過去問
ストリーミング配信による入試問題の解説動画
声の教育社
詳しくはこちらから

明治大学付属中野高等学校

別冊解答用紙

丁寧に抜きとって、別冊としてご使用ください。

★教科別合格者平均点＆合格者最低点

年度	英語	数学	国語	合格者最低点
2024	71.2	67.2	68.1	185
2023	76.4	77.2	66.6	201
2022	60.5	72.4	71.3	184
2021	64.3	47.6	62.0	152
2020	75.7	72.3	62.1	192
2019	64.8	75.4	60.3	181
2018	73.6	73.0	59.0	184
2017	60.1	63.6	62.0	164

注意

○ 解答用紙は、収録の都合により縮小したものや、小社独自に作成したものもあります。
○ 学校配点は学校発表のもの、推定配点は小社で作成したものです。
○ 無断転載を禁じます。
○ 解答用紙を拡大コピーする場合、表示した拡大率に対応する用紙サイズは以下のとおりです。
101%～102%＝B5　103%～118%＝A4　119%～144%＝B4　145%～167%＝A3
（タイトルと配点表は含みません）

２０２４年度　　明治大学付属中野高等学校

英語解答用紙

番号		氏名		評点	／100

Ⅰ

1		2		3		4		5		6	

Ⅱ

1		2		3	
4		5			

Ⅲ

	A	B	C
1			
2			
3			
4			
5			
6			

Ⅳ

1		2		3		4		5	

Ⅴ

1		2		3		4		5	

Ⅵ

問1		問2		問3		問4		問5		問6	

問7	

問8	

問9		

（注）この解答用紙は実物を縮小してあります。B４用紙に139％拡大コピーすると、ほぼ実物大で使用できます。（タイトルと配点表は含みません）

推定配点		計
	Ⅰ～Ⅲ　各２点×17　Ⅳ，Ⅴ　各３点×10 Ⅵ　問１，問２　各３点×２　問３～問８　各４点×６　問９　各３点×２	100点

２０２４年度　明治大学付属中野高等学校

数学解答用紙　No.1

番号		氏名		評点	／100

1	(1)		(2)	
	(3)		(4)	$\angle x =$ 度

2	(1)		(2)	
	(3)	cm^2	(4)	$a =$ ， $b =$
	(5)			

3	(1)		答	$a =$
	(2)		答	$x =$

２０２４年度　　明治大学付属中野高等学校

数学解答用紙　No.２

4	(1)	P（　　　，　　　）
	(2)	

5	ア		イ		ウ	
	エ		オ		カ	

6	(1)	cm
	(2)	cm
	(3)	cm^2

（注）この解答用紙は実物を縮小してあります。Ａ４用紙に115%拡大コピーすると、ほぼ実物大で使用できます。（タイトルと配点表は含みません）

推定配点	1～6　各５点×20〔5ウ～オは完答〕	計 100点

二〇二四年度　明治大学付属中野高等学校

国語解答用紙

番号		氏名		評点	/100

一

問一　問二　問三（～）

問四　問五

問六

問七　問八　問九　問十

問十一　問十二　a　b

問十三

問十四（～）から。

問十五（～）

問十六（～）　問十七

問十八　問十九　問二十　問二十一

二　①　②　③　④　⑤

三　①　②　③　④　⑤

四　①　②　③　④　⑤　⑥　⑦　⑧　⑨　⑩

（注）この解答用紙は実物を縮小してあります。B4用紙に135%拡大コピーすると、ほぼ実物大で使用できます。（タイトルと配点表は含みません）

推定配点		計
	一　問一　2点　問二、問三　各3点×2　問四　2点 問五～問十一　各3点×7　問十二　各2点×2 問十三～問十八　各3点×6　問十九　2点 問二十　3点　問二十一　2点 二～四　各2点×20	100点

２０２３年度　明治大学付属中野高等学校

英語解答用紙

番号		氏名	

評点	／100

Ⅰ

1		2		3		4		5		6	

Ⅱ

1		2		3	
4		5			

Ⅲ

	A	B	C
1			
2			
3			
4			
5			
6			

Ⅳ

1		2		3		4		5	

Ⅴ

1		2		3		4		5		6	

Ⅵ

問1		問2		問3		問4		問5		問6		問7	

問8	①	②

(注) この解答用紙は実物を縮小してあります。Ｂ４用紙に127％拡大コピーすると、ほぼ実物大で使用できます。(タイトルと配点表は含みません)

推定配点		計
	Ⅰ～Ⅲ　各２点×17　　Ⅳ，Ⅴ　各３点×11 Ⅵ　問１～問４　各４点×４　問５　３点 問６，問７　各４点×２　問８　各３点×２	100点

２０２３年度　　明治大学付属中野高等学校

数学解答用紙　No.１

番号		氏名		評点	／100

1	(1)		(2)	
	(3)	$x=$	(4)	点

2	(1)	$k=$	(2)	$a=$　　　, $b=$
	(3)	$\angle x=$　　　度	(4)	
	(5)		(6)	$n=$

3	ア		イ		ウ	

4	(1)	g		
	(2)		答	$x=$

数学解答用紙　No.２

5	(1)	cm^3
	(2)	cm

6	(1)	
	(2)	E（　　　，　　　）
	(3)	

（注）この解答用紙は実物を縮小してあります。Ａ４用紙に115％拡大コピーすると、ほぼ実物大で使用できます。（タイトルと配点表は含みません）

推定配点	1～6　各５点×20〔2(6)は完答〕	計 100点

二〇二三年度　明治大学付属中野高等学校

国語解答用紙

番号　　氏名　　評点　／100

一

問一　～

問二　～　すること。

問三　A　B

問四

問五

問六

問七

問八

問九

問十

問十一

問十二

問十三

問十四

問十五　なおさら　です。

問十六

問十七　～　考え方。

問十八

問十九

問二十

問二十一

二

① ② ③ ④ ⑤

三

① → →　② → →　③ → →　④ → →　⑤ → →

四

① ② ③ ④ ⑤ ⑥ ⑦ ⑧ ⑨ ⑩

(注) この解答用紙は実物を縮小してあります。B４用紙に137％拡大コピーすると、ほぼ実物大で使用できます。(タイトルと配点表は含みません)

推定配点		計
	一 問一、問二 各３点×２ 問三 各２点×２ 問四 ３点 問五 ２点 問六 ３点 問七 ２点 問八～問十八 各３点×11 問十九、問二十 各２点×２ 問二十一 ３点 二～四 各２点×20	100点

2022年度　明治大学付属中野高等学校

英語解答用紙

番号		氏名	

評点	／100

Ⅰ

1		2		3		4		5		6	

Ⅱ

1		2		3	
4		5			

Ⅲ

	A	B	C
1			
	A	B	C
2			
	A	B	C
3			
	A	B	C
4			
	A	B	C
5			
	A	B	C
6			

Ⅳ

1		2		3		4		5	

Ⅴ

1		2		3		4		5	

Ⅵ

問1		問2		問3		問4	

問5	

問6		問7	

問8	

問9		問10	

(注) この解答用紙は実物を縮小してあります。Ａ３用紙に145%拡大コピーすると、ほぼ実物大で使用できます。(タイトルと配点表は含みません)

推定配点		計
	Ⅰ～Ⅲ　各２点×17　Ⅳ，Ⅴ　各３点×10 Ⅵ　問１～問４　各３点×４　問５～問10　各４点×６	100点

２０２２年度　明治大学付属中野高等学校

数学解答用紙　No.１

番号		氏名		評点	／100

1	(1)	$x=$	(2)	
	(3)		(4)	

2	(1)	∠ADC=　度	(2)	
	(3)	∠AED=　度	(4)	$a=$　，$b=$
	(5)		(6)	$x=$　，$y=$　，$a=$

3	(1)	cm^2
	(2)	① ② 答　cm

数学解答用紙　No.２

4	(1)	
	(2)	A(　　　，　　　)
	(3)	

5	(1)	$a=$			
	(2)	ア		イ	
		ウ		エ	
		オ			

（注）この解答用紙は実物を縮小してあります。Ｂ４用紙に122％拡大コピーすると、ほぼ実物大で使用できます。（タイトルと配点表は含みません）

推定配点	1, 2　各４点×10　　3 (1)　７点　(2)　各４点×２ 4　各６点×３　　5 (1)　７点　(2)　各４点×５	計 100点

二〇二二年度　明治大学付属中野高等学校

国語解答用紙

番号　　氏名　　評点　/100

一

問一　問二　問三（〜）　問四　問五　問六　問七　問八　問九　問十（〜）　問十一　問十二　問十三　⑫　⑬　問十四　問十五　問十六　問十七　問十八　問十九　問二十　問二十一

二

①	記号	漢字	
②	記号	漢字	
③	記号	漢字	
④	記号	漢字	
⑤	記号	漢字	

三

①	②	③	④	⑤

四

①	②	③	④	⑤
⑥	⑦	⑧	⑨	⑩

（注）この解答用紙は実物を縮小してあります。B4用紙に125%拡大コピーすると、ほぼ実物大で使用できます。（タイトルと配点表は含みません）

推定配点	
一　問一　2点　問二〜問八　各3点×7　問九　2点 問十、問十一　各3点×2　問十二、問十三　各2点×3　問十四　4点 問十五、問十六　各3点×2　問十七　2点　問十八、問十九　各3点×2 問二十　2点　問二十一　3点 二〜四　各2点×20	計 100点

２０２１年度　明治大学付属中野高等学校

英語解答用紙

番号		氏名	

評点	／100

Ⅰ

1		2		3		4		5		6	

Ⅱ

1		2		3	
4		5			

Ⅲ

	A	B	C
1			
2			
3			
4			
5			
6			

Ⅳ

1		2		3		4		5	

Ⅴ

1		2		3		4		5	

Ⅵ

問1		問2		問3		問4	

問5	

問6	

問7	

問8		問9		

（注）この解答用紙は実物を縮小してあります。Ａ３用紙に145％拡大コピーすると、ほぼ実物大で使用できます。（タイトルと配点表は含みません）

推定配点		計
	Ⅰ～Ⅲ　各２点×17　Ⅳ，Ⅴ　各３点×10 Ⅵ　問１～問４　各３点×４　問５～問９　各４点×６	100点

2021年度　明治大学付属中野高等学校

数学解答用紙　No. 1

番号		氏名	

評点	／100

1	(1)		(2)	
	(3)	$n=$	(4)	分

2	(1)	$n=$	(2)	$\angle x=$　度
	(3)		(4)	

3	(1)	答　$x=$

（注）この解答用紙は実物を縮小してあります。Ａ３用紙に145％拡大コピーすると、ほぼ実物大で使用できます。（タイトルと配点表は含みません）

２０２１年度　　明治大学付属中野高等学校

数学解答用紙　No. 2

3	(2)	

4	(1)		(2)	
	(3)			

5	(1) ア		(1) イ	
	(2)	$x=$ 　　　, $y=$		

6	(1)		(2)	

推定配点		計
	1, 2　各5点×8　　3　各8点×2 4, 5　各5点×6　　6　各7点×2	100点

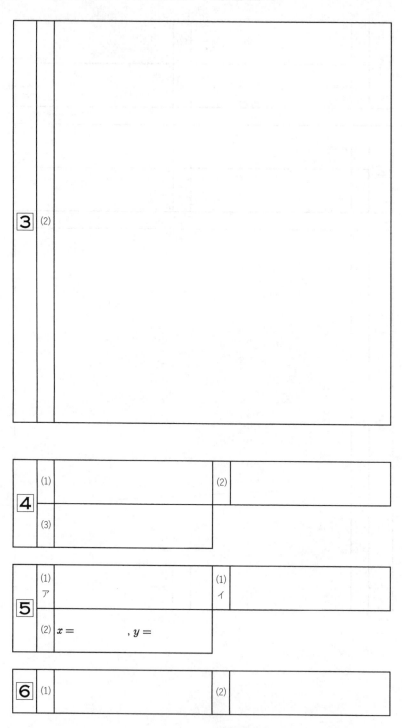

二〇二二年度　明治大学付属中野高等学校

国語解答用紙

番号　　氏名　　評点　／100

一

問一　問二　問三　問四

問五　　　　ということ。

問六　I　II

問七　A　B　C

問八

問九

問十

問十一

問十二　⑩　⑪

問十三

問十四

問十五

問十六

問十七　⑯　⑰

問十八

問十九

問二十

二

①　②　③　④　⑤

三

①　②　③　④　⑤

四

①　②　③　④　⑤

⑥　⑦　める　⑧　⑨　⑩　て

（注）この解答用紙は実物を縮小してあります。B４用紙に137%拡大コピーすると、ほぼ実物大で使用できます。（タイトルと配点表は含みません）

推定配点		計
	一　問一～問八　各2点×10　問九～問十三　各4点×5 問十四～問十九　各2点×7　問二十　各3点×2 〔問六、問十二、問十七はそれぞれ完答〕 二～四　各2点×20	100点

2020年度　明治大学付属中野高等学校

英語解答用紙

番号		氏名		評点	／100

Ⅰ

1		2		3		4		5		6	

Ⅱ

1		2		3		4	
5							

Ⅲ

	A	B	C
1			
2			
3			
4			
5			
6			

Ⅳ

1		2		3		4		5	

Ⅴ

1		2		3		4		5	

Ⅵ

問1		問2		問3		問4		問5	
問6									
問7		問8		問9					

(注) この解答用紙は実物を縮小してあります。Ｂ４用紙に139%拡大コピーすると、ほぼ実物大で使用できます。(タイトルと配点表は含みません)

推定配点		計
	Ⅰ～Ⅲ　各２点×17　Ⅳ, Ⅴ　各３点×10 Ⅵ　問１～問４　各３点×４　問５～問９　各４点×６	100点

２０２０年度　明治大学付属中野高等学校

数学解答用紙

番号		氏名		評点	／100

1

(1)　(2)

(3)　(4) $a =$

2

(1)　通り　(2) $a =$　，$b =$　(3)　cm

(4)　cm^2　(5) (　，　)　(6)　km

3

(1)　cm

(2) 途中式や考え方

答　cm

4

(1) AB=　(2) C(　，　)

5

人

6

(1)　倍　(2) $x =$

（注）この解答用紙は実物を縮小してあります。A３用紙に152%拡大コピーすると、ほぼ実物大で使用できます。（タイトルと配点表は含みません）

推定配点		計
	[1] 各５点×４　[2] 各６点×６ [3] 各７点×２　[4]～[6] 各６点×５	100点

二〇二〇年度　明治大学付属中野高等学校

国語解答用紙

番号　　氏名　　評点　／100

一

問一　問二

問三

問四

問五　点と　点。

問六　A　B

問七　環境破壊の問題　社会的な問題

問八　問九　問十

問十一　問十二

問十三　マレーシア政府が

問十四

問十五　問十六

問十七　こと。

問十八　問十九　問二十

二　①　②　③　④　⑤

三　①　②　③　④　⑤

四　①　②　③　④　⑤　⑥　⑦　⑧　⑨　⑩

（注）この解答用紙は実物を縮小してあります。A３用紙に147％拡大コピーすると、ほぼ実物大で使用できます。（タイトルと配点表は含みません）

推定配点		計
	一　問一、問二　各2点×2　問三　4点　問四～問十　各2点×10 問十一、問十二　各3点×2　問十三　4点　問十四　3点　問十五　4点 問十六　2点　問十七～問十九　各3点×3　問二十　4点 二～四　各2点×20	100点

２０１９年度　明治大学付属中野高等学校

英語解答用紙

番号		氏名		評点	／100

Ⅰ

1		2		3		4		5		6	

Ⅱ

1		2		3		4	
5							

Ⅲ

	A	B	C
1			
2			
3			
4			
5			
6			

Ⅳ

1		2		3		4		5	

Ⅴ

1		2		3		4		5	

Ⅵ

問1		問2		問3		問4		問5	

問6	
問7	

問8		問9		問10	A		B	

（注）この解答用紙は実物を縮小してあります。Ｂ４用紙に143％拡大コピーすると、ほぼ実物大で使用できます。（タイトルと配点表は含みません）

推定配点		計
	Ⅰ～Ⅲ　各２点×17　Ⅳ，Ⅴ　各３点×10 Ⅵ　問１　２点　問２～問７　各３点×６　問８～問10　各４点×４	100点

２０１９年度　明治大学付属中野高等学校

数学解答用紙

番号		氏名	

評点　／100

1	(1)		(2)	
	(3)		(4)	$k=$

2	(1)	$a=$ ，$b=$	(2)	
	(3)		(4)	小学生　人　中学生　人　高校生　人

3	(1)	(2)
	途中式	途中式
	C（　　，　　）	四角形ABP' P'' の面積

4	(1)	cm	(2)	cm

5	(1)	cm^2	(2)	AE : EF : FC = 　:　:

6	(1)	cm^2	(2)	cm

（注）この解答用紙は実物を縮小してあります。A３用紙に161％拡大コピーすると、ほぼ実物大で使用できます。（タイトルと配点表は含みません）

推定配点		計
	1，2　各６点×８　3　各８点×２　4～6　各６点×６	100点

二〇一九年度　明治大学付属中野高等学校

国語解答用紙

番号		氏名		評点	/100

一

問一

問二　問三

問四　～

問五　問六　問七　⑥　⑦　⑧

問八

問九

問十　問十一　問十二　問十三

問十四　問十五　問十六

問十七

問十八

問十九　問二十　問二十一

二

①　②　③　④　⑤

三

①　記号　②　記号　③　記号

④　記号　⑤　記号

四

①　②　③　④　⑤

⑥　⑦　⑧　⑨　⑩　れて

（注）この解答用紙は実物を縮小してあります。Ｂ４用紙に137％拡大コピーすると、ほぼ実物大で使用できます。（タイトルと配点表は含みません）

推定配点		計
	一　問一～問八　各２点×10　問九　４点　問十　２点 問十一～問十六　各３点×６　問十七　４点 問十八～問二十一　各３点×４ 二　各２点×５　三　各１点×10　四　各２点×10	100点

２０１８年度　明治大学付属中野高等学校

英語解答用紙

番号		氏名	

評点	／100

Ⅰ

1		2		3		4		5		6	

Ⅱ

1		2		3		4	
5							

Ⅲ

	A	B	C
1			
2			
3			
4			
5			
6			

Ⅳ

1		2		3		4		5	

Ⅴ

1		2		3		4		5	

Ⅵ

問1　問2　問3

問4　問5　問6

問7

問8　問9

（注）この解答用紙は実物を縮小してあります。Ｂ４用紙に143％拡大コピーすると、ほぼ実物大で使用できます。（タイトルと配点表は含みません）

推定配点		計
	Ⅰ～Ⅲ　各２点×17　Ⅳ，Ⅴ　各３点×10 Ⅵ　問１～問７　各３点×７　問８，問９　各５点×３	100点

２０１８年度　明治大学付属中野高等学校

数学解答用紙

番号		氏名		評点	／100

1	(1)		(2)	$x=$
	(3)		(4)	$a=$

2	(1)	度	(2)	$x=$ 　　　, $y=$	(3)	$x=$
	(4)		(5)		(6)	cm^2

3		答

4	(1)	C(　　　　,　　　　)	(2)	△OAB：△ABC　=　　　：
	(3)			

5	(1)	ア						
		イ		ウ		エ		
		オ						
	(2)	cm						
	(3)	cm						

（注）この解答用紙は実物を縮小してあります。Ａ３用紙に159％拡大コピーすると、ほぼ実物大で使用できます。（タイトルと配点表は含みません）

推定配点		計
	1, 2　各５点×10　　3　10点　　4　各６点×３ 5　⑴　各２点×５　⑵, ⑶　各６点×２	100点

二〇一八年度　明治大学付属中野高等学校

国語解答用紙

番号　　氏名　　評点　／100

一

問一

問二　から。

問三　A　B

問四

問五

問六

問七

問八

問九　a　b　c

問十

問十一

問十二

問十三

問十四

問十五　X　Y

問十六　→　→　→　→

問十七

問十八

問十九

問二十　という理論。

問二十一

二　①　②　③　④　⑤

三　①　②　③　④　⑤

四　①　②　③　④　⑤　⑥　⑦　てる　⑧　⑨　⑩

(注)この解答用紙は実物を縮小してあります。Ｂ４用紙に135%拡大コピーすると、ほぼ実物大で使用できます。(タイトルと配点表は含みません)

推定配点	
	一 問一～問十一　各2点×13〔問三は完答〕　問十二　3点　問十三　2点 問十四　3点　問十五　各2点×2　問十六　3点　問十七　4点 問十八　3点　問十九　各2点×2　問二十　5点　問二十一　3点 二～四　各2点×20
計	100点

平成29年度　明治大学付属中野高等学校

英語解答用紙

番号		氏名		評点	／100

Ⅰ

1		2		3		4		5		6	

Ⅱ

1		2		3		4	
5							

Ⅲ

	A	B	C
1			
2			
3			
4			
5			
6			

Ⅳ

1		2		3		4		5	

Ⅴ

1		2		3		4		5	

Ⅵ

問1

問2

問3　問4　問5 A　B　C　問6

問7

問8　問9

（注）この解答用紙は実物を縮小してあります。A3用紙に145%拡大コピーすると、ほぼ実物大で使用できます。（タイトルと配点表は含みません）

推定配点		計
	Ⅰ～Ⅲ　各２点×17　Ⅳ～Ⅵ　各３点×22	100点

平成29年度　明治大学付属中野高等学校

数学解答用紙

番号　氏名　評点 ／100

1 (1)　(2)　(3)　(4) 個

2 (1) $a=$　, $b=$　(2) cm²　(3)　(4)　(5) $\angle x=$　度　(6)

3 (1) 答 $a=$　, $b=$　(2) 答 $x=$

4 (1)　(2) $x=$

5 (1) C(　,　)　(2) P(　,　)

6 (1) cm　(2) cm²

推定配点　1, 2 各5点×10　3 各7点×2　4～6 各6点×6　計 100点

平成二十九年度　明治大学付属中野高等学校

国語解答用紙

番号　氏名　評点 ／100

一　問一　問二　問三　問四　問五 A B C　問六　問七　問八　問九　問十　問十一　問十二　問十三　問十四　問十五 ～　問十六　問十七　問十八　問十九　問二十

二　①　②　③　④　⑤

三　①　②　③　④　⑤

四　①　② う　③ って　④ る　⑤　⑥　⑦　⑧　⑨　⑩

推定配点　一 問一～問三 各3点×3　問四、問五 各2点×4　問六～問十六 各3点×11　問十七、問十八 各2点×2　問十九、問二十 各3点×2　二～四 各2点×20　計 100点

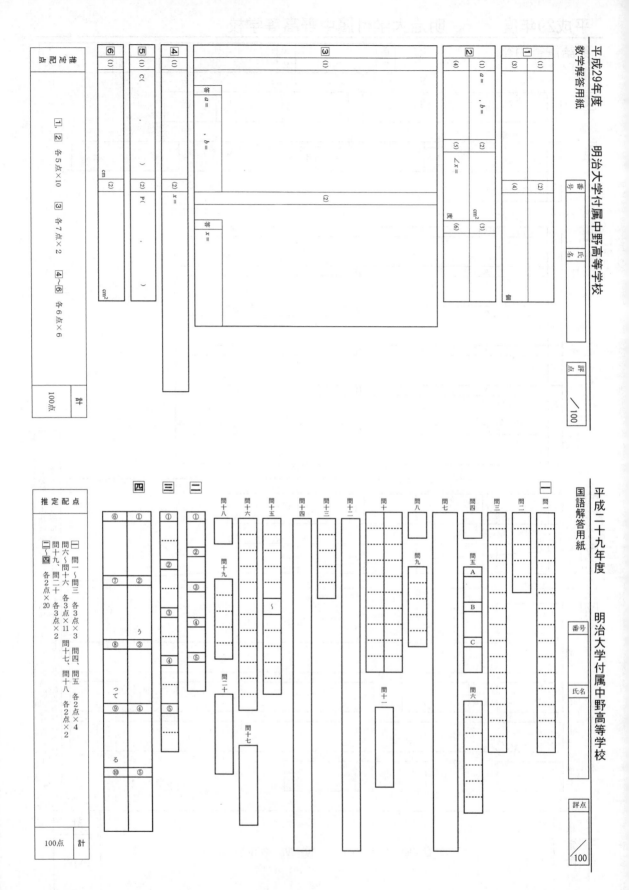